Hauswirtschaft
braucht
Helferinnen und Helfer

von

Cornelia A. Schlieper

2., überarbeitete Auflage

Dr. Felix Büchner · Handwerk und Technik · Hamburg

ISBN 978-3-582-0**4805**-9

Das vorliegende Buch entspricht der neuen Rechtschreibregelung, die am 1. August 2006 in Kraft getreten ist.

Verlag Dr. Felix Büchner – Verlag Handwerk und Technik G.m.b.H.,
Lademannbogen 135, 22339 Hamburg; Postfach 63 05 00, 22331 Hamburg – 2007
E-Mail: info@handwerk-technik.de – Internet: www.handwerk-technik.de

Umschlaggestaltung: Harro Wolter, Hamburg, unter Verwendung von Fotos von: Alfred Kärcher Vertriebs-GmbH, Winnenden (1) – Neve, Katrin, Schleswig (2, 3)
Technische Umsetzung: CMS – Cross Media Solutions GmbH, Würzburg
Druck und Bindung: Stürtz GmbH, Würzburg

Vorwort

Das Arbeitsbuch „Hauswirtschaft braucht Helferinnen und Helfer" vermittelt – in **einem** Buch – die Kompetenzen, die in diesem Ausbildungsberuf benötigt werden. Beim Schreiben wurden die unterschiedlichen Lehrpläne der verschiedenen Bundesländer berücksichtigt.

Das Arbeitsbuch ist in vier Lernfelder untergliedert:

1. **Lernfeld:** Inhalte der Ausbildung, Einkauf und Lagerhaltung
2. **Lernfeld:** Speisen und Getränke herstellen und servieren
3. **Lernfeld:** Wohn- und Funktionsbereiche reinigen und pflegen
4. **Lernfeld:** Textilien reinigen und pflegen

In allen vier Lernfeldern werden Arbeitsprozesse mit Bildern und knappen Texten Schritt für Schritt dargestellt. Der jeweilige Arbeitsablauf eines Arbeitsprozesses kann so von den Auszubildenden anschaulich erarbeitet und später praktisch nachvollzogen werden. Die theoretischen Kenntnisse und Fähigkeiten, die für das praktische Tun in der Hauswirtschaft notwendig sind, werden hierdurch zielgruppengerecht dargestellt und vermittelt.

Alle Abbildungen, die mit einem **?** (Fragezeichen) versehen sind, enthalten fehlerhafte Darstellungen. Die Abbildungen sollen im Unterrichtsgespräch infrage gestellt werden und die selbstständige Erarbeitung eines fehlerfreien Geschehens ermöglichen.

Alle Lernfelder enthalten zahlreiche Aufgaben, die der Lernerfolgskontrolle dienen bzw. das problemlösende Denken der Auszubildenden im Rahmen des Arbeitsprozesses fördern.

Im Anschluss an die vier Lernfelder befindet sich in dem Arbeitsbuch „Hauswirtschaft braucht Helferinnen und Helfer" ein Glossar – ein Begriffstrainer, der das selbstständige Nachschlagen und Erlernen von Fachbegriffen der Hauswirtschaft erleichtert.

Insgesamt unterstützt das Arbeitsbuch „Hauswirtschaft braucht Helferinnen und Helfer" den Erwerb der für diesen Beruf notwendigen Schlüsselqualifikationen.

Mein besonderer Dank gilt meinen Kolleginnen der hauswirtschaftlichen Abteilung an den Beruflichen Schulen in Schleswig, die mich beim Schreiben dieses Arbeitsbuchs und bei der Bilderstellung konstruktiv unterstützt haben. Dank also an: Frau Waltraut Hansen, Frau Hanne Frahm-Hagemann, Frau Dörte Helfrich, Frau Christiane Schur, Frau Anke von Schwichow und die HwU 2005/2006.

Den Auszubildenden in der Hauswirtschaft wünsche ich viel Erfolg in der Ausbildung und viel Spaß beim Arbeiten mit diesem Buch.

Kiel, Frühjahr 2006 Cornelia A. Schlieper

Inhaltsverzeichnis

1 In der Hauswirtschaft arbeiten

1.1 Hauswirtschaft braucht Helferinnen und Helfer

Aufgaben:

1. Der Reporter einer großen Zeitung hat Auszubildende der Hauswirtschaft bei ihrer Arbeit beobachtet und diesen Bildbericht zusammengestellt. Finden Sie heraus:
   a) **Wo:** In welchen Betrieben arbeiten die Auszubildenden?
   b) **Was:** Welche Arbeiten erledigen die Auszubildenden?
2. Berichten Sie, in welchem Betrieb Sie arbeiten.

Neuester Bericht über Auszubildende in der Hauswirtschaft

②

①

③

⑤

④

⑥

⑦

Pflichten des Auszubildenden

Der Auszubildende hat sich zu bemühen, die Fertigkeiten und Kenntnisse zu erwerben, die erforderlich sind, um das Ausbildungsziel zu erreichen. Er verpflichtet sich insbesondere,

1. **Lernpflicht**
   die ihm im Rahmen seiner Ausbildung übertragenen Aufgaben sorgfältig auszuführen;
2. **Berufsschulunterricht, Prüfungen und sonstige Maßnahmen**
   am Berufsschulunterricht und an Prüfungen sowie an Ausbildungsmaßnahmen außerhalb der Ausbildungsstätte teilzunehmen, für die er freigestellt wird;
3. **Weisungsgebundenheit**
   den Weisungen zu folgen, die ihm im Rahmen der Ausbildung vom Ausbilder oder anderen weisungsberechtigten Personen erteilt werden;
4. **Betriebliche Ordnung**
   die für die Ausbildungsstätte geltende Ordnung zu beachten;
5. **Sorgfaltspflicht**
   Werkzeuge, Maschinen und sonstige Einrichtungen pfleglich zu behandeln und sie nur zu den ihm übertragenen Arbeiten zu verwenden;
6. **Betriebsgeheimnisse**
   über Betriebs- und Geschäftsgeheimnisse Stillschweigen zu wahren;
7. **Ausbildungsnachweis – Berichtsheft**
   ein vorgeschriebenes Berichtsheft ordnungsgemäß zu führen und regelmäßig vorzulegen;
8. **Benachrichtigung**
   bei Fernbleiben von der betrieblichen Ausbildung, vom Berufsschulunterricht oder von sonstigen Ausbildungsveranstaltungen dem Ausbildenden unter Angabe von Gründen unverzüglich Nachricht zu geben und ihm seine Arbeitsunfähigkeit und deren voraussichtliche Dauer unverzüglich mitzuteilen. Dauert die Arbeitsunfähigkeit länger als drei Kalendertage, hat der Auszubildende eine ärztliche Bescheinigung über die bestehende Arbeitsunfähigkeit sowie deren voraussichtliche Dauer spätestens an dem darauffolgenden Arbeitstag vorzulegen. Der Ausbildende ist berechtigt, die Vorlage der Bescheinigung früher zu verlangen;
   ...

Der Ausbildungsvertrag

Herzlichen Glückwunsch, Sie haben einen Ausbildungsplatz in der Hauswirtschaft bekommen. Nun gibt es Pflichten und Rechte, die Sie während der Ausbildung erfüllen müssen. Was Sie genau tun und lassen müssen, wird durch Ihren Ausbildungsvertrag festgeschrieben.

Vor Beginn der betrieblichen Ausbildung wird ein Berufsausbildungsvertrag zwischen dem Ausbildungsbetrieb und dem/der Auszubildenden geschlossen. Bei einem Vertragsabschluss mit Minderjährigen ist die Zustimmung des gesetzlichen Vertreters notwendig.

Der Berufsausbildungsvertrag enthält folgende Angaben:

§ 1 Ausbildungszeit und Probezeit,
§ 2 Ausbildungsbetrieb,
§ 3 Pflichten des Ausbildenden,
§ 4 Pflichten des Auszubildenden,
§ 5 Vergütungen und sonstige Leistungen,
§ 6 tägliche Ausbildungszeit und Urlaub,
§ 7 Kündigung,
§ 8 Zeugnis,
§ 9 Beilegung von Streitigkeiten,
§ 10 Erfüllungsort,
§ 11 sonstige Vereinbarungen.

Die zuständigen Stellen führen Verzeichnisse der Beschäftigungsverhältnisse. Jeder Berufsausbildungsvertrag muss vom Ausbildenden unverzüglich an die zuständige Stelle geschickt werden, damit der Vertrag in das Ausbildungsverzeichnis eingetragen werden kann.

Probezeit

Das Berufsausbildungsverhältnis beginnt mit einer Probezeit. Die Dauer der Probezeit wird im Berufsausbildungsvertrag vereinbart. Sie darf höchstens drei Monate dauern.

Während der Probezeit kann das Berufsausbildungsverhältnis sowohl von dem Ausbildenden als auch von dem Auszubildenden ohne Angabe von Gründen schriftlich gekündigt werden.

Nach der Probezeit ist eine Kündigung nur in besonderen Fällen möglich, z. B. bei Diebstahl. Dies ist durch das Kündigungsschutzgesetz geregelt.

Regierungspräsidium Tübingen als zuständige Stelle

Landratsamt
- Untere Landwirtschaftsbehörde -

BAV Eingang am

Wird von der zuständigen Stelle ausgefüllt:

Dieser Vertrag entspricht den Eintragungsvoraussetzungen nach § 35 BBiG und ist in das Verzeichnis der Berufsausbildungsverhältnisse beim Regierungspräsidium Tübingen eingetragen unter

Nr. ______________________

Siegel

Datum ______ Regierungspräsidium Tübingen als zuständige Stelle

Berufsausbildungsvertrag

Für die Berufsausbildung in der **Hauswirtschaft**

Zwischen dem Ausbildenden (Ausbildungsstätte)

Name, Vorname, Betrieb Stark, Simone Seniorenresidenz Haus Sonnenschein	
Straße Neue Bergstraße 18	
PLZ, Wohnort 12345, Winterburg	
Kreis	
Telefonnummer 0123/45678	Faxnummer 0123/45689
e-mail: simone.stark@haus-sonnenschein.de	

und der/dem Auszubildenden

Name, Vorname Fix, Heike	
Straße Wolkenhain 34	
PLZ, Wohnort 12356 Klein-Winterburg	
Kreis	
Geburtstag 26.06.1988	Geburtsort Klein Winterburg
Gesetzlicher Vertreter: Name, Vorname Fix, Klaus und Brigitte	
Anschrift Wolkenhain 34, 12356 Klein-Winterburg	

wird nachstehender Vertrag nach Maßgabe der Verordnung über die Berufsausbildung geschlossen:

Beruf: ☐ Hauswirtschafter/in ☒ Hauswirtschaftshelfer/in

A Die vorgeschriebene Ausbildungszeit (§ 1 Nr. 1) beträgt 3 Jahre
Diesem Berufsausbildungsverhältnis gingen voraus:

Berufsfachschule	von		bis	
Sonderberufsfachschule	von		bis	
Berufsgrundbildungsjahr	von		bis	
Berufsausbildungszeit	von		bis	

BAV-Nr.: ______________________

Das mit diesem Vertrag vereinbarte Berufsausbildungsverhältnis

Beginnt am 01.08.2007 (Tag/Monat/Jahr)

und endet am 31.07.2010 (Tag/Monat/Jahr)

B Die Probezeit (§ 1 Nr. 2) beträgt 3 Monate [1]

C Der Ausbildende zahlt dem Auszubildenden eine angemessene **Vergütung (§ 4 Nr. 1)**, sie beträgt z.Zt. monatlich brutto

im	1. Ausbildungsjahr	2. Ausbildungsjahr	3. Ausbildungsjahr
€	282,00	296,00	310,00

oder wird nach den Sätzen des Kostenträgers der Rehabilitationsmaßnahme vergütet

Kostenträger: ______________________

Sachleistungen (§ 4 Nr. 2) werden gewährt

☐ als Teil der Vergütung ☐ Wohnung
☐ Teilverpflegung ☐ Vollverpflegung

D Ausbildungsstätte

Nach der Ausbildungs-VOHW § 4 Abs. 2 erfolgt die betriebliche Ausbildung im Einsatzgebiet

☐ 1 ☐ 2 ☐ anderes Einsatzgebiet

Art des Haushalts/Betriebs: Altenheim

E Die regelmäßige tägliche Ausbildungszeit (§ 5 Nr. 1) beträgt 8 Stunden [2]

F Der Ausbildende gewährt dem/der Auszubildenden **Urlaub** (§ 5 Nr. 2) nach den geltenden Bestimmungen. Es besteht ein Urlaubsanspruch

im Jahre	2007	2008	2009	2010
Werktage	13	30	30	17
Arbeitstage				

G Hinweis auf anzuwendende Tarifverträge und Betriebsvereinbarungen; sonstige Vereinbarungen

H Die Vereinbarungen auf Seite 2 sind Gegenstand dieses Vertrages und werden anerkannt; gleichzeitig wird die Eintragung in das Verzeichnis der Berufsausbildungsverhältnisse beantragt:

Ort: Winterburg Datum: 2. Februar 2007

Simone Stark
Unterschrift des Ausbildenden [3]

Heike Fix
Unterschrift der/des Auszubildenden

Die gesetzlichen Vertreter des Auszubildenden:

K. Fix B. Fix
Vater und Mutter/Vormund

1) Die Probezeit muss mindestens einen Monat und darf höchstens vier Monate betragen.
2) Nach dem Jugendarbeitsschutzgesetz beträgt die höchstzulässige tägliche Arbeitszeit (Ausbildungszeit) bei Jugendlichen 8 Stunden. Im Übrigen sind die Vorschriften des Jugendarbeitsschutzgesetzes über die höchstzulässigen Wochenarbeitszeiten zu beachten. Soweit tarifliche Regelungen bestehen, gelten diese.
3) Bevollmächtigter der Ausbildungsstätte.
Hinweis: Die Erhebung der Daten erfolgt aufgrund der §§ 34 bis 36 und 87, 88 BBiG.

RP TÜ 31 W 15_09-05

Mind-Map – Ihre Arbeitsbereiche in der Hauswirtschaft

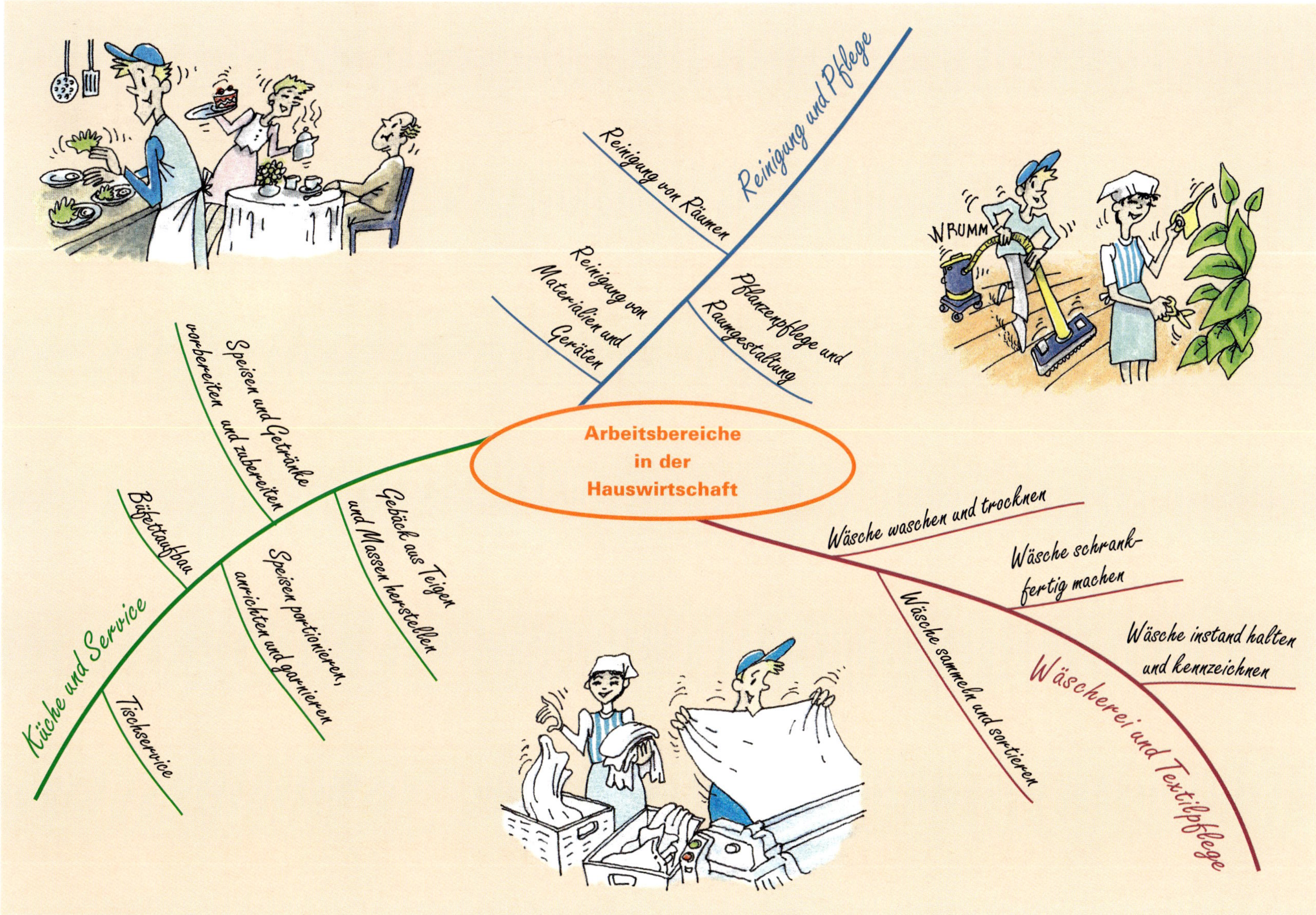

Methode des selbstständigen beruflichen Handelns

Das Zerlegen von Arbeitsaufgaben in sechs Schritte ermöglicht ein selbstständiges Handeln.

1. Informieren

Die Auszubildende hinterfragt den Arbeitsauftrag:
- Was soll getan werden?
- Was muss ich dafür wissen?

Dann werden selbstständig allein oder zusammen mit anderen Auszubildenden die dafür benötigten Informationen aus Fachbüchern, technischen Unterlagen, Rezepten, im Gespräch mit anderen Auszubildenden und dem Ausbilder ermittelt.

2. Planen

Die Auszubildende erstellt einen Arbeitsplan:
- Welche Arbeitsschritte sind notwendig?
- In welcher Reihenfolge sind diese durchzuführen?
- Welche Werkzeuge und Hilfsmittel werden benötigt?
- Wie viel Zeit wird dafür benötigt?

3. Entscheiden

Die Auszubildenden entscheiden nun gemeinsam mit dem Ausbilder, wie der Plan durchgeführt werden soll.

4. Durchführen

Die Auszubildende führt den Arbeitsauftrag selbstständig nach dem Arbeitsplan durch.

5. Kontrollieren

Die Auszubildende kontrolliert selbst ihr Arbeitsergebnis, z. B. mithilfe folgender Fragestellungen:
- War der Arbeitsplatz richtig eingerichtet?
- Erfolgten die Arbeitsschritte in der richtigen Reihenfolge?
- War die benötigte Arbeitszeit angemessen?
- Wie ist das Endergebnis zu bewerten?

6. Bewerten

Auszubildende und Ausbilder begutachten das Arbeitsergebnis.
- Was ist besonders gut gelungen?
- Was kann nächstes Mal besser gemacht werden?

1.2 Hygiene und Sicherheit

Vorschriftsmäßige Arbeitskleidung

Persönliche Hygiene

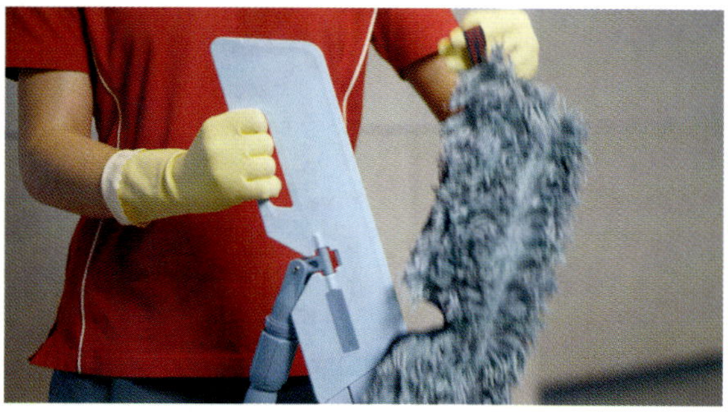

Schutzhandschuhe tragen

Hygiene bei der Arbeit

- Auf persönliche Körperhygiene achten.
- Saubere Arbeitskleidung und rutschfeste Schuhe tragen.
- Im Umkleideraum die Straßenkleidung gegen die Berufskleidung austauschen.
- Als Arbeitskleidung einen Kittel oder ein T-Shirt und Hose tragen.
- Die Arbeitsschuhe sind vorn geschlossen und haben hinten einen Fersenriemen.
- Regelmäßiger Wechsel der Arbeitskleidung, sie muss immer sauber und ordentlich sein.
- Längere Haare zusammenbinden.
- Eine Kopfbedeckung tragen.
- Schmuck ablegen. Halsketten, Armbanduhren, Armbänder, Ohrringe usw. sind bei der Arbeit verboten.
- Vor der Arbeit und nach dem Gang zur Toilette die Hände waschen und mit einem Einmalhandtuch abtrocknen, vgl. S. 16.
- Die Fingernägel sollen kurz und sauber sein.
- Nicht auf die Speisen husten oder niesen. Nach dem Naseputzen oder Husten die Hände waschen.
- Beim Wechsel zwischen dem unreinen in den reinen Bereich die Hände waschen.
- Bei Schmutzarbeiten Hände durch Schutzhandschuhe schützen.

Wunden hygienisch abdecken

- Hände regelmäßig mit einem Hautpflegemittel eincremen.
- Schnittwunden oder andere Verletzungen mit einem sauberen Verband oder Pflaster usw. abdecken. In den Wunden, auf Nasen- und Rachenschleimhäuten können sich Eitererreger befinden.
- Speisen nur mit einem sauberen Löffel probieren.
- Geschirrtücher und Reinigungstücher regelmäßig wechseln und waschen.
- Abfälle in den entsprechenden Abfallbehältern sammeln, vgl. S. 31.
- Schmutziges Geschirr zusammenstellen und möglichst bald reinigen.
- Schmutzige Wäsche in die Sammelbehälter legen und in den geschlossenen Behältern transportieren.
- Schmutzwäsche möglichst kurz lagern.
- Alle Räume sauber halten, die regelmäßigen Reinigungspläne beachten.
- Regelmäßige Kontrolle des Lagers auf Schädlingsbefall durchführen.
- Nur saubere Geräte und Maschinen verwenden, damit kein Schmutz übertragen wird.
- Speisen abgedeckt und kühl aufbewahren.
- Speisen nicht warm halten. Speisen rasch abkühlen und bei Bedarf schnell wieder aufwärmen.
- Essen, Trinken, Kaugummikauen oder Rauchen sind nur in den Aufenthaltsräumen bzw. Pausenräumen erlaubt.

Mit einem zweiten Löffel abschmecken

Abfall in Abfallbehältern

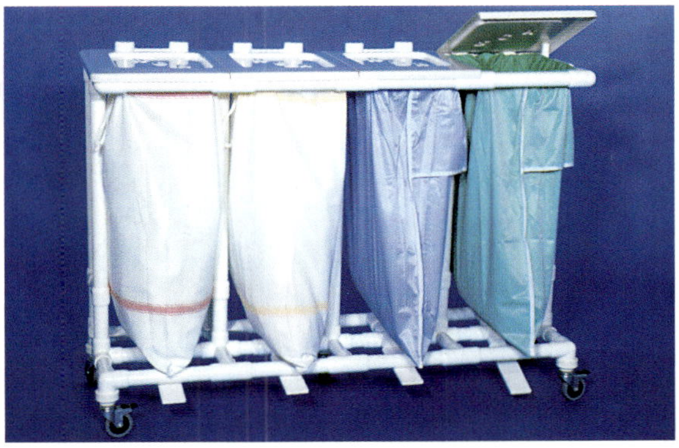

Schmutzwäsche in Sammelbehältern

Kontrolle der Lagerbestände

Essen und Trinken im Pausenraum

So werden die Hände gründlich sauber

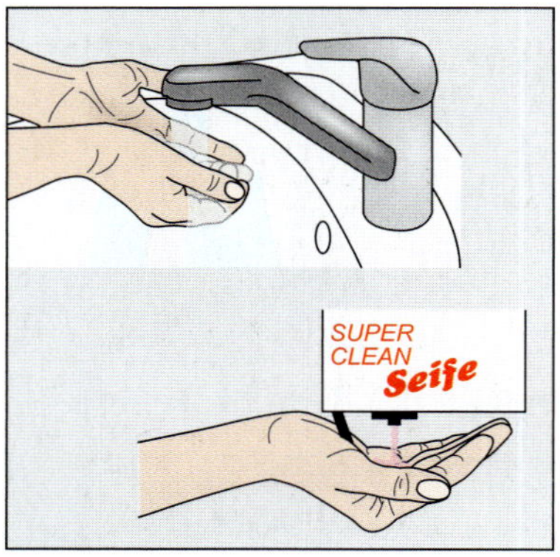

Hände nass machen.
Seife benutzen.

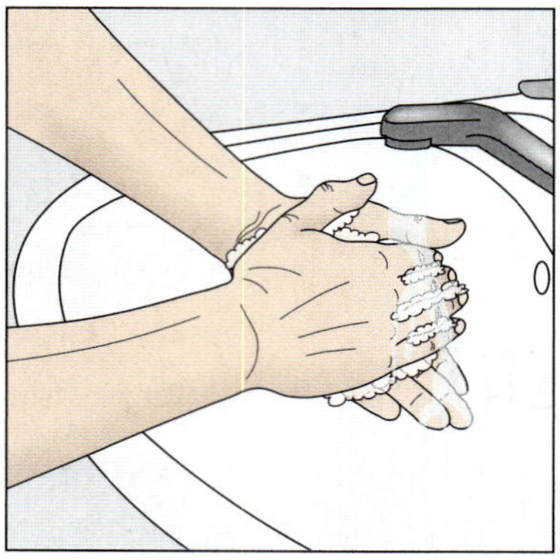

Handfläche auf
Handfläche reinigen.

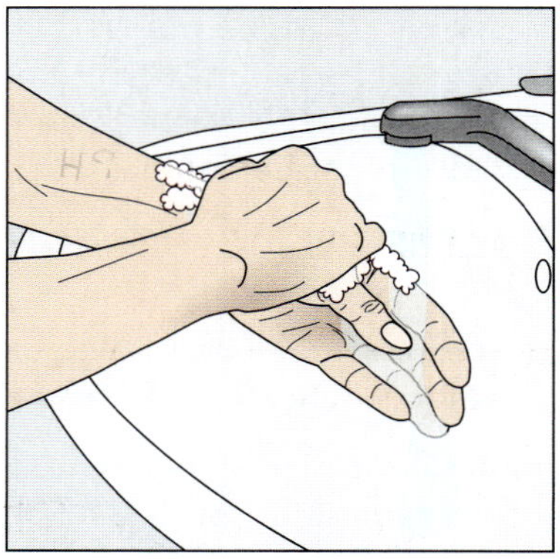

Handfläche auf Handrücken.
Beide Hände im Wechsel.

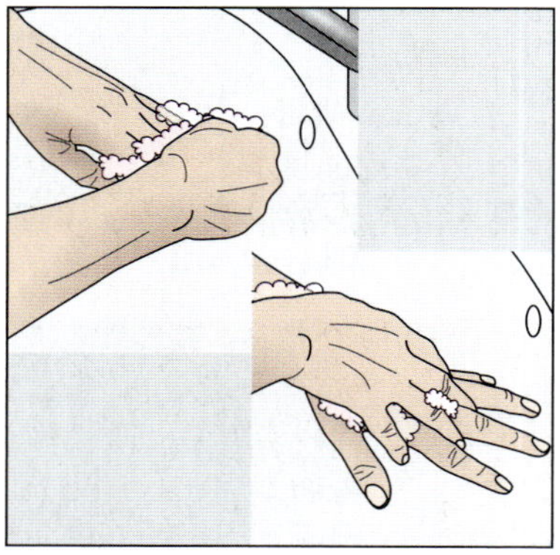

Fingerspitzen reinigen,
Hände zwischen den
Fingern reinigen.

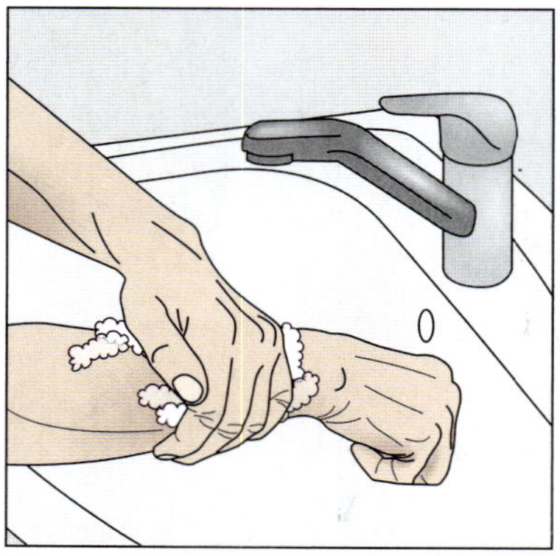

Unterarme bis zum
Ellenbogen reinigen.

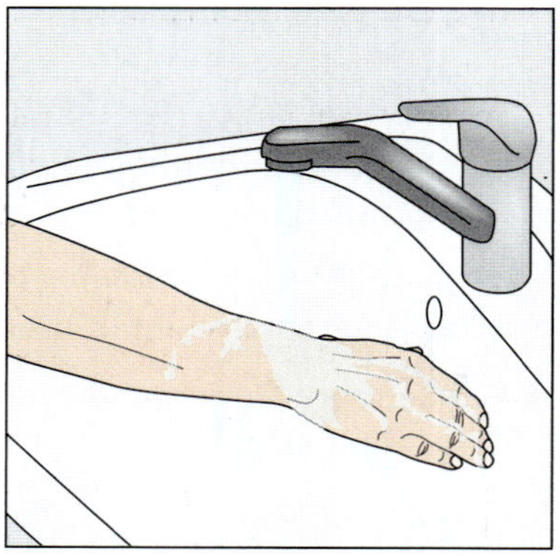

Unterarme und Hände
abspülen.

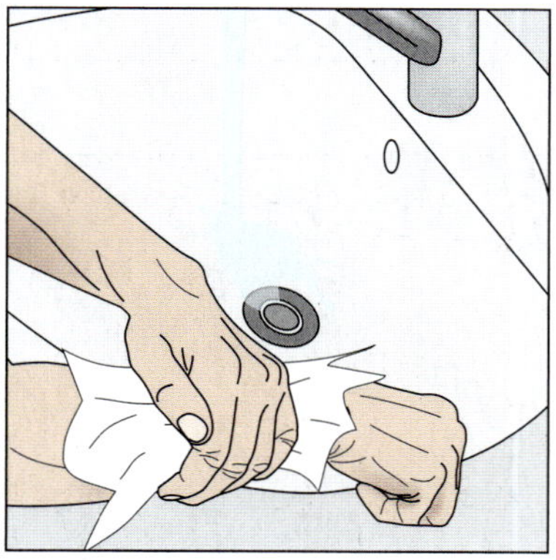

Hände und Unterarme mit
dem Einmalhandtuch
trocknen.

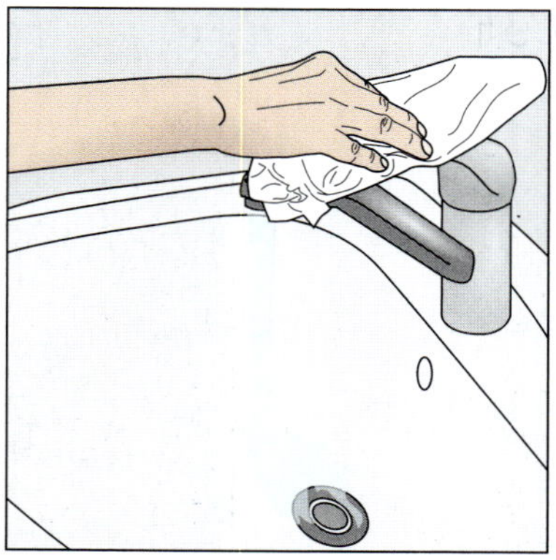

Wasserhahn mit dem
Einmalhandtuch schließen.

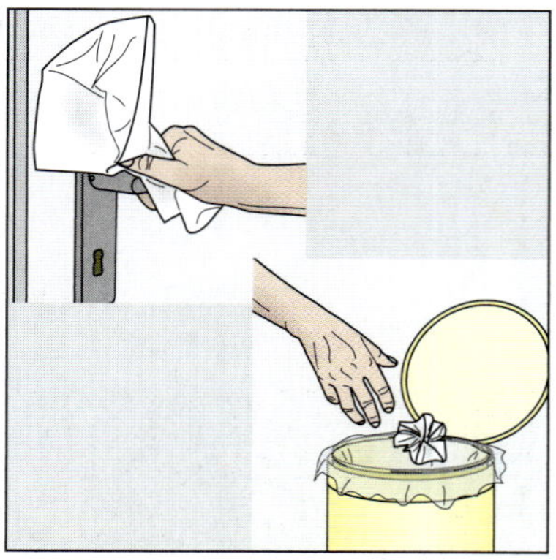

Tür mit dem Einmalhandtuch
öffnen. Handtuch entsorgen.

Unfallgefahren

Aufgaben:

1. Erläutern Sie, was hier falsch gemacht wird.
   Wie macht man es richtig?
2. Erläutern Sie Sicherheitsmaßnamen, die Sie bei der Arbeit mit
   a) einer Aufschnittschneidemaschine,
   b) einem Messer,
   c) einem Dampfdrucktopf
   beachten müssen.
3. Beschreiben Sie Erste-Hilfe-Maßnahmen bei
   a) kleineren Schnittverletzungen,
   b) Verbrennungen.
4. Erstellen Sie einen Fingerkuppenverband.

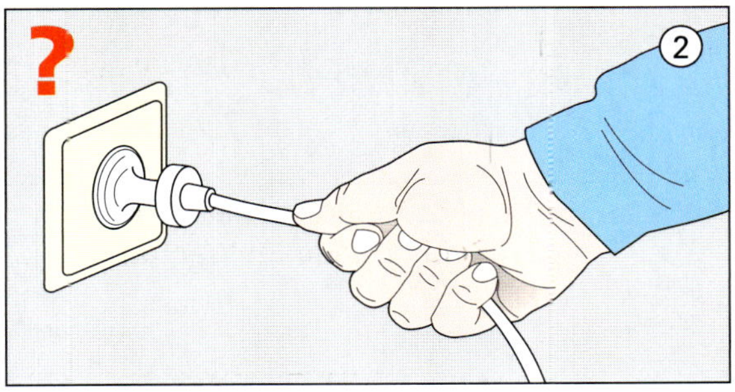

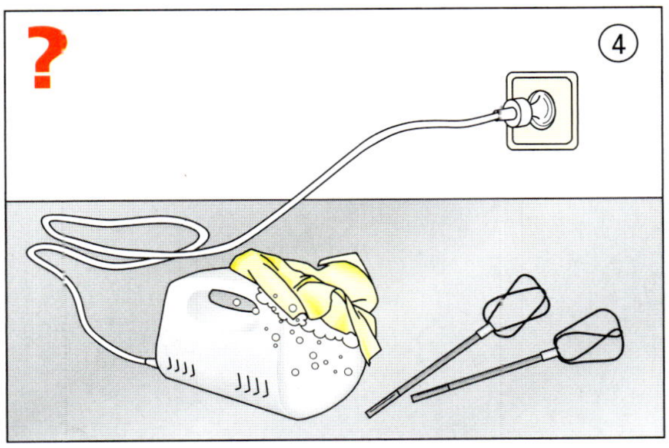

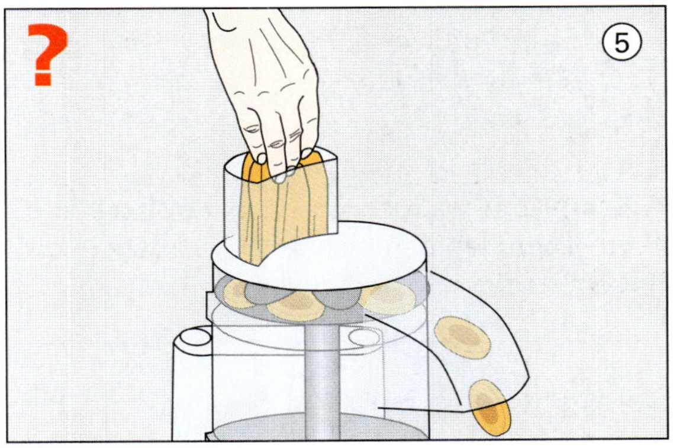

Vermeidung von Stürzen – 85 % aller Unfälle sind Stürze

- Herabgefallene Abfälle, z. B. Obstschalen, sofort aufheben.

- Verschüttetes sofort aufwischen.
- Verspritztes Fett sofort aufwischen.

- Nichts in den Laufbereich stellen.
- Auf richtige Arbeitskleidung, besonders Schuhe mit rutschfester Sohle, achten.
- Keine Anschlusskabel von elektrischen Geräten herunterhängen lassen.
- Stühle nicht als Leiterersatz verwenden. Eine Leiter mit rutschfesten Tritten, Gummifüßen und Sicherheitsbügel benutzen.

Vermeidung von Schnittwunden und Verletzungen durch Geräte

- Beim Arbeiten Haare zusammenbinden, Schmuck ablegen.
- Den Resthalter bei Zerkleinerungsmaschinen als Fingerschutz benutzen.

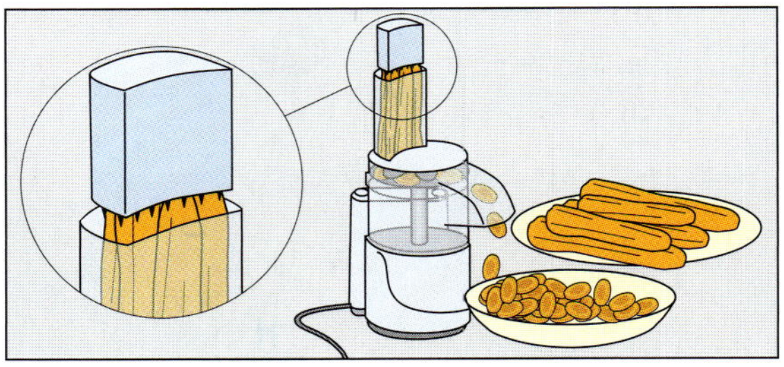

- Krallengriff beim Schneiden anwenden.

- Messer nicht herumliegen lassen. Nach dem Gebrauch wieder in den Messerbehälter stellen.
- Nicht mit Schneidegeräten, z. B. Messern, herumlaufen. Sollte dies notwendig sein, Klinge bzw. Schneide nach unten halten.

- Schneidewerkzeug nie in das Spülwasser legen. Es kann jemand hineingreifen und sich verletzen.

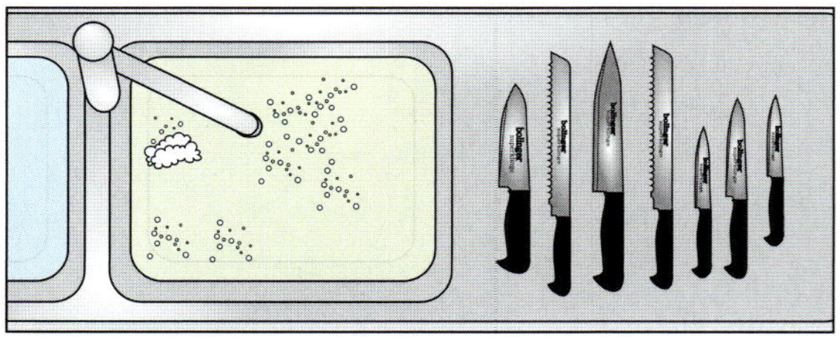

- Fallende Messer und Gläser nicht auffangen.
- Beschädigtes Geschirr wegwerfen.
- Vor dem Reinigen der elektrischen Geräte den Stecker ziehen. Motorgehäuse nur feucht abwischen, nicht spülen.
- Schutzvorrichtungen bei Maschinen und Geräten nicht entfernen.
- Stecker nicht an der Schnur aus der Steckdose ziehen, Stecker anfassen.

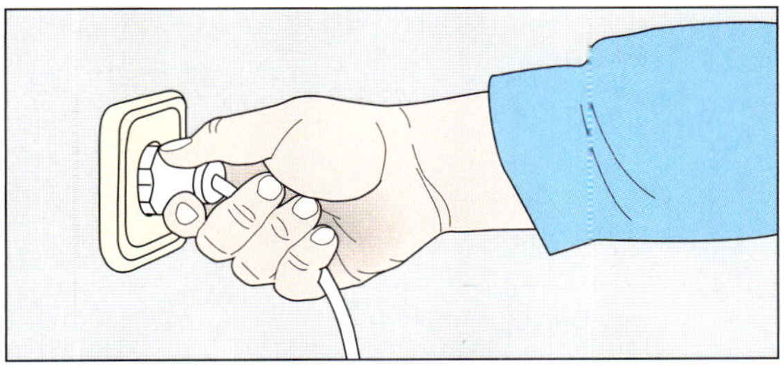

Vermeidung von Verbrennungen und Verbrühungen

- Heiße Flüssigkeit, z. B. von Kartoffeln, vorsichtig abgießen.
- Keine Fritteuse mit heißem Fett transportieren.
- Niemals Gefäße mit heißer Flüssigkeit auf dem Boden abstellen.
- Auf brennendes Fett kein Wasser gießen. Einen Deckel auf das Gefäß legen, damit die Flamme erstickt.

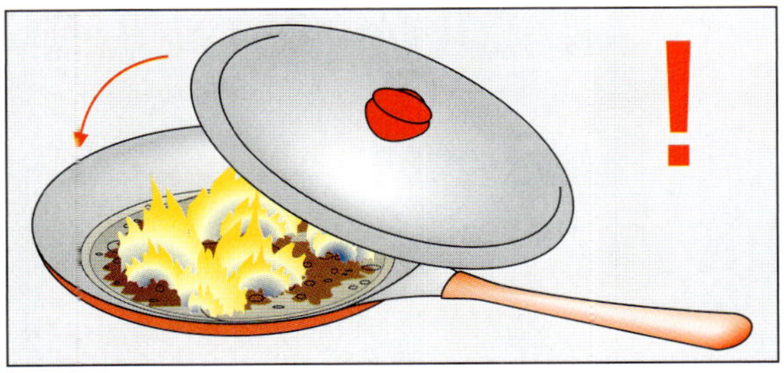

- Lebensmittel gut abtrocknen, bevor sie frittiert oder gebraten werden. So werden gefährliche Fettspritzer vermieden. Zum Frittieren deshalb auch nur wasserfreies, reines Fett bzw. Öl verwenden.
- Darauf achten, dass z. B. der Grill auch von außen sehr heiß werden kann. Topfhandschuhe bzw. Topflappen benutzen.
- Standort und Bedienung des Feuerlöschers kennen.

Vermeidung von Vergiftungen und Verätzungen

- Beim Einkauf von leicht verderblichen Lebensmitteln auf das Verbrauchsdatum achten, es ist ein Verfallsdatum. Das Mindesthaltbarkeitsdatum ist kein Verfallsdatum.

- Bei schlechtem Geruch oder Schimmelbildung Lebensmittel nicht mehr essen.
- Selbst gesammelte Pilze nur dann essen, wenn man sie wirklich kennt. Vorsichtshalber zur Pilzberatungsstelle gehen.
- Reinigungsmittel nur in entsprechend gekennzeichneten Flaschen oder Gefäßen aufbewahren, nie in Getränkeflaschen füllen.

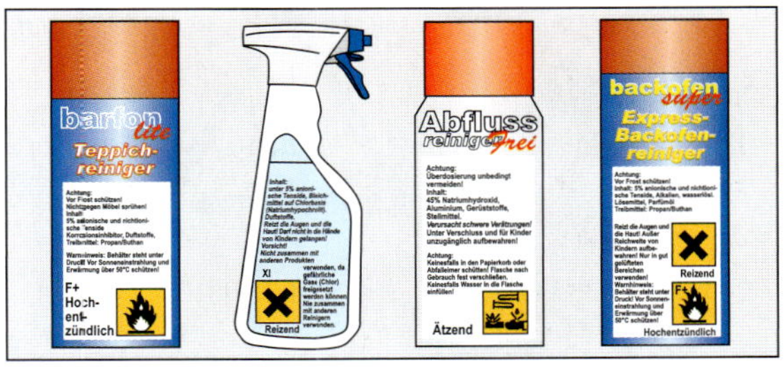

- Dosierungsvorschriften bei Reinigungsmitteln beachten. Es kann sonst zu gefährlicher Gasbildung kommen.

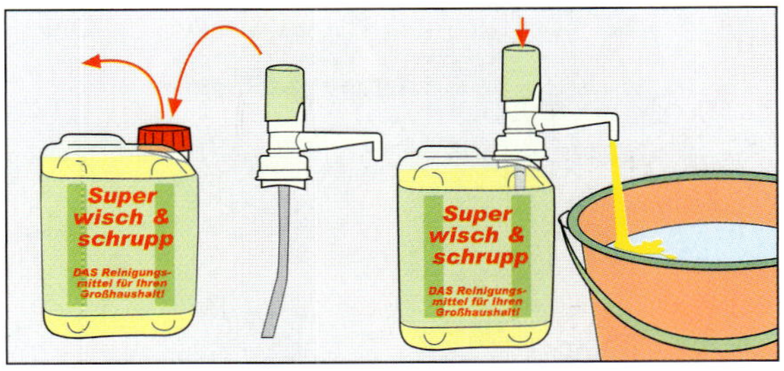

Unfälle werden durch umsichtiges und richtiges Arbeiten vermieden.

Sicherheitszeichen und Gefahrenzeichen

Verbotszeichen

Rauchen verboten

Feuer, offenes Licht und Rauchen verboten

Mit Wasser löschen verboten

Kein Trinkwasser

Mobilfunk verboten

Warnzeichen

Warnung vor giftigen Stoffen

Warnung vor ätzenden Stoffen

Warnung vor feuergefährlichen Stoffen

Warnung vor explosionsgefährlichen Stoffen

Warnung vor brandfördernden Stoffen

Gebotszeichen

Augenschutz benutzen

Schutzhelm benutzen

Gehörschutz benutzen

Schutzschuhe benutzen

Schutzhandschuhe benutzen

Schutzkleidung benutzen

Rettungszeichen

Erste Hilfe

Notruftelefon

Krankentrage

Notausgang

Brandschutzzeichen

Feuerlöschgerät

Brandmelder

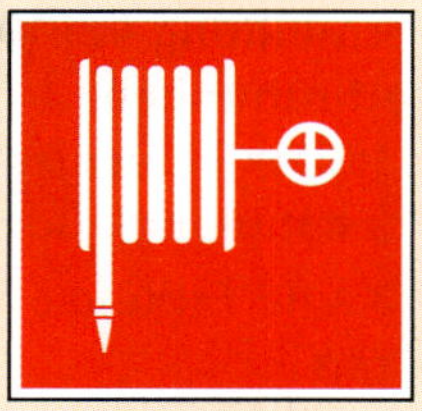
Löschschlauch

Leiter

Einrichtungen zur Brandbekämpfung

Erste-Hilfe-Maßnahmen

Kleine Wunden
Nicht auswaschen, etwas bluten lassen. Grobe Schmutzteile vorsichtig mit einem sauberen Tuch entfernen. Steriles Pflaster verwenden.

Sonst können selbst kleine Wunden lebensgefährlich werden. Es kann zu Entzündungen und zu einer Blutvergiftung kommen.

Nasenbluten
Den Kopf leicht vornüberbeugen. Kalte Umschläge in den Nacken.

Insektenstiche
Feuchte, kühle Umschläge mit Essigwasser oder verdünntem Salmiakgeist. Bei Bienenstichen und Wespenstichen im Mundraum sofort Notruf – Erstickungsgefahr!

Inzwischen Hals mit Eisbeutel kühlen.

Verbrennungen und Verbrühungen
Betroffene Stelle sofort in kaltes Wasser – kein Eiswasser – eintauchen oder unter fließendes Wasser halten, bis der Schmerz nachlässt; mindestens 15 Minuten. Kein Mehl oder sonstige Hausmittel verwenden. Evtl. mit Brandwunden-Verbandpäckchen oder Verbandtuch abdecken.

Verätzungen
Sofort Notruf.
Kleidung über den betroffenen Stellen entfernen. Haut ausgiebig mit Wasser abspülen. Dabei die unverletzten Teile, z. B. das andere Auge, schützen.

Knochenbrüche/Verletzungen der Gelenke
Ruhigstellung der verletzten Körperteile in der vorgefundenen Lage, vgl. Abbildung.

Erstickungsgefahr – Fremdkörper in der Luftröhre
Sofort Oberkörper tief nach vorn beugen, mit der flachen Hand kräftige Schläge zwischen die Schulterblätter, husten lassen.

Grundsätzliches bei Unfällen
- Ruhe bewahren
- Erkennen, überlegen, handeln
- Weitere Schädigungen verhindern
- Unfallstelle absichern
- Hilfe herbeiholen – Notruf
- Verletzte Person nicht allein lassen

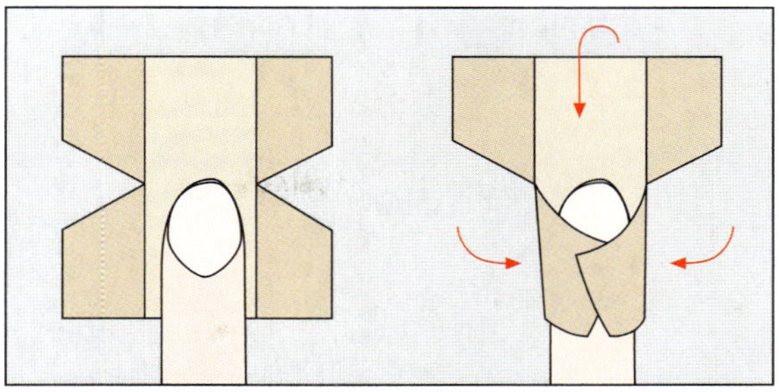

Fingerkuppenverband

Behelfsmäßige Ruhigstellung bei Oberarmbruch

Der Notruf muss folgende Informationen enthalten:
- **Wo geschah es?**
  Unfallort, Straße/Nr. Ortsbeschreibung
- **Was geschah?**
  kurze Beschreibung des Unfallhergangs
- **Wie viele Verletzte?**
  Zahl der Verletzten
- **Welche Arten von Verletzungen?**
  ungefähre Verletzungsart, besonders lebensbedrohliche Verletzungen nennen
- **Warten auf Rückfragen**
  gegebenenfalls Name und Telefonnummer für Rückrufe

1.3 Arbeitsgestaltung

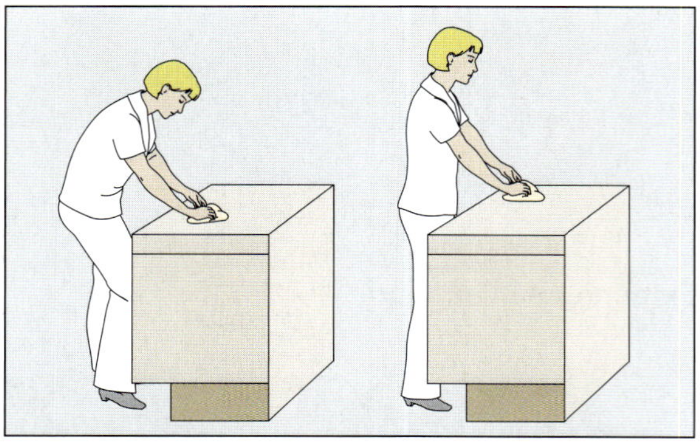

Falsche und richtige Haltung beim Stehen

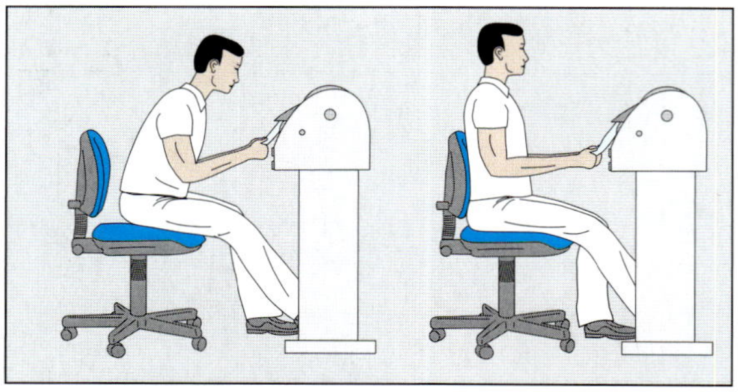

Falsche und richtige Haltung beim Sitzen

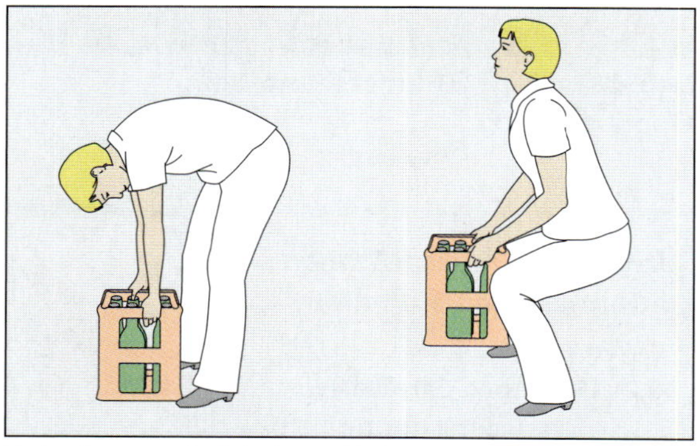

Falsches und richtiges Heben von Lasten

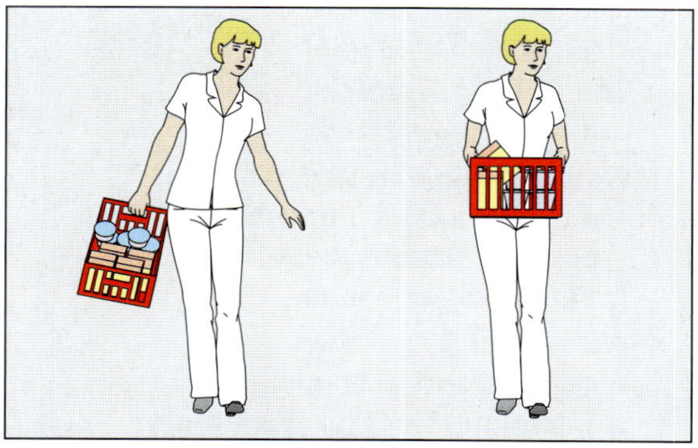

Falsches und richtiges Tragen von Lasten

Die richtige Arbeitshaltung

Stehen

Arbeiten, die den Einsatz des Körpergewichtes bzw. ausladende Armbewegungen erfordern, werden im Stehen durchgeführt.

Langes Stehen belastet die Wirbelsäule.

Gute Arbeitshaltung beim Stehen:

- aufrechte Haltung, gerader Rücken
- beide Füße gleichmäßig belasten
- Oberarme hängen locker, Schultergürtel ist entspannt
- Unterarme mindestens im 90°-Winkel halten
- ausreichend Fußraum

Sitzen

Nur Arbeiten, für die man viel Platz oder Kraft benötigt, werden im Stehen durchgeführt, z. B. Reinigung des Fußbodens oder das Zusammenlegen großer Wäschestücke.

Gute Arbeitshaltung im Sitzen:

- aufrechte Haltung, gerader Rücken
- Lendenwirbelsäule wird durch die Stuhllehne gestützt
- Oberarme hängen locker, Schultergürtel ist entspannt

Bücken

Bücken ist sehr anstrengend. Oft sind Rückenschmerzen die Folge von längerer Arbeit in gebückter Haltung, da diese den Rückenbereich stark beansprucht. Gebücktes Sitzen oder Stehen führt also zur schnelleren Ermüdung und zu Haltungsschäden.

Bücken ist oft durch die richtige Wahl oder Anordnung der Arbeitsmittel zu vermeiden, z. B.:

- Der Stiel des Besens oder Schrubbers sollte deshalb dem Benutzer bis zum Kinn reichen.
- Zum Aufhängen von Wäsche Wäschekorb mit Beinen benutzen oder Korb auf einen Hocker stellen.
- Den Einkaufskorb beim Ausräumen auf einen Stuhl stellen.
- Den Putzeimer auf einen Rollwagen stellen.
- Beim Staubsaugen nicht bücken und nicht die Fußbodendüse auf den Boden drücken.
- Bei Arbeiten in Bodennähe in die Hocke gehen.

Heben und Tragen

Auch beim Heben und Tragen von Lasten ist es sinnvoll, in die Hocke zu gehen und in dieser Haltung die Lasten zu heben. So kommt die Kraft zum Heben aus den Oberschenkeln und nicht aus dem Rücken.

Beim Tragen sollte man den Körper beidseitig gleichmäßig belasten. Im Übrigen sollen Gegenstände möglichst dicht am Körper transportiert werden, um die Haltearbeit der Arme zu verringern.

Bei jeder Arbeit auf eine gute Arbeitshaltung achten.

Jeweils überlegen, ob man die Arbeit besser im Stehen oder Sitzen durchführt.

Arbeiten in gebückter, hockender oder gestreckter Haltung sollten möglichst vermieden oder zumindest durch geeignete Hilfsmittel erleichtert werden.

Aufgaben:

1. Betrachten Sie die Abbildungen rechts. Beschreiben Sie die Arbeiten. Was wird hier falsch gemacht? Wie macht man es richtig?
2. Welche Arbeiten sollen im Sitzen und welche im Stehen ausgeführt werden?
   a) Kartoffeln schälen,
   b) Hefeteig kneten,
   c) Plätzchen ausstechen,
   d) Tischdecke bügeln,
   e) Pflaumen entsteinen,
   f) Gemüse putzen,
   g) Mandeln mahlen,
   h) Kopfsalat waschen und putzen,
   i) Bluse bügeln,
   j) Teig ausrollen.
3. Erproben Sie das richtige
   a) Heben,
   b) Tragen von Lasten.

Arbeitsbewegungen

Nicht nur die Körperhaltung, sondern auch die Arbeitsbewegungen bestimmen den Zeitaufwand und Kraftaufwand für eine Tätigkeit und somit die Leistungsfähigkeit.

Tipps für leichtere, geordnete Bewegungsabläufe:

▶ Kreisbewegungen sind leichter auszuführen als Hin- und Herbewegungen, z. B. beim Rühren oder auch beim Abtrocknen oder Polieren.

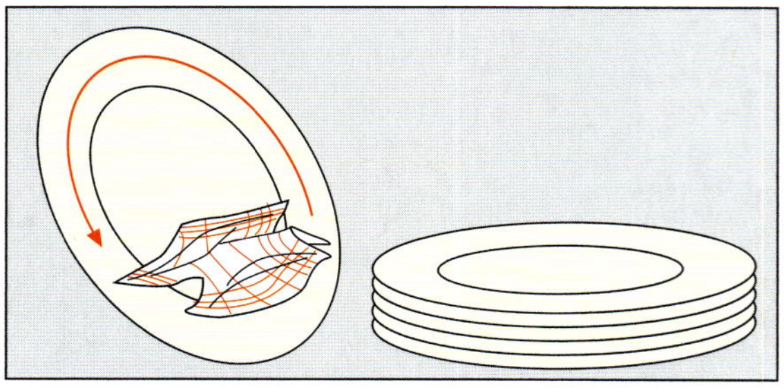

▶ Die Bewegungen sollen fließend sein und ineinander übergehen, z. B. beim Reinigen der Fenster schlangenförmige Bewegungen durchführen.

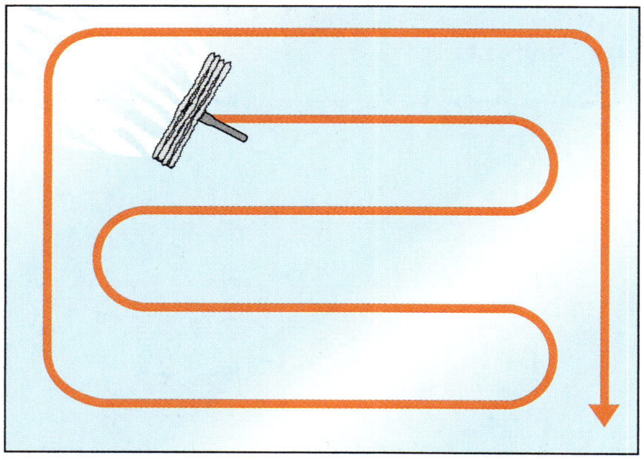

▶ Gezielte und dann oft auch verkrampfte Bewegungen sind schwieriger durchzuführen als schwungvolle, z. B. Füllen einer Flasche mit einem Trichter.

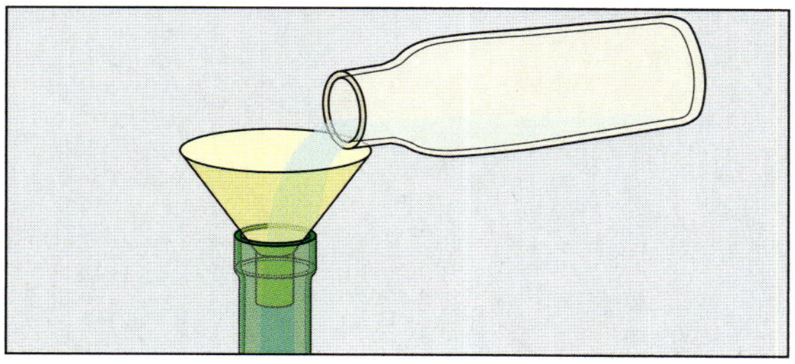

▶ Bewegungen nicht gegen die Schwerkraft ausführen, z. B. Überkopfarbeit.

▶ Überkreuzbewegungen vermeiden, d. h., die rechte Hand soll nicht über die linke greifen und umgekehrt. Durch einen richtigen Arbeitsablauf von rechts nach links – für Rechtshänder – ist dies möglich. Linkshänder arbeiten von links nach rechts.

▶ Beide Hände möglichst gleichmäßig benutzen, auch wenn die Arbeitshand meist geübter ist. Also eine Arbeit mit beiden Händen beginnen oder im Wechsel mit beiden Händen arbeiten.

▶ Die Zahl der Bewegungen möglichst gering halten. Also z. B. beim Bügeln die gesamte zu bügelnde Wäsche griffbereit hinlegen.

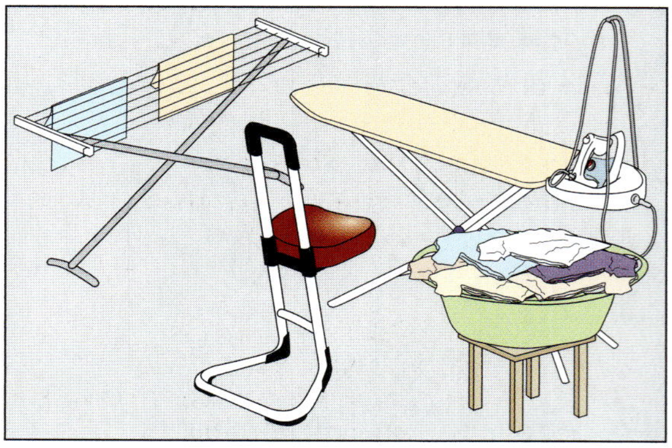

Arbeitsplatzgestaltung

Aufgaben:

1. Beide Auszubildenden haben einen Arbeitsplatz für die Herstellung von Obstsalat eingerichtet.
   Was wird von den Personen falsch gemacht? Wie macht man es richtig?
2. Richten Sie einen Arbeitsplatz für die Herstellung von Obstsalat ein. Kennzeichnen Sie dabei den
   a) inneren,
   b) äußeren Greifraum.

Arbeitsplätze für die Herstellung von Obstsalat

Beim Einrichten eines Arbeitsplatzes ist auf den richtigen Arbeitsablauf und die Anordnung der Arbeitsgeräte, Schüsseln usw. zu achten:

- Der Teller für den Abfall bzw. das Brett, das zum Zerkleinern benutzt wird, steht direkt vor der arbeitenden Person bzw. rechts daneben.
- Die Hände sollen sich beim Arbeiten möglichst nicht kreuzen – sich nicht gegenseitig behindern – und es soll nicht zu unnötig weiten Bewegungen kommen. Rechtshänder: Die Rohware wird mit der linken Hand gegriffen, sie steht links.

Greifraum – man unterscheidet den inneren und den äußeren Greifraum

- **Innerer Greifraum:** Gegenstände, die häufig benötigt werden, gehören in den inneren Greifraum. Hier können sie mit gebeugtem Arm bequem erreicht werden, z. B. das Brett, auf dem das Obst zerkleinert wird.
- **Äußerer Greifraum:** Gegenstände, die nicht so häufig gebraucht werden, gehören in den äußeren Greifraum. Sie können nur mit gestrecktem Arm erreicht werden, z. B. die Schüssel für den Obstsalat.

innerer Greifraum äußerer Greifraum

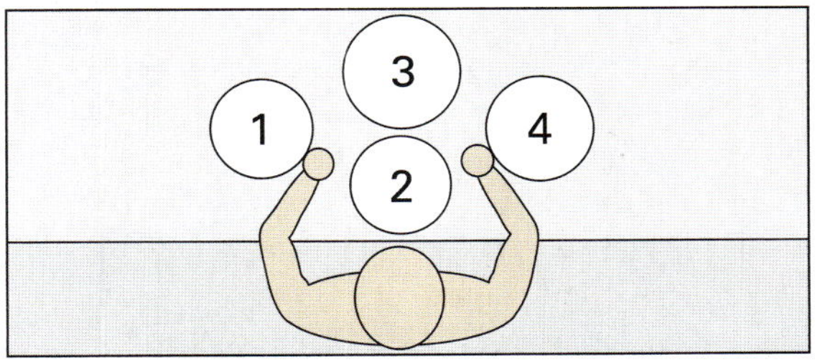

① Rohware – Obst
② Schneidbrett
③ Schüssel für geschnittenes Obst
④ Schüssel für Abfall

Erstellung von Arbeitsplänen

Für umfangreichere Arbeitsaufträge müssen Arbeitspläne erstellt werden.

Zunächst sind bei der Erstellung von Arbeitsplänen grundsätzliche Fragen zu beantworten:

- Welcher Arbeitsauftrag ist zu erledigen?
- Für wen ist der Arbeitsauftrag zu erledigen?
- Wo ist der Arbeitsauftrag zu erledigen?
- Wie wird der Arbeitsauftrag erledigt?
- Was wird für die Erledigung des Arbeitsauftrags benötigt? Womit wird er erledigt?
- Worauf muss man bei der Erledigung des Arbeitsauftrags besonders achten?
- In welcher Reihenfolge werden die Teilarbeitsaufträge durchgeführt?
- Wie viel Zeit wird für die Durchführung der Teilarbeitsschritte benötigt?
- Wie viel Zeit wird für die Durchführung des gesamten Arbeitsauftrags benötigt?
- Wie kann man den Arbeitsauftrag in möglichst kurzer Zeit erledigen?

Aufgaben:

1. Beantworten Sie die grundsätzlichen Fragen bei der Arbeitsplanung für folgende Arbeitsaufträge:
   a) Glätten von zehn trockenen Geschirrtüchern,
   b) Zubereitung eines Obstsalats aus Weintrauben, Äpfeln, Apfelsinen und Nüssen,
   c) Reinigung des Kaffeegeschirrs von zehn Personen.
2. Erstellen Sie genaue Arbeitspläne für die drei oben genannten Arbeitsaufträge.
3. Führen Sie einen dieser Arbeitsaufträge nach dem erstellten Arbeitsplan durch. Verbessern Sie evtl. den Arbeitsplan.

Dann beginnt man mit der genauen Arbeitsplanung.

- Der Arbeitsablauf wird in einzelne Teilarbeitsschritte untergliedert.
- Welche Arbeit muss zuerst getan werden und welche folgt?
- Zunächst werden grundsätzlich alle benötigten Geräte, Zutaten oder Wäschestücke oder Reinigungsmittel bereitgestellt.
- Bei den einzelnen Arbeitsschritten muss überlegt werden, ob es sich um Tätigkeitszeiten, z. B. Schälen von Gurken oder Bügeln von Geschirrtüchern, oder um Wartezeiten, z. B. Garen von Gemüse oder Waschen der Wäsche in der Waschmaschine, handelt.
- Durch eine sinnvolle Nutzung der Wartezeiten wird die Gesamtarbeitszeit verkürzt. Beispiel: Die Wartezeit während des Garens des Gemüses wird für die Zubereitung einer anderen Speise genutzt, oder die Wartezeit während des Waschvorgangs wird für die Durchführung einer Reinigungsaufgabe genutzt.
- Bei der Planung des Arbeitsablaufs bei der Speisenzubereitung wird im Allgemeinen mit der Speise begonnen, die die längste Zubereitungszeit braucht.
- Bei der Planung des Arbeitsablaufs beim Glätten von Textilien wird im Allgemeinen mit den Textilien begonnen, die am wenigsten Wärme vertragen, so werden Wäscheschäden vermieden.
- Benutzen Sie für Ihre Arbeitsplanung die folgende Tabelle.

Arbeitsplan für einen Arbeitsauftrag

Zeitbedarf	Tätigkeit		
10 Min.	Geräte bereitstellen		
10 Min.	?	?	?
10 Min.	?	?	?
10 Min.	?	?	?
10 Min.	?	?	?
10 Min.	?	?	?

Begriffserläuterungen

Die Arbeitsablaufplanung ermöglicht eine Verringerung der Gesamtarbeitszeit.

Folgende Zeiten werden bei der Arbeitsplanung unterschieden:

Tätigkeitszeit beinhaltet eine planmäßige, unmittelbar der Arbeitsaufgabe dienende Tätigkeit.

Wartezeit ist eine ablaufbedingte Unterbrechung. Es wird gewartet, bis wieder eine Tätigkeit notwendig wird.

Wartezeiten werden nach Möglichkeit für andere Tätigkeiten genutzt.

Verteilzeit entsteht durch störungsbedingte oder persönlich bedingte Unterbrechungen, z. B. Nase putzen, vergessene Zutaten holen, Maschine funktioniert nicht.

Diese Zeiten sind nicht planbar.

Erholungszeit dient der Wiederherstellung der Arbeitskraft, z. B. Erfrischungsgetränk zu sich nehmen.

Rüstzeit beinhaltet alle Zeiten zum Vor- und Nachbereiten eines Arbeitsablaufs.

Gesamtarbeitszeit ist die Summe aller genannten Zeiten: Tätigkeitszeit, Wartezeit, Verteilzeit, Erholungszeit und Rüstzeit.

Aufgaben:

1. Betrachten Sie die drei Bilder. Welche der oben genannten Begriffe, z. B. Verteilzeit, passen zu den Bildern?
   1. Bild ?
   2. Bild ?
   3. Bild ?
2. Für das Waschen von Küchenwäsche werden folgende Zeiten benötigt:
   Rüstzeit: 20 Minuten
   Wartezeit: 60 Minuten
   Verteilzeit: 5 Minuten
   Erholungszeit: 20 Minuten
   Wie lang ist die Gesamtarbeitszeit?
3. Wodurch kann die Gesamtarbeitszeit verkürzt werden?

1. Bild ?

2. Bild ?

3. Bild ?

1.4 Umweltschutz

Aufgaben:

1. Beschreiben Sie die Vorgänge auf den einzelnen Abbildungen.
2. Ordnen Sie die Merksätze den Abbildungen zu.
3. Notieren Sie Ihre Beschreibungen und die jeweiligen Merksätze in Ihrem Ordner.
4. Berechnen Sie mithilfe der Abbildung, wie viel Liter Trinkwasser eine Person täglich verbraucht.
5. Wie viel Liter Wasser werden zum Essen und Trinken verwendet?

Umweltbewusster Umgang mit dem Trinkwasser

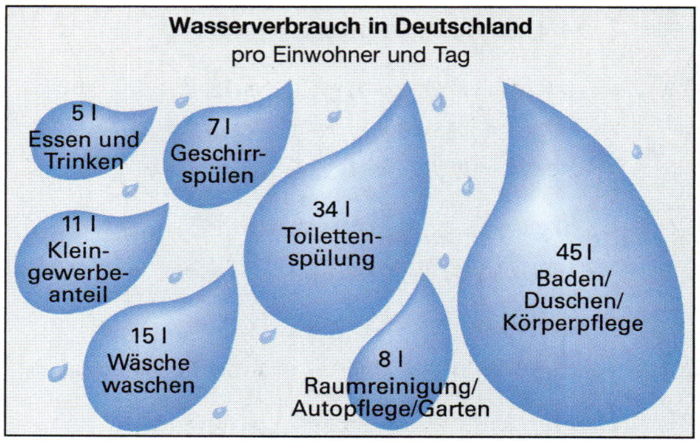

- Waschmittel und Reinigungsmittel genau dosieren – sparsam verwenden.
- Speisereste und Abfälle gehören nicht in das Abwasser – die Toilette.
- Wasserhähne nach der Benutzung richtig schließen.
- Waschen ohne Vorwäsche spart Wasser.
- Öfter duschen statt baden spart Wasser.
- Fettreste und Ölreste gehören nicht in das Abwasser.
- Zimmerpflanzen und Balkonblumen können auch mit Regenwasser gegossen werden.
- Waschmaschinen und Geschirrspülmaschinen nur einschalten, wenn sie voll beladen sind.
- Lebensmittel möglichst in stehendem Wasser und nicht unter laufendem Wasserhahn waschen.

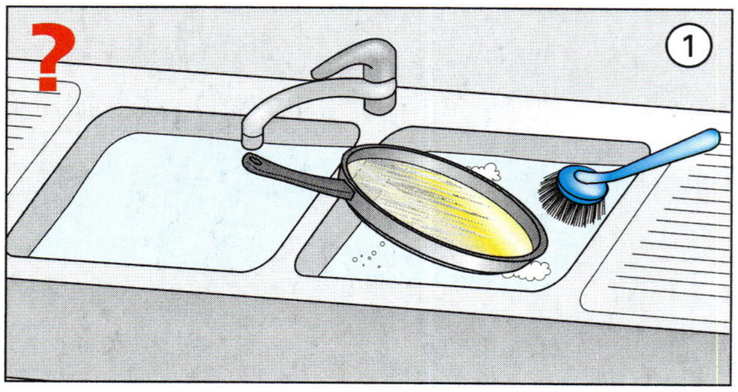

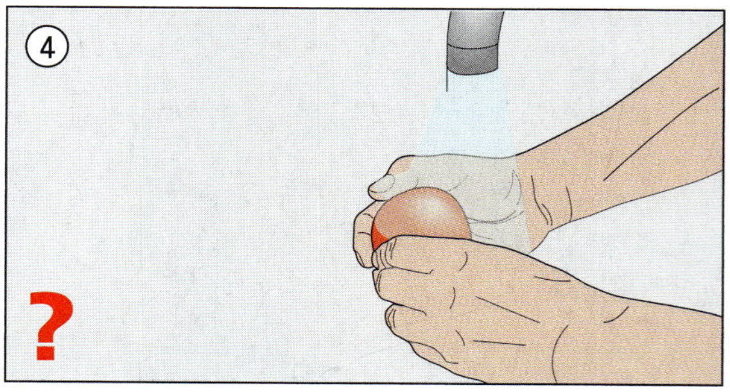

Umweltbewusster Umgang mit Energie – Strom

- **Schocklüften, Fenster im Winter kurz und weit öffnen.**
- **Heizkörper regelmäßig feucht reinigen. Staubige Heizkörper haben eine schlechtere Wärmeabgabe.**
- **Energiesparlampen statt Glühbirnen benutzen.**
- **Wäsche muss nur zum Teil im Kochwaschgang gewaschen werden.**
- **Kochplatten rechtzeitig zurückschalten, die Nachwärme ausnutzen.**
- **Der Dampfdrucktopf spart Energie.**
- **Auf die richtige Topfgröße achten, bei zu großen oder zu kleinen Töpfen geht Energie verloren.**
- **Generell im geschlossenen Topf garen.**
- **Wäsche im Trockner nicht übertrocknen, zum Bügeln und Mangeln sollte Restfeuchte vorhanden sein.**
- **Bei Bügelmaschinen die volle Walzenbreite ausnutzen.**
- **Türen von Kühlgeräten und Gefriergeräten nie länger offen stehen lassen.**
- **Speisen nur abgekühlt und in verschlossenen Behältern in Kühlgeräte oder Gefriergeräte geben.**
- **Beim Kauf von elektrischen Geräten auf den Stromverbrauch – das Energielabel – achten.**

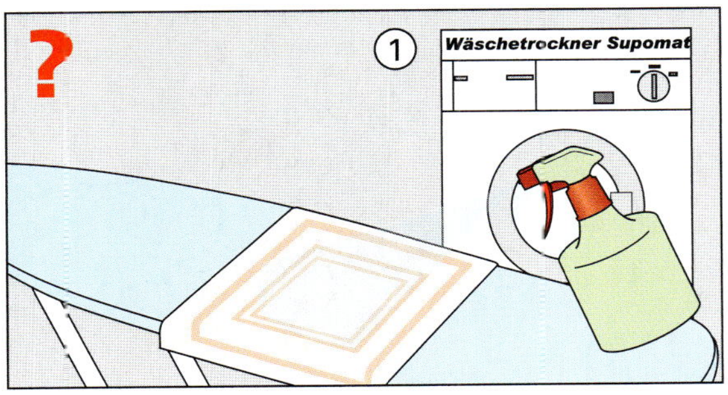

Aufgaben:

1. Betrachten Sie die Abbildungen.
2. Beschreiben Sie die Vorgänge auf den Abbildungen.
3. Ordnen Sie die Merksätze den Abbildungen zu.
4. Notieren Sie Ihre Beschreibungen und die jeweiligen Merksätze in Ihrem Ordner.
5. Notieren Sie die restlichen Merksätze zum umweltbewussten Umgang mit Wasser und Strom ebenfalls in Ihrem Ordner.

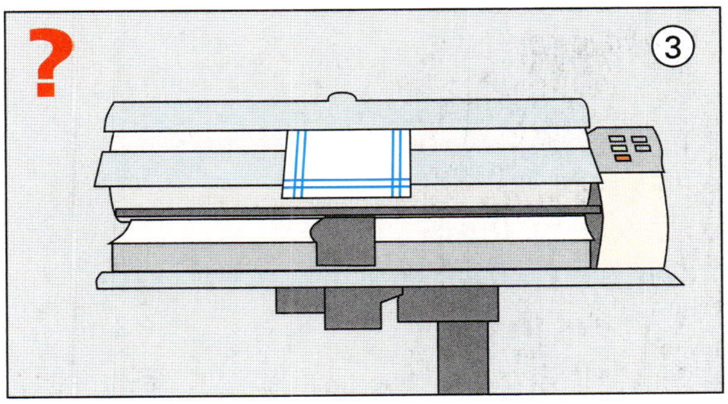

Abfälle – ein Problem für die Umwelt

Aufgaben:

1. Machen Sie Vorschläge für die Entsorgung bzw. weitere Verwertung der abgebildeten Abfälle.
2. Beschreiben Sie je ein Produkt, das
   a) umweltfreundlich,
   b) umweltbelastend
   verpackt ist.
3. Welche unterschiedlichen Müllcontainer befinden sich in Ihrem Betrieb?
4. Erzählen Sie aus dem „Leben einer Mehrwegflasche".

Müllvermeidung

- Waren in großer, aufwendiger Verpackung ablehnen, z. B. Pralinenkarton oder zweimal verpackte Waren, z. B. Teebeutel mit Einzeltüten und Karton oder Joghurtbecher mit Kartonbanderole.
- Wenn möglich, Nachfüllpackungen kaufen.
- Seifenspender statt kleiner Seifenpackungen verwenden.
- Wasch- und Reinigungsmittel in großen Gebinden und als Konzentrat kaufen.
- Großgebinde statt Portionspackungen verwenden.
- Verpackungsmaterial einsparen.
- Lebensmittel, wie Obst, Gemüse und Fleisch, nicht in Kunststoffverpackungen kaufen, sie werden auch unverpackt angeboten.
- Glas ist besser als anderes Verpackungsmaterial. Eine Pfandflasche kann etwa 10-mal gefüllt werden. Deshalb Getränke und Milchprodukte in Mehrwegflaschen, -gläsern bevorzugen.
- Mehrweg- statt Einwegverpackungen benutzen.
- Dosen vermeiden. Die Aluminiumherstellung stellt eine Umweltbelastung dar.
- Zum Einkauf einen Korb oder eine Tasche mitnehmen, keine Plastiktaschen.

Die Müllmenge kann durch einen umweltbewussten Einkauf gemindert werden.

Teebeutel und loser Tee

Mülltrennung
Im Betrieb und im Haushalt sollte die Mülltrennung dort beginnen, wo der Müll anfällt.

Es sollten also getrennte Müllbehälter für

- Papier u. a.,
- Glas,
- Leichtverpackungen,
- Biomüll und
- Restmüll vorhanden sein.

Die Abfallbehälter sollten jeweils die üblichen Farben haben.

Im Hausmüll enthaltene Wertstoffe sollen nach Möglichkeit dem Stoffkreislauf wieder zugeführt werden.

Grüner Punkt: Verpackungen aus Pappe, Karton und Papier sowie Leichtverpackungen aus Metall, Kunststoff und Verbundmaterialien tragen daher häufig den Grünen Punkt; sie werden gesammelt und wiederverwertet.

Papier und Pappe gehören in den Altpapiercontainer.

Aus Altpapier lässt sich Verpackungsmaterial und wieder Papier (Umweltpapier) herstellen, z. B. Schreibpapier, Toilettenpapier.

Nicht zum Altpapier gehören Tapeten, Papiertaschentücher, Kohlepapier, Getränkeverpackungen und alle kunststoffbeschichteten Papiere.

Am Briefkasten einen Aufkleber anbringen: „Bitte keine Werbung". Hierdurch wird Müll vermieden.

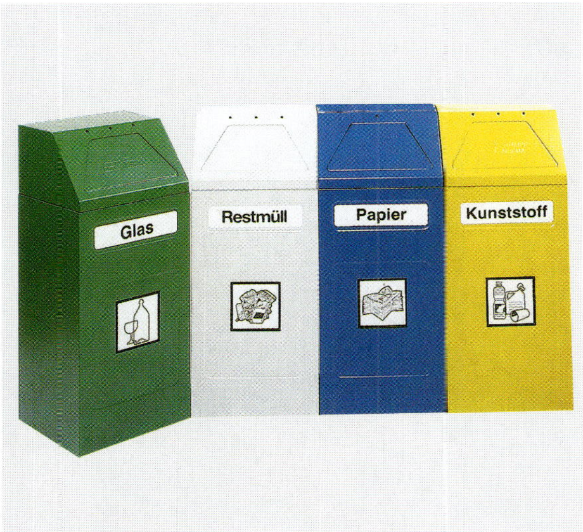

Müllcontainer

Glas wird in Glascontainer geworfen.

Bei Glas ist eine farbliche Sortierung Voraussetzung für das weitere Altglasrecycling. Altglas wird eingeschmolzen und z. B. wieder zu Flaschen verarbeitet. Umweltfreundlicher ist jedoch der Kauf von Mehrwegflaschen.

Mehrwegflaschen haben keinen Grünen Punkt, weil sie nicht weggeworfen werden. Das Recyclingzeichen auf Einwegflaschen besagt nur, dass die Entsorgung geregelt ist.

Küchenabfälle von Obst und Gemüse, Eierschalen, Kaffeesatz usw. machen etwa 30 % des Hausmülls aus.

Diese Abfälle können kompostiert werden. Sie gehören in spezielle Müllcontainer bzw. auf den Komposthaufen.

Nicht auf den Kompost gehören gekochte Speisereste, sie könnten Ratten anlocken.

Abfälle nicht in die Toilette schütten. Diese Abfälle müssen mit großem Aufwand wieder aus dem Abwasser entfernt werden, da sie nicht in die Umwelt gelangen dürfen.

Sondermüll – Giftmüll
Viele Gegenstände, z. B. Batterien, Leuchtstoffröhren, Farbreste, Fettreste, Lösungsmittel, Reinigungsmittelreste, gehören in den Sondermüll und nicht in die Abfalltonne, da sie auf einer Mülldeponie eine Gefahr für die Umwelt wären.

- Batterien enthalten oft umweltgefährdende Stoffe, diese werden in den Mülldeponien teilweise freigesetzt. Viele Geschäfte nehmen Batterien zurück. Nach Möglichkeit wiederaufladbare Akkus verwenden.
- Brat- und Frittieröle in geschlossenen Gläsern in den Hausmüll geben.
- Medikamente können in Apotheken zurückgegeben werden.
- Auch manche Geräte, z. B. Kühlschränke, müssen gesondert entsorgt werden.

Der Grüne Punkt besagt nur, dass die Entsorgung geregelt ist. Auch für diese Müllabfuhr müssen wir bezahlen.

1.5 Miteinander arbeiten

Umgangsformen am Arbeitsplatz

Von Hauswirtschaftshelferinnen und Hauswirtschaftshelfern wird erwartet, dass sie sich im Betrieb anderen Personen gegenüber freundlich und zuvorkommend verhalten, auch wenn sie einmal „schlecht geschlafen haben".

Einige Grundregeln für Umgangsformen am Arbeitsplatz:

Grüßen

Wenn man einen Raum betritt, grüßt man die anwesenden Personen. Ob man morgens alle Mitarbeiter per Handschlag begrüßt oder mit einem freundlichen Gruß alle Anwesenden gleichzeitig anspricht, ist abhängig von den Sitten in einem Betrieb.

Beim Begrüßen der Chefin oder des Chefs sollte man abwarten, ob diese einen per Handschlag begrüßen.

Welche Begrüßungsformel wird benutzt?

- Gruß bis etwa 10.00 Uhr: Guten Morgen
- Gruß bis etwa 18.00 Uhr: Guten Tag
- Gruß ab 18.00 Uhr: Guten Abend

Der Gruß kann herzlicher und persönlicher gestaltet werden, indem man sagt: „Ich wünsche Ihnen einen schönen guten Morgen." Die zu versorgenden Personen werden selbstverständlich mit „Sie" und dem Nachnamen angeredet.

Wenn man den Namen einer Person vergessen hat, sollte man nicht darum herumreden, sondern direkt fragen: „Bitte helfen Sie mir bei Ihrem Namen noch einmal auf die Sprünge." Oder: „Würden Sie mir Ihren Namen noch einmal ins Gedächtnis rufen?"

Beim Grüßen die Hand geben, das schafft Nähe und Vertrauen und vermittelt einen tatkräftigen Eindruck – dies gilt auch für die Verabschiedung. Die Hand des Gegenübers sollte aber nicht geschüttelt werden, sondern ein kurzer, nicht zu fester Händedruck ist angebracht.

Zur Begrüßung schaut man der Person in die Augen.

Geschlossene Türen sind Grenzen, auch wenn sie nicht abgeschlossen sind. Es wird angeklopft. Nach einem „Herein" kann man den Raum betreten.

Sich vorstellen
Folgende Formulierung ist möglich: „Einen schönen guten Tag. Ich glaube, wir kennen uns noch nicht. Darf ich mich Ihnen vorstellen, mein Name ist ..."

Um Entschuldigung bitten
Es gibt Situationen, in denen einem klar wird, dass man den anderen gerade gekränkt hat. Die Äußerung ist einfach so herausgerutscht.

Wenn einem ein Fehler unterlaufen ist, so sollte man am besten sofort um Entschuldigung bitten.

Bei geringeren Anlässen ist eine Entschuldigung oftmals nicht notwendig. Sie könnte dramatisch wirken. Stattdessen sagt man einfach, dass es einem leidtut.

Wenn man in Gegenwart anderer einen Menschen gekränkt hat, bittet man am besten in Anwesenheit dieser Person um Entschuldigung. Manchmal sind diese Personen, die nur zugehört haben, nachtragender als die Betroffenen.

Aufgaben:

1. Schreiben Sie unterschiedliche Grußformeln auf Karten. Führen Sie mit den gesammelten Grußformeln Rollenspiele durch.
2. Erstellen Sie Wandzeitungen:
   a) „Umgangsformen im Betrieb",
   b) „So wollen wir miteinander umgehen".
3. Was empfinden Sie, wenn eine Person Sie
   a) mit Ihrem Namen,
   b) ohne Nennung Ihres Namens anredet?
4. Denken Sie sich alle neue Namen aus. Die anderen Personen kennen die erdachten Namen nicht. Versuchen Sie nun, diese „neuen Namen" im Gespräch zu ermitteln.
5. Jede Person schreibt ihr Hobby auf einen Zettel. Nun müssen Sie versuchen im Gespräch herauszufinden, welcher Zettel – welches Hobby – zu welcher Person gehört.
6. Erstellen Sie eine Umgangsfibel: „So benehme ich mich bei Tisch".

Führen Sie Telefongespräche im Rollenspiel

Telefonprotokoll	
Wann?	Stuttgart, den 18.12., 13.44 Uhr
Wer?	Anruf von Frau Meier aus Herrenberg
Tel.?	07 77/87 65 43
Warum?	wünscht Informationen über unseren Essenservice
Rückruf?	erbittet Rückruf morgen ab 8.00 Uhr

Beim Buchstabieren am Telefon benutzt man das Buchstabier-Alphabet	
A = Anton	O = Otto
Ä = Ärger	Ö = Ökonom
B = Berta	P = Paula
C = Cäsar	Q = Quelle
D = Dora	R = Richard
E = Emil	S = Siegfried
F = Friedrich	SCH = Schule
G = Gustav	T = Theodor
H = Heinrich	U = Ulrich
I = Ida	Ü = Übermut
J = Julius	V = Viktor
K = Kaufmann	W = Wilhelm
L = Ludwig	X = Xanthippe
M = Martha	Y = Ypsilon
N = Nordpol	Z = Zacharias

Telefonieren

Ablauf eines Telefongesprächs:
Zunächst Notizblock bereitlegen.

Gesprächsannahme:
Die freundliche Begrüßung wird mit dem Namen des Betriebes und dem eigenen Namen eingeleitet: „Haus Sonnenschein, Sie sprechen mit Anja Sommer."

Beim Reden lächeln und gleich klingt die Stimme freundlich.

Der Name des Anrufers wird notiert und der Anrufer wird nun mit seinem Namen angeredet.

Wünsche ermitteln:
Frage: „Herr Meier, was kann ich für Sie tun?"

Während des ganzen Telefonats langsam und deutlich sprechen.

Dem Gesprächspartner nicht ins Wort fallen, ihn ausreden lassen.

Die Wünsche des Gesprächspartners evtl. wiederholen, so werden Missverständnisse vermieden.

Wenn etwas nicht verstanden wurde, muss nachgefragt werden.

Weiterverbinden:
Nur wenn unbedingt notwendig und auf jeden Fall an einen kompetenten Mitarbeiter.

Beim Weiterverbinden dem Gesprächspartner mitteilen, mit wem er verbunden wird und warum.

Rückruf anbieten:
Falls die Frage des Gesprächspartners nicht unmittelbar beantwortet werden kann, wird ein Rückruf angeboten.

„Herr Meier, dazu kann ich Ihnen leider keine Auskunft geben. Wir rufen Sie aber gerne zurück."

Verabschiedung:
Die Verabschiedung ist stets mit einem Dank verbunden. „Danke für Ihren Anruf, Herr Meier, ich werde ..."

Telefonprotokoll
Die Gesprächsinhalte des Telefonats werden in einem Telefonprotokoll zusammengefasst:
WANN? WER? WARUM? VON WEM?

Teamarbeit

Ein Team ist eine Gruppe von Mitarbeiterinnen und Mitarbeitern, die sich ergänzen. Sie setzen sich gemeinsam für eine Sache ein und zeigen Verantwortung füreinander.

Teamarbeit bringt Vorteile für den Einzelnen, da er in einer Gemeinschaft arbeitet. Die Leistungskraft des Einzelnen wird dadurch gestärkt.

Im Team arbeiten bedeutet, dass der Einzelne Rücksicht auf die anderen Teammitglieder nehmen muss.

Regeln für eine Teamarbeit

- Zur Teamarbeit gehört die Bereitschaft zur Zusammenarbeit.

- Jedes Teammitglied darf positive Kritik äußern, muss jedoch die Kritik von anderen Teammitgliedern akzeptieren.

- Alle im Team vertreten gemeinsam die Interessen des Teams.

- Innerhalb des Teams besteht ein vollständiger Informationsaustausch. Kein Teammitglied darf Informationen zurückhalten.

Vorteile der Teamarbeit

- Teamarbeit führt zu besseren Arbeitsergebnissen, da jeder seinen Teil zur Lösung des Problems beiträgt.

- Durch ein Team wird das Risiko einer Fehlentscheidung verringert. Probleme werden nicht so leicht übersehen.
- Teamarbeit kann helfen, Zeit zu sparen. Alle Teammitglieder lösen gemeinsam das Problem.
- Teamarbeit verbessert die sozialen Kontakte. Die Teamarbeit zwingt zur Kontaktaufnahme. Die anderen Teammitglieder müssen anerkannt werden. Eine faire Diskussion kann erfolgen.

1.6 Waren einkaufen

Käuferfallen

Sabine geht zu ihrem Supermarkt. Der Supermarkt begrüßt sie schon von Weitem mit Werbeplakaten und weiteren Sonderangeboten im Eingangsbereich. Sie betritt den Supermarkt und nimmt einen großen Einkaufswagen. Aus dem Lautsprecher ertönt leise Musik, ein Hit, den Sabine besonders gern mag. Zunächst legt sie eine Salatgurke in den Einkaufswagen. In der Obst- und Gemüseabteilung sieht alles knackig frisch aus, ja, dieser Supermarkt ist in Ordnung. Hier gibt es nur frische Qualität.

Dann sieht sie ein Schild: „Sonderangebot – Vollsaftige Apfelsinen 1000-g-Beutel nur ... €". Ein Beutel wandert in ihren Wagen. „Wo mag nur das Brot sein?", fragt sich Sabine. „Immer muss man durch den ganzen Laden laufen, bis man alles gefunden hat. Haben die die Waren wieder einmal umgeräumt?"

Ein Schüttkorb mit verschiedenen Wurstsorten versperrt ihr den Weg. „Kein Durchkommen", denkt sie, „erst muss ich wohl den Mann dort durchlassen." Sabine ist inzwischen hungrig geworden. So sieht sie sich das Regal mit den Fertiggerichten an. Im zweitobersten Bord steht eine Dose „Gemüsetopf nach Omas Art, 1,56 €". „Den sollte ich ausprobieren", denkt sie und legt die Dose in den Einkaufswagen. Interessiert sieht sie sich weiter um. „Feuriger Bohneneintopf" ... und im untersten Bord steht ja eine „Frühlingsgemüsesuppe" für nur 0,89 €. „Ob die wohl schmeckt?"

Nun aber nichts wie zur Kasse. Der Einkaufswagen ist schon wieder einmal voll. So viel wollte sie eigentlich gar nicht kaufen. An der Kasse warten bereits fünf Kunden, dabei hat Sabine es so eilig. Vor ihr steht eine Frau mit einem Kind. Der Junge greift immer wieder nach den Süßigkeiten. Endlich gibt die Mutter nach und kauft ihm eine Tüte mit Bonbons.

Aufgaben:

1. Lesen Sie den Bericht von Sabines Einkauf in einem Supermarkt. Notieren Sie Lebensmittel, die eingekauft werden, obwohl der Einkauf eigentlich nicht geplant war.
2. Erklären Sie, wie Sie das Angebot an Obst und Gemüse erkunden und vergleichen können.

Der Supermarkt ist so eingerichtet, dass wir möglichst viel kaufen:

- Sonderangebote in der Eingangszone sollen die Kunden ins Geschäft locken. Bei „unaufgeräumten" Sonderangeboten in Schüttkörben und auf Wühltischen sollte man deshalb prüfen, ob diese Waren wirklich billiger sind als die in den Regalen. Hier soll der Eindruck erweckt werden, es handele sich um besonders preiswerte Angebote, da man sich nicht einmal die Mühe machte, die Ware richtig einzuordnen.
- Die großen Einkaufswagen ermöglichen Spontankäufe.
- Durch Hintergrundmusik und Hinweise auf Sonderangebote soll zum Mehrkauf verleitet werden.
- Lebensmittel, z.B. Fleisch und Wurstwaren, die täglich frisch benötigt werden, sind oft im hinteren Teil des Ladens untergebracht, sodass man vorher an vielen anderen verlockenden Waren vorbeigehen muss. Es soll zu Spontankäufen kommen.
- Preiswerte Lebensmittel bzw. Lebensmittel, die jeder braucht, liegen häufig unten in den Regalen. Also nicht unüberlegt teure Ware in „Augenhöhe" kaufen, sondern die unteren Regale beachten.
- Durch Schüttkörbe und Sonderangebote auf den „Wegen" soll der Käufer zum Verweilen und zum Mehrkauf verleitet werden.
- Eine weitere Käuferfalle ist die Kassenzone. Die dort aufgebauten Süßigkeiten werden oftmals während des Wartens vor der Kasse doch noch mitgenommen.

Einkaufsliste

1 l Vollmilch
500 g Haferflocken
250 g Sultaninen
250 g Haselnüsse
1 kg Äpfel
1 kg Bananen

Aufgabe:

Lebensmittel für ein Müsli sollen eingekauft werden. Beschreiben Sie den Weg, den Sie für den Einkauf dieser Lebensmittel durch den Supermarkt zurücklegen müssen.

Aufgabe:

Vergleichen Sie die Angaben auf der Einkaufsliste mit den eingekauften Waren in dem Einkaufswagen.
Welche Waren wurden
a) richtig,
b) falsch ausgewählt?

Einkaufsliste

1 kg Möhren
1 l Milch, 1,5 % Fett
500 g Walnüsse
2 kg Zucker
6 Bio-Eier
3/4 kg Schweineschnitzel
400 g Edamer Käse, 30 % Fett
1 l Orangensaft
10 Roggenvollkornbrötchen

Geplanter Einkauf schützt vor Käuferfallen

- Zu Hause den Einkauf in Ruhe planen. Vor dem Einkauf eine Einkaufsliste schreiben.
- Eilkäufe vermeiden.
- Sich der Verführung durch Werbung, Verpackung, Warenanordnung und gezielten „Kundenlauf im Supermarkt“ usw. bewusst sein.
- Sonderangebote kritisch prüfen, sie nur wahrnehmen, wenn man diese Dinge wirklich braucht.
- Überhöhte Preise ablehnen, einen Preis-Qualitäts-Vergleich durchführen, z. B. mithilfe der Lebensmittelkennzeichnung – Zutatenliste, vgl. S. 40. Preiswerte Waren bevorzugen.
- Durch einen monatlichen Großeinkauf in einem Verbrauchermarkt Geld und Zeit sparen.
- Nicht mit leerem Magen einkaufen. Hunger verleitet zu Spontankäufen.
- „No-Name-Produkte“ mit herkömmlichen Produkten vergleichen, sie haben oft die gleiche Qualität, sind aber preiswerter.

Bewusstes Einkaufen

Aufgrund der Vielzahl der angebotenen ähnlichen Waren fällt es den Verbrauchern heute schwer, eine bewusste Kaufentscheidung herbeizuführen.

Warenkenntnisse, Qualitätsmerkmale, technische Details und viele andere spezielle Voraussetzungen sind notwendig, um eine richtige Wahl treffen zu können.

Formen des bewussten Einkaufs:

▶ **umweltbewusstes Einkaufen, z. B.**
- Papier statt Plastik
- Glas statt Metall
- Mehrweg- statt Einwegverpackungen
- geringe Umverpackung
- recycelbare Verpackungen
- Nachfüllpackungen
- geringe Transportwege – Angebote aus der Region
- Angebote der Saison
- Umweltzeichen

▶ **preisbewusstes Einkaufen, z. B.**
- Angebote vergleichen
- Sonderangebote nutzen
- Mengenangaben beachten
- Mindesthaltbarkeitsdatum beachten
- nur mit Einkaufsliste einkaufen

▶ **ernährungsbewusstes Einkaufen, z. B.**
- energiearme, fettarme Produkte
- ballaststoffreiche Produkte
- Produkte mit wenig Zusatzstoffen

Aufgaben:

1. Die Abbildung zeigt Lebensmittel, die in unseren Lebensmittelgeschäften angeboten werden.
   Unterteilen Sie die Lebensmittel in
   a) umweltfreundliche,
   b) umweltbelastende.
   Erklären Sie Ihre Entscheidungen.
2. Ergänzen Sie weitere umweltfreundliche Lebensmittel.

Lebensmittel aus der Region und der Jahreszeit bevorzugen.

Lebensmittelkennzeichnung

Aufgaben:

1. In einem Laden entdecken Sie eine Packung Schokolade ohne Etikett im Sonderangebot. Tragen Sie zusammen, was Sie über die Schokolade wissen möchten.
2. Welche Zutaten finden Sie in der Zutatenliste des Sommerquarks?
3. Welche Zutat ist
   a) in der größten Menge,
   b) in der geringsten Menge
   in dem Sommerquark enthalten?
4. Welche Menge ist in dem Glas Sommerquark
   a) in Gramm,
   b) in Kilogramm enthalten?
5. Ein Glas Sommerquark kostet 1,39 €. Sie zahlen mit einem 5-Euro-Schein. Wie hoch ist der Geldbetrag, den Sie zurückbekommen?

Das Etikett – Lebensmittelkennzeichnung

Das Etikett
Folgende Angaben müssen auf Fertigpackungen in deutlich sichtbarer und leicht lesbarer Schrift gemacht werden.

Verkehrsbezeichnung: Durch die Bezeichnung bzw. Beschreibung soll eine Unterscheidung von ähnlichen Erzeugnissen ermöglicht werden, z.B. Erdbeerquark und nicht Sommernachtstraum.

Zutatenliste: Die Zutaten des Lebensmittels müssen in absteigender Reihenfolge ihrer Gewichtsanteile zum Zeitpunkt der Verwendung bzw. Herstellung genannt werden. Die Zutat mit dem größten Gewichtsanteil steht an erster Stelle, die Zutat mit dem geringsten Anteil an letzter Stelle.

Wird eine Zutat in der Verkehrsbezeichnung genannt oder im Bild auf dem Etikett hervorgehoben, so muss die prozentuale Menge, z.B. 7 % Erdbeeren, angegeben werden.

Mindesthaltbarkeitsdatum: Unter angemessenen Aufbewahrungsbedingungen behält das Lebensmittel bis zu diesem Datum seine Eigenschaften. Ist das Mindesthaltbarkeitsdatum nur bei Einhaltung bestimmter Temperaturen gewährleistet, so ist ein entsprechender Hinweis zu geben, z.B. „bei +10 °C mindestens haltbar bis ...“. Das Mindesthaltbarkeitsdatum muss unverschlüsselt unter Angabe von Tag, Monat und Jahr angegeben werden. Je nach Haltbarkeitsdauer reicht auch lediglich die Angabe von Monat und Jahr oder nur des Jahres.

Name des Herstellers oder Abfüllers, Ort der gewerblichen Niederlassung: Diese Angaben ermöglichen eine eventuelle Beanstandung des Lebensmittels.

Mengenangabe: Füllmenge (Abtropfgewicht) oder sonstige Mengenangaben müssen in Liter bzw. Kilogramm angegeben werden. Abtropfgewicht heißt z.B. bei Würstchen im Glas: Würstchen ohne Flüssigkeit.

Der zu zahlende **Preis für eine Ware** muss angegeben werden. Daneben muss der Preis für 100 g oder für 1 kg angegeben werden. Auf diese Weise können die Preise für Waren verschiedener Firmen und verschiedener Menge leichter verglichen werden.

Weitere Warenkennzeichnung

Sicherheitszeichen

Das CE-Zeichen ist durch EU-Recht eingeführt worden. Es bestätigt, dass die in EU-Staaten hergestellten Produkte die Sicherheitsvorschriften erfüllen.

Besondere Bedeutung hat hier das **Prüfzeichen GS** – geprüfte Sicherheit. Das Gerätesicherheitsgesetz verpflichtet Hersteller, nur solche Maschinen und Werkzeuge in den Verkehr zu bringen, die europäischen und deutschen Schutzvorschriften entsprechen. Ziel ist ein wirksamer Schutz vor Unfallgefahren. Das Gesetz umfasst auch Spielzeug, Haushalts- und Sportgeräte sowie Bastelmaterial.

Die **TÜV-Plakette** – Technischer Überwachungs-Verein – sagt ebenfalls aus, dass ein technisches Gerät den Sicherheitsanforderungen des Gerätesicherheitsgesetzes entspricht.

VDE-Zeichen – dieses Zeichen tragen geprüfte Elektrogeräte. Hersteller lassen ihre Geräte bei der Prüfstelle des Verbandes Deutscher Elektriker auf Sicherheit kontrollieren.

Umweltzeichen

Umweltzeichen sollen ein umweltbewusstes Einkaufen ermöglichen.

Der **Blaue Engel** kennzeichnet die Umweltverträglichkeit von Produkten. Über folgende Umwelteigenschaften verfügen die mit dem Blauen Engel gekennzeichneten Erzeugnisse:

- Produkte enthalten keine Schadstoffe oder nur in geringen Mengen.
- Produkte wurden aus Altstoffen durch Recycling hergestellt.
- Produkte können mehrfach verwendet werden.
- Produkte benötigen wenig Energie.

Das **Umweltgütezeichen der EU** wird nur für Produkte vergeben, die insgesamt umweltverträglich sind.

Das **Biosiegel** ist ein staatliches Erkennungszeichen für biologisch – umweltfreundlich – erzeugte landwirtschaftliche Produkte und Lebensmittel. Entsprechend gibt es auch ein **EU-Biosiegel**, das weltweit Gültigkeit hat.

Schließlich gibt es mehrere **Warenzeichen** für landwirtschaftliche Produkte, die umweltfreundlich erzeugt wurden.

Sicherheitszeichen

Umweltzeichen Der Blaue Engel

Umweltgütezeichen der EU

in Deutschland

weltweit

Prüfzeichen für umweltfreundliche Landwirtschaft

Warenzeichen für umweltfreundliche Landwirtschaft

Werbung – eine Informationsmöglichkeit?

Die Werbung hat folgende Funktionen:

- **Bekanntmachungsfunktion**, indem sie auf Produkte, Dienstleistungen oder Ideen hinweist.

- **Informationsfunktion**, indem sie auf besondere Merkmale wie Produkteigenschaften, Produktqualität, Produktverwendung und Preis hinweist.

- **Neue Bedürfnisse wecken**, Werbung will in den Verbrauchern durch Farben, Bilder und Musik emotionale Kräfte freisetzen, die den Umworbenen den Eindruck vermitteln, mit dem Produkt den Zielen ihrer Wunsch- und Traumwelt näher zu kommen.

- **Imagefunktion** (Vorstellung von einem Produkt), Werbung will das eigene Produkt von anderen gleichartigen Produkten positiv abheben.

- **Erinnerungsfunktion**, durch mehrmaliges Wiederholen der Werbung soll sich das Produkt im Gedächtnis des Verbrauchers einprägen, er soll lernen, dass er dieses Produkt benötigt.

Werbung zielt darauf ab, die Kunden zum Kauf zu veranlassen, selbst wenn sie die Ware nicht brauchen oder nicht bezahlen können. Werbung will also neue Bedürfnisse wecken. Durch Werbung sollen alte Kunden erhalten und neue Kunden gewonnen werden.

Hersteller und Handel rühren daher kräftig die Werbetrommel in Zeitungen, Zeitschriften, im Fernsehen usw., um ihre Ware bekannt zu machen. Dabei werden verschiedene Werbemittel eingesetzt, z. B. Anzeigen, Fotos, Werbespots, Warenproben.

Ganzseitige Werbeanzeigen in einer Zeitschrift kosten etwa 25 000,00 €, 30 Sekunden Werbung im Fernsehen ca. 20 000,00 €.

Der Einfluss der Werbung bei Kaufentscheidungen wird teilweise unterschätzt.

Aufgabe:

Sammeln Sie Werbeslogans für eine Produktgruppe.

Hühnereier – Welche Kennzeichnung ist vorgeschrieben?

Es ist vorgeschrieben, dass auf Eierpackungen bzw. auf den Hühnereiern folgende Angaben gemacht werden müssen:

- Güteklasse
- Gewichtsklasse
- Art der Legehennenhaltung
- Zahl der verpackten Eier
- Mindesthaltbarkeitsdatum, maximal 28 Tage nach Legedatum
- Empfehlungen für die Lagerung: Bei Kühlschranktemperatur aufbewahren, nach Ablauf des Mindesthaltbarkeitsdatums durcherhitzen
- Name, Anschrift und Kennnummer der Packstelle

Art der Legehennenhaltung

0 = Ökologische Erzeugung – Bio

1 = Freilandhaltung
Auslauffläche pro Huhn 4 m^2 im Freien

2 = Bodenhaltung
9 Hühner pro m^2 Bodenfläche im Stall

3 = Käfighaltung
Käfige mit Metallgitterböden, i.c.R. in drei oder vier Etagen, 800 cm^2 pro Huhn

Zahlencode auf den Hühnereiern

Beispiel: 1-DE-23456 3

1 – Freilandhaltung

DE – Deutschland

23456 – Erzeugerbetrieb

3 – Stall

Abkürzungen für verschiedene Länder der Europäischen Union

BE = Belgien

DE = Deutschland

FR = Frankreich

IT = Italien

LU = Luxemburg

NL = Niederlande

DK = Dänemark

IE = Irland

GR = Griechenland

ES = Spanien

PT = Portugal

Güteklassen	Beschaffenheit der Eier/ Verpackungsbeschriftung
A-„Extra"	**Besonders frische Eier** Luftkammerhöhe bis 4 mm. Auf Kleinpackungen: Packdatum und empfohlenes Verkaufsdatum; darüber eine Banderole mit der Bezeichnung „Extra", nach sieben Tagen muss diese entfernt werden. Die Eier kommen nun in die Güteklasse A – frische Eier.
A	**Frische Eier** Luftkammerhöhe bis 6 mm. Packdatum und empfohlenes Verkaufsdatum auf der Verpackung. Die Bezeichnung „frisch" ist zulässig.

Gewichtsklassen		
S	klein	unter 53 g
M	mittelgroß	53 bis unter 63 g
L	groß	63 bis unter 73 g
XL	sehr groß	ab 73 g

Trinkmilchaufbereitung

Aufgaben:

1. Bereiten Sie einen Geschmackstest vor. Schreiben Sie jeweils auf einen Becher die Buchstaben A, B oder C. Füllen Sie einen Becher mit H-Vollmilch, einen anderen Becher mit frischer Vollmilch und einen dritten mit frischer fettarmer Milch.
   Stellen Sie fest, ob andere Personen die jeweilige Milchsorte „herausschmecken" können.
   Beschreiben Sie den Geschmack der getesteten Milchsorten.
2. Erkunden Sie die Preise für die verschiedenen Milchsorten.
3. Ermitteln Sie auf den Milchpackungen, wo die verschiedenen Milchsorten hergestellt werden.
   Wie lang ist jeweils der Transportweg?
4. Ermitteln Sie, welche unterschiedlichen Verpackungsmaterialien für Milch verwendet werden. Wählen Sie eine umweltfreundliche Verpackung aus.
5. Erkunden Sie die Aufbereitung von Milch in Molkereien.

Stichworte zum Thema Milch

Rohmilch ist unbehandelte Milch mit natürlichem Fettgehalt, die gekühlt und dunkel aufbewahrt wird.

Vorzugsmilch ist rohe Milch mit mindestens 3,5% Fett. Sie wird im Erzeugerbetrieb gekühlt und abgefüllt. Die Milch darf nur von streng überwachten Rinderbeständen stammen.

Alle anderen Konsummilchsorten werden in Molkereien bearbeitet.

Fettgehaltsstufen der Milch: Der entrahmten Milch wird Rahm zugesetzt, bis die gewünschte Fettgehaltsstufe erreicht ist. Vollmilch hat mindestens 3,5% Fett, fettarme Milch hat 1,5 bis 1,8% Fett, entrahmte Milch enthält nur 0,3% Fett. Der angegebene Fettgehalt darf nicht unterschritten werden, ein höherer Fettgehalt ist dagegen erlaubt.

Homogenisieren: In der Rohmilch sind die größeren Fetttröpfchen von einer Eiweißhülle umgeben, die Milch rahmt erst nach einiger Zeit auf. Durch Homogenisieren will man dieses Aufrahmen verhindern. Die Milch wird unter hohem Druck von 200 bar durch feinste Düsen gepresst, dabei werden die Fetttröpfchen auf etwa ein Fünftel ihrer ursprünglichen Größe zerschlagen.

Wärmebehandlung

Pasteurisieren: Man unterscheidet **Kurzzeiterhitzung und Hocherhitzung.**

Bei der Kurzzeiterhitzung wird die Milch 15 bis 30 Sekunden auf 72 bis 75 °C gebracht.

Bei der Hocherhitzung wird die Milch 1 bis 2 Sekunden auf 85 bis 125 °C erhitzt. Man erhält dann die **„längerfrische" Milch**, die bei unter 10 °C bis zu 15 Tage haltbar ist. Der Nährstoffgehalt und der Geschmack der Milch sind kaum verändert.

Ultrahocherhitzen: Milch wird zunächst auf 75 °C erhitzt und dann durch einen Dampfstoß für 1 Sekunde auf 135 bis 150 °C gebracht und anschließend heruntergekühlt. Nährstoffveränderungen und Vitaminverluste beim Ultrahocherhitzen der Milch sind geringer als beim Kochen.

Übersicht – Trinkmilchaufbereitung und Kennzeichnung

Reinigung
Entfernung von Staubteilchen

Abtrennung der Sahne (Rahm)

Fettgehaltsstufen

Vollmilch mindestens 3,5 % Fett	**entrahmte Milch** höchstens 0,3 % Fett	**fettarme (teilentrahmte) Milch** mindestens 1,5 bis 1,8 % Fett

Homogenisieren

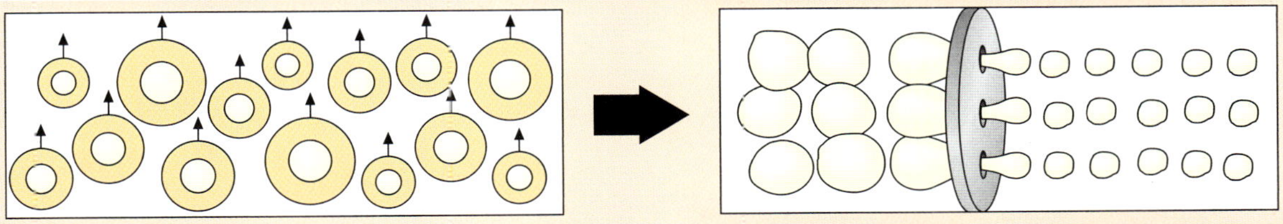

Rohmilch
Fetttröpfchen sind von einer Eiweißhülle umgeben, sie sind ungleichmäßig groß.

Milch, homogenisiert
Fetttröpfchen sind zerkleinert und gleichmäßig in der Milch verteilt. Die Milch kann nicht mehr aufrahmen.

Wärmebehandlung

H-Milch zwölf Wochen haltbar in geschlossener Packung **Ultrahocherhitzt**	**Frischmilch** drei bis vier Tage haltbar bei max. 8 °C **Kurzzeiterhitzung**	**Längerfrische** 15 Tage haltbar bei unter 10 °C **Hocherhitzung**	**Sterilmilch** mehrere Monate haltbar in geschlossener Packung **Sterilisiert**

Aufgabe:

Welche Milchsorten sind hier abgebildet?

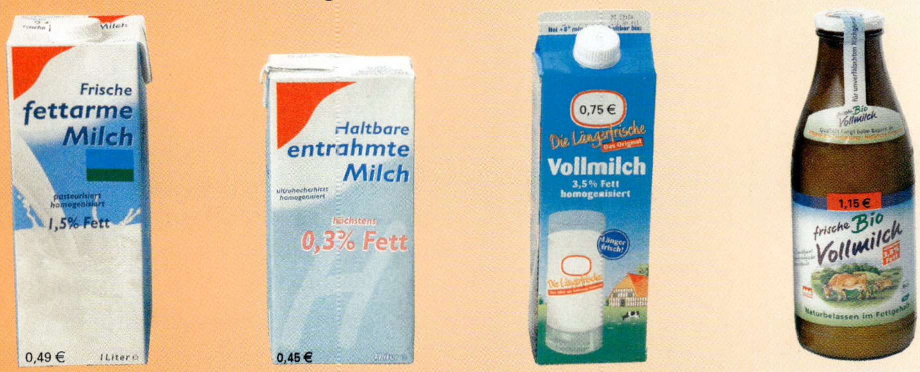

Aufgaben:

1. Tragen Sie die Einnahmen der Familie Meier in das Haushaltsbuch ein.
2. Tragen Sie die Ausgaben der Familie Meier in die richtigen Spalten ein.
3. Wie hoch ist die Summe der
   a) Einnahmen,
   b) Ausgaben der Familie Meier?
4. Über wie viel Geld verfügt die Familie Meier am 6. März?

Familie Meier hat beschlossen, ein Haushaltsbuch zu führen.

Vom 1. bis 6. März hatten sie folgende Einnahmen und Ausgaben.

1. März	*Gehalt*	*1 997,00 €*
1. März	*Miete*	*432,00 €*
1. März	*Taschengeld für Claudia*	*3,00 €*
2. März	*Abgaben von Manfred für Wohnung und Essen*	*75,00 €*
2. März	*Supermarkt*	*38,40 €*
3. März	*Blumen*	*2,49 €*
4. März	*Benzin*	*20,00 €*
4. März	*Zeitung*	*18,00 €*
4. März	*Sparen*	*200,00 €*
5. März	*Kino*	*8,00 €*
5. März	*Fleischer*	*12,30 €*
5. März	*Briefmarken*	*3,80 €*
6. März	*Bluse*	*19,50 €*
6. März	*Friseur*	*15,00 €*
6. März	*Waschmittel*	*4,99 €*
6. März	*Strom*	*48,00 €*

1.7 Haushaltsbuchführung

Wie werden die Einnahmen und Ausgaben in das Haushaltsbuch eingetragen?

- In die 1. Spalte wird das jeweilige Datum eingetragen.
- In die 2. Spalte werden sämtliche Bezeichnungen für Einnahmen und Ausgaben eingetragen.
- In die 3. Spalte werden alle Einnahmen eingetragen.
- In die 4. Spalte wird der gegenwärtige Kassenbestand eingetragen.
- In die 5. Spalte werden alle Ausgaben eingetragen.
- In den Spalten 6 bis 14 werden alle Ausgaben nach Ausgabengruppen unterschieden.

In diesem Haushaltsbuch werden folgende Ausgabengruppen unterschieden: Lebensmittel (Nahrungsmittel, Genussmittel), Wohnen, Bekleidung, Gesundheits- und Körperpflege, Freizeit und Bildung, Verkehr und Post, Sonstiges.

Wie werden die Ausgaben kontrolliert?

- Wöchentlich werden die einzelnen Posten der Ausgabengruppen addiert (Spalten 6 bis 14).
- Außerdem werden sämtliche Ausgaben der Spalte 5 addiert.
- Auch die Einnahmen in der Spalte 3 werden addiert.
- Nun werden die Ausgaben von den Einnahmen subtrahiert, hierdurch wird in Spalte 4 der Kassenbestand ermittelt. Familie Schulze verfügt am 5. April also noch über 1301,95 €.

Allgemein gilt:

- Die Ausgaben jeweils sofort eintragen. Belege und Rechnungen aufheben und täglich die Beträge in das Haushaltsbuch eintragen.
- Wöchentlich die Ausgabenposten addieren und den Kassenbestand ermitteln. So weiß man, wie viel Geld noch vorhanden ist, außerdem, wo zu viel ausgegeben wurde.
- Durch die Haushaltsbuchführung können Einnahmen und Ausgaben besser aufeinander abgestimmt werden. Das Geld kann überlegter eingeteilt werden.

Haushaltsbuch *Schulze*

Monat: *April*

Datum	Konto	Einnahmen		Kassenbestand		Ausgaben		Ausgaben																	
								Lebensmittel				Wohnen		Bekleidung		Gesundheits- und Körperpflege		Freizeit, Bildung		Verkehr, Post				Sonstiges	
								Nahrungsmittel		Genussmittel										Private Verkehrsmittel		Öffentl. Verkehrsmittel, Telefon u. Ä.			
	Bezeichnung	€	Ct	€	Ct	€	Ct	€	Ct	€	Ct	€	Ct	€	Ct	€	Ct	€	Ct	€	Ct	€	Ct	€	Ct
1	2	3		4		5		6		7		8		9		10		11		12		13		14	
1.	Gehalt	1970	00	1970	00																				
	Miete			1571	00	399	00					399	00												
	Benzin			1551	00	20	00													20	00				
2.	Supermarkt			1498	93	52	07	45	30	6	77														
	Taschengeld			1494	43	4	50																	4	50
	Reinigung			1486	93	7	50							7	50										
	Strom			1440	93	46	00					46	00												
3.	Zeitung			1428	43	12	50											12	50						
	Telefon			1406	77	21	66															21	66		
	Obst, Gemüse			1398	89	7	88	7	88																
4.	Friseur			1383	89	15	00									15	00								
	Sparen			1323	89	60	00																	60	00
	Porto			1320	89	3	00															3	00		
5.	Fleischer			1308	44	12	45	12	45																
	Bus			1306	94	1	50															1	50		
	Reinigungsmittel			1301	95	4	99					4	99												
	Summe	1970	00	1301	95	668	05	65	63	6	77	449	99	7	50	15	00	12	50	20	00	26	16	64	50

1.8 Arbeiten im Warenlager

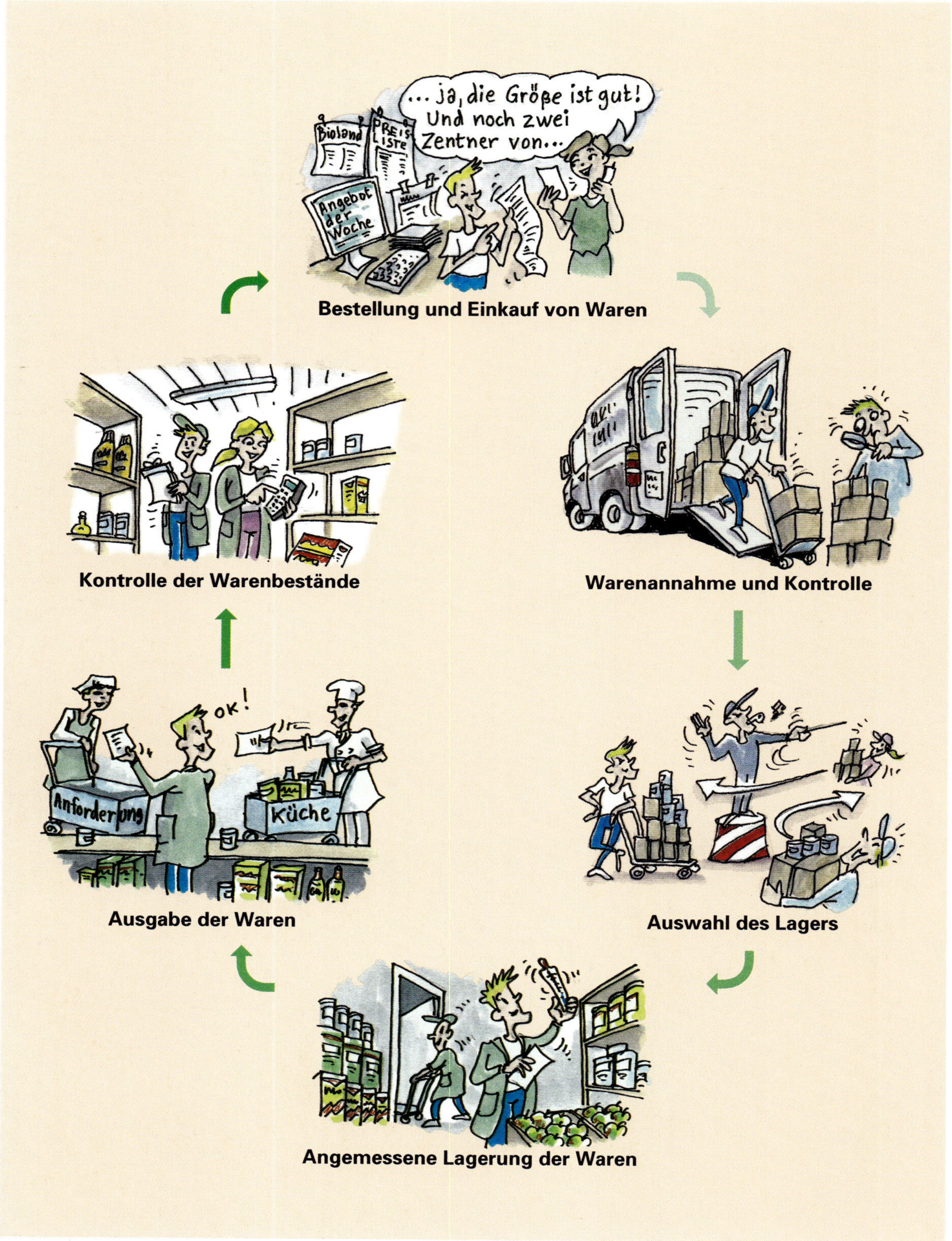

Arbeiten bei der Warenannahme

Jede bestellte Ware muss sofort nach der Anlieferung umfassend kontrolliert werden. Die Person, die in der Warenannahme tätig ist, muss Folgendes überprüfen:

Qualitätskontrolle

Kontrolle der Beschaffenheit:

- Sind Beschädigungen oder Schädlinge an den Waren zu erkennen?
- Sind die Waren frisch und einwandfrei, z. B. Geruch und Farbe?
- Ist die Verpackung unbeschädigt, z. B. keine Löcher, kein Schmutz?
- Ist das Verbrauchsdatum – bei leicht verderblichen Waren – noch nicht abgelaufen?
- Haben die Waren ein ausreichendes Mindesthaltbarkeitsdatum?
- Wurde die richtige Sorte geliefert, z. B. Vollmilch und keine Magermilch?
- Wurde die richtige Größe geliefert, z. B. Eier der Größe XL und nicht M?
- Wurde die richtige Qualität geliefert, z. B. Servietten aus Halbleinen und keine Leinenservietten?
- Wurde die erforderliche Liefertemperatur eingehalten?
- Sind bei der Tiefkühlkost Eiskristalle oder Gefrierbrand vorhanden?

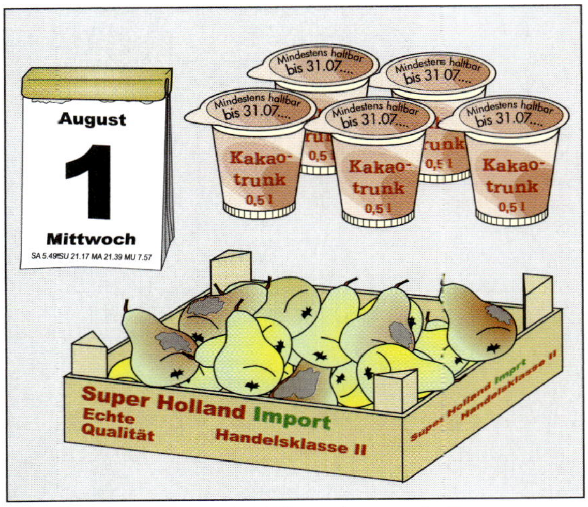

Warenlieferung mit Mängeln am 1. 8...

Wareneingangskontrolle

Kontrollliste Wareneingang — Haus Sonnenschein

Lieferant	Lieferdatum	Artikelbezeichnung	Gründe für Annahme/Annahmeverweigerung	Unterschrift Kontrolleur/in
Schmidt	13.5....	Weizenmehl	keine Beanstandung	
Bauer	13.5....	Möhren	nicht mehr knackig	

Aufgaben:

1. Beschreiben Sie Arbeiten, die Sie bereits in den Lagerräumen Ihres Betriebes durchgeführt haben.
2. Woran erkennen Sie, ob der gelieferte Fisch frisch ist?
3. Beschreiben Sie, welche Angaben Sie bei einer Lieferung von Hühnereiern überprüfen.
4. Beschreiben Sie, welche Angaben Sie bei einer Lieferung von Milch überprüfen.
5. Welche Mängel sind an den abgebildeten Waren zu erkennen?

Warenlieferung für das Haus „Sonnenschein“

Warenlager – Trockenlager

Mengenkontrolle

- Stimmen Warenmengen auf dem Lieferschein und bestellte Warenmengen überein?
- Stimmen die gelieferten Warenmengen mit den angegebenen Mengen auf dem Lieferschein überein?
  - Es erfolgt also entweder eine Kontrolle der Mengenangaben auf den Verpackungen.
  - Oder durch Wiegen, Messen oder Zählen wird ermittelt, wie viel Stück, Liter, Kilogramm usw. geliefert wurden.

Nach der Kontrolle erfolgt der Eintrag in die Lagerfachkarte für den Wareneingang, vgl. S. 54.

Lagerung der Waren

Warenbestellung vom Haus „Sonnenschein“

5 kg Zucker
24 Hühnereier, Bio, XL
5 l H-Milch, entrahmt
10 kg Kartoffeln, festkochend
2 l Olivenöl
5 l Allzweckreiniger
1 Paket weiße Servietten
8 Fischbestecke
1 Paket Feinwaschmittel, 5,4 kg
1 Flasche Glasreiniger, 500 ml
1 Kiste Äpfel

Aufgabe:

Überprüfen Sie die gerade eingetroffene Warenlieferung für das Haus „Sonnenschein“. Wurden
a) die richtigen Mengen,
b) die richtige Qualität
geliefert?

- Die Waren kommen in das Trockenlager oder in spezielle Kühlräume, z.B. Gemüsekühllager oder Milchkühllager.
- Im Trockenlager werden Trockenprodukte, z.B. Zucker, Reis, Getreideprodukte, Konserven, gelagert.

- Lebensmittel müssen bei der entsprechenden Lagertemperatur gelagert werden. Hierfür gibt es das Kühllager und das Tiefkühllager.
- In den Lagerräumen muss deshalb die Temperatur kontrolliert werden.

- Angebrochene Lebensmittel und Speisen abgedeckt oder in geeigneter Verpackung lagern.

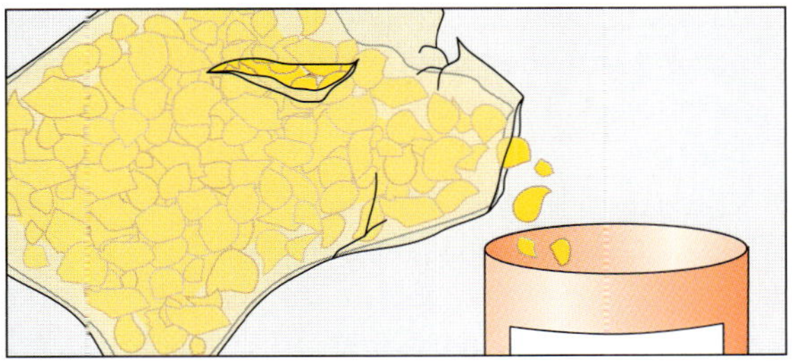

- Beschädigte Verpackungen müssen erneuert werden.
- Unverpackte Lebensmittel mindestens 30 cm über dem Boden aufbewahren, also nicht auf dem Boden.
- Eier, Fisch, Geflügel usw. sind „unrein", sie müssen getrennt von den anderen Lebensmitteln gelagert werden. Unreine Lebensmittel können evtl. auch durch Krankheitserreger verunreinigt sein.

- Im **Wäschelager** werden neue Bettwäsche, Tischwäsche, Handtücher usw. gelagert.

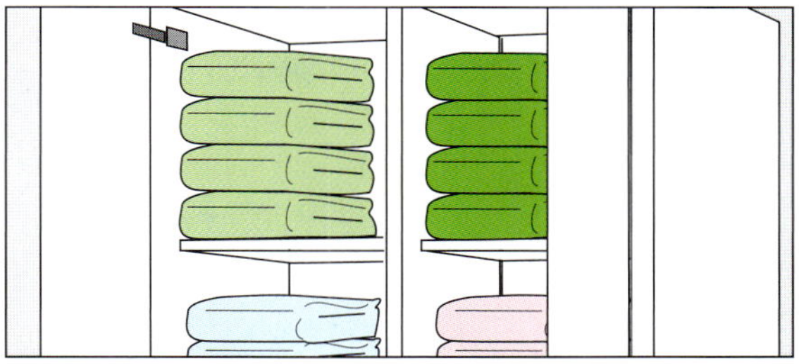

- Im **Porzellanlager** werden neues Besteck, Geschirr und Gläser gelagert.

- Beim Einräumen die Waren übersichtlich anordnen.
- Schwer zugängliche Stellen beim Einräumen meiden.
- Beim Einräumen der Ware wird Neues nach hinten gestellt und Altes nach vorn gerückt.
- Bei der Entnahme von Lebensmitteln werden so immer diejenigen entnommen, die bereits am längsten lagern: **First in – First out**.

- Die Haltbarkeitsfristen der Waren beachten. Lebensmittel mit abgelaufenem Mindesthaltbarkeitsdatum müssen aussortiert werden.
- Die Lagerräume müssen regelmäßig gründlich gereinigt werden. Mindestens einmal im Jahr wird hier eine Grundreinigung durchgeführt.

Aufgaben:

1. Wo sollen folgende Lebensmittel im Kühlschrank gelagert werden?
   a) Gemüse, Kartoffeln, Salat,
   b) Getränke, Flaschen,
   c) Butter,
   d) Eier,
   e) Käse,
   f) Wurst, Fleisch,
   g) Quark, Joghurt,
   h) Speisereste.
2. Der Kühlschrank soll gereinigt werden.
   a) Welche Reinigungsmittel und Arbeitsmittel werden benötigt?
   b) Erstellen Sie einen Arbeitsplan für die Durchführung der Reinigung.

Kühlschrank

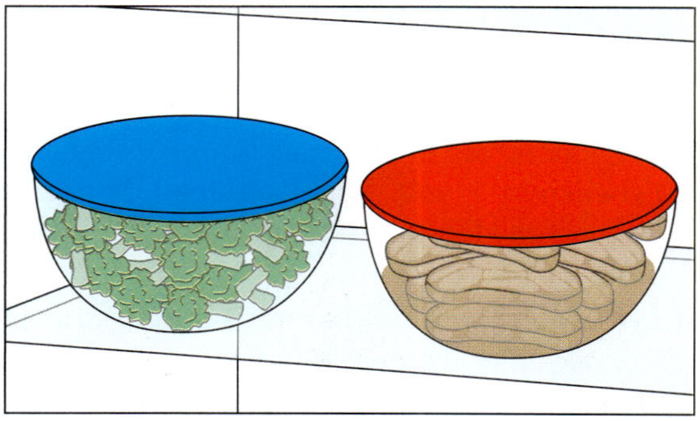

Speisen abgedeckt in den Kühlschrank stellen

Lagern im Kühlschrank

- Speisen und Getränke abgedeckt in den Kühlschrank stellen. Flüssigkeit verdampft im Kühlschrank, die Lebensmittel trocknen aus. Der Kühlschrank vereist schneller, er muss öfter abgetaut werden. Außerdem können die Speisen und Getränke den Geschmack anderer Lebensmittel annehmen. Stark riechende bzw. geruchsempfindliche Lebensmittel müssen in fest verschlossenen Gefäßen gelagert werden.
- Speisen und Getränke erst abkühlen lassen, nie heiße Speisen in den Kühlschrank stellen. Die Temperatur im Kühlschrank steigt sonst zu stark an.
- Kühlschrank nicht unnötig öffnen oder offen stehen lassen. Kalte Luft ist schwerer als warme, die Kälte „fällt" aus dem geöffneten Kühlschrank, es wird mehr Energie benötigt.
- Obst und Gemüse usw. in der Gemüseschale lagern, hier sind sie vor dem Austrocknen geschützt.
- Eier, Butter und Käse in den vorgesehenen Spezialbehältern aufbewahren.
- Flaschen und Getränke im unteren Türfach aufbewahren.
- Leicht verderbliche Lebensmittel, z. B. Fleisch, dort aufbewahren, wo die niedrigste Temperatur ist, z. B. unter dem Eisfach.
- Kühlschrank oder Gefriergerät regelmäßig abtauen. Eine Eisschicht wirkt isolierend, sie behindert die Kälteerzeugung. Ein abgetauter Kühlschrank benötigt also weniger Energie.
- Kühlschrank bzw. Kühlgerät regelmäßig reinigen. Dazu Wasser mit Spülmittelzusatz verwenden, das Gerät auswaschen und anschließend austrocknen. Verpackung und Sauberkeit sind entscheidend für die Lagerdauer von Lebensmitteln im Kühlschrank.

Lagern im Kühllager

Kühlräume dienen wie der Kühlschrank der Aufbewahrung von leicht verderblichen Lebensmitteln.

Schädlinge – was richten sie an?

Die abgebildeten Schädlinge können Krankheitserreger auf Lebensmittel übertragen.

Außerdem können sie die Lebensmittel durch Urin oder Kot verunreinigen.

Schließlich können sie Fraßschäden an den Lebensmitteln hervorrufen.

Schädlingsbekämpfung ist also notwendig, damit die Lebensmittel nicht verderben.

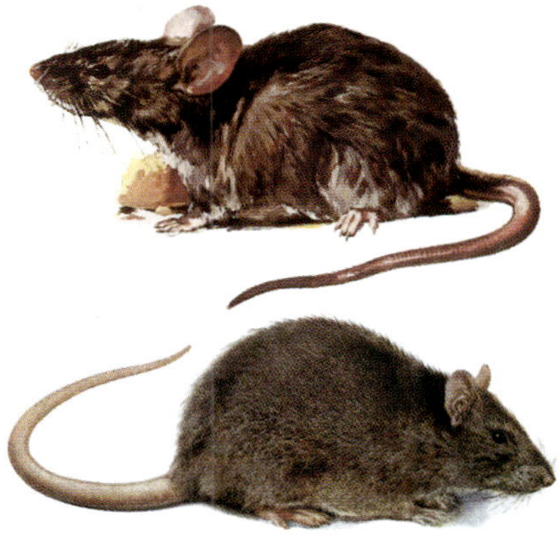

Maus und Ratte

Maßnahmen gegen Schädlinge

Im Lagerbereich

- Lagerräume trocken und kühl halten. Nach einer Feucht- bzw. Nassreinigung besonders gründlich lüften.
- Unter den Regalen 25 cm Bodenfreiheit berücksichtigen, damit die Fußböden leicht und gründlich gereinigt werden können.
- Räume regelmäßig reinigen, mindestens einmal im Jahr eine Grundreinigung durchführen.
- Mauerritzen beachten und abdichten.
- Lebensmittel in dicht schließenden Gläsern oder Dosen aufbewahren.
- Verpackungen auf Beschädigungen überprüfen.
- Frischware, z. B. Obst und Gemüse, beim Empfang auf Schädlinge überprüfen.
- Vorräte sorgfältig überwachen.
- Befallene Vorräte in Folie einpacken und zehn Tage tiefgefrieren. Anschließend vernichten. Die Schädlinge, Larven und Eier sind dann abgetötet. Behälter und Regale gründlich reinigen.

Im Küchenbereich

- Lebensmittel- und Speisereste stets mit Folie abdecken oder in geschlossenen Behältern aufbewahren.
- Lebensmittelabfälle abdecken und schnell entsorgen.
- Fliegengitter vor den Fenstern anbringen.
- Türen nicht unnötig offen stehen lassen.
- Kontrollgänge bei Dämmerung ohne Licht durchführen.
- Auf Sauberkeit im Küchenbereich achten.

Küchenschabe

Silberfischchen **Pharaoameise**

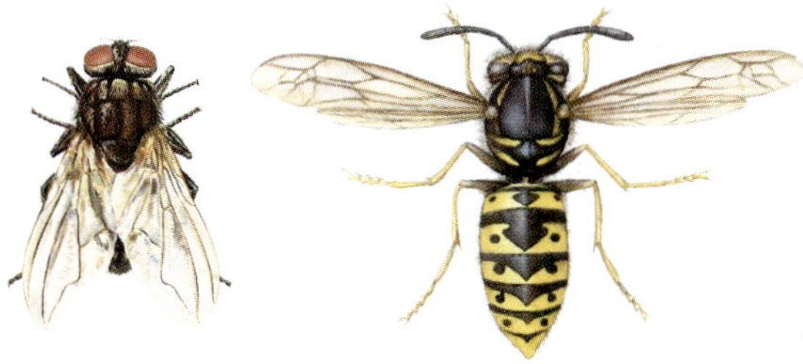

Stubenfliege und Wespe

Speckkäfer, Mehlkäfer, Mehlmotte

Tagungsstätte Martinshaus

Warenanforderung

Verbrauchende Stelle: *Küche*

Artikel	Menge	Lieferdatum	Preis in €	Anmerkung
Eierteigwaren	*2500 g*	*8.2....*	*5,10*	
Äpfel	*12 kg*	*8.2....*	*14,50*	
Mehl	*10 kg*	*8.2....*	*7,90*	

Waren erhalten: *[Unterschrift]*

Datum: *7.2....*

Warenausgabe

Die Warenausgabe erfolgt in größeren Betrieben nur gegen Beleg.

Die Warenbestellung ist auf einem Warenanforderungsschein spätestens am Vorabend abzugeben.

Alle ausgegebenen Waren werden täglich in die entsprechenden Lagerfachkarten eingetragen.

Dafür entwickelte PC-Programme erleichtern diese Arbeit.

Die Lagerfachkarten geben Auskunft über die Zu- und Abgänge der Waren und über den Warenbestand.

Lagerfachkarte Nr. 72

Lieferant: **Meier**
Anschrift: **Kiel**
Telefon: 01 23/38 59 76

Artikel: **Kaffee**
Mindestbestand: **7 kg**
Lieferfrist: **14 Tage**

Wareneingang		Warenausgabe		
Datum	Eingang Menge	Ausgabe Menge	Verbrauchende Stelle	Bestand
4.5.	*10 kg*	*0,500 kg*	*Küche*	*16,500 kg*
5.5.		*0,500 kg*	*Küche*	*16,000 kg*

Lagerfachkarte

Aufgabe:

Nach folgender Warenanforderung hat Mareike Schmidt die unten abgebildeten Waren zusammengestellt. Überprüfen Sie die Waren.

5 Tüten Vollkornmehl (je 1 kg)
3 Behälter Margarine (je 250 g)
2 Pakete Sahnequark (je 1 kg)
5 frische Orangen
2 Becher saure Sahne (je 150 g)
1 Paket Tiefkühlspinat (je 300 g)

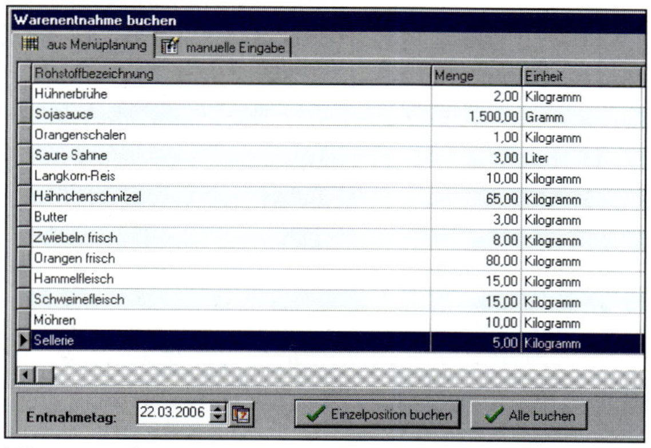
Warenentnahme buchen

aus Menüplanung | manuelle Eingabe

Rohstoffbezeichnung	Menge	Einheit
Hühnerbrühe	2,00	Kilogramm
Sojasauce	1.500,00	Gramm
Orangenschalen	1,00	Kilogramm
Saure Sahne	3,00	Liter
Langkorn-Reis	10,00	Kilogramm
Hähnchenschnitzel	65,00	Kilogramm
Butter	3,00	Kilogramm
Zwiebeln frisch	8,00	Kilogramm
Orangen frisch	80,00	Kilogramm
Hammelfleisch	15,00	Kilogramm
Schweinefleisch	15,00	Kilogramm
Möhren	10,00	Kilogramm
Sellerie	5,00	Kilogramm

Entnahmetag: 22.03.2006 | Einzelposition buchen | Alle buchen

Warenanforderung am PC

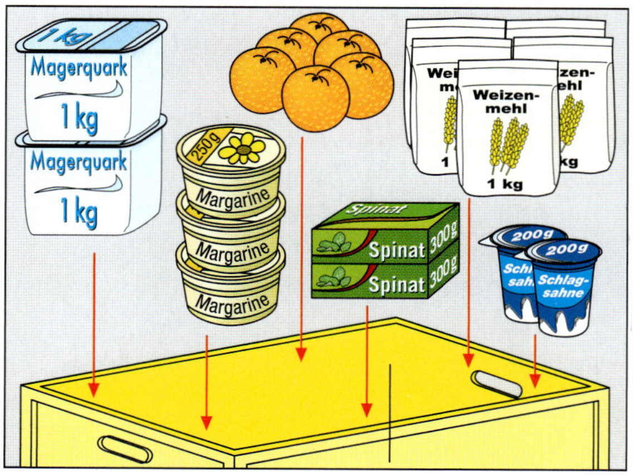

Von Mareike Schmidt zusammengestellte Waren

Kontrolle der Warenbestände – Inventur

Bei Bestandskontrollen – einer Inventur – wird der gegenwärtige Bestand aller Waren festgestellt. Bei dieser Überprüfung soll der tatsächliche Warenbestand mit den Angaben in den Lagerdokumenten übereinstimmen.

Bestandskontrollen sollten regelmäßig durchgeführt werden.

Bei der jährlichen Inventur in der letzten Woche des Jahres bzw. der ersten Woche des neuen Jahres geht es um eine mengenmäßige und wertmäßige Erfassung aller Warenbestände.

Aufgaben:

1. Wie viel
   a) Gramm,
   b) Kilogramm
   wiegt die Warenanforderung von Mareike Schmidt? Vgl. S. 54.
2. Der Gesamtwarenbestand im Lager betrug vor der Warenanforderung von Mareike Schmidt 10 555 kg. Wie hoch ist der Gesamtwarenbestand nach ihrer Warenanforderung?
3. Sie sollen eine Inventur für das abgebildete Regal im Trockenlager des Hauses „Sonnenschein" durchführen.
   a) Erstellen Sie eine alphabetische Liste der vorhandenen Waren.
   b) Notieren Sie zusätzlich jeweils die Gesamtmenge der einzelnen Waren.
   Beispiel: 5 Tüten Zucker je 1 kg.
   Gesamtmenge 5 kg Zucker.
4. Ermitteln Sie den Gesamtwert folgender Waren:

10 kg Äpfel	pro Kilogramm	1,68 €
25 kg Rotkohl	pro Kilogramm	1,43 €
50 kg Kartoffeln	pro Kilogramm	1,28 €
3 kg Erdbeeren	pro Kilogramm	2,90 €
25 Eier	pro Stück	0,15 €

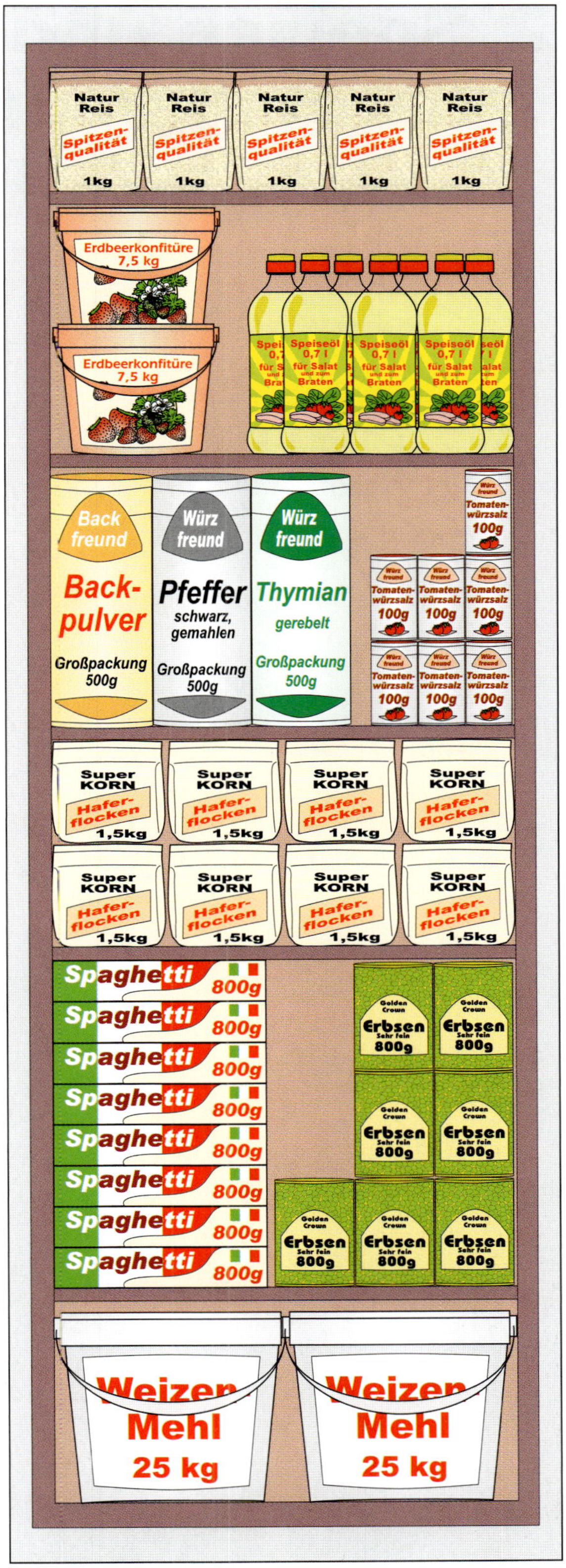

Regal im Trockenlager des Hauses „Sonnenschein"

2 Speisen und Getränke herstellen und servieren

Meine Rezeptdatei

Die Abbildungen von der Zubereitung eines Möhren-Rindfleisch-Eintopfes sind durcheinandergeraten. Auch die Zutaten für den Eintopf sind nicht mehr in der richtigen Reihenfolge.

Zutaten:
800 g Möhren
800 g Kartoffeln
2 EL gehackte Petersilie
375 g Rindfleisch
2 Zwiebeln
2 EL ÖL
Salz, Pfeffer

Aufgaben:

1. Beschreiben Sie zunächst die Tätigkeiten auf den einzelnen Abbildungen.
2. Überlegen Sie, mit welchem Arbeitsschritt begonnen werden soll, damit nicht so lange Wartezeiten entstehen.
3. Bringen Sie die Abbildungen in die richtige Reihenfolge.
4. Welche Fehler werden sonst gemacht? (z. B. Arbeitsgeräte)
5. Beschreiben Sie die richtige Zubereitung des Möhren-Rindfleisch-Eintopfes.
6. Erstellen Sie Ihre eigene Rezeptdatei.

QUARK
1
2
3
4
5
6
50 Minuten
garen
lassen
7
TIK
TAK
8
9
10

2.1 Vorbereitungstechniken

Entfernen von unerwünschten Bestandteilen der Lebensmittel

Waschen: Sämtlicher Schmutz wird entfernt. Lebensmittel mit empfindlicher Struktur, z. B. Salat, wird in stehendem Wasser gewaschen.

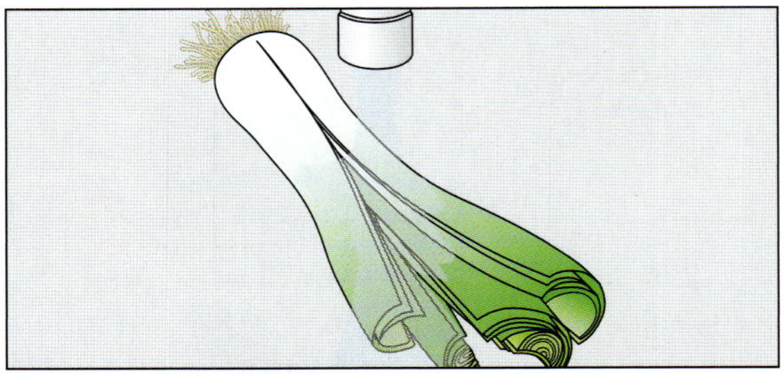

Waschen: Lebensmittel mit fester Struktur, z. B. Lauch, wird unter fließendem Wasser gewaschen.

Putzen: Schadhafte, nicht essbare Bestandteile werden entfernt, z. B. durch Abschneiden.

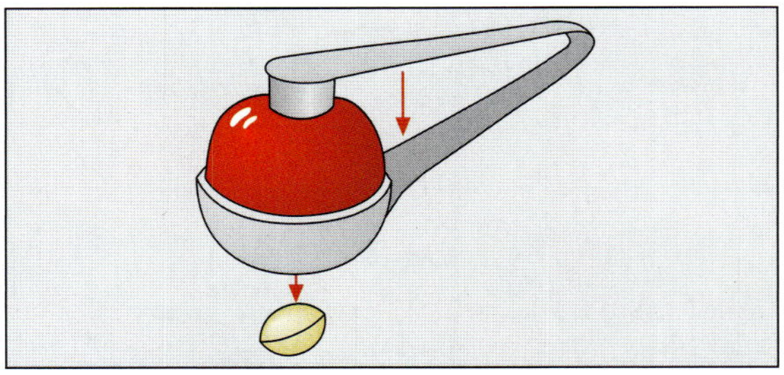

Putzen: Nicht essbare Bestandteile werden entfernt, z. B. durch Entkernen.

Schälen: Schalen werden mit dem Sparschäler oder dem Putzmesser entfernt.

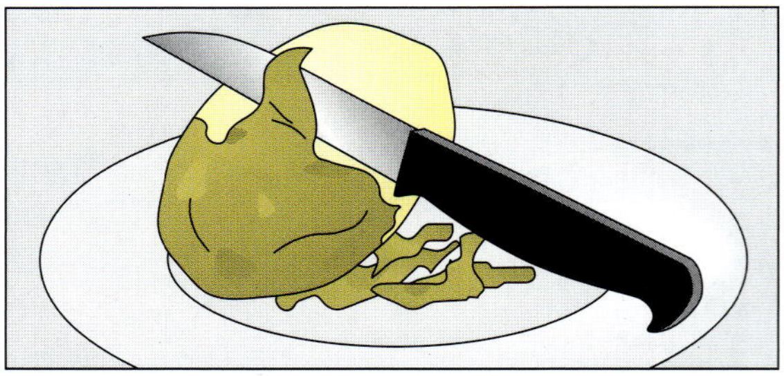

Pellen: Entfernen von feinhäutigen Schalen, z. B. Kartoffeln, Eier.

Schaben: Wurzelgemüse, z. B. junge Möhren, kann auch geschabt werden. Dabei wird lediglich eine dünne Schicht entfernt.

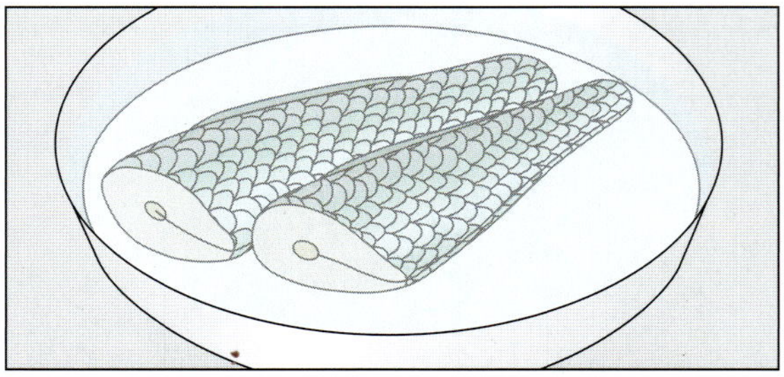

Wässern: Entfernen unerwünschter Stoffe, z. B. Salz. Lebensmittel nicht zu lange im Wasser liegen lassen.

Zerkleinerungstechniken

Mit dem Krallengriff werden die Lebensmittel gehalten. Das Messer wird vor den Fingerknöcheln entlanggeführt. Der Krallengriff schützt vor Verletzungen.

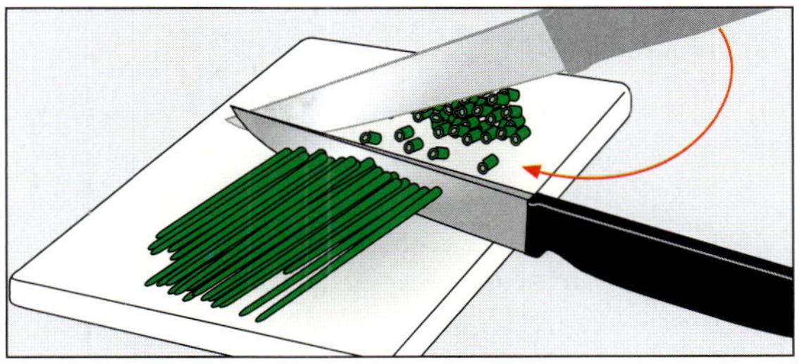

Beim Hacken mit dem Messer liegt die Messerspitze auf der Arbeitsfläche. Die eine Hand hält den Messergriff, die andere den Klingenrücken. Die Zerkleinerung erfolgt durch Auf- und Abbewegungen.

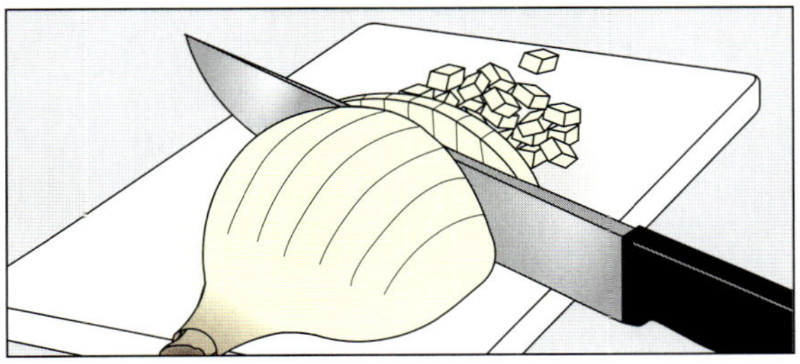

Schneiden: Mit dem Messer werden Lebensmittel in Stücke, Würfel, Streifen, Stifte usw. geschnitten.

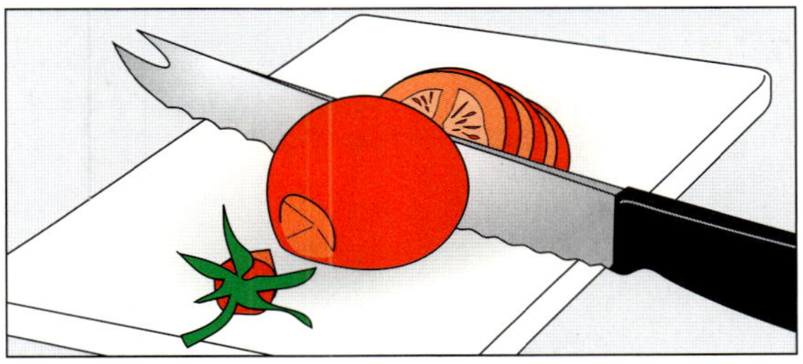

Mit dem Tomatenmesser werden Tomaten in Scheiben geschnitten.

Hacken: Mit dem Wiegemesser oder dem Kochmesser können Lebensmittel in feinste Stücke gehackt werden.

Reiben: Durch eine fein aufgeraute Fläche – Reibe – entstehen sehr kleine Stücke.

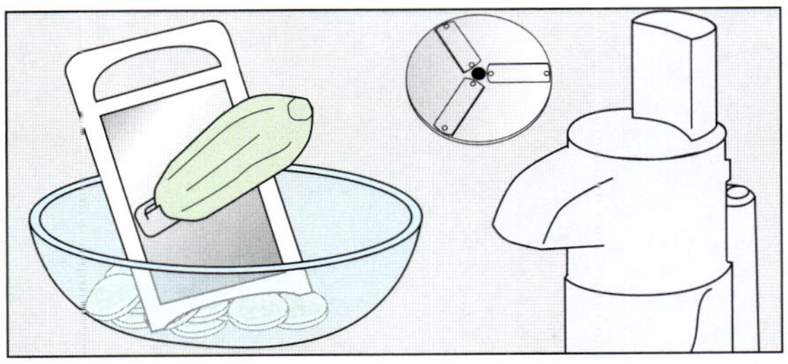

Hobeln: Feine Scheiben entstehen durch ein Schneidmesser, das sich auf einer Fläche befindet.

Raspeln: Durch eine grob gelochte Fläche – Raspel – entstehen feine längliche Stücke.

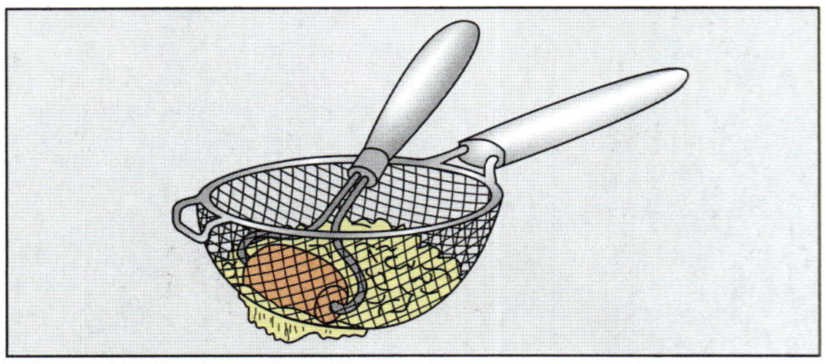

Passieren/Pürieren: Gegarte bzw. weiche Lebensmittel werden durch ein Sieb gestrichen.

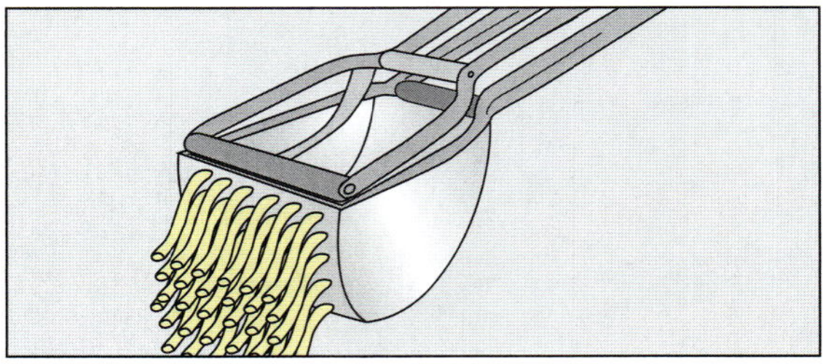

Passieren/Pürieren erfolgt auch mit der Kartoffelpresse und anderen Geräten.

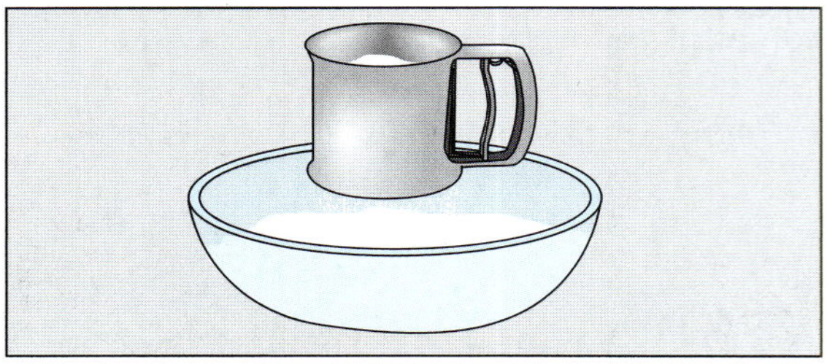

Durch das **Sieben** werden grobe und feine Teilchen getrennt.

Entsaften: Durch Pressen oder Dampfeinwirkung wird Flüssigkeit von festen Bestandteilen getrennt.

Zerkleinern und Vorbereiten von Lebensmitteln

Porreestange längs einschneiden,

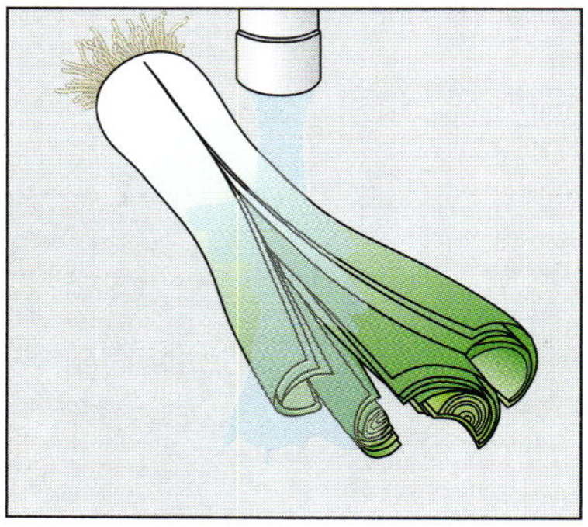

waschen,

in Streifen schneiden.

Zwiebel: Schälen

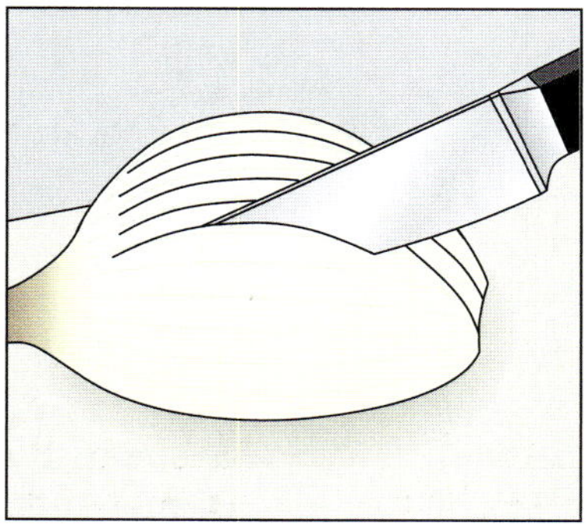

Streifenschnitt

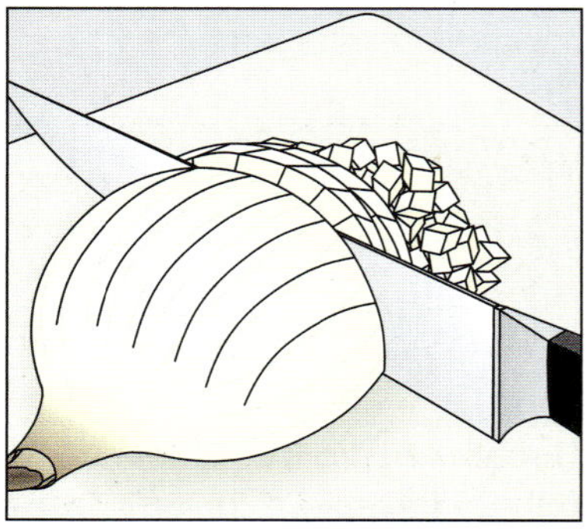

Würfelschnitt

Blätter entfernen.
Strunk abschneiden.

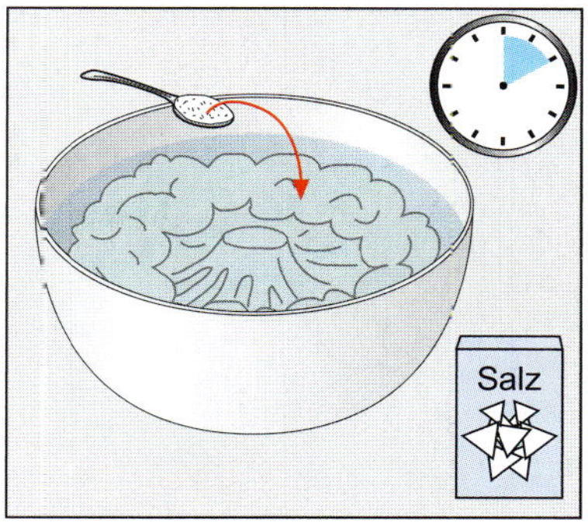

Umgekehrt in Salzwasser legen.

Strunk kreuzförmig einschneiden.

Strunkende abschneiden.

Welke Blätter entfernen.

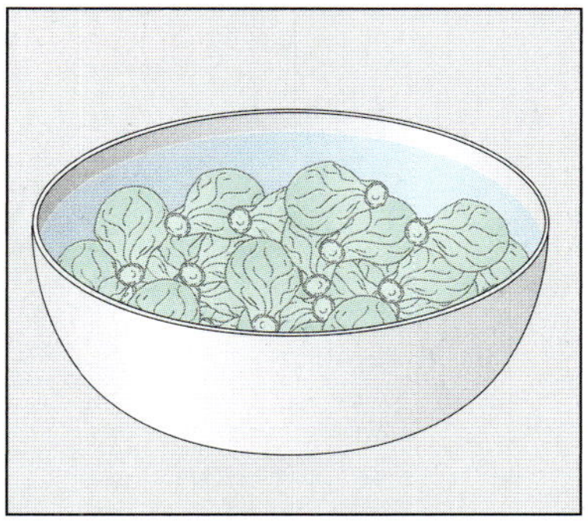

Rosenkohl waschen.

Mischen und Schlagen von Lebensmitteln

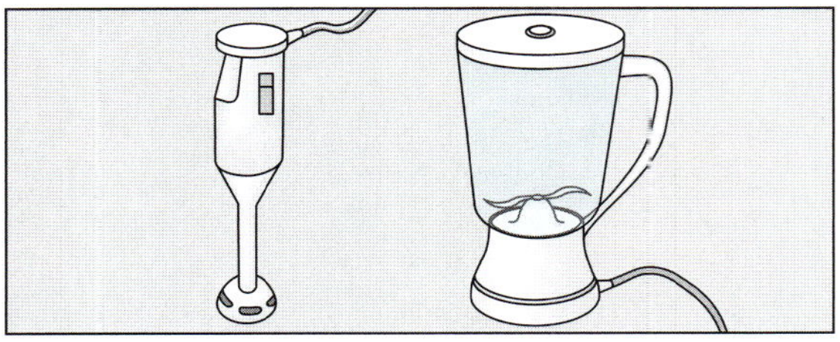

Mixen ist ein Mischen von Flüssigkeiten und feinen festen Zutaten. Beim Mixen mit sich drehendem Messerkreuz werden feste Bestandteile zerkleinert.

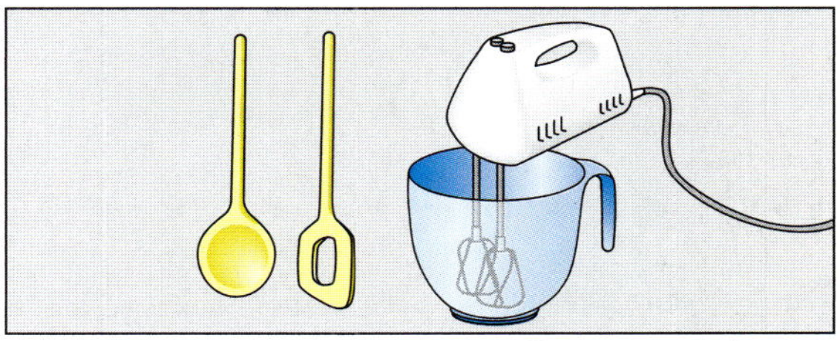

Beim **Rühren** werden Flüssigkeiten bzw. breiartige oder trockene Massen gemischt, die Zutaten werden gleichmäßig verteilt.

Beim **Kneten** werden Lebensmittel unter Druck zu einer einheitlichen Masse verarbeitet.

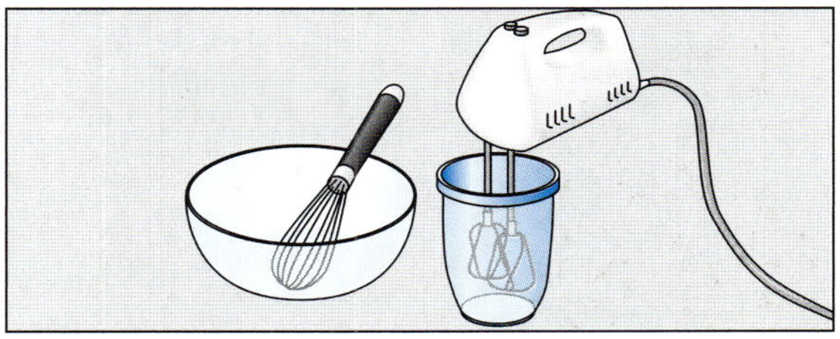

Schlagen dient dem Einschlagen von Luft in flüssige Lebensmittel oder Speisen.

Schneidgeräte

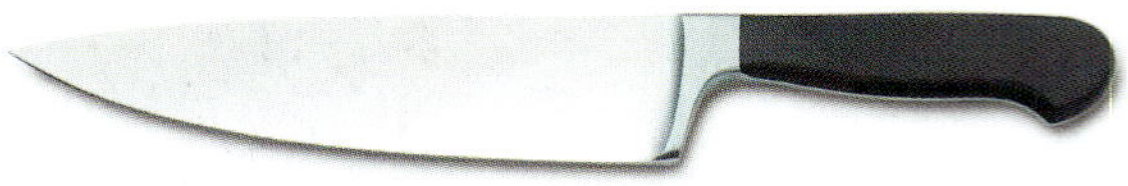

Das **Kochmesser** hat eine breite Klinge. Es eignet sich zum gleichmäßigen Schneiden von Obst und Gemüse.

Das **Gemüsemesser** wird hauptsächlich zum Putzen von Gemüse und Salaten verwendet.

Das **Buntschneidemesser** hat eine gezackte Messerklinge. Obst und Gemüse können damit dekorativ geschnitten werden.

Das **Tomatenmesser** hat einen Wellenschliff. Die Tomaten können damit leicht geschnitten werden.

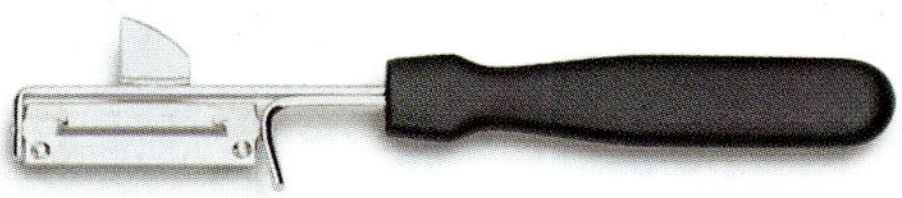

Der **Sparschäler** ermöglicht das dünne Schälen von Obst und Gemüse.

Das **Wiegemesser** ermöglicht das feine Zerkleinern – Wiegen – von Kräutern, Zwiebeln usw.

Mit dem **Apfelentkerner** kann das Kerngehäuse des Apfels herausgenommen werden.

Mit dem **Kugelaushöhler** können Kugeln in unterschiedlicher Größe aus Früchten, z. B. Wassermelonen, herausgebohrt werden.

Aufbereitungsarten

Legieren – Abziehen

Ei trennen.

Eigelb mit etwas heißer Flüssigkeit verrühren.

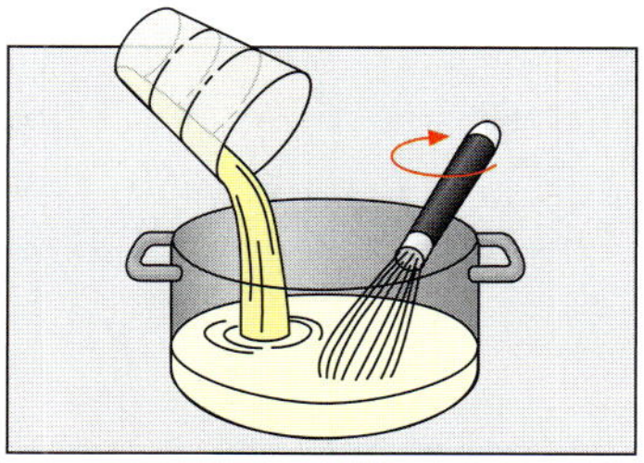

Eigelb unter Rühren in die heiße Speise geben.

Panieren

Gewürzte Lebensmittel (z. B. Fleisch) in Mehl, verschlagenem Ei und in Semmelmehl (Paniermehl) wenden.

Abschrecken

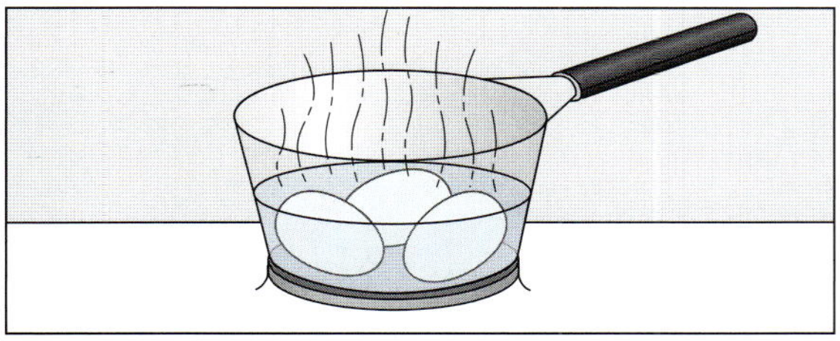

Fertig gegarte Lebensmittel – z. B. Eier –

mit kaltem Wasser übergießen.

Erwärmen im Wasserbad

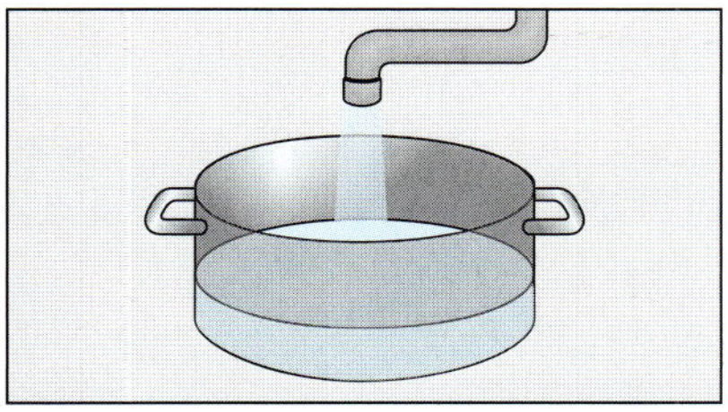

Topf mit etwas Wasser füllen.

Metallschüssel mit den Zutaten, z. B. Schokolade, in den Topf stellen.
Die Schüssel darf den Topfboden nicht berühren.

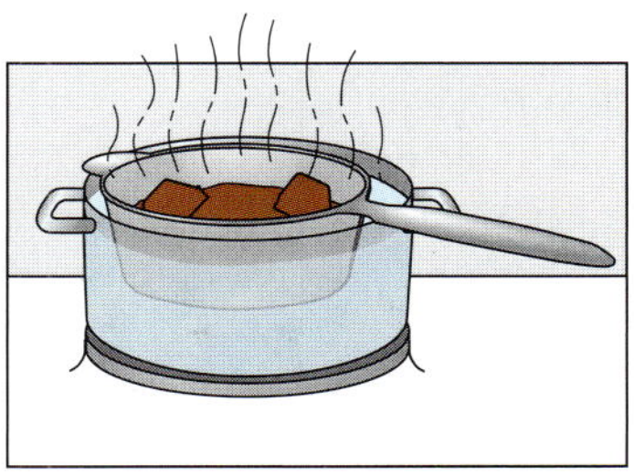

Wasser im Topf zum Sieden bringen.

2.2 Gartechniken

Kochen

Kochen ist ein Garen in siedender Flüssigkeit. Gekocht wird z. B. Gemüsesuppe.

1 l Wasser zum Kochen bringen.

Gemüse hineingeben.

15 Minuten kochen lassen.

- ▶ Gut schließende Töpfe verwenden, damit kein Wasserdampf entweicht.
- ▶ Rechtzeitig zurückschalten bzw. bei Automatikkochstellen gleich die richtige Einstellung wählen. Bei höherer Einstellung garen die Speisen nicht schneller, Wasser wird nur auf 100 °C erhitzt.
- ▶ Lebensmittel in möglichst wenig Flüssigkeit garen, Energieverbrauch und Nährstoffverlust werden sonst erhöht.
- ▶ **Geeignet für:** bindegewebsreiches Fleisch, wasserarmes Gemüse/Obst, Kartoffeln, Hülsenfrüchte.

Garziehen

Garziehen ist ein Garen in viel – nicht siedender – Flüssigkeit oder im Wasserbad bei etwa 80 °C. Teigwaren werden z. B. durch Garziehen gegart.

In 2 l Wasser 2 EL Öl, 1 TL Salz geben. Wasser zum Kochen bringen.

Spaghetti in das kochende Wasser geben, umrühren.

Spaghetti ohne Deckel gar ziehen lassen, abgießen, anrichten.

- ▶ Lebensmittel in siedende Flüssigkeit geben. Danach herunterschalten, nicht mehr kochen, so bleibt die Form der Lebensmittel besser erhalten.
- ▶ Schonende Gartechnik, aber Nährstoffe werden wie beim Kochen herausgelöst.
- ▶ **Geeignet für:** Fisch, Obst, Klöße, Reis, Teigwaren.

Aufgaben:

1. Beschreiben Sie das Garen von Fleischklößchen durch Garziehen.
2. Erläutern Sie den Unterschied zwischen Kochen und Garziehen.

Dämpfen

Dämpfen ist ein Garen im Wasserdampf.

Blumenkohl kann z. B. durch Dämpfen gegart werden.

Wenig Wasser in den Topf geben.

Blumenkohl in einem Siebeinsatz über das Wasser stellen.

Topf schließen, Blumenkohl im Wasserdampf garen.

Auch im Dampfdrucktopf kann in einem Siebeinsatz gedämpft werden.

- Wenig Wasser in einen Topf geben.
- Lebensmittel in einen Siebeinsatz legen. Sie sollen nicht mit Wasser in Berührung kommen, so sind die Nährstoffverluste gering.
- Wasser zum Kochen bringen, rechtzeitig zurückschalten.
- Beim Dämpfen im „normalen" Topf die verlängerte Garzeit gegenüber dem Kochen beachten.
- Dämpfen ist eine schonende Gartechnik, durch den Wasserdampf werden kaum Nährstoffe aus den Lebensmitteln herausgelöst.
- **Geeignet für**: empfindliche Gemüsesorten, Kartoffeln, Obst, Fisch.

Dünsten

Dünsten ist ein Garen im eigenen Saft, evtl. unter Zugabe von wenig Fett oder Flüssigkeit.
Die Flüssigkeit kann zugesetzt sein oder aus dem Gargut kommen.
Wasserreiches Gemüse, z. B. Möhren, kann durch Dünsten gegart werden.

Fett im Topf erhitzen, Möhren dazugeben, andünsten.

$^{1}/_{4}$ l heißes Wasser, Salz und Zucker dazugeben, aufkochen lassen, herunterschalten.

Im geschlossenen Topf ca. 10 Minuten weiterdünsten.

Wasserreiches Obst, z. B. Pflaumen, kann durch Dünsten gegart werden.

Pflaumen mit Zucker bestreuen, mischen, stehen lassen.

Pflaumen dünsten.

Abschmecken und umfüllen.

- ▶ Lebensmittel im offenen Topf unter Rühren andünsten.
- ▶ Bei Gemüse und Fisch evtl. Fett zur Aromabildung hinzufügen.
- ▶ Obst zur Saftbildung mit Zucker mischen. Hierbei spricht man von Dünsten im eigenen Saft.
- ▶ Rechtzeitig zurückschalten, auf Flüssigkeitsverluste achten, Flüssigkeit ergänzen.
- ▶ Zu wenig Flüssigkeit: Das Gargut kann anbrennen. Zu viel Flüssigkeit: Das Dünsten geht in Kochen über.
- ▶ Im geschlossenen Topf dünsten. Deckel nicht so oft anheben.
- ▶ Dünsten ist eine nährstoff- und aromaschonende Gartechnik.
- ▶ **Geeignet für:** wasserreiches Obst und Gemüse, Pilze, Fisch, zartes Fleisch.

Aufgaben:

1. Nennen Sie wasserreiche Gemüsesorten und Obstsorten, die gedünstet werden können.
2. Nennen Sie wasserarme Gemüsesorten und Obstsorten, die gekocht werden müssen. Beschreiben Sie das Vorgehen.

Schmoren

Schmoren ist ein Garen durch Anbraten – Bräunen – in heißem, reinem Fett und ein Weitergaren nach Zugabe von wenig kochender Flüssigkeit.

Gulasch wird z. B. durch Schmoren gegart.

Öl im Topf erhitzen, Gulasch hineingeben, anbraten.

$^1/_2$ l Wasser dazugeben, würzen, aufkochen lassen.

Im geschlossenen Topf weitergaren.

- ▶ Wasserfreies Fett, z. B. Kokosfett bzw. Öl, verwenden.
- ▶ Im offenen Topf Lebensmittel von allen Seiten kräftig anbraten.
- ▶ Erst nach dem Anbraten würzen, Zwiebeln usw. dazugeben.
- ▶ Wenig kochende Flüssigkeit hinzufügen.
- ▶ Rechtzeitig zurückschalten, im geschlossenen Topf weitergaren.
- ▶ Auf Flüssigkeitsverluste achten, durch heiße Flüssigkeit ergänzen.
- ▶ Hitzeempfindliche Vitamine werden zerstört, wasserlösliche Nährstoffe gehen nicht verloren, da der Sud mit verwendet wird.
- ▶ **Geeignet für:** Fleisch, gefülltes Gemüse.

Braten in der Pfanne – Kurzbraten

Braten in der Pfanne ist ein Garen und Braten in heißem Fett.

Frikadellen werden z. B. in der Pfanne gebraten.

Fett erhitzen.

Frikadellen anbraten.

Frikadellen wenden und weiterbraten.

- ▶ Vorzugsweise wasserfreie und eiweißfreie Fette bzw. Öle verwenden.
- ▶ Nur trockene Bratenstücke in das Fett geben! Spritzgefahr! Unfallgefahr!
- ▶ Fett erhitzen, Lebensmittel von allen Seiten anbraten, dann auf jeder Seite weitergaren.
- ▶ Fett bzw. Öl nicht zu stark erhitzen, das Fett darf nicht qualmen! Gesundheitsschädlich!
- ▶ Durch Fett wird der Energiegehalt erhöht.
- ▶ **Geeignet für:** kleinere Fleischstücke, kleinere Fischstücke, Kartoffeln.

Braten im Backofen – Langzeitbraten

Braten im Backofen ist ein Garen und Bräunen in trockener Hitze, evtl. unter Flüssigkeits- und Fettzugabe.

Rinderbraten wird z. B. im Backofen gebraten.

Fleisch würzen.

Fleisch im Backofen bei 220 °C anbraten.

Bei ca. 140 °C weiterbraten, bis die gewünschte Garstufe erreicht ist.

- ▶ Fleischstücke von mindestens 1 kg Gewicht in der Fettpfanne oder auf dem Rost braten.
- ▶ Fleisch mit Gewürzen einreiben oder das Fleisch in eine Marinade einlegen.
- ▶ Fleisch mit der Fettseite nach oben einlegen, sonst trocknet das Fleisch zu stark aus.
- ▶ Bei magerem Fleisch oder Fisch ist ein Fettzusatz erforderlich, damit das Fleisch saftig bleibt.
- ▶ Beim Braten im Backofen sind zwei Garstufen zu unterscheiden:
  - Anbraten bei hoher Temperatur – 220 bis 250 °C,
  - Weiterbraten bei etwa 140 °C, bis die gewünschte Garstufe erreicht ist.
- ▶ Fleisch zwischendurch mit Flüssigkeit begießen, damit es nicht austrocknet, evtl. wenden.
- ▶ Die Garzeit beträgt bei Fleisch etwa 10 Minuten pro cm Höhe.
- ▶ **Geeignet für:** größere Fleischstücke, Geflügel, Hackbraten.

Überbacken – Gratinieren

Überbacken ist ein Bräunen der Oberfläche unter evtl. gleichzeitiger Verkrustung durch Wärmeeinwirkung.

Überbacken wird z. B. Zwiebelsuppe.

- ▶ Überbacken ist ein Fertigstellungsverfahren für bereits gegarte Speisen. Dabei entsteht durch Oberhitze eine goldgelbe bis braune Kruste mit zusätzlichen Geschmacksstoffen.
- ▶ Die gegarten Lebensmittel mit Käse oder Béchamelsoße mit Eigelb-Sahne-Legierung und Reibkäse bedecken.
- ▶ Überbacken wird im vorgeheizten Grill oder im Backofen bei 175 bis 200 °C.
- ▶ Nur feuerfestes Geschirr für das Überbacken verwenden.
- ▶ Speisen ohne Deckel überbacken.

Überbacken im Großflächenstrahlungsgrill

Backen

Backen ist ein Garen und Bräunen in heißer Luft.

Backen mit Ober- und Unterhitze:

- Durch Ober- und Unterhitze wird gegart.
- Es kann jeweils nur ein Blech eingeschoben werden.
- Einschubhöhe beachten! Hohe Kuchen – untere Schiene. Flache Kuchen – mittlere Schiene.
- Am Rand ist die Hitze stärker als in der Mitte. Speisen bzw. Gebäck in die Mitte stellen.

Heißluftbackofen:

- Vorheizen ist nicht nötig.
- Durch strömende Heißluft können bis zu vier Bleche gleichzeitig eingeschoben werden.
- Jede Einschubhöhe ist möglich.
- Niedrigere Einstellungen beachten, etwa 20 °C weniger!
- Möglichst ein kleines Gefäß mit Wasser in den Herd stellen. Das Austrocknen wird vermieden.

In jedem Fall:

- Je nach Gebäckart die Bleche entsprechend vorbereiten.
- Gebäck noch heiß aus der Form lösen. Gebäck nach dem Backen 10 Minuten auskühlen lassen, bevor es geschnitten wird.
- Es gibt kombinierte Backöfen, die auf Ober- und Unterhitze bzw. Heißluft eingestellt werden können.
- Die Temperaturangaben in diesem Buch beziehen sich auf Backöfen mit Ober- und Unterhitze, sonst Anweisungen des Herstellers beachten.

Garprobe:

- Mit einem Spieß vorsichtig in die Kuchenmitte stechen. Haftet Teig am Spieß, Garzeit verlängern.

Anrichten von Gebäck:

- Gebäck auskühlen lassen.
- Kleingebäck in Reihen anordnen. Gleichartige Teile bilden eine Reihe.
- Bei Blechkuchen Schnitte vor dem Schneiden markieren, Gebäck in Reihen auf eine Platte legen.
- Napfkuchen usw. vor dem Anrichten aufschneiden, schuppenförmig auf die Platte legen.

Anrichten von Gebäck

Mikrowelle

Mikrowelle mit abgedeckten Speisen

Geeignetes Geschirr für die Mikrowelle

Ungeeignetes Geschirr für die Mikrowelle

Garen in der Mikrowelle

Mikrowellengaren ist ein Garen durch elektromagnetische Wellen, die in den Lebensmitteln Wärme erzeugen.

Lebensmittel können in der Mikrowelle im Allgemeinen nur gegart, aber nicht gebräunt werden.

Die Mikrowelle hat mindestens zwei Schaltstufen: geringe und höhere Leistung.

▶ **Der Einsatz der Mikrowelle ist sinnvoll**
- zum Auftauen von Lebensmitteln,
- zum Erwärmen und Erhitzen von Speisen und Getränken,
- zum Garen von kleinen Portionen, Tellergerichten.

▶ **Geschirr für die Mikrowelle**

Geeignet sind: feuerfestes (spülmaschinenfestes) Porzellan, Glas, Keramik, Kunststoff (hitzebeständig bei 180 °C). Die Mikrowellen durchdringen diese Materialien.

Ungeeignet sind: Metall, Geschirr mit Metalldekor (Gold- oder Silberrand), Alufolie. Die Mikrowellen durchdringen diese Materialien nicht, sie werden reflektiert.

Ungeeignet sind außerdem: unglasiertes Tongeschirr, z. B. Römertopf, fest verschraubte Gläser, Geschirr mit Sprung, Flaschen mit engem Hals. Diese Gefäße können überhitzen und platzen.

▶ Lebensmittel abgedeckt in die Mikrowelle stellen, so wird ein Austrocknen verhindert.

▶ Lebensmittel mit fester Schale oder Haut, z. B. Würstchen, vor dem Garen einstechen, ein Platzen wird so vermieden. Eier können nicht in der Mikrowelle gekocht werden, sie platzen.

▶ Die Mikrowelle eignet sich nur zum Garen von kleinen Portionen, z. B. Tellergerichten. Wenn die Personen zu unterschiedlichen Zeiten essen, kann das Essen jeweils schnell frisch zubereitet werden. Nährstoffe bleiben dabei weitgehend erhalten.

▶ Lebensmittel flach auf dem Teller ausbreiten, sie garen so schneller. Keine unterschiedlichen Lebensmittel übereinanderschichten.

▶ Lebensmittel in die Mitte des Gerätes stellen, sie garen so gleichmäßiger.

Grillen

Grillen ist ein Garen durch Strahlungshitze oder Wärmeleitung mit oder ohne Fettzugabe.
Fleischspieße werden z. B. gegrillt.

- ▶ Grill etwa 3 bis 5 Minuten vorheizen, bis die Grillstäbe glühen.
- ▶ Pfanne oder Grillrost vorheizen, dann ölen.
- ▶ Fleisch auf den geölten Grillrost geben.
- ▶ Fett nicht überhitzen. Qualmt das Fett, so ist es überhitzt. Gesundheitsschädlich!
- ▶ Grillgut vorher würzen, aber Salz und Paprika erst nach dem Grillen dazugeben. Salz entzieht Wasser, Paprika verbrennt. Fleisch evtl. vorher in eine Marinade einlegen, damit es mürbe wird.
- ▶ Grillgut direkt in den Strahlungsbereich legen.
- ▶ Je höher das Grillgut, desto tiefer einschieben und umgekehrt.
- ▶ Toast und kalte Zutaten unten in den Grill einschieben.
- ▶ Zum schonenden Wenden eine Grillzange oder einen Bratenwender benutzen, damit der Fleischsaft nicht ausläuft.

Strahlungsgrill (Kleingerät)

Frittieren – Ausbacken

Frittieren ist ein Garen in heißem, reinem Fettbad.
Pommes frites werden z. B. durch Frittieren gegart.

Fett erhitzen.

Pommes frites 3 Minuten frittieren. Herausnehmen, abtropfen lassen.

Unmittelbar vor dem Essen noch einmal 4 bis 6 Minuten frittieren, umfüllen.

- ▶ Kokosfett bzw. Öl verwenden.
- ▶ Richtige Temperatur beachten, es müssen sich Luftbläschen bilden, evtl. Spezialthermometer benutzen. Ist das Fett zu kalt, saugen die Lebensmittel zu viel Fett auf.
- ▶ Fett nicht überhitzen. Gesundheitsschädlich!
- ▶ Feuchte Lebensmittel, wie Fleisch, abtupfen. Tiefkühlkost vorher auftauen lassen. Spritzgefahr! Unfallgefahr!
- ▶ Nicht zu viel Gargut auf einmal einfüllen, das Fett kühlt sonst zu stark ab.
- ▶ Lebensmittel nach dem Frittieren im Frittierkorb oder auf einem Rost oder auf Küchenpapier abtropfen lassen.
- ▶ Fett nach drei- bis viermaligem Gebrauch erneuern! Sonst gesundheitsschädlich!
- ▶ **Geeignet für:** Kartoffeln, Gebäck, Fisch und Gemüse.

Druckgaren

Druckgaren ist ein Kochen oder Dämpfen bei etwa 120 °C.

Flüssigkeitszugabe – Dampfentwicklung

Schließen des Dampfdrucktopfes

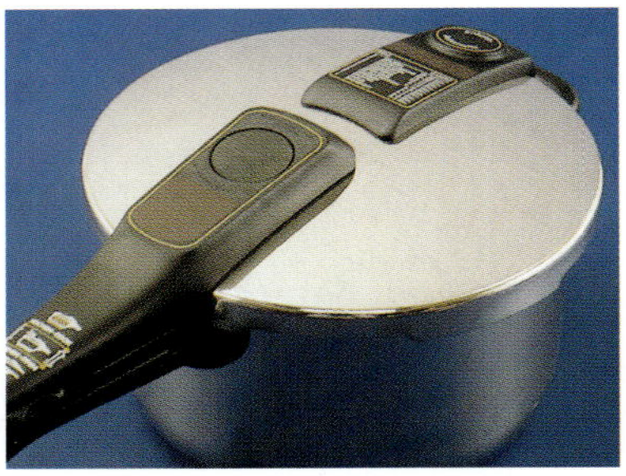

Druckanzeiger nicht sichtbar: 100 °C – 1 bar

Garstufe I: 111 °C – 1,5 bar

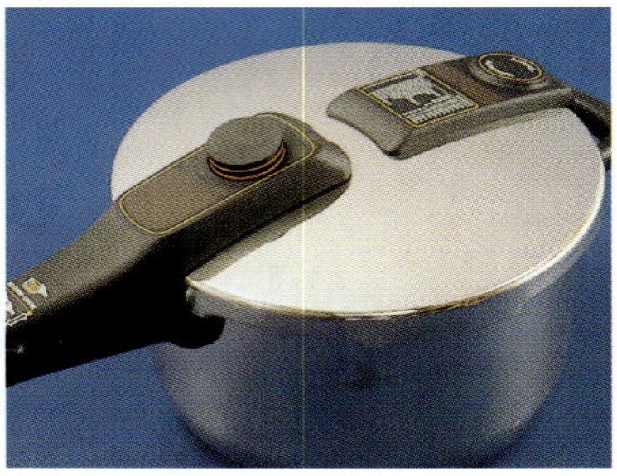

Garstufe II: 119 °C – 1,8 bar

Öffnen des Dampfdrucktopfes

► **Vorbereiten**

Flüssigkeitszugabe – mindestens eine Tasse – ist zur Dampfentwicklung notwendig. Den Topf zum Garen höchstens zu zwei Dritteln füllen. Keine stark schäumenden Speisen im Dampfdrucktopf garen, das Ventil kann sonst verstopfen.

Zum Dämpfen den gelochten Einsatz auf den Dreifuß in den Topf stellen.

Vor dem Schließen überprüfen, ob der Gummiring richtig im Deckel liegt und ob der Topfrand sauber ist. Es kommt sonst nicht zur Drucksteigerung.

Beim Schließen den Deckel nach links drehen, bis die Verriegelung hörbar einrastet.

► **Ankochen – Fortkochen**

Topf auf die Kochstelle stellen. Gewünschte Garstufe einstellen.

Durch Garen bei Überdruck entsteht eine höhere Gartemperatur, die Flüssigkeit siedet erst oberhalb von 100 °C. Die Garzeit wird hierdurch um circa ein Drittel verkürzt.

Während der Ankochzeit ist der Druckanzeiger nicht sichtbar, die Ankochzeit ist nicht verkürzt.

Garstufe I

Ein Ring ist sichtbar. Geeignet für: Fisch, zartes Fleisch, z. B. Kalbfleisch, empfindliches Gemüse, Obst.

Garstufe II

Zwei Ringe sind sichtbar. Geeignet für: Fleisch, Eintöpfe, Gemüse mit fester Struktur, Kartoffeln usw.

► **Öffnen**

Topf von der Kochstelle nehmen. Der Dampf muss zunächst durch das Öffnen des Kochreglers/Abdampfreglers entweichen.

Oder in der Spüle kaltes Wasser über den Deckel laufen lassen, vgl. Foto.

► Bevor der Dampfdrucktopf geöffnet werden darf, muss auf jeden Fall der Druckanzeiger ganz verschwunden sein.

Beim Öffnen Kochregler zurückziehen und Topfdeckel nach rechts drehen.

Allgemeine Regeln für das Garen

▶ Nährstoffschonend garen! **▶ Nicht zu oft umrühren!**

▶ Richtige Gartemperatur wählen! **▶ Nicht zu große Töpfe verwenden!**

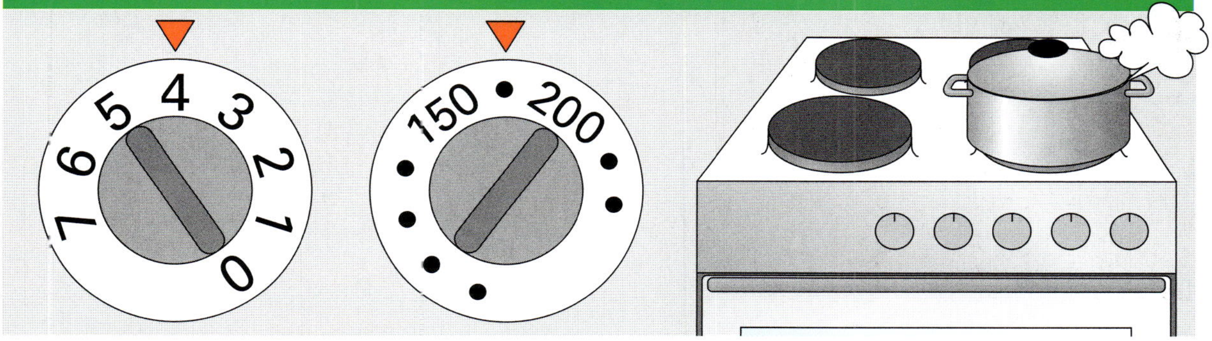

▶ Kurze Garzeit wählen! **▶ Warmhalten vermeiden!**

- **Die Nährstoffe bleiben besser erhalten, Energie wird gespart.**
- **Automatikkochstellen bevorzugen, sie benötigen weniger Energie. Normalkochstellen rechtzeitig zurückschalten.**
- **Für Gerichte mit längerer Garzeit den Dampfdrucktopf einsetzen.**

2.3 Mit Rezepten arbeiten

Rechnen mit Maßen, Gewichten und Mengen

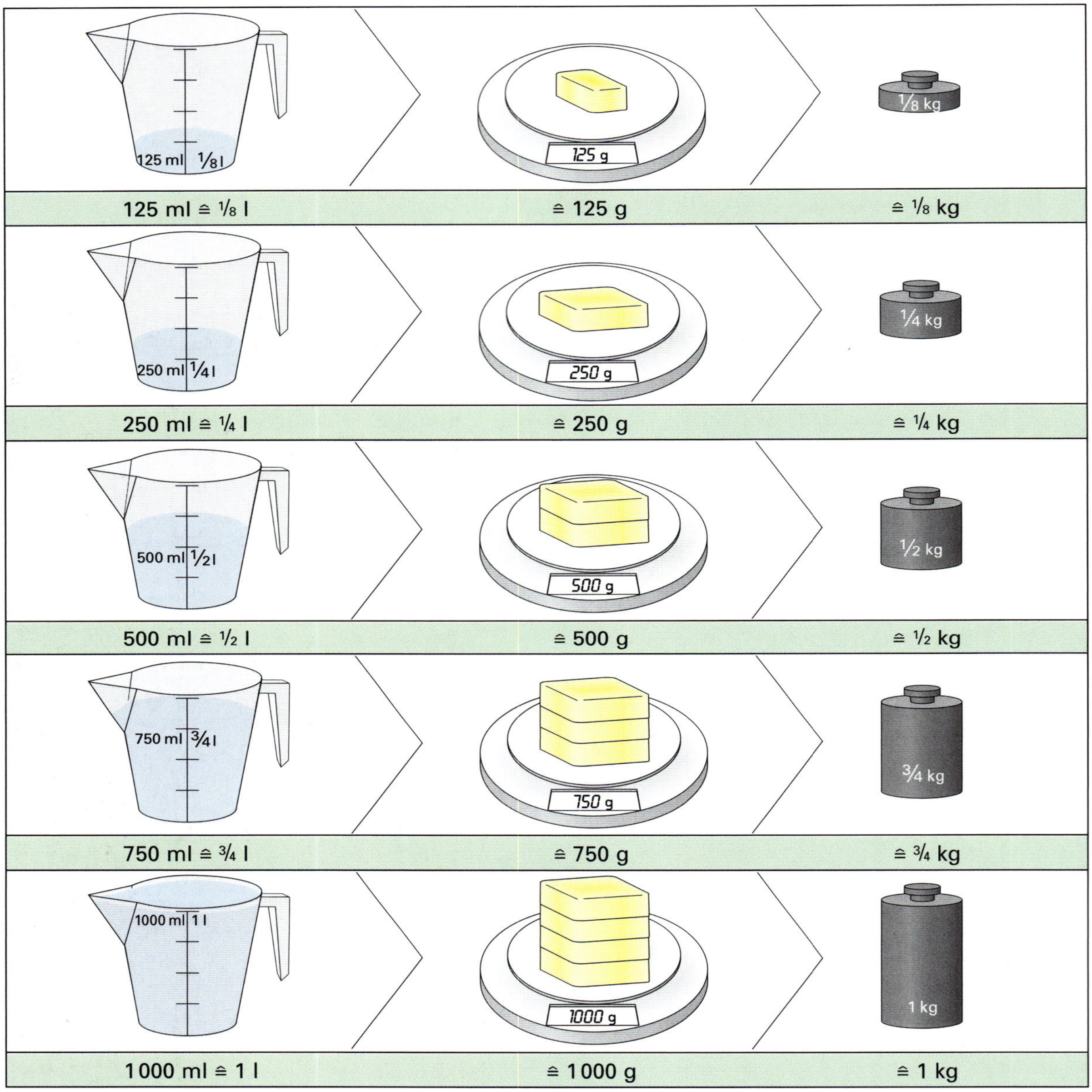

Messbecher eignen sich für Flüssigkeiten, Mehl, Grieß, Haferflocken, Reis, Zucker usw.

Mit einem Messbecher können feste Lebensmittel schnell – jedoch nicht grammgenau – abgemessen werden.

Auf dem Messbecher zunächst die Angaben für das Lebensmittel suchen, das abgemessen werden soll.

Die **Waage** eignet sich für Gemüse, Obst, Fleisch, Fisch, Nüsse usw.

Mit einer Waage können die Mengen sehr genau abgewogen werden.

Aus hygienischen Gründen zum Abwiegen einen Teller oder die Waagschale benutzen.

Der Teller darf nicht mitgewogen werden.

Den Teller auf die Waage stellen, danach die Anzeige auf null stellen.

Folgende Abkürzungen werden verwendet:

1 Liter	1 l
1 Gramm	1 g
1 Milliliter	1 ml
1 Kilogramm	1 kg
1 Esslöffel	1 EL
1 Teelöffel	1 TL
1 Prise	1 Pr.

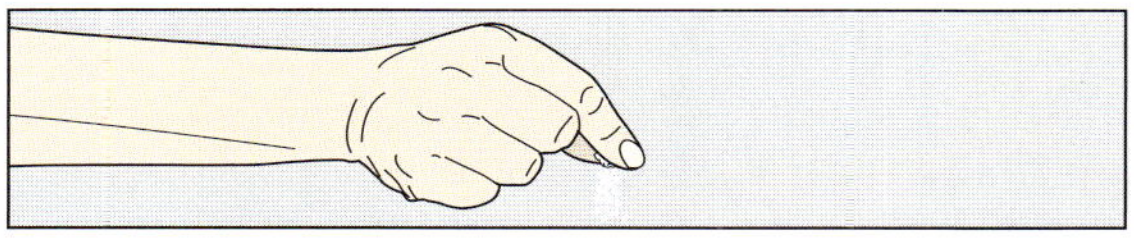

1 Prise ist eine Menge, die man zwischen Daumen und Zeigefinger halten kann.

Aufgaben:

1. Rechnen Sie um:
   a) $^1/_8$ l = ? ml
   b) $^1/_4$ l = ? ml
   c) $^1/_2$ l = ? ml
   d) $^3/_4$ l = ? ml
   e) 750 ml = ? l
   f) 375 ml = ? l
2. 1 EL fasst 10 ml.
   Wie viel EL werden für $^1/_8$ l benötigt?
3. Ermitteln Sie das Fassungsvermögen
   a) einer Kaffeetasse,
   b) eines Suppentellers,
   c) einer Suppentasse,
   d) eines Wasserglases.
4. Rechnen Sie um:
   $^1/_2$ kg = ? g $^1/_8$ kg = ? g
   750 g = ? kg   250 g = ? kg
5. Ein Kotelett wiegt 150 g.
   Wie viel wiegen sechs Koteletts?
6. Ermitteln Sie das Gewicht eines Tellers.
   Stellen Sie die Waage anschließend auf null.
   Wiegen Sie dann 50 g Nüsse ab.
7. Ermitteln Sie das Gewicht von
   a) einer Birne,
   b) einem Blumenkohl,
   c) einer Banane,
   d) einem Apfel.

1 TL Backpulver	3 g
1 TL Mehl	5 g
1 TL Salz	5 g
1 TL Zucker	5 g
1 Stück Zucker	5 g
1 EL Backpulver	10 g
1 EL Mehl	10 g
1 EL Zucker	15 g
1 EL Öl	10 g

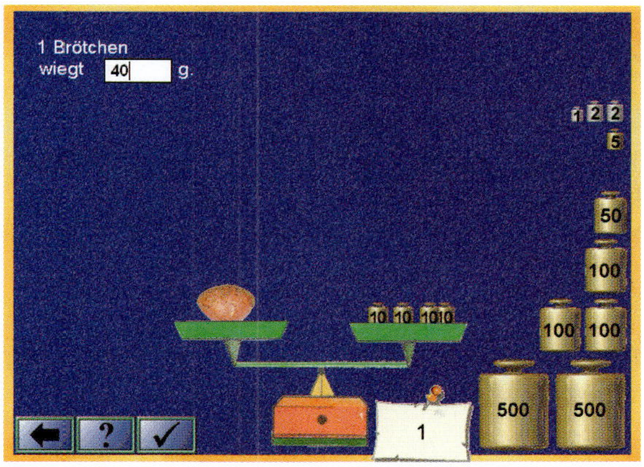

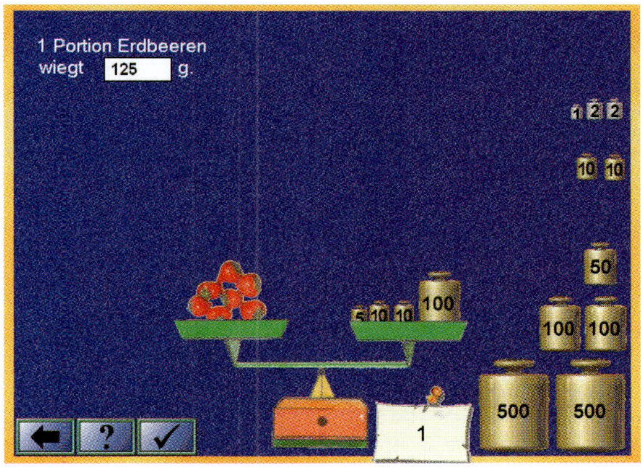

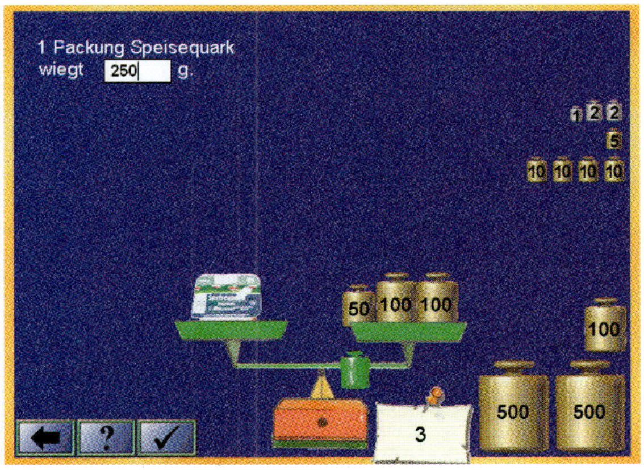

Umrechnung von Rezepten

Umrechnungsbeispiel:
Das Rezept „Grüner Salat“, vgl. S. 88, soll für einen Großhaushalt mit 50 Personen umgerechnet werden; eine Einkaufsliste soll erstellt werden.

Für 4 Personen werden benötigt:
1 großer Kopfsalat
$^{1}/_{8}$ l saure Sahne
2 EL Zitronensaft ($^{1}/_{2}$ Zitrone)
1 Pr. Salz (ca. 1 g)
1 Pr. Zucker (ca. 1 g)
2 EL Kräuter (1 Bund Kräuter)

Zunächst fragen wir uns:
Wie viel Rezepte werden für 50 Personen benötigt?

Da ein Rezept für 4 Personen ausreicht, muss 50 durch 4 geteilt werden.

$$50 : 4 = 12{,}5$$

Für 50 Personen werden also 12,5 Rezepte benötigt.

Jetzt müssen alle Zutaten des Rezeptes mit 12,5 malgenommen werden.

- **Kopfsalat:** 1 × 12,5 = 12,5
  $^{1}/_{2}$ Kopf Salat kann nicht eingekauft werden, also werden 12 bis 13 Köpfe Salat benötigt, je nach Größe.
- **Saure Sahne:** 125 ml × 12,5 = 1562,5 ml
  Diese Menge muss nun für die Einkaufsliste in Liter umgerechnet werden.
  1562,5 : 1000 = 1,563 l
  Diese Menge kann sicher bei der größeren Personenzahl auf die runde Summe von 1,5 Litern saure Sahne vermindert werden.
- **Zitrone:** 0,5 × 12,5 = 6,25
  Eine viertel Zitrone kann nicht eingekauft werden, also werden 7 Zitronen benötigt.
- 12,5 g **Salz** und 12,5 g **Zucker** sind sicher im Vorrat vorhanden.
- Je nach Größe werden 12 bis 13 **Bund Kräuter** benötigt.

- **Die Anzahl der benötigten Rezepte wird ermittelt, indem die Personenzahl durch 4 geteilt wird.**
- **Die einzelnen Zutaten werden dann mit der so ermittelten Zahl malgenommen.**

Aufgaben:

1. Eierpfannkuchen, Rezept (4 Personen), vgl. S. 91, sollen für 80 Personen hergestellt werden. Wie viel Mehl, Eier und Milch werden für 80 Personen benötigt?
2. Aus einem Rezept Blitzkuchen, vgl. S. 102, erhält man 16 Stück. Für das Kaffeetrinken soll Blitzkuchen für 90 Personen gebacken werden. Wie viel Rezepte werden für 90 Personen benötigt?
3. Apfelkompott, Rezept (4 Personen), vgl. S. 99, soll für 20 Personen hergestellt werden. Wie viel Äpfel und Zucker werden für 20 Personen benötigt?
4. Wandeln Sie die ermittelten Mengenangaben für Äpfel und Zucker für das Apfelkompott in kg um.

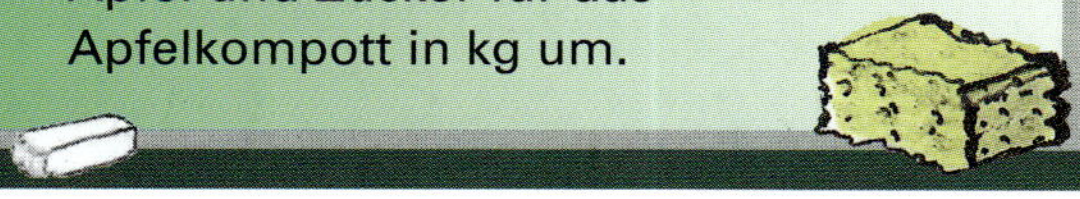

Einkaufsliste für 50 Portionen grünen Salat
13 Köpfe grüner Salat
1,5 l saure Sahne
7 Zitronen
12 Bund Kräuter

Zutaten für 50 Personen

Rezepte werden meist anders geschrieben

Das Rezept für den grünen Salat, vgl. S. 88, wird hier in einem Text erläutert.

- Links stehen – in grüner Schrift – jeweils die benötigten Zutaten.
- Rechts stehen – in schwarzer Schrift – die Tätigkeiten, die bei der Zubereitung des grünen Salats verrichtet werden müssen.
- Die einzelnen Arbeitsschritte für die Zubereitung des grünen Salats sind durch waagerechte Linien untergliedert.

Grüner Salat – Kopfsalat (4 Portionen)

1 großen Kopfsalat	putzen, waschen, zerteilen.
$^{1}/_{8}$ l saure Sahne 2 EL Zitronensaft 1 Pr. Salz und 1 Pr. Zucker 2 EL gehackte Kräuter: Dill, Petersilie	mit mischen. Mit abschmecken. zur Marinade geben.
	Salat mit der Marinade anrichten.

Aufgaben:

1. Schreiben Sie das Rezept für den Tomatensalat, vgl. S 88, entsprechend in ein Textrezept um.
2. Schreiben Sie das Rezept für Eierpfannkuchen, vgl. S. 91, ebenfalls in ein Textrezept um.
3. Auf S. 94 finden Sie ein weiteres Textrezept für Kotelett mit Zwiebeln. Gestalten Sie dieses Rezept als Bildrezept.
4. Sammeln Sie Rezepte aus Zeitschriften. Erläutern Sie die Zubereitung einer dieser Speisen oder Gebäckarten.
5. Übernehmen Sie die erstellten Rezepte in Ihre Rezeptdatei.

Zutaten für den Tomatensalat

Zutaten für die Eierpfannkuchen

2.4 Rezepte

Klare Gemüsesuppe

1 mittelgroße Möhre
1 Stange Porree
125 g Sellerie
1 Kohlrabi
1 Zwiebel
} Gesamtmenge 500 g

1 l heißes Wasser
1 TL gekörnte Gemüsebrühe
Salz, Pfeffer, 1 EL gehackter Dill

310 kJ
2 g E
1 g F
7 g KH

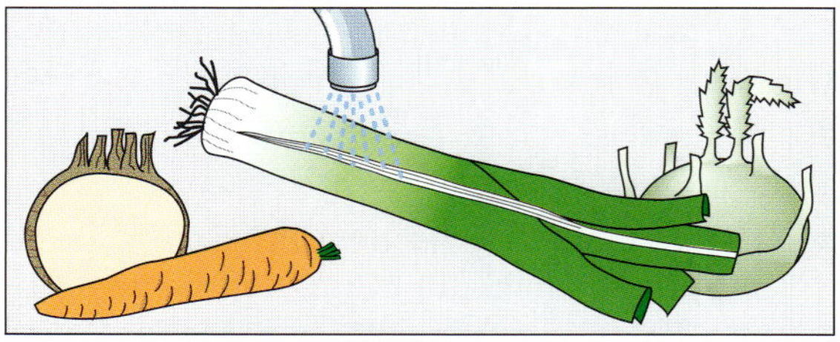
Möhre, Sellerie, Porree und Kohlrabi waschen.

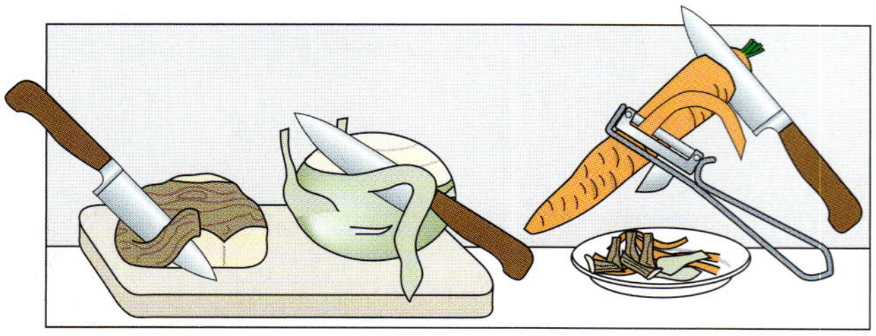
Sellerie, Kohlrabi und Möhre putzen und schälen.

Porree putzen, in Streifen schneiden.

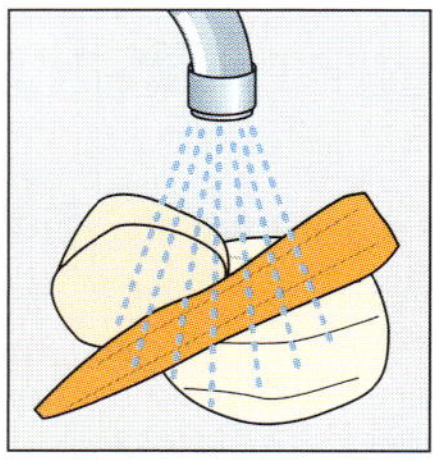
Gemüse waschen.

Porree kurz waschen.

Sellerie, Kohlrabi und Möhre halbieren, in Scheiben bzw. Streifen schneiden, würfeln.

Zwiebel schälen und halbieren, würfeln.

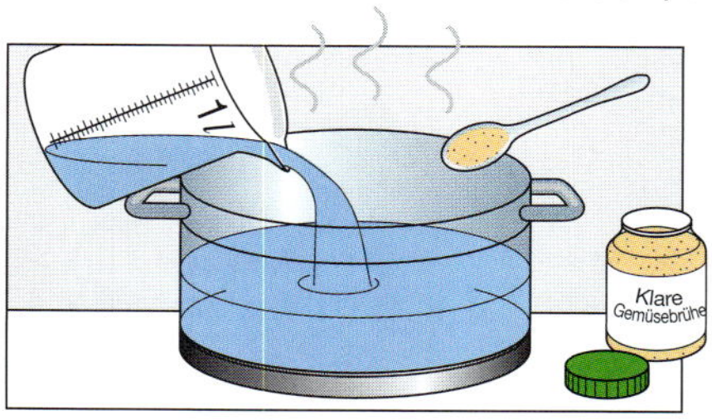

1 l Wasser und 1 TL Brühe im Topf zum Kochen bringen.

Gemüse in die kochende Brühe geben, aufkochen.

Herunterschalten und 15 Minuten kochen.

Dill waschen, hacken.

Suppe mit Salz und Pfeffer abschmecken, mit Dill anrichten.

Cremige Porree(Lauch-)suppe

2 Stangen Porree
1 Zwiebel
250 g Kartoffeln
2 EL Öl
½ l Wasser
1 TL gekörnte Gemüsebrühe
Salz, Pfeffer,
Thymian, Muskat

900 kJ
3 g E
15 g F
16 g KH

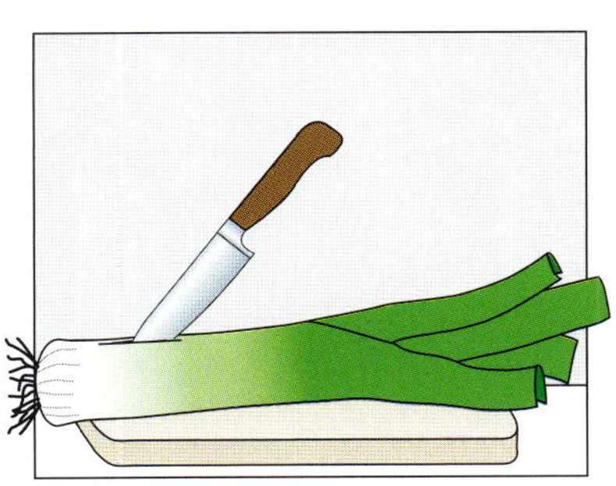

Porree putzen,
längs einschneiden.

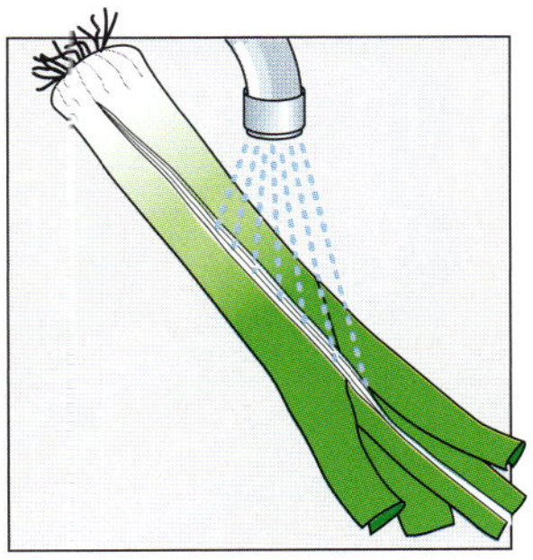

Unter fließendem Wasser gründlich waschen.

In feine Streifen schneiden. In ein Sieb geben, nochmals kurz waschen.

Zwiebel schälen,
halbieren, würfeln.

Kartoffeln waschen, schälen,
waschen, würfeln.

Öl in einem Topf erhitzen.
Zwiebelwürfel dünsten.

Lauchstreifen und Kartoffelwürfel dazugeben, mitdünsten.

Wasser und 1 TL Brühe hinzufügen.
15 bis 20 Minuten kochen lassen.

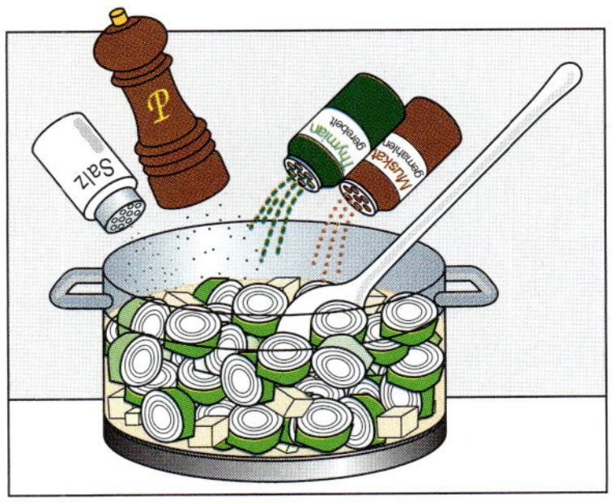

Suppe mit Salz, Pfeffer,
Thymian und Muskat würzen.

Kräutersoße

40 g Margarine
40 g Mehl
$\frac{1}{4}$ l Brühe, $\frac{1}{4}$ l Milch

3 EL Kräuter, z. B. Dill, Schnittlauch
Salz, Pfeffer, Zitronensaft

660 kJ
3 g E
11 g F
11 g KH

- ▶ Soll Fett gespart werden, reichen **30 g Margarine und 30 g Mehl**.
- ▶ Zum Abschmecken einen sauberen Löffel benutzen, die Soße wird sonst wässrig.

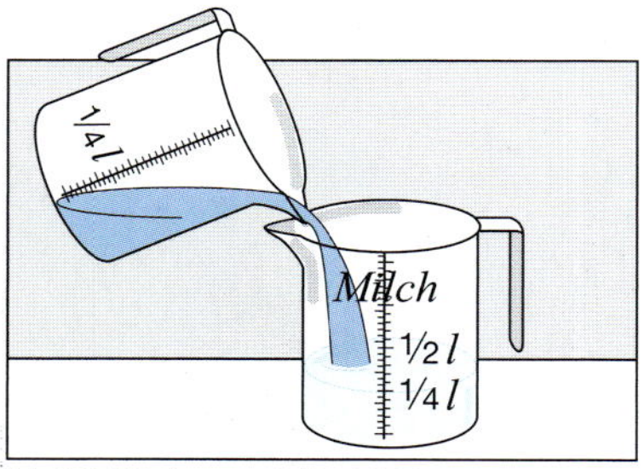

$\frac{1}{4}$ l Milch und $\frac{1}{4}$ l Wasser in Messbechern abmessen, mischen.

Margarine erhitzen.

Mehl auf einmal dazugeben, anschwitzen.

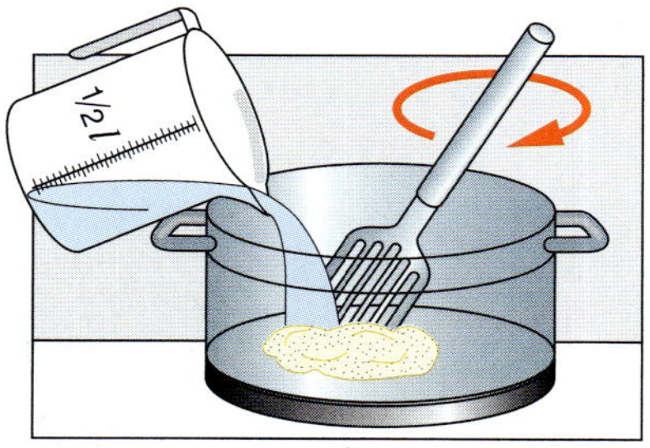

Flüssigkeit (Wasser und Milch) langsam unter Rühren dazugeben.

Brühe hinzufügen. Aufkochen lassen.

Kräuter waschen und hacken.

Kräuter in die Soße geben, nicht mehr kochen.

Soße mit Salz, Pfeffer, Zitronensaft abschmecken.

Soße anrichten.

Andere Soßen, die so wie die Kräutersoße hergestellt werden:

- ▶ **Currysoße:** anstelle der Kräuter **1 EL Curry und Zitronensaft, Cocktailfrüchte**.
- ▶ **Käsesoße:** anstelle der Kräuter **100 g geriebener Käse oder 100 g Frischkäse**.
- ▶ **Senfsoße:** anstelle der Kräuter **2 EL mittelscharfer Senf**.
- ▶ **Tomatensoße:** anstelle der Kräuter **3 EL Tomatenmark**.

Grünkernklößchen

Zutaten	Nährwerte
1/8 l Milch 1 Pr. Salz 10 g Margarine	500 kJ
75 g Grünkernmehl	5 g E
1 Ei 1 EL gehackte Kräuter	5 g F
	13 g KH

- Grießklößchen und Schwemmklößchen werden wie Grünkernklößchen hergestellt.
- Unterschied: Anstelle von Grünkernmehl nimmt man für
  - Grießklößchen: **50 g Grieß**
  - Schwemmklößchen: **60 g Weizenmehl**
- Durch die Zugabe von **gehackten Kräutern, geriebenem Käse** oder **Muskat** wird der Geschmack ausdrucksvoller.

Milch, Salz und Margarine zum Kochen bringen.

Unter Rühren Grünkernmehl in die kochende Milch einstreuen. Rühren, bis ein Kloß entsteht.

Kloß in eine Rührschüssel geben. Ei und gehackte Kräuter dazugeben, unterkneten.

Mit zwei Teelöffeln Masse abstechen und Klößchen formen. Teelöffel zwischendurch in kaltem Wasser abspülen.

Klößchen in der heißen Suppe gar ziehen lassen.

Suppe mit Grünkernklößchen anrichten.

Grießklößchen

800 kJ	15 g E	6 g F	18 g KH

Hackfleischsoße

1 Zwiebel

250 g Rinderhack
2 EL Tomatenmark
1 EL Mehl

$^1/_8$ l heißes Wasser
Salz, Pfeffer, Paprika
evtl. Kräuter, z. B. Oregano

670 kJ

15 g E

8 g F

6 g KH

Zwiebel schälen, würfeln.

Rinderhack in der Pfanne anbraten, Rinderhack dabei zerteilen, ständig rühren.

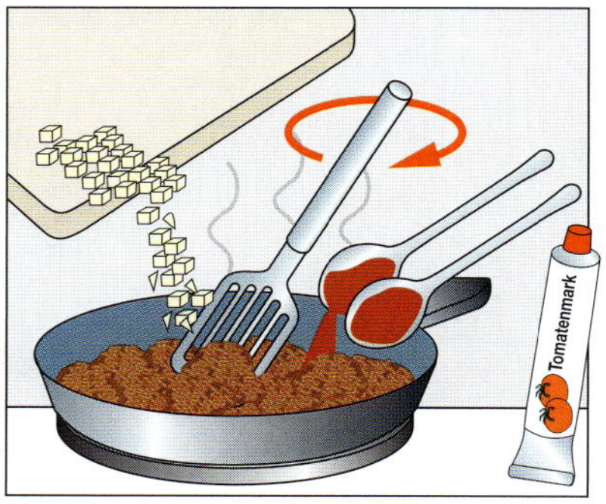

Zwiebelwürfel und Tomatenmark dazugeben, mitbraten.

1 EL Mehl darüberstreuen, unter Rühren durchschwitzen lassen.

$^1/_8$ l heißes Wasser unter Rühren dazugeben. Soße aufkochen lassen. Herunterschalten.

Mit Paprika, Salz und Pfeffer abschmecken. Evtl. Kräuter zugeben: Thymian, Oregano, Basilikum.

- Im Rinderhack ist genügend Fett enthalten, es kann im Allgemeinen ohne Fett angebraten werden. Falls erwünscht, in **20 g Öl** anbraten.
- Anstelle von reinem Rinderhack können auch **halb Schweinehack** und **halb Rinderhack** verwendet werden. **Höherer Energiegehalt**!
- Anstelle von Tomatenmark und Wasser können auch **200 g Schältomaten** aus der Dose verwendet werden.
- **Soße Bolognese: Hackfleisch mit einem Bund Suppengrün.**
- **Hackfleischsoße eignet sich für:** Teigwaren, Eierpfannkuchen.

Pellkartoffeln

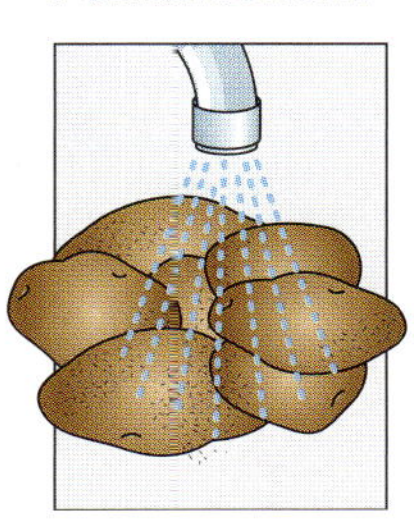

1 kg Kartoffeln waschen.

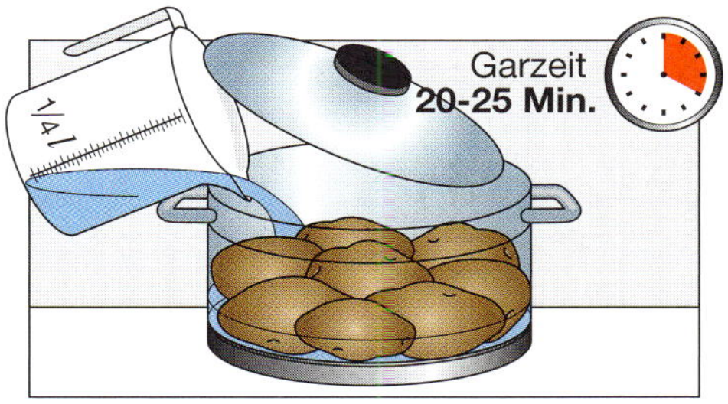

Kartoffeln in einen Topf legen, $^1/_4$ l Wasser dazugeben, 20 bis 25 Minuten garen.

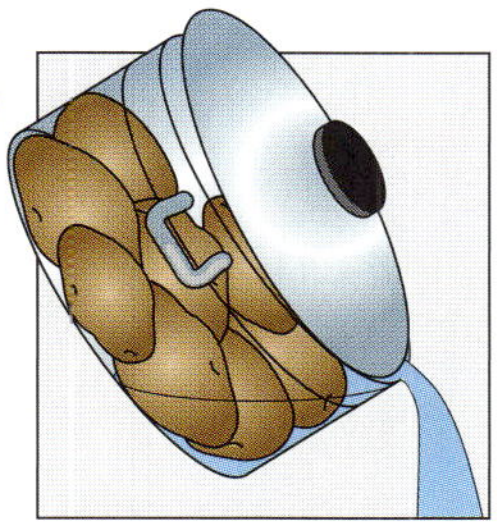

Wasser abgießen, Kartoffeln kurz abschrecken.

Kartoffeln pellen.

Salzkartoffeln

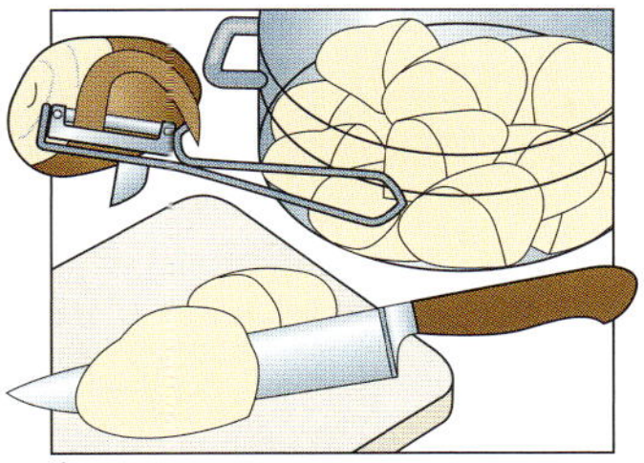

1 kg Kartoffeln schälen, waschen, halbieren oder vierteln.

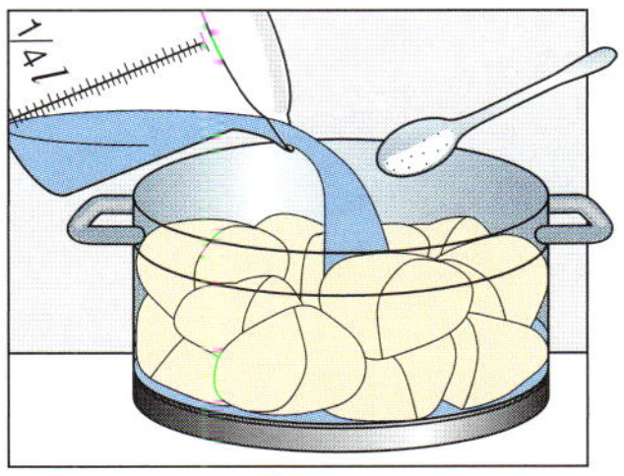

Kartoffeln, $^1/_4$ l Wasser und $^1/_2$ TL Salz in einen Topf geben.

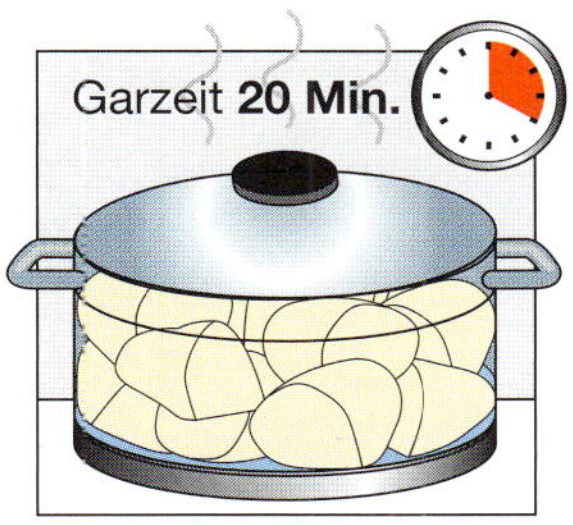

20 Minuten garen.

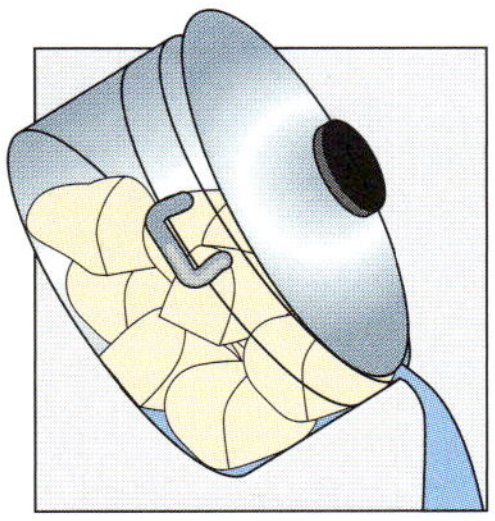

Wasser abgießen, Kartoffeln kurz abdampfen lassen.

Backkartoffeln

4 große Kartoffeln waschen, bürsten, trocken reiben.

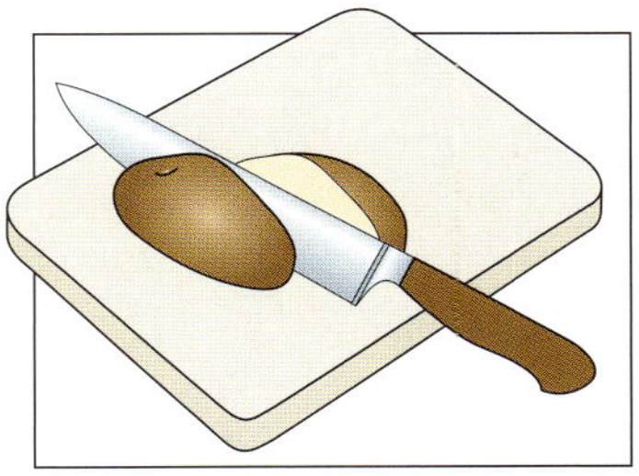

Kartoffeln längs halbieren.

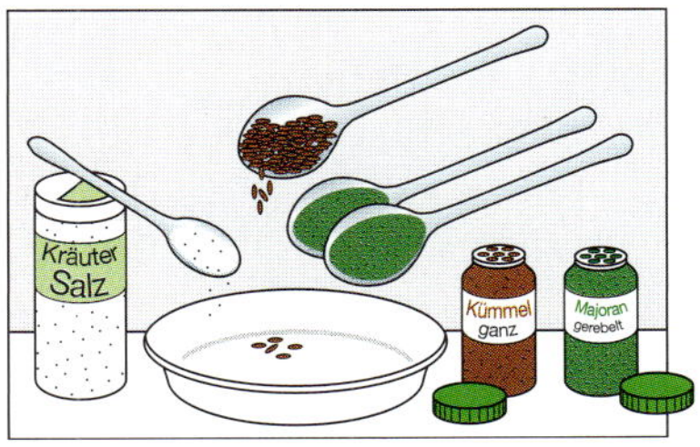

1 TL Kräutersalz, 1 EL Kümmel und 2 EL Majoran mischen.

Backblech einfetten.

Kartoffeln in die Gewürzmischung tauchen und mit der Schnittfläche nach unten auf das Backblech legen.

Backen: mittlere Schiene
40 Minuten
E-Herd: 200 °C
Gasherd: Regler 3

Bratkartoffeln

1 kg Kartoffeln,
Pellkartoffeln zubereiten, vgl. S. 83

2 Zwiebeln
100 g durchwachsener Speck
1 EL Butterschmalz
Salz, Pfeffer

1 490 kJ
8 g E
18 g F
40 g KH

Zwiebeln schälen, würfeln. Speck würfeln.

Abgekühlte Kartoffeln in Scheiben schneiden.

Butterschmalz erhitzen, Speckwürfel darin ausbraten.

Kartoffelscheiben und Zwiebelwürfel hineingeben, mit Salz und Pfeffer bestreuen. 10 Minuten braun braten.

Bratkartoffeln können auch auf dem Blech im Backofen zubereitet werden.

Kartoffelgratin

800 g Kartoffeln
100 g Gouda
$^1/_8$ l Schlagsahne
$^1/_8$ l Milch
Salz
Pfeffer
Muskat

1 415 kJ
12 g E
16 g F
34 g KH

Flache Auflaufform einfetten.

Kartoffeln schälen, waschen, fein hobeln.

Gouda raspeln, mit Sahne und Milch mischen. Je eine Pr. Salz, Pfeffer, Muskat unterrühren.

Kartoffelscheiben in die Auflaufform legen. Käse-Sahne-Mischung darübergießen.

Überbacken: untere Schiene – 50 Minuten
E-Herd: 200 °C
Gasherd: Regler 3

Kartoffelpuffer

1 kg große Kartoffeln

1 Zwiebel
1 TL Salz
2 Eier
30 g Mehl

80 g Öl

1810 kJ
9 g E
23 g F
44 g KH

Kartoffeln waschen, schälen, waschen.

Kartoffeln in eine Schüssel reiben.

Zwiebel schälen, dazureiben.

Mehl zu den Kartoffeln geben, verrühren. Salz und Eier zugeben, verrühren.

1 EL Öl in die Pfanne geben, erhitzen.

Je 2 EL Kartoffelteig in die Pfanne geben.

Teig flach drücken.

Von beiden Seiten goldbraun braten.

Mit Kompott servieren.

Kartoffelbrei

1 kg Kartoffeln
$^1/_4$ l Milch
20 g Butter
$^1/_2$ TL Salz, Muskatnuss

900 kJ
6 g F
5 g E
33 g KH

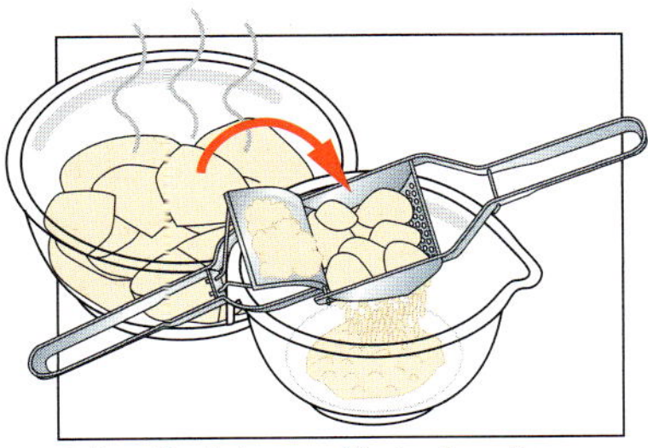

1 kg Salzkartoffeln kochen, sofort durch eine Kartoffelpresse drücken.

$^1/_4$ l Milch mit 20 g Butter erhitzen,

zu den gepressten Kartoffeln geben, schaumig rühren.

Kartoffelbrei mit Salz und Muskat abschmecken.

Spaghetti

1 120 kJ	4 g F
8 g E	45 g KH

2 l Wasser
1 TL Salz
2 EL Öl
250 g Spaghetti

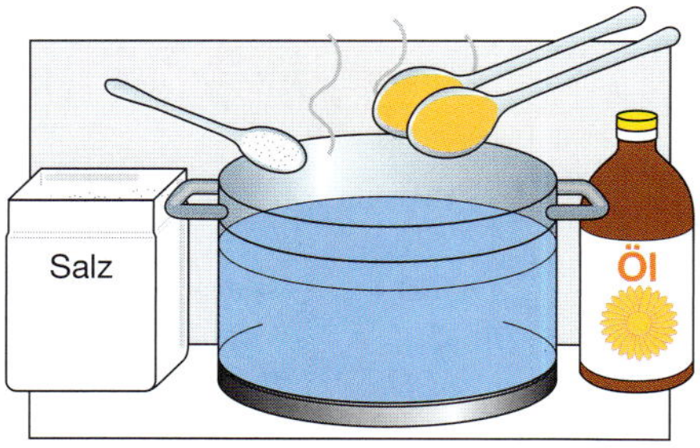

In 2 l Wasser 1 TL Salz, 2 EL Öl geben. Wasser zum Kochen bringen.

Spaghetti in das kochende Wasser geben. Herunterschalten, umrühren.

Spaghetti ohne Deckel gar ziehen lassen. Die Nudeln sollen noch Biss haben.

Spaghetti in einen Durchschlag geben, abtropfen lassen.

Spaghetti anrichten.

Spaghetti mit Löffel und Gabel servieren.

Milchreis – Reisbrei

1 715 kJ	9 g F
14 g E	62 g KH

1 l Milch
1 Pr. Salz
1 EL Zucker
250 g Rundkornreis

Zum Bestreuen
4 EL Zucker
1 TL Zimt

Zur Milch 1 Pr. Salz und 1 EL Zucker geben. Milch zum Kochen bringen.

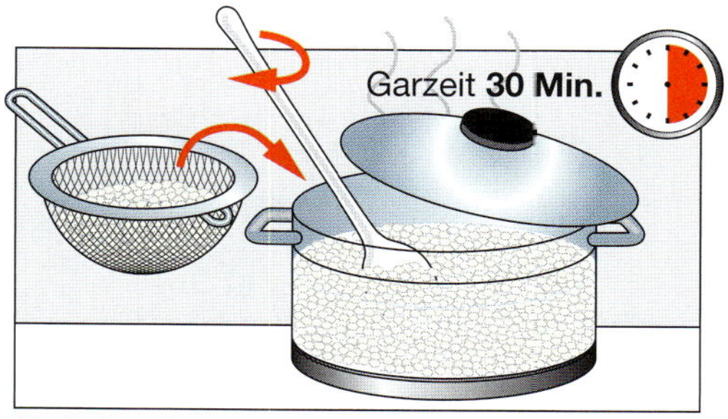

Reis in die Milch geben, quellen lassen, ab und zu umrühren. Reis unter Rühren 30 Minuten gar ziehen lassen.

Zucker und Zimt mischen. Reisbrei damit bestreuen.

Brühreis

975 kJ	4 g E	1 g F	49 g KH

$^{1}/_{2}$ l Wasser, 1 TL gekörnte Brühe, 250 g Langkornreis

$^{1}/_{2}$ l Wasser mit Brühe in einen Topf geben, aufkochen lassen.

Reis in die kochende Flüssigkeit geben. Herunterschalten.

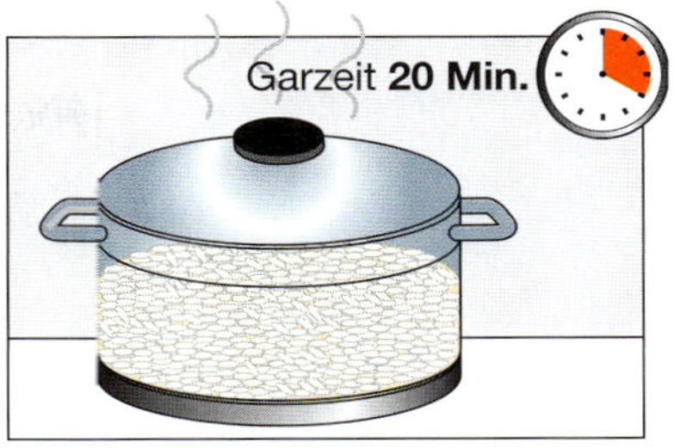

Reis im geschlossenen Topf gar ziehen lassen. Nicht umrühren.

Eine Ringform mit Öl auspinseln,

den Reis einfüllen, etwas festdrücken.

Backen: 5 Minuten mittlere Schiene
E-Herd: 125 bis 150 °C
Gasherd: Regler 3

Reisrand auf eine runde Platte stürzen, Form abheben.

Risotto

1 Zwiebel, 20 g Margarine
250 g Langkornreis
$^{1}/_{2}$ l heißes Wasser, 1 TL gekörnte Brühe

1 155 kJ	5 g E	5 g F	50 g KH

Zwiebel schälen, würfeln.

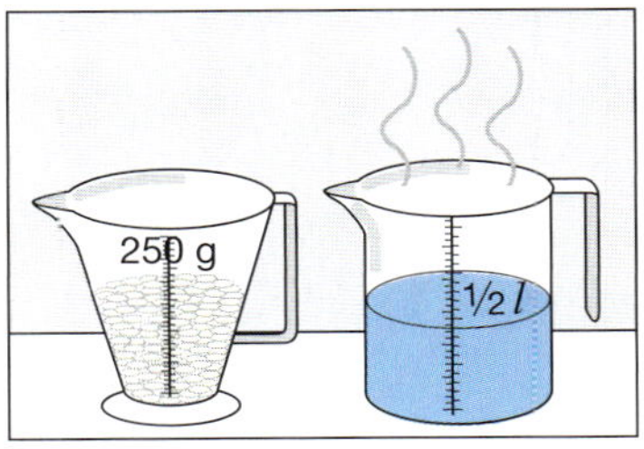

Reis und Wasser abmessen.

Fett erhitzen, Zwiebel hinzufügen.

Reis hinzugeben, alles hellgelb rösten. Vorsichtig: spritzt!

Heißes Wasser mit 1 TL Brühe dazugeben, aufkochen. Herunterschalten.

Reis im geschlossenen Topf gar ziehen lassen. Nicht umrühren.

Tomatensalat (Ölmarinade)

500 g Tomaten
1 Zwiebel

2 EL Essig
2 EL Salatöl
2 EL Wasser
2 Pr. Salz, 1 Pr. Zucker
2 Pr. Pfeffer

2 EL Schnittlauch

310 kJ
1 g E
5 g F
5 g KH

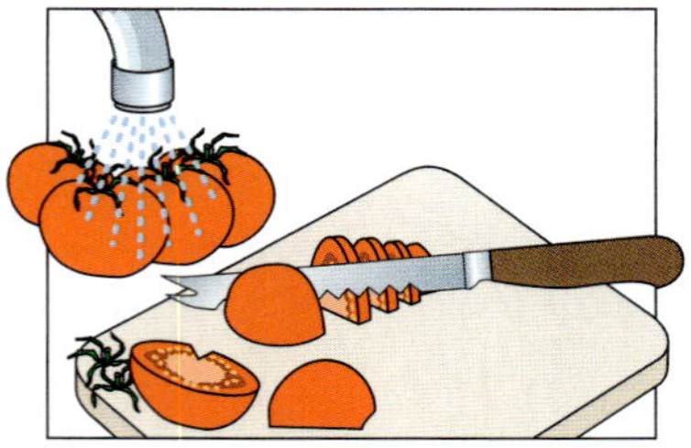
Tomaten waschen, halbieren, Stielansatz herausschneiden. In Scheiben schneiden.

Zwiebel schälen, würfeln, über die Tomaten streuen.

Essig, Öl und Wasser verschlagen.

Salz, Zucker und Pfeffer unterrühren.

Schnittlauch waschen, schneiden, zur Marinade geben.

Marinade über die Tomaten geben.

Grüner Salat – Kopfsalat (Sahnemarinade)

1 großer Kopfsalat
$^{1}/_{8}$ l saure Sahne
2 EL Zitronensaft
1 Pr. Salz
1 Pr. Zucker
2 EL Kräuter:
Dill,
Petersilie

190 kJ
2 g E
3 g F
2 g KH

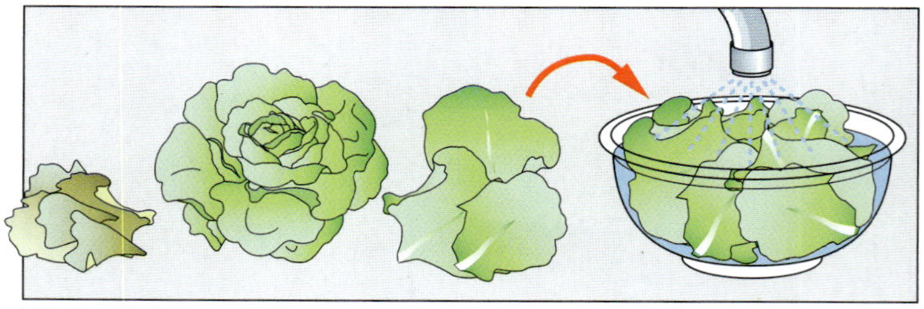
Welke Blätter entfernen. Blätter vom Strunk lösen.

Salat waschen. Blätter zerteilen.

Saure Sahne mit Zitronensaft verrühren.

Zucker und Salz unterrühren.

Kräuter waschen, hacken, zur Marinade geben.

Salat mit der Marinade anrichten.

Paprika-Tomaten-Gemüse

2 Zwiebeln
500 g grüne Paprikaschoten
300 g Tomaten
25 g Butter
2 TL gekörnte Gemüsebrühe
1 EL Crème fraîche
Pfeffer, Paprika
1 Päckchen Tiefkühlkräuter

505 kJ	10 g F
1 g E	9 g KH

Zwiebeln schälen, fein würfeln.

Paprikaschoten waschen, halbieren, entkernen, würfeln.

Tomaten waschen, halbieren, Stielansatz entfernen, achteln.

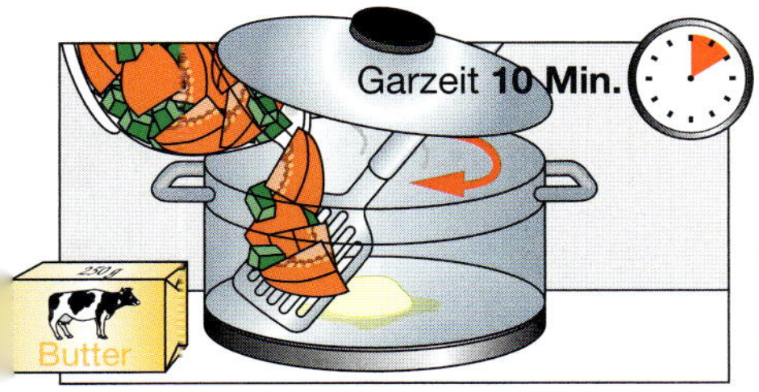

Butter im Topf erhitzen, Gemüse hinzufügen. 10 Minuten dünsten.

2 TL Gemüsebrühe und 1 EL Crème fraîche unterrühren.

Mit Pfeffer, Paprika und Tiefkühlkräutern abschmecken.

Rosenkohl

1 kg Rosenkohl
30 g Butter
$^1/_8$ l Wasser

$^1/_2$ Becher Sahne

1 EL Mehl
Muskat, Salz

Rosenkohl waschen, putzen. Strunk kreuzförmig einschneiden.

Butter im Topf erhitzen.

Rosenkohl und $^1/_8$ l Wasser hinzufügen. 15 Minuten garen.

Mit 1 EL Mehl überstäuben. 5 Minuten garen.

$^1/_2$ Becher Sahne unterrühren, mit Muskat und Salz abschmecken.

Blumenkohl

210 kJ | 4 g E | 8 g KH

1 Blumenkohl
½ l Wasser
Salz, Muskat

Einen mittelgroßen Blumenkohl putzen.

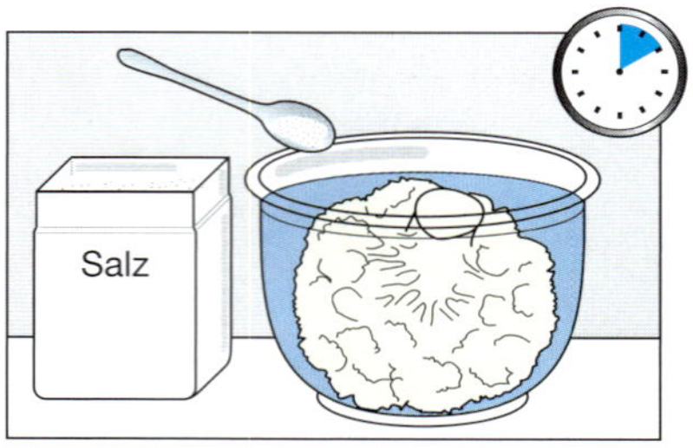

Blumenkohl umgekehrt 10 Minuten in Salzwasser legen, so lässt sich Ungeziefer, z. B. Raupen, entfernen.

½ l Wasser mit Salz zum Kochen bringen.

Strunk kreuzförmig einschneiden, er wird so schneller weich.

Blumenkohl mit dem Strunk nach unten hineingeben. Nach dem Aufkochen herunterschalten.

Bei schwacher Hitze im geschlossenen Topf garen. Mit Muskat anrichten.

- Gemüsewasser nicht weggießen, es enthält wertvolle Nährstoffe.
- Mit dem Gemüsewasser kann eine helle Soße hergestellt werden, vgl. S. 80.
- Blumenkohl und Brokkoli können auch gedämpft werden, es gehen nicht so viele Nährstoffe verloren, vgl. S. 65.
- Blumenkohl und Brokkoli können auch mit einer Käsesoße – vgl. S. 80, 100 g geriebenen Gouda untergerührt – 10 Minuten bei 250 °C im Backofen überbacken werden.

Folgende Gemüsesorten werden gedünstet:

Folgende Gemüsesorten werden gekocht:

Eierpfannkuchen

1265 kJ	17 g F
7 g E	56 g KH

250 g Mehl
4 Eier
$^{1}/_{2}$ l Milch
1 Pr. Salz

80 g Speiseöl oder Margarine

Mehl und Salz in eine Schüssel geben.

Mit den Eiern und der Milch nach und nach verquirlen.

1 TL Margarine oder Öl in die Pfanne geben, erhitzen.

So viel Teig in die Pfanne geben, dass der Boden gerade bedeckt ist, backen.

Pfannkuchen mit zwei Bratenwendern wenden, zweite Seite backen.

Noch heiß servieren, z. B. mit Pflaumenkompott, vgl. unten.

Pflaumenkompott

1185 kJ	20 g F
15 g E	18 g KH

500 g Pflaumen

40 g Zucker

Pflaumen waschen.

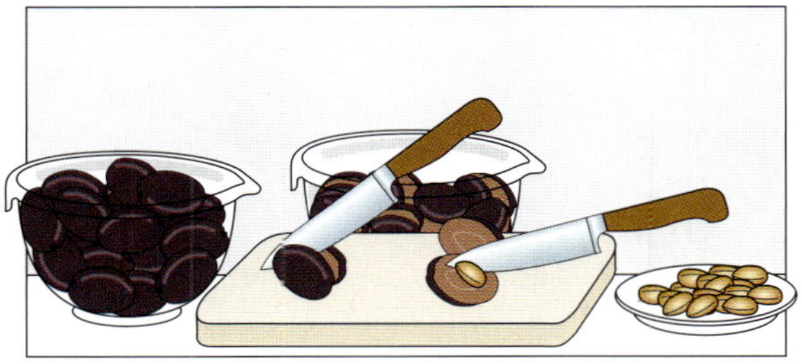

Pflaumen halbieren, entsteinen.

Pflaumen gar dünsten. Evtl. mit Zucker abschmecken.

Gefüllte Eier

halbes Ei | 205 kJ | 4 g E | 6 g F

4 Eier

80 g Quark
1 TL Senf, 1 Pr. Salz und Pfeffer
Salatblätter zum Anrichten

4 Eier hart kochen, abschrecken, pellen.

Eigelb herausnehmen, mit Quark und Senf verrühren. Mit Salz und Pfeffer abschmecken.

Eigelbmasse in die Eihälften spritzen.

Frikadellen (Fleischküchlein)

1 160 kJ | 18 g F | 17 g E | 7 g KH

1 Brötchen (Semmel)
1 Ei
1 Zwiebel
375 g Rinderhack
$^1/_2$ TL Salz, Pfeffer
Öl zum Braten

Brötchen in Wasser einweichen. Ei aufschlagen.

Zwiebel schälen, in eine Rührschüssel reiben.

Gehacktes in die Schüssel geben. Ausgedrücktes Brötchen, Ei, Salz und Pfeffer dazugeben.

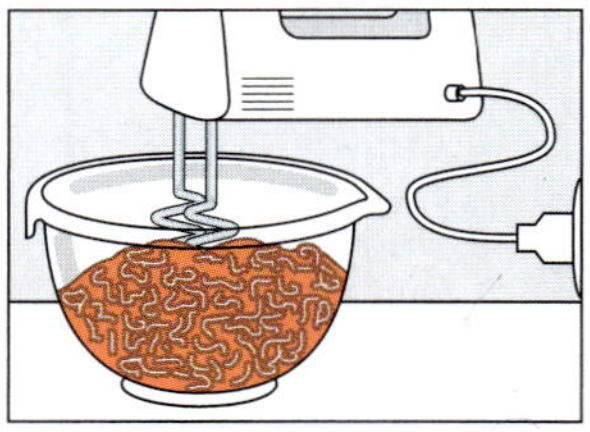

Fleischteig mit dem Handrührgerät (Knethaken) oder einer Gabel gut durchkneten.

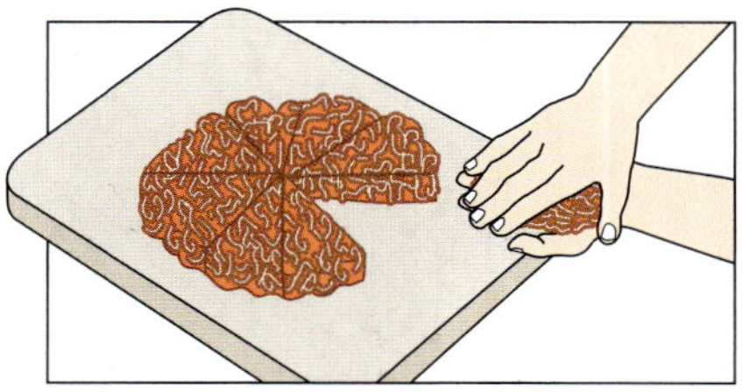

Fleischteig in acht gleich große Teile teilen. Mit nassen Händen acht Frikadellen formen, flach drücken.

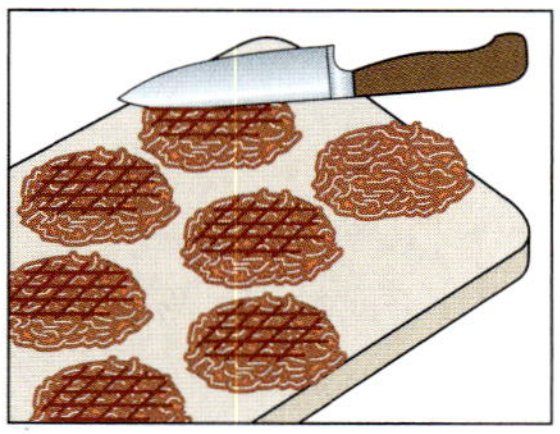

Frikadellen mit dem Messerrücken einkerben.

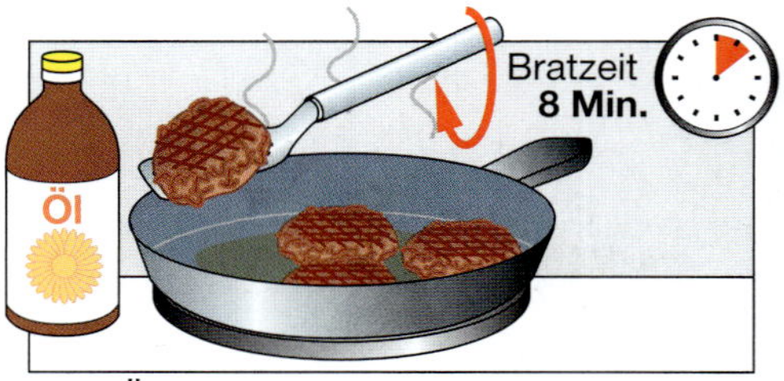

1 EL Öl in der Pfanne erhitzen. Die Frikadellen in das heiße Fett geben und von jeder Seite 3 bis 4 Minuten braten.

Königsberger Klopse

1 Semmel
1 Ei
1 Zwiebel
375 g Rinderhack
½ TL Salz, Pfeffer
} Fleischteig herstellen, vgl. S. 92.

¾ l Wasser
1 Lorbeerblatt
½ TL Salz

---

40 g Margarine
40 g Mehl
2 EL Zitronensaft
1 EL Crème fraîche
evtl. Kapern

1635 kJ
18 g E
26 g F
14 g KH

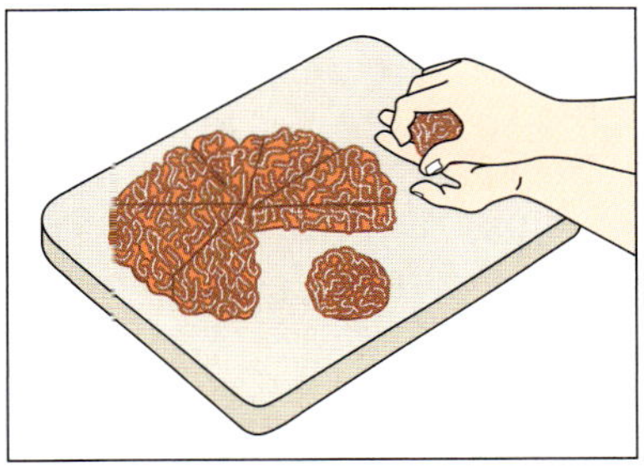

Fleischteig herstellen.
8 Klopse – Klöße – formen.

Wasser mit Salz und Lorbeerblatt zum Kochen bringen.

Klopse 15 Minuten in dem Wasser gar ziehen lassen.

Klopse herausnehmen, warm stellen.

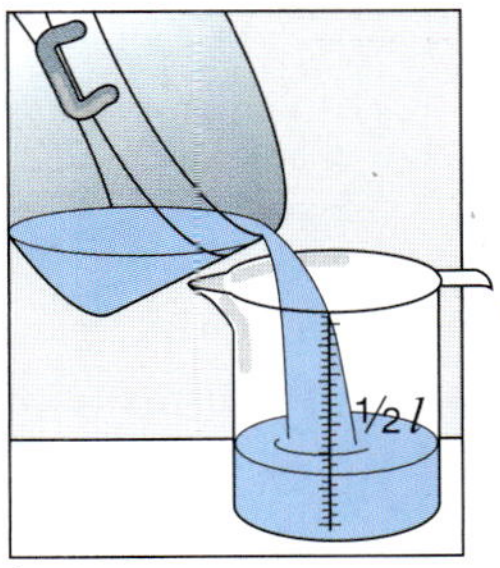

½ l Kloßbrühe abmessen.

Margarine im Topf erhitzen.

Mehl auf einmal dazugeben, anschwitzen.

Kloßbrühe langsam unter Rühren dazugeben.

Soße abschmecken, mit Crème fraîche verfeinern.

Klopse in der Soße mit Salat und Kartoffeln servieren.

Schnitzel, paniert

4 Schnitzel (Schwein oder Kalb)

Salz, Pfeffer
4 EL Mehl
1 Ei
80 g Semmelmehl

20 g Öl
4 Zitronenscheiben

1065 kJ
24 g E
12 g F
9 g KH

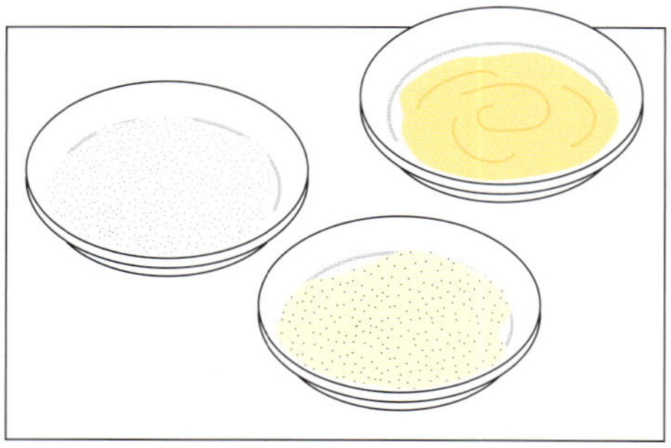

Je einen tiefen Teller mit Mehl, verschlagenem Ei und Semmelmehl für das Panieren bereitstellen.

Schnitzel klopfen und mit Salz und Pfeffer würzen.

Schnitzel zunächst in Mehl wenden, abschütteln.

Dann in verschlagenem Ei wenden.

In Semmelmehl wenden. Semmelmehl festklopfen.

Öl erhitzen. Schnitzel 3 Minuten braten. Schnitzel wenden, nochmals 3 Minuten braten. Mit Zitronenscheiben servieren.

Kotelett mit Zwiebeln

4 große Zwiebeln	schälen, halbieren, in Scheiben schneiden.
4 Koteletts	waschen, abtupfen, klopfen.
20 g Öl Salz und Pfeffer	in einer Pfanne erhitzen, Koteletts hineingeben, von einer Seite anbraten, wenden. Dann mit würzen. Fleisch während des Bratens mehrmals wenden. Garzeit: 10 Minuten.
	Koteletts herausnehmen, warm stellen. Zwiebelscheiben in das Bratenfett geben, 10 Minuten unter Wenden bräunen lassen.
	Koteletts mit den Zwiebeln anrichten.

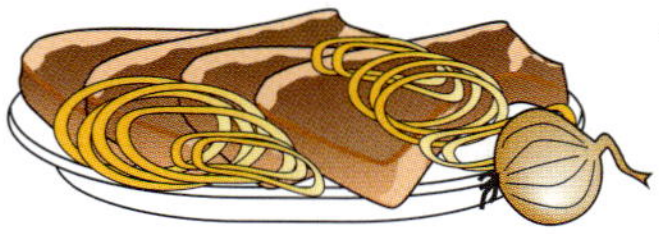

1590 kJ
16 g E
29 g F
8 g KH

Szegediner Gulasch

375 g Schweinefleisch
3 Zwiebeln

20 g Schmalz
500 g Sauerkraut
$^{1}/_{8}$ l Wasser
2 Äpfel

$^{1}/_{8}$ l saure Sahne
Salz, Pfeffer und Paprika

1360 kJ
21 g E
16 g F
16 g KH

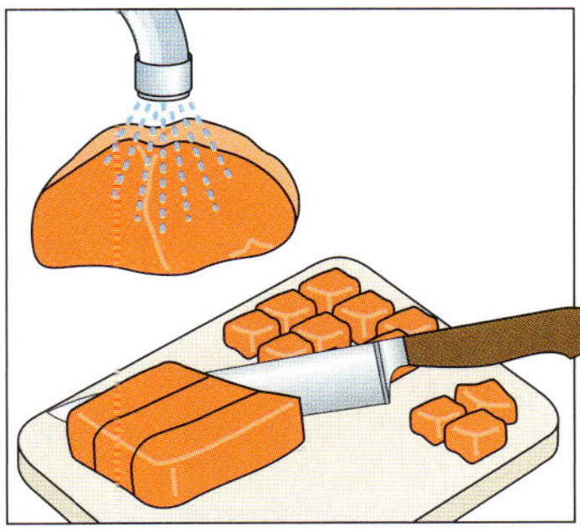

Fleisch waschen, abtupfen, würfeln.

Zwiebeln schälen, halbieren, würfeln.

2 Äpfel waschen, schälen, entkernen, würfeln, abdecken.

Schmalz im Topf erhitzen. Fleischwürfel hinzufügen, von allen Seiten kurz anbraten.

Zwiebelwürfel dazugeben, kurz mitbraten.

Sauerkraut zerpflücken, obenauf legen.
$^{1}/_{8}$ l heißes Wasser hinzufügen.

Äpfel hinzufügen.

40 Minuten garen.

Saure Sahne unterrühren. Mit Salz, Pfeffer und Paprika abschmecken.

Gebratenes Fischfilet

750 g Rotbarschfilet
1 Zitrone, Salz
3 EL Mehl, 50 g Öl zum Braten

1 480 kJ | 20 g F | 34 g E | 6 g KH

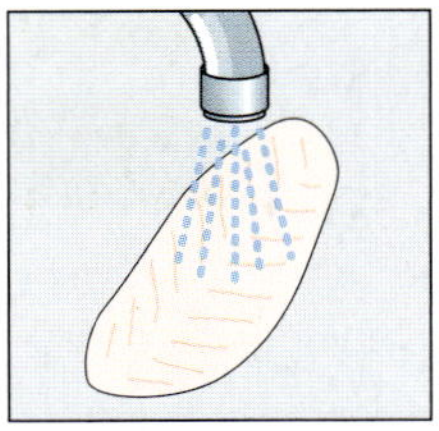

Fischfilet säubern.

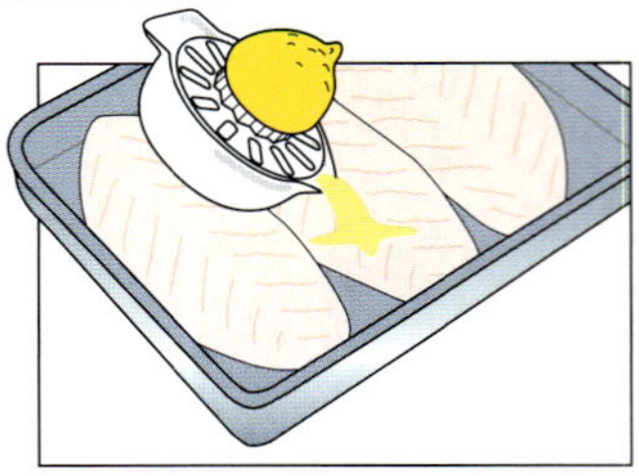

Fischfilet säuern.

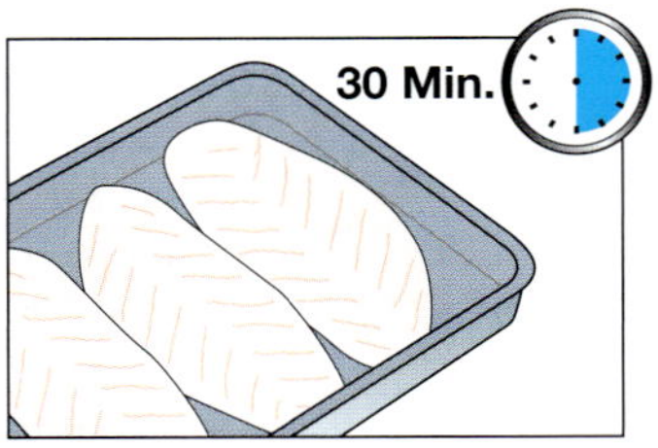

30 Minuten stehen lassen.

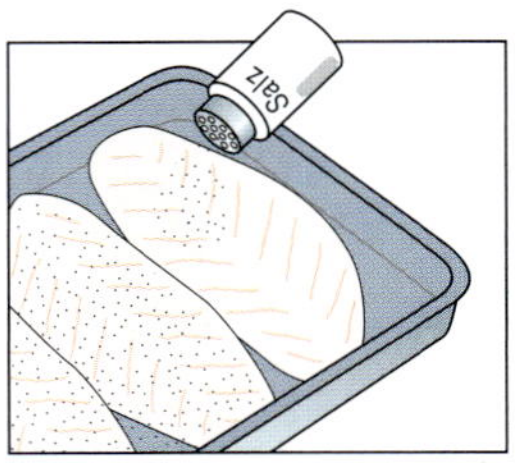

Fischfilet salzen.

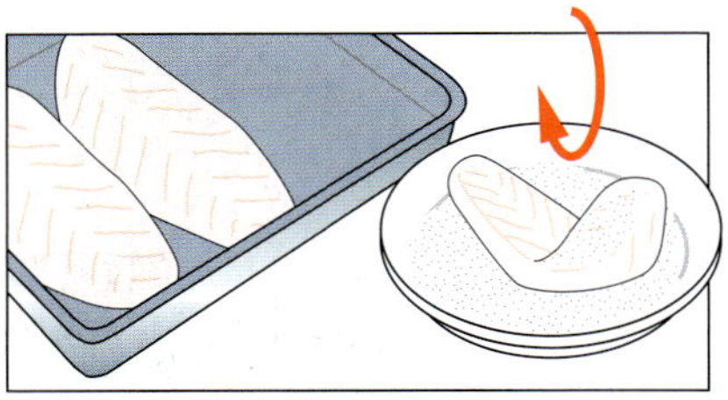

Fischfilet in Mehl wenden.

Öl in der Pfanne erhitzen.

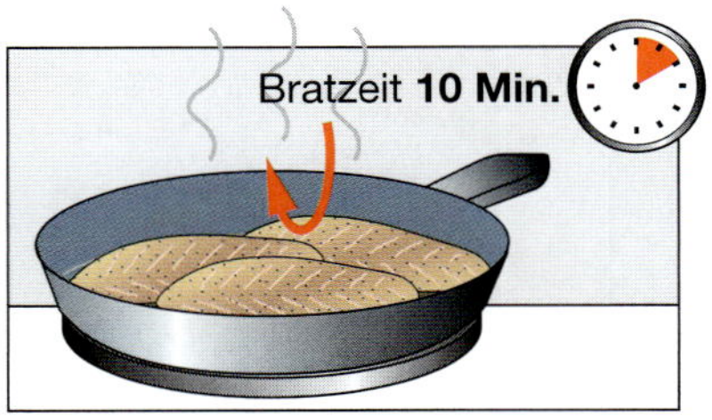

Fischfilet von beiden Seiten je 5 Minuten goldbraun braten.

Fischfilet mit Apfel-Curry

750 g Rotbarschfilet, 1 Zitrone
2 Äpfel
1 Becher Crème fraîche
½ TL Salz, 1 TL Zucker, 2 TL Curry

1640 kJ | 35 g E | 23 g F | 11 g KH

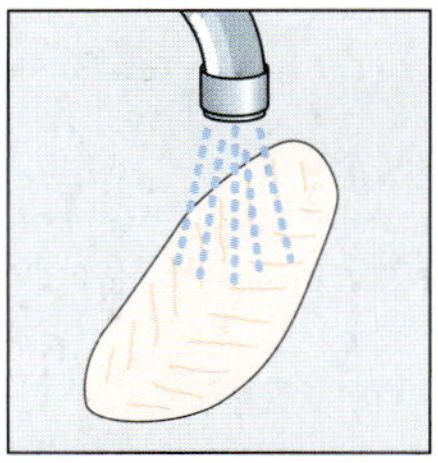

Fischfilet säubern.

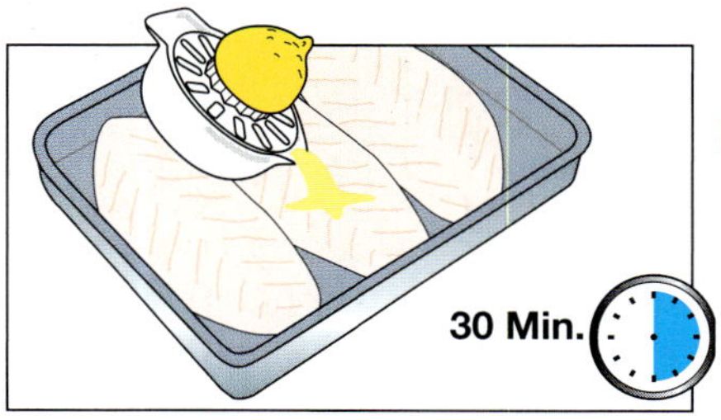

Fischfilet säuern, 30 Minuten stehen lassen.

Äpfel waschen, schälen, entkernen, würfeln.

Crème fraîche mit Salz, Zucker und Curry mischen.

Apfelwürfel unterheben.
Fischfilet in gefettete Auflaufform geben.
Apfel-Curry-Mischung daraufstreichen.

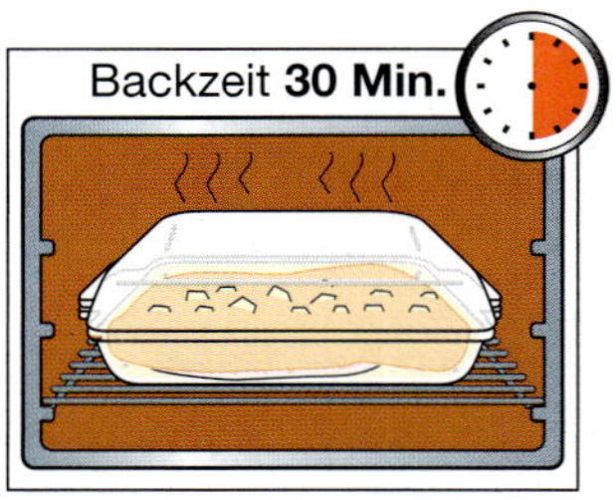

Backen: untere Schiene – 30 Min. **E-Herd:** 200 °C
Gasherd: Regler 3

Fischfilet in Senfsoße

750 g Kabeljaufilet
Zitrone, Salz
$^{3}/_{4}$ l Wasser
Gewürzdosis

---

40 g Margarine
40 g Mehl
$^{1}/_{2}$ l Fischbrühe
2 EL scharfer Senf
Salz, Pfeffer

Gewürzdosis:
3 Pfefferkörner
1 Nelke
3 Pimentkörner
1 Lorbeerblatt

1270 kJ
35 g E
11 g F
11 g KH

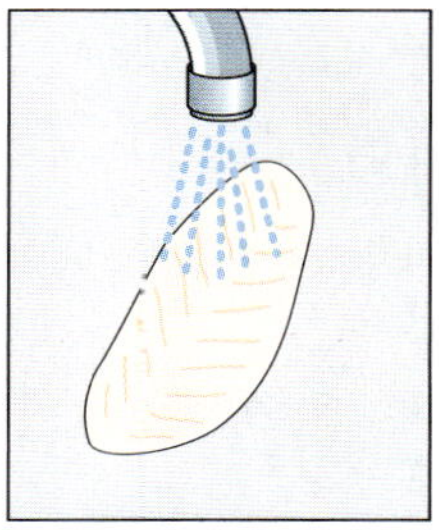

Fischfilet säubern.

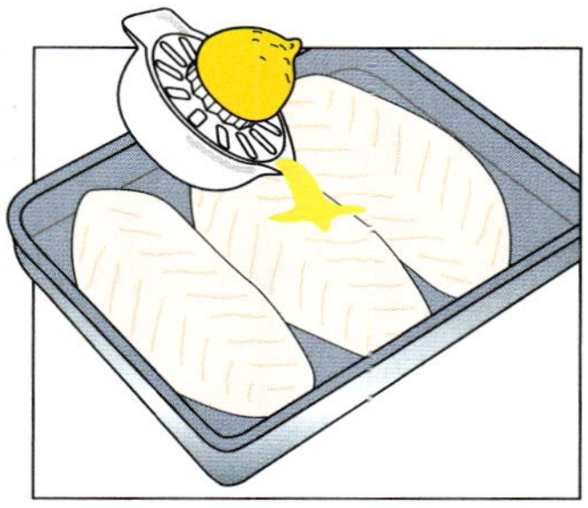

Fischfilet säuern.

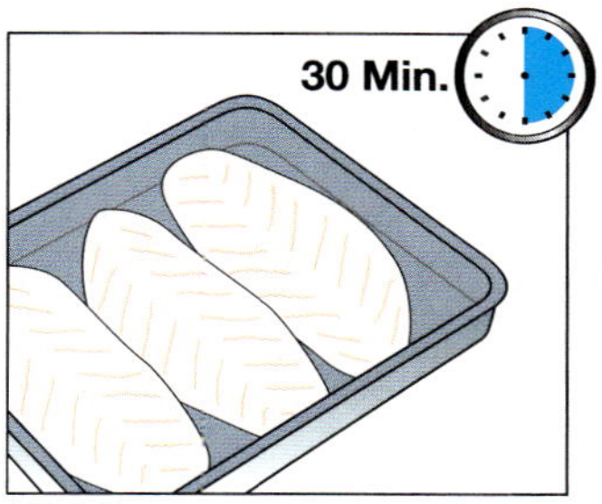

30 Minuten stehen lassen.

Gewürzdosis im Wasser zum Kochen bringen.

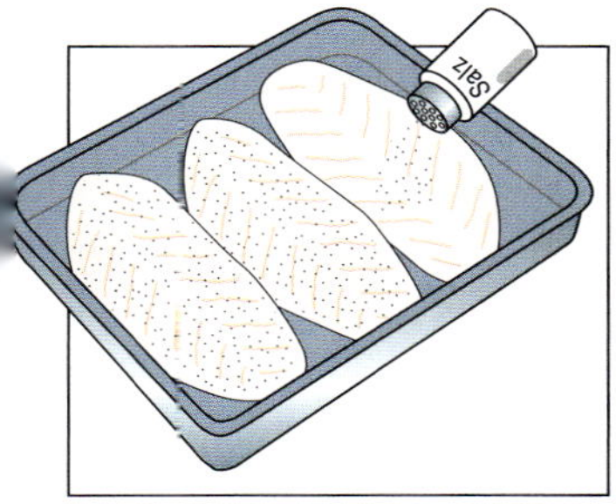

Fischfilet salzen.

Fischfilet bei schwacher Hitze gar ziehen lassen.

Fischfilet herausnehmen, warm stellen.

Fischbrühe durch ein Sieb gießen.

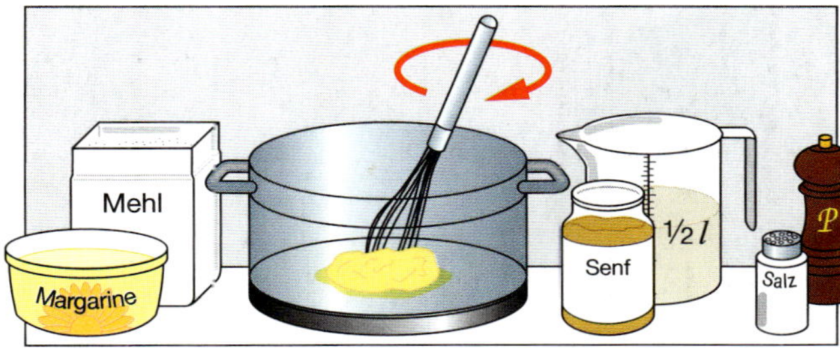

Aus Margarine, Mehl, Fischbrühe und Senf eine Senfsoße herstellen, vgl. S. 80.
Mit Salz und Pfeffer abschmecken.

Senfsoße zum Fischfilet geben.

Rhabarberkompott

500 g Rhabarber
100 g Zucker
1 Vanillinzucker
Zucker zum Abschmecken

1 g E
530 kJ
31 g KH

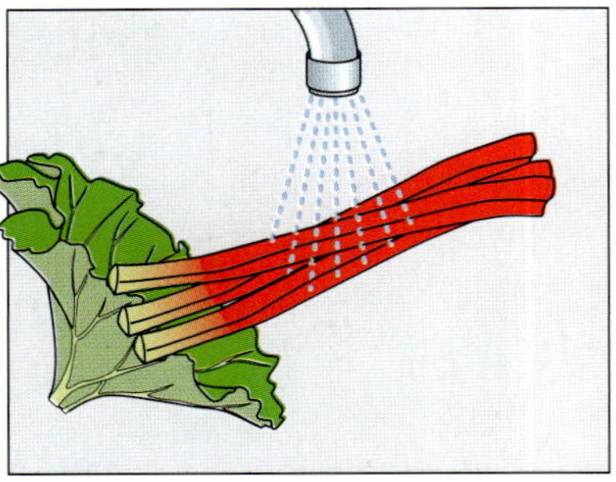
Rhabarber putzen, waschen.

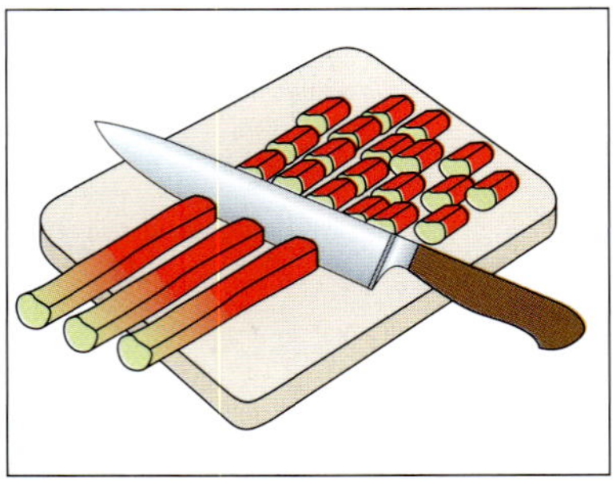
Rhabarber in 2 cm lange Stücke schneiden.

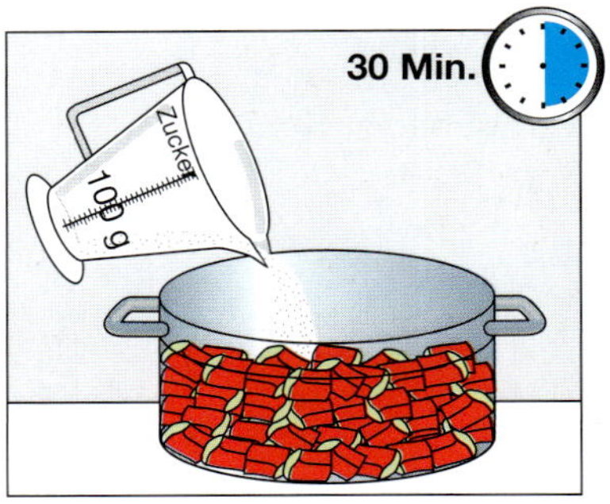

Rhabarberstücke mit 100 g Zucker bestreuen.
30 Minuten stehen lassen.

Rhabarber dünsten, nicht umrühren, besser schwenken.

Rhabarberkompott mit Vanillinzucker und evtl. mit Zucker abschmecken.

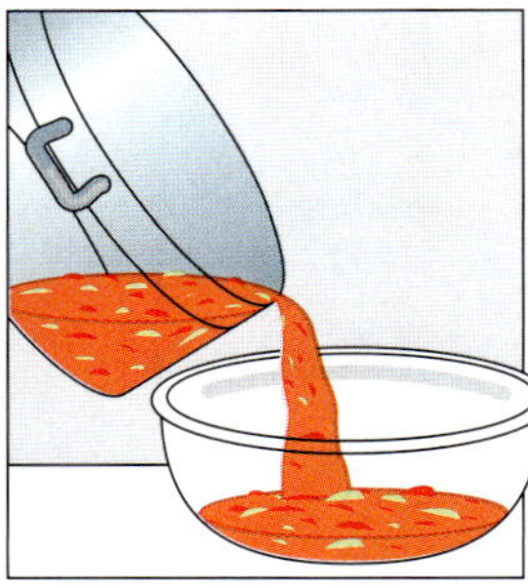
In eine Schale füllen, kalt stellen.

Dazu kann Vanillesoße gereicht werden.

Folgende Obstsorten werden gedünstet:

Folgende Obstsorten werden gekocht:

Apfelkompott

475 kJ	1 g E
	28 g KH

500 g Äpfel
$^1/_4$ l Wasser
50 g Zucker
Zitronensaft, Zimt, Zucker

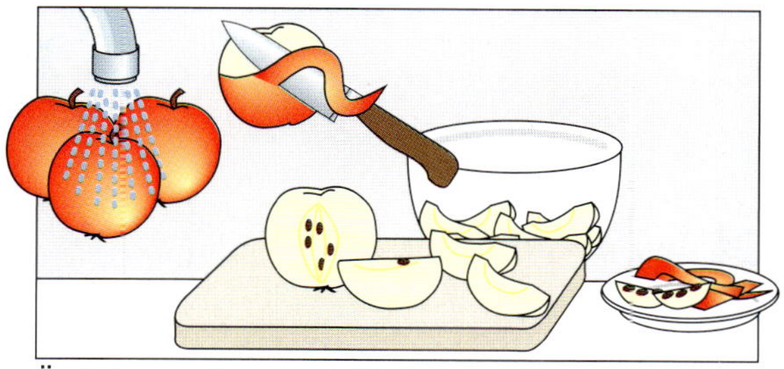

Äpfel waschen, schälen, entkernen, achteln.

$^1/_4$ l Wasser und 50 g Zucker zum Kochen bringen.

Apfelstücke hineingeben, herunterschalten, vorsichtig umrühren.

5 Minuten garen.

Apfe kompott mit Zitronensaft, Zimt und Zucker abschmecken.

In Schälchen füllen, kalt stellen.

Obstsoße – Obstpüree

250 kJ	1 g E	15 g KH

500 g Obst, z. B. Pfirsich, Wasser, Honig

Pfirsichschale abziehen, halbieren, Kern herausnehmen.

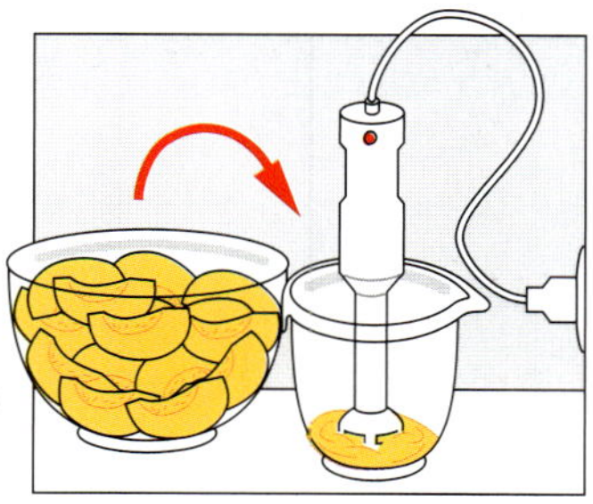

Mit dem Pürierstab portionsweise zerkleinern.

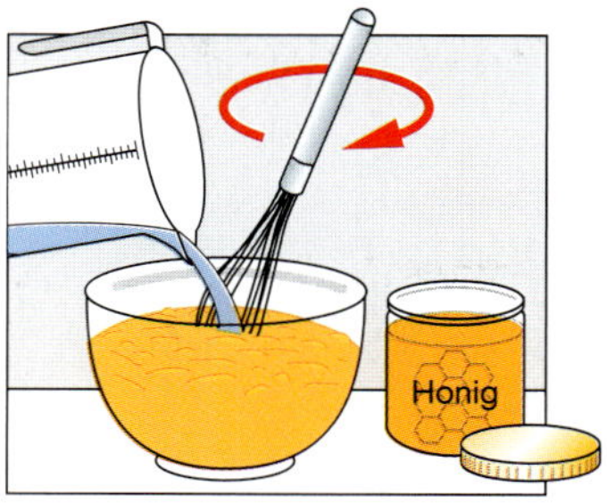

Mit Wasser etwas verdünnen und mit Honig abschmecken.

- Folgende Obstsorten sind geeignet: **Beerenobst, Mango, Birne**.
  Aus Obstpüree kann auch Fruchteis hergestellt werden.
- **Obstpüree eignet sich für**: Vanilleflammeri, Grießflammeri.

Vanilleflammeri

½ l Milch
30 g Zucker
1 Pr. Salz
1 Vanilleschote
40 g Stärke

Verfeinerung
1 Eigelb
1 Eischnee

720 kJ	6 g F
6 g E	22 g KH

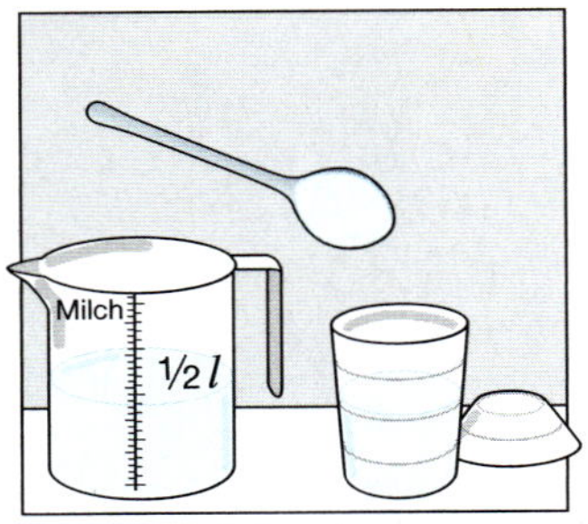

8 EL Milch in einem Schüttelbecher abmessen.

Restliche Milch in einen Topf geben. Vanilleschote aufschneiden, auskratzen. Mark und Schote in die Milch geben.

Stärke zu der kalten Milch im Schüttelbecher geben, verrühren oder durchschütteln.

Ein Ei trennen, Eigelb zu der angerührten Stärke geben, verrühren, Eiklar in eine Rührschüssel geben.

Milch mit dem Zucker und 1 Pr. Salz zum Kochen bringen.

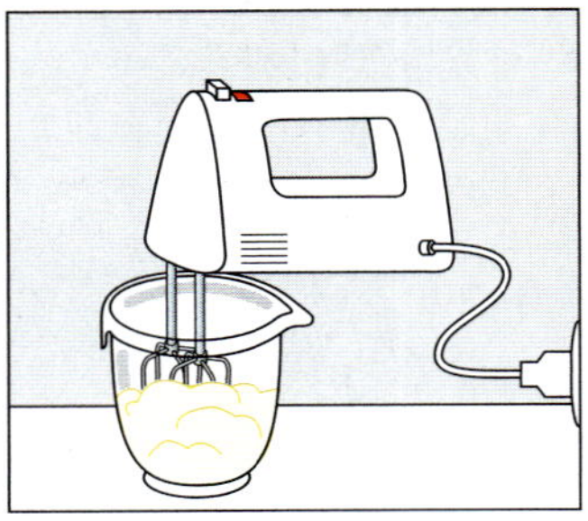

In der Zwischenzeit Eiklar zu Eischnee schlagen.

Kocht die Milch, Vanilleschote herausnehmen. Die angerührte Stärke in die Milch einrühren, aufkochen lassen.

Topf von der Platte nehmen, den Eischnee vorsichtig unterheben.

Flammerimasse in mit kaltem Wasser ausgespülte Formen geben. Kalt stellen.

Flammeri stürzen. Evtl. mit Schokoladensoße servieren.

Buttermilchgelee

2 Blatt rote Gelatine
4 Blatt weiße Gelatine

1/2 l Buttermilch
2 EL Zitronensaft
50 g Zucker
1 Vanillinzucker

440 kJ	1 g F
7 g E	15 g KH

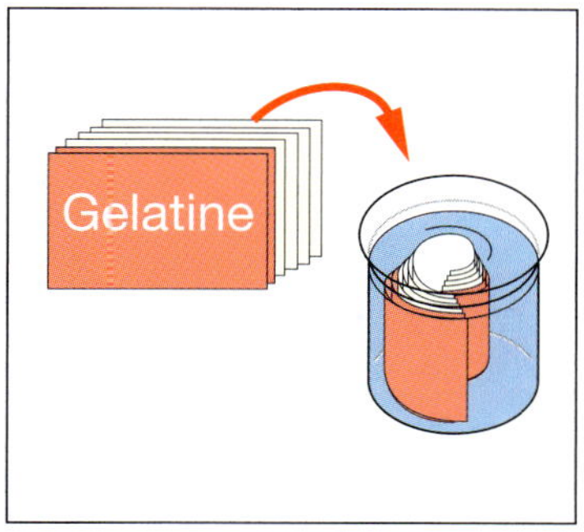

Gelatineblätter aufrollen und in kaltem Wasser einweichen.
Wasser für das heiße Wasserbad aufsetzen.

Buttermilch mit Zitronensaft, Zucker und Vanillinzucker vermischen.
Kräftig abschmecken.

Gelatineblätter ausdrücken und in ein Metallgefäß geben.
Im Wasserbad auflösen.

Zu der aufgelösten Gelatine zunächst etwa 5 EL Buttermilch unter Rühren hinzufügen.

Die mit Buttermilch verrührte Gelatine unter die restliche Buttermilch schlagen.

Buttermilchgelee in Schälchen füllen, kalt stellen.

Apfelgelee

1/4 l Apfelsaft	abmessen.
250 g Äpfel	waschen, schälen, raspeln, zum Apfelsaft geben.
1 Päckchen weiße Gelatine	mit
4 EL Wasser	verrühren. Gelatine im Wasserbad auflösen. Gelatine zum Apfelsaft geben, vgl. Buttermilchgelee. Ausfüllen, kalt stellen.

285 kJ
1 g E
16 g KH

Blitzkuchen – Rührmasse

125 g Margarine
125 g Zucker
2 Eier
250 g Mehl
2 gestr. TL Backpulver
$^1/_{16}$ l Milch (4 EL)

Belag
40 g Butter
2 EL Zucker
100 g Mandelsplitter

▶ Die Masse reicht für ein halbes Backblech.

Rezept

14 855 kJ
60 g E
205 g F
344 g KH

Ein halbes Backblech einfetten.

Fett und Zucker schaumig rühren.

Eier dazugeben, schaumig rühren.

Backpulver mit dem Mehl vermischen.

Mehl mit Backpulver und Milch abwechselnd unterrühren.
Alles gut verrühren.

Masse gleichmäßig auf dem halben Backblech verteilen.

Butterflöckchen, Zucker und Mandelsplitter gleichmäßig auf die Masse geben.

Backen: mittlere Schiene – 15 bis 20 Minuten
E-Herd: 220 °C, **Gasherd**: Regler 4

Waffeln

125 g Margarine
50 g Zucker
1 Vanillinzucker
2 Eier
$^{1}/_{4}$ l Milch
250 g Mehl
1 TL Backpulver

Speiseöl

Rezept
1000 kJ
50 g E
125 g F
255 g KH

Fett, Zucker und Vanillinzucker schaumig rühren.

Eier dazugeben, schaumig rühren.

Backpulver mit dem Mehl mischen.

Mehl mit Backpulver und Milch abwechselnd unterrühren.

Waffeleisen fetten und vorheizen.

Teig in die Mitte des Waffeleisens geben. Deckel beim Schließen andrücken, damit die Masse gleichmäßig verteilt wird.

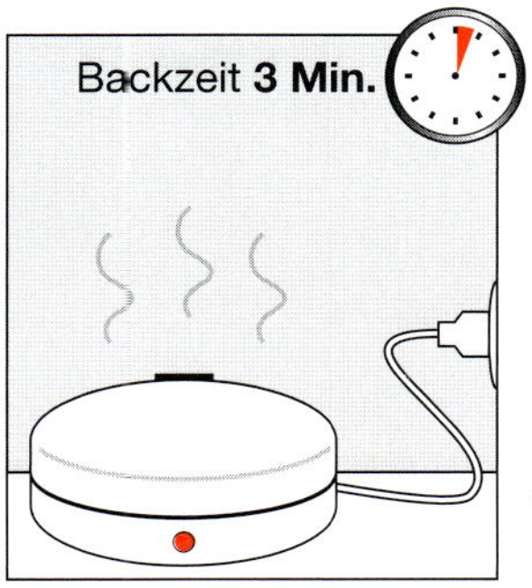

Waffeln 3 Minuten backen.

Waffeln herausnehmen. Auf einem Rost auskühlen lassen.

Herzen auseinanderschneiden.

Quarkölteig, süß – Zwetschenkuchen (16 Stücke)

150 g Magerquark
75 g Zucker
6 EL Milch
6 EL Öl
1 Pr. Salz
300 g Weizenmehl
1 Backpulver/4 gestr. TL

Belag:
1 kg Zwetschen
Zucker zum Bestreuen

► Falls der Quark zu feucht ist, abtropfen lassen oder auspressen. Quarkölteig wird sonst zu weich.

Stück
790 kJ
4 g E
4 g F
32 g KH

1 kg Zwetschen waschen.

Zwetschen halbieren und entsteinen.

Quark, Zucker, Milch, Öl und 1 Pr. Salz in eine Schüssel geben.

Zutaten verkneten.

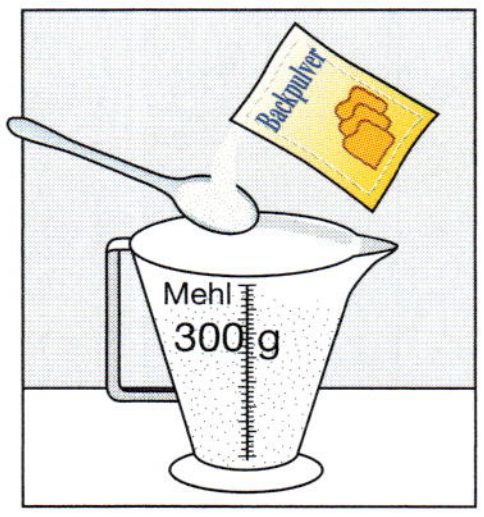

Backpulver und Mehl mischen.

Mehl mit dem Backpulver unterkneten.

Teig auf einem gefetteten Backblech ausrollen.

Zwetschen mit der Innenfläche nach oben auf den Teig legen.

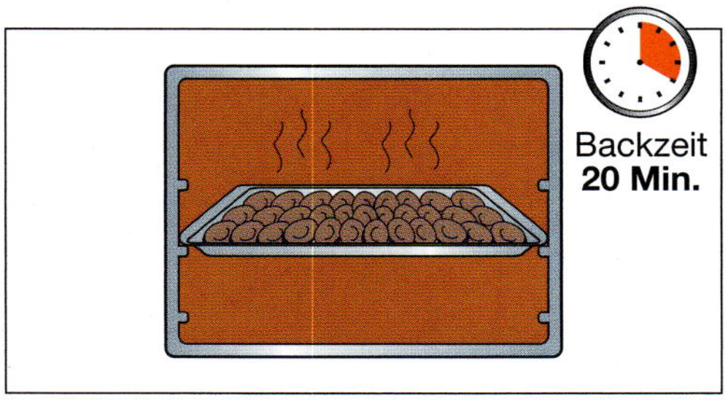

Backen: mittlere Schiene
20 Minuten
E-Herd: 200 °C, **Gasherd:** Regler 3

Zwetschenkuchen nach dem Backen mit etwas Zucker bestreuen.

Kleingebäck – süß – Mürbeteig

250 g Mehl
65 g Zucker
1 Ei
125 g Margarine oder Butter

Kondensmilch, Hagelzucker

Rezept	
9 250 kJ	108 g F
36 g E	250 g KH

Backblech fetten.

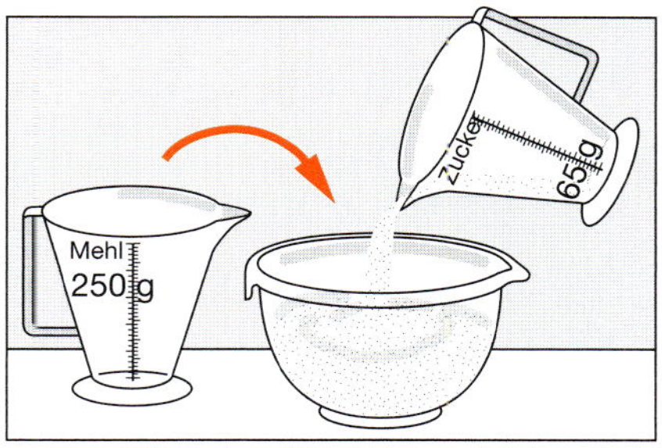

Mehl in eine Rührschüssel geben. Eine Vertiefung in die Mitte drücken. In die Vertiefung den Zucker geben.

Das Ei aufschlagen, auf den Zucker geben.

Fett in kleinen Stücken auf den Rand geben.

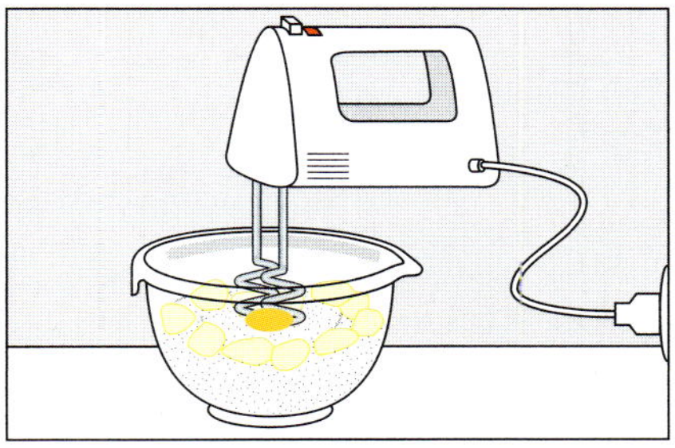

Zutaten von der Mitte her mit dem Handrührgerät/ Knethaken verkneten, bis alles gut vermischt ist.

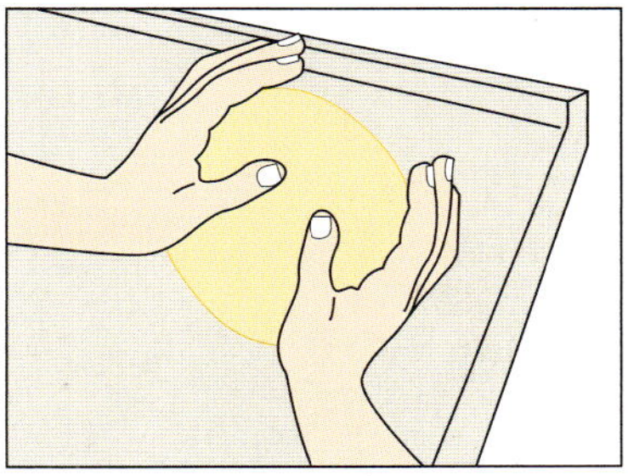

Teig mit den Handballen schnell durchkneten. Teig kalt stellen.

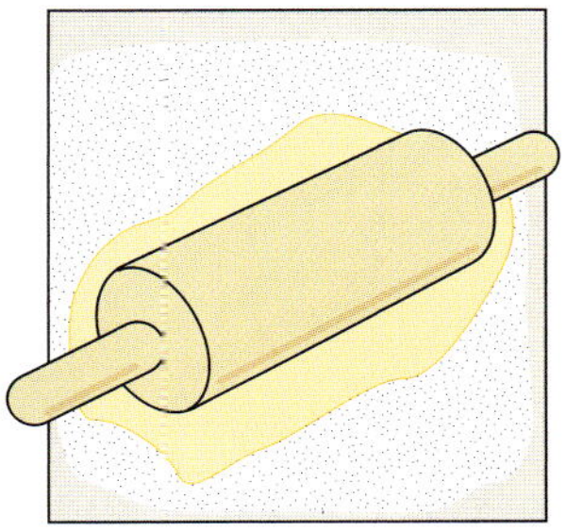

Backbrett bemehlen, Mürbeteig ausrollen.

Plätzchen ausstechen, auf das Backblech legen. Mit Kondensmilch bestreichen, mit Hagelzucker bestreuen.

Backen: obere Schiene
5 Minuten
E-Herd: 200 °C
Gasherd: Regler 3

Pizza (8 Stücke)

Teig
500 g Mehl
30 g Hefe
1 TL Zucker
1/4 l lauwarme Milch
50 g Margarine
1/2 TL Salz

Belag
2 EL Ketchup
250 g Champignons
300 g Gemüsezwiebeln
750 g Tomaten
250 g Käse, z. B. Edamer
Basilikum und Oregano

Stück
1950 kJ
19 g E
14 g F
69 g KH

Mehl in eine Schüssel geben.
In die Mitte eine Vertiefung drücken.

Hefe in die Vertiefung bröckeln, 1 TL Zucker darüberstreuen.

Hälfte der lauwarmen Milch dazugeben, Milch mit Hefe, Zucker und etwas Mehl verrühren.

Margarinestücke auf den Rand geben.
Salz ebenfalls auf den Rand streuen.
10 Minuten gehen lassen.

Teig vorsichtig von der Mitte her verkneten.

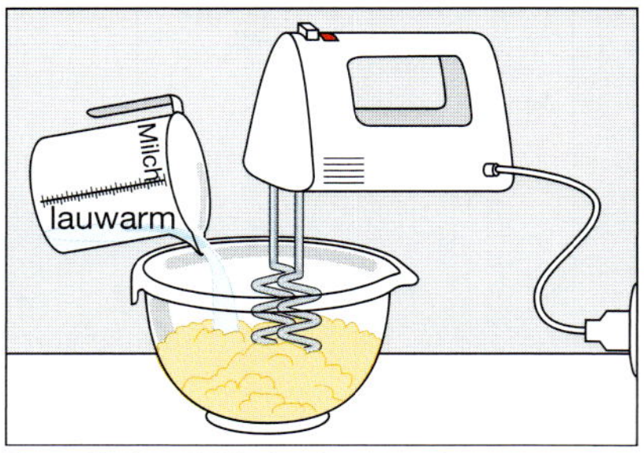

Restliche Milch dazugeben. Teig kräftig durchkneten. Der Teig soll **weich und formbar sein**. Also evtl. mehr Milch oder Mehl dazugeben.

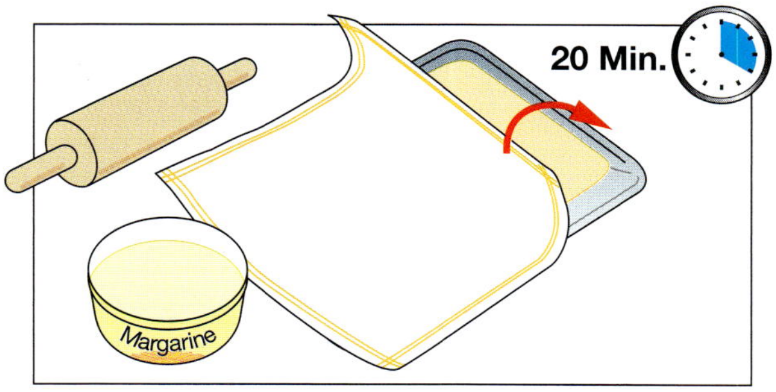

Teig auf dem gefetteten Backblech ausrollen. 20 Minuten abgedeckt an einem warmen Platz gehen lassen.

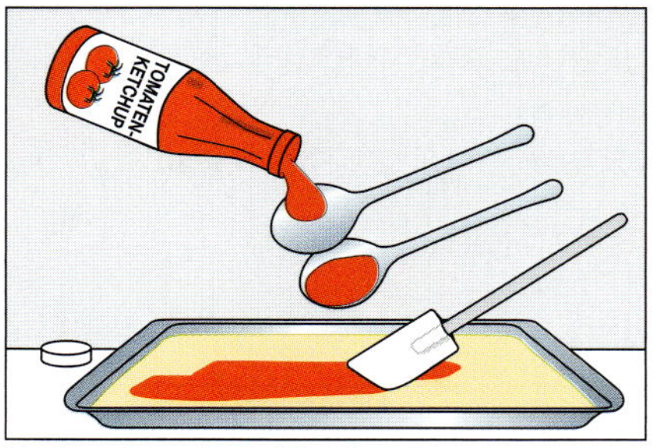

Hefeteig mit 2 EL Ketchup bestreichen.

Nun den Belag vorbereiten:

Frische Champignons waschen, putzen, in Scheiben schneiden.

Zwiebeln schälen, in Scheiben schneiden, diese in einzelne Ringe zerteilen.

Tomaten waschen, Stielansatz entfernen, in Scheiben schneiden.

Käse in Scheiben schneiden oder raspeln.

Champignons, Zwiebeln, Tomaten und Käse gleichmäßig auf dem Hefeteig verteilen. Etwas Basilikum und Oregano darüberstreuen.

Backen:
mittlere oder untere Schiene – 30 Minuten
E-Herd: 200 °C
Gasherd: Regler 3

► **Pizza kann auch mit anderen Lebensmitteln belegt werden:**

1. 500 g Champignons
   750 g Tomaten
   6 Oliven
   1 Bund Schnittlauch
   125 g Käse, z. B. Gouda
2. 125 g Fleischwurst
   1 kl. Dose Mais
   750 g Tomaten
   125 g Käse, z. B. Gouda
3. 750 g Tomaten
   300 g Zwiebeln
   250 g Champignons
   1 kl. Dose Thunfisch
   125 g Käse, z. B. Gouda

► Pizza kann auch mit **Quarkölteig**, salzig, hergestellt werden, vgl. S. 104.

Zutaten: 150 g Magerquark, 6 EL Milch, 6 EL Öl, $^{1}/_{2}$ TL Salz, 300 g Mehl, 1 Backpulver.

Windbeutel mit Sahnefüllung – Brandmasse (16 Stück)

1/4 l Wasser
1 Pr. Salz
50 g Margarine
150 g Mehl
4 Eier
evtl. 1 TL Backpulver

Stück

630 kJ	11 g F
3 g E	7 g KH

Wasser, Salz und Fett zum Sieden bringen.

Unter ständigem Rühren das Mehl auf einmal dazugeben.

Rühren, bis ein Kloß entsteht. Am Topfboden bildet sich gleichzeitig eine weiße Schicht.

1 Ei in die heiße Masse rühren. Masse in eine Schüssel umfüllen, abkühlen lassen.

Die restlichen 3 Eier unterrühren. Evtl. 1 TL Backpulver unterrühren.

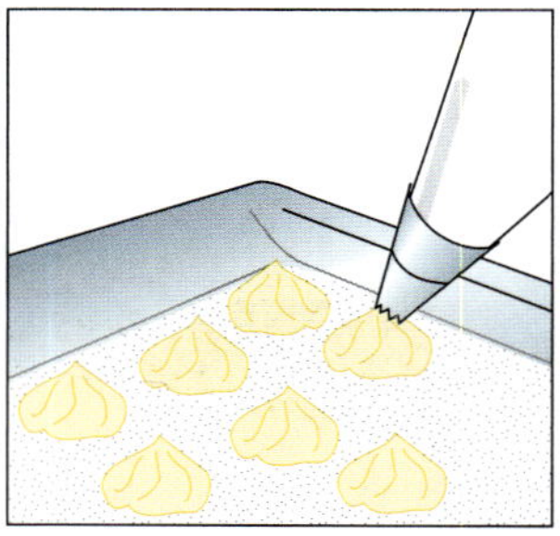

Masse in einen Spritzbeutel geben. Auf ein bemehltes Backblech etwa walnussgroße Häufchen spritzen.

Backen:
mittlere Schiene
25 Minuten
E-Herd: 200 °C
Gasherd: Regler 3

Windbeutel auskühlen lassen, aufschneiden.

Füllung:

1/2 l Sahne	schlagen,
2 EL Zucker	und
1 Vanillinzucker	unter Schlagen hinzufügen.
1 Sahnesteif	nach Anweisung verarbeiten.
Puderzucker	Windbeutel mit Sahne füllen und evtl. mit bestäuben.

Blätterteigtaschen mit Gemüsefüllung (12 Stück)

1 Päckchen tiefgekühlten Blätterteig (300 g)

Füllung
500 g Porree
1 Zwiebel
1 EL Öl
1 EL Weizenvollkornmehl
3 EL Sahne, 1 Eigelb
1 Bund gehackte Kräuter
Paprika, Pfeffer, Salz

Stück
550 kJ
3 g E
9 g F
10 g KH

Teigplatten nebeneinanderlegen, abgedeckt auftauen.

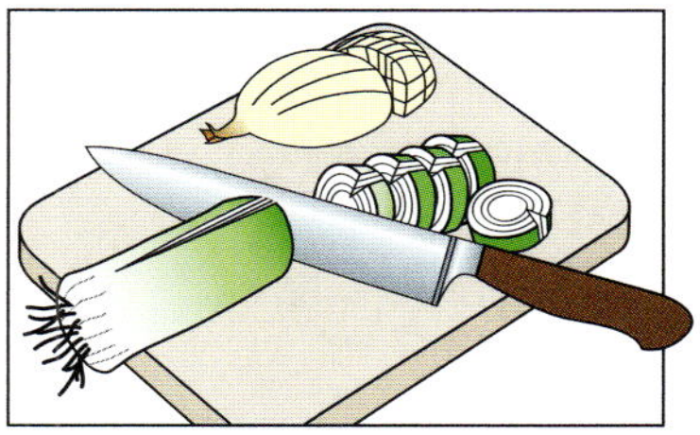

Gewaschenen Porree und Zwiebel putzen, zerkleinern.

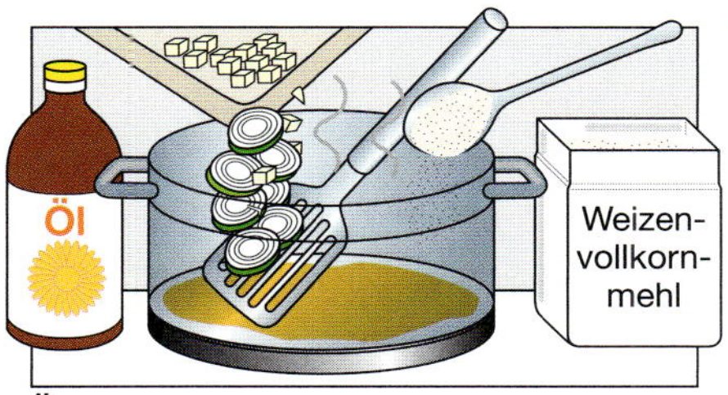

Öl erhitzen, Gemüse dünsten, Weizenvollkornmehl darüberstreuen.

Sahne, Eigelb, Kräuter zum Gemüse geben. Mit Paprika, Pfeffer und Salz abschmecken.

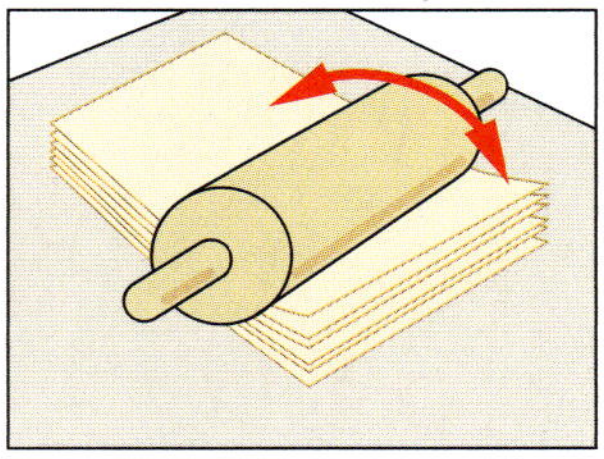

Teigplatten aufeinanderlegen, ein Rechteck ausrollen.

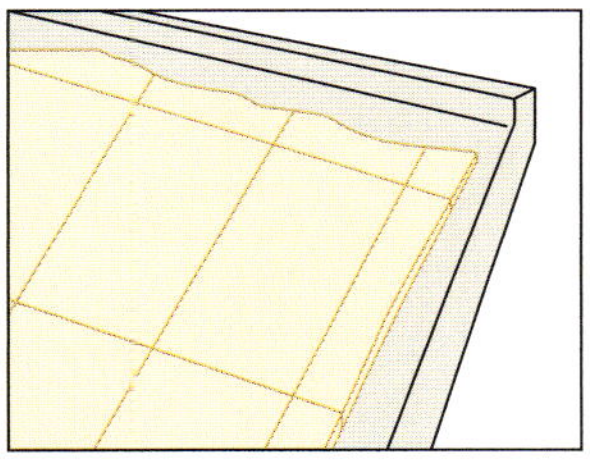

12 Rechtecke schneiden.

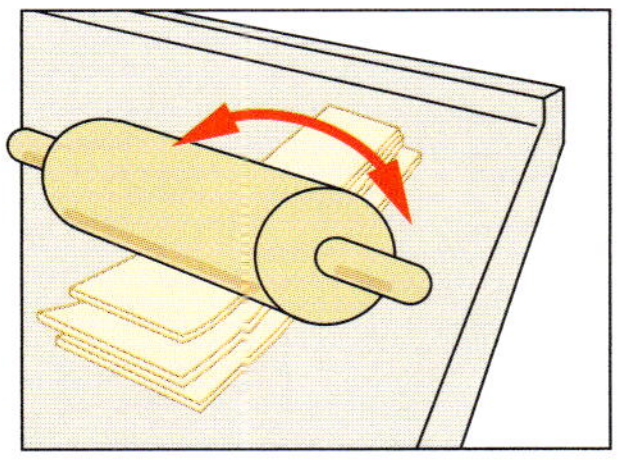

Teigreste nicht verkneten, übereinanderlegen, erneut ausrollen.

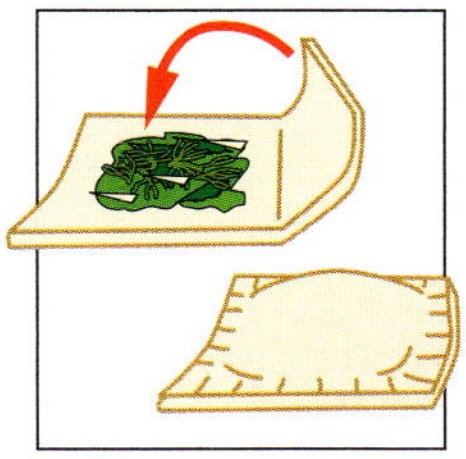

Teigtaschen füllen. Ränder mit einer Gabel festdrücken.

Backen: mittlere Schiene
15 Minuten
E-Herd: 225 °C
Gasherd: Regler 4

Käsestangen

1 Päckchen tiefgekühlten Blätterteig (300 g)	auftauen lassen, s. o.
verquirltem Eiklar	Teigplatten ausrollen. Teig mit bestreichen.
150 g geriebenen Gouda 1 TL Paprika	mit vermischen. Käse-Paprika-Mischung auf der einen Teighälfte verteilen. Die andere Teighälfte darüberklappen, festdrücken. Streifen von 10 cm Länge und 1 cm Breite abschneiden und evtl. vorsichtig drehen. Käsestangen auf ein feuchtes Blech legen.
	Backen: mittlere Schiene – 10 Minuten **E-Herd:** 225 °C, **Gasherd:** Regler 4

Apfelstrudel (8 Stücke)

Strudelteig:
250 g Mehl
1/8 l lauwarmes Wasser
1/2 TL Salz
50 g zerlassene Margarine

Belag:
1,5 kg Äpfel
100 g Sultaninen
100 g gehackte Mandeln
60 g Zucker
1/2 TL Zimt
50 g flüssige Margarine
50 g Semmelmehl

Stück

1805 kJ	15 g F
7 g E	64 g KH

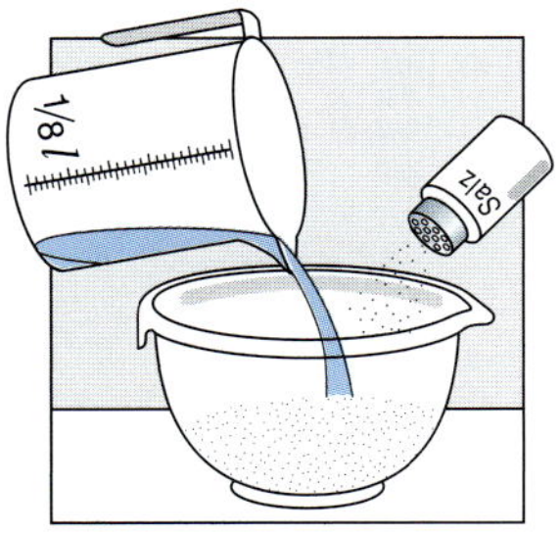

Mehl, Wasser und Salz in eine Schüssel geben.

Zutaten verkneten, flüssige Margarine dazugeben. Teig gut verkneten.

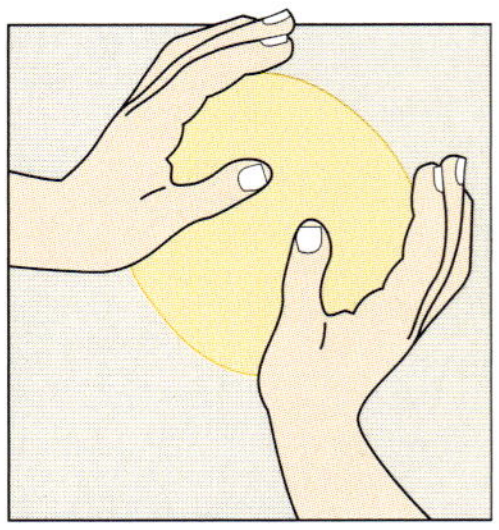
Teig kneten, bis er geschmeidig und glänzend ist.

Teig zu einer Kugel formen, mit flüssiger Margarine bepinseln.

Mit Folie abgedeckt 30 Minuten warm stehen lassen.

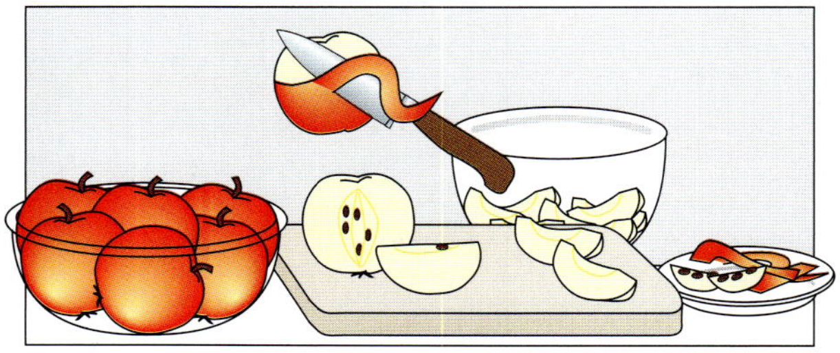
Äpfel waschen, schälen, vierteln, entkernen und in dünne Scheiben schneiden.

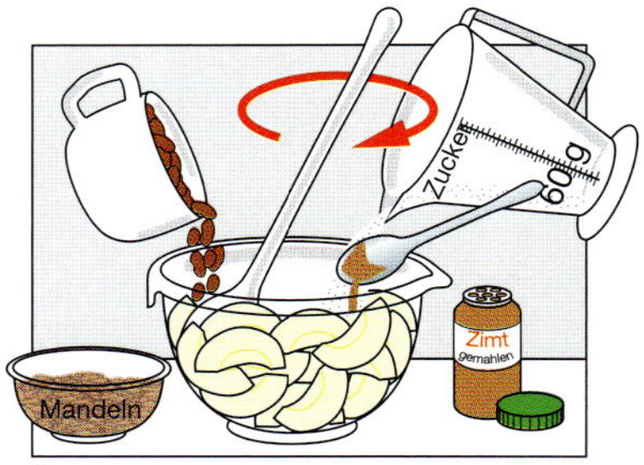

Äpfel mit Sultaninen, Mandeln, Zucker und Zimt mischen.

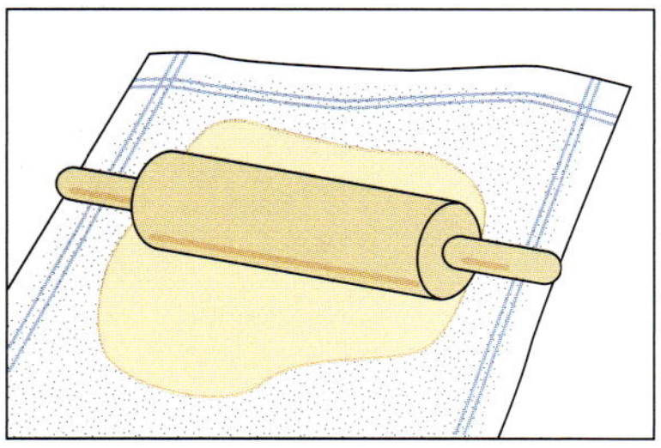
Teig auf einem bemehlten Geschirrtuch ausrollen.

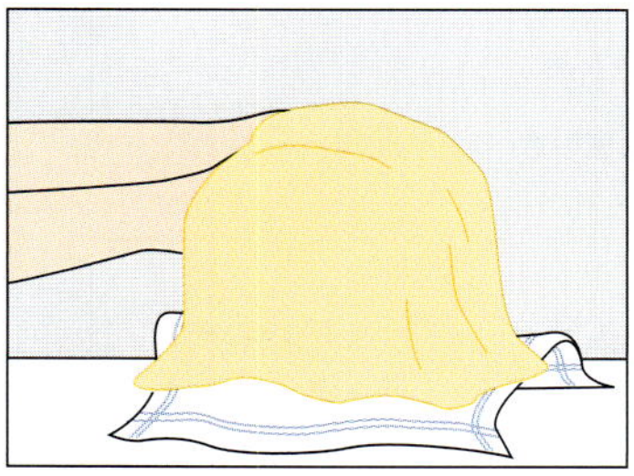
Teig über beide Handrücken dehnen, bis er papierdünn ausgezogen ist.

Teig mit flüssiger Margarine bepinseln. Mit Semmelmehl bestreuen.

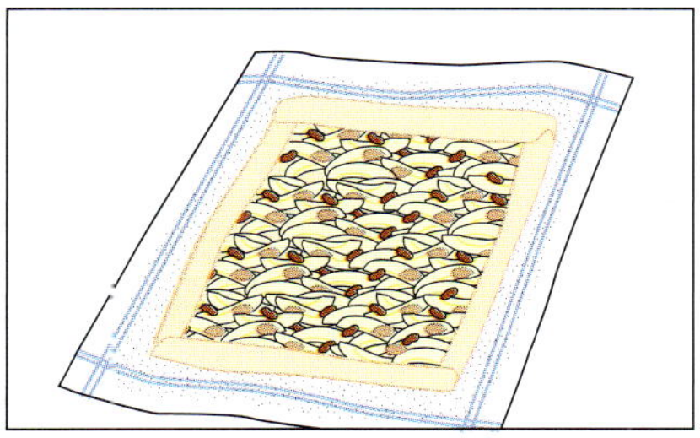

Apfelmischung auf den Teig geben.
Teigränder 2 cm über die Füllung schlagen.

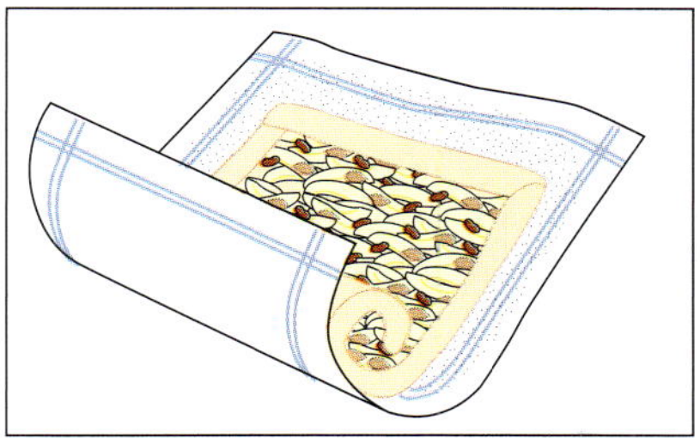

Teig mithilfe des Geschirrtuches aufrollen.
Strudel auf ein gefettetes Backblech geben, mit flüssiger Margarine bepinseln.

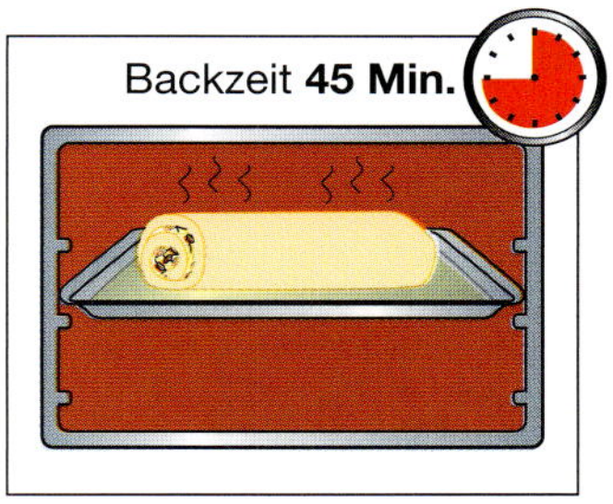

Backen: mittlere Schiene 45 bis 50 Minuten
E-Herd: 225 °C
Gasherd: Regler 4

Quarkstrudelfüllung (8 Stücke)

4 Eigelb 60 g Zucker	mit schaumig schlagen.
500 g Magerquark 50 g Sultaninen	und hinzugeben, gut verrühren.
4 Eischnee	steif schlagen, unterheben.

Stück: 1 270 kJ | 15 g E | 10 g F | 36 g KH

Fleischstrudelfüllung (8 Stücke)

2 Zwiebeln 1 EL Öl	schälen, würfeln, in andünsten.
500 g Rinderhack 2 EL Semmelmehl	und dazugeben, mitdünsten.
2 EL Tomatenmark, 1 Pr. Zucker, Salz, 2 EL Crème fraîche, Basilikum, Majoran Thymian	und zum Abschmecken verwenden.

Stück: 1 410 kJ | 18 g E | 17 g F | 26 g KH

Gemüse-Käse-Strudelfüllung (8 Stücke)

2 Zwiebeln 2 Stangen Lauch	schälen, würfeln. putzen, waschen, in Streifen schneiden.
1 EL Butter	Gemüse in dünsten, abkühlen lassen.
250 g Quark, 2 Eier 125 g geriebenen Gouda	und vermengen.
1 Bund Schnittlauch Paprika und Salz	waschen, zerkleinern. Gemüse und Schnittlauch unter den Quark heben. Mit abschmecken.

Stück: 1 210 kJ | 14 g E | 15 g F | 26 g KH

Biskuitrolle (16 Stücke)

4 Eier
160 g Zucker
4 EL warmes Wasser
80 g Mehl
80 g Stärke
1 TL Backpulver

Füllung
250 g Kirschkonfitüre
2 EL Wasser zum Glattrühren

Puderzucker zum Bestäuben

Stück	
590 kJ	2 g F
2 g E	29 g KH

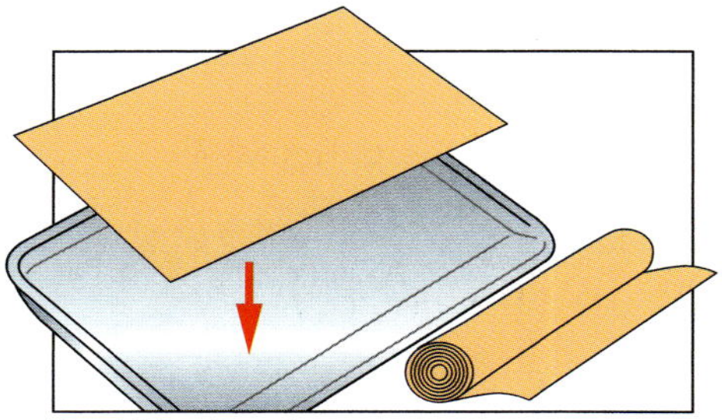

Backblech mit Backtrennpapier belegen.
Backofen vorheizen:
E-Herd: 220 °C
Gasherd: Regler 4

Eigelb und Eiklar trennen.

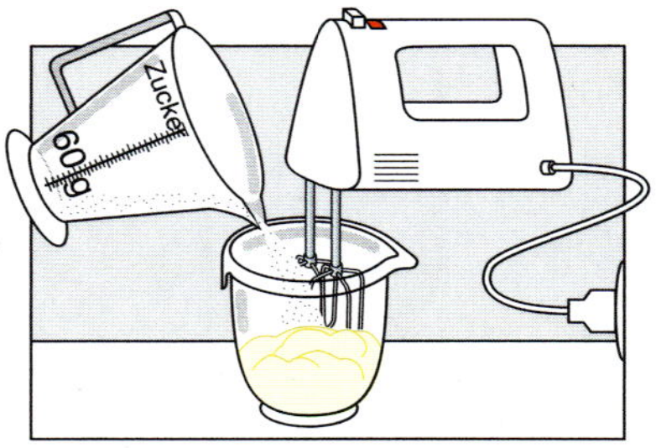

Eiklar zu festem Eischnee schlagen.
60 g Zucker dazugeben und weiterschlagen.

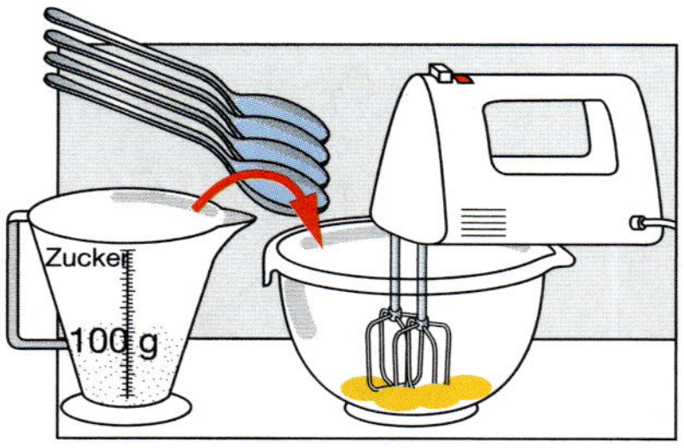

Zum Eigelb 4 EL warmes Wasser geben.
Eigelbmasse mit 100 g Zucker cremig schlagen.

Eischnee auf die cremige Eigelbmasse geben. Mehl, Stärke und Backpulver gemischt darübersieben.

Eischnee und Mehlmischung vorsichtig unterheben. Nicht mehr rühren, damit die Masse locker bleibt. Sofort auf das Backblech füllen und backen.

Backen: mittlere Schiene
12 Minuten
E-Herd: 220 °C
Gasherd: Regler 4

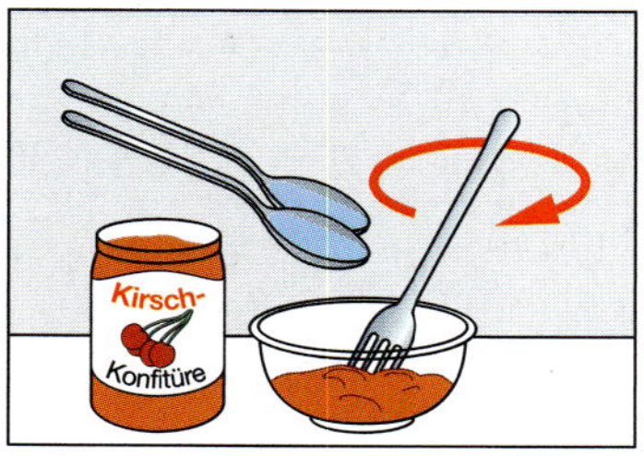

In der Zwischenzeit:
Kirschkonfitüre mit 2 EL kaltem Wasser glatt rühren.

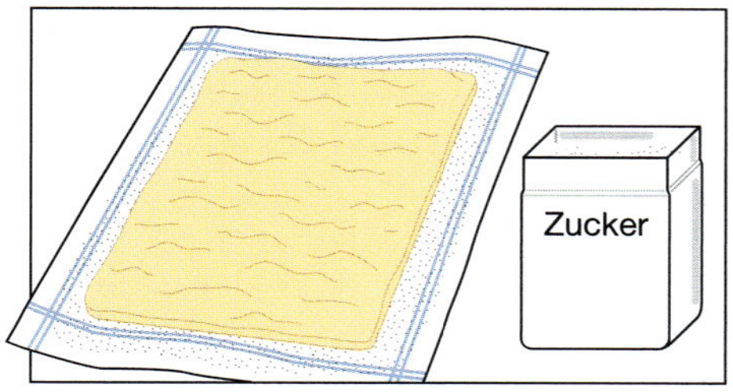

Dünn mit Zucker bestreutes Geschirrtuch vorbereiten.
Abgebackenen Biskuit auf das Geschirrtuch stürzen.

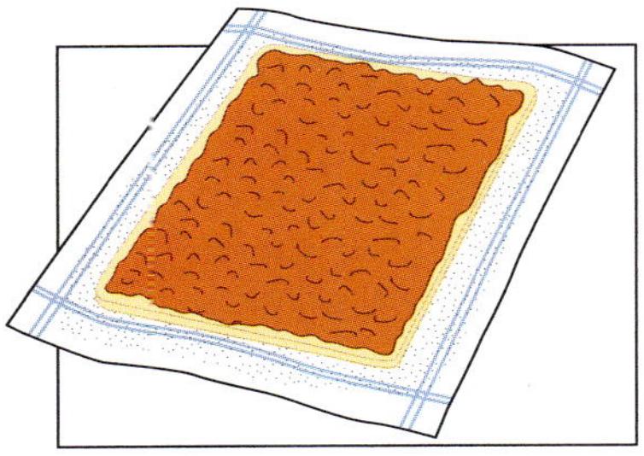

Biskuitteig mit Kirschkonfitüre bestreichen.

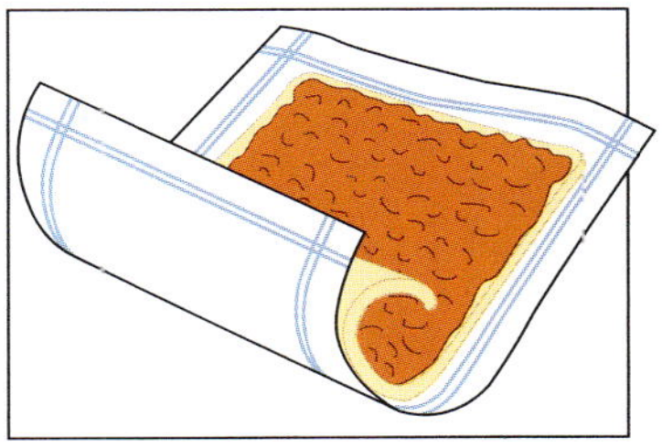

Schnell mithilfe des Geschirrtuches aufrollen.

Danach mit Puderzucker bestäuben.

▶ Bei Creme- und Sahnefüllungen muss der Biskuit erst **ohne Füllung aufgerollt werden**, da er erst **nach dem Abkühlen gefüllt werden** darf.

▶ Das Biskuitgebäck sehr schnell verarbeiten, da es leicht trocknet und bricht.

Schokoladenbiskuitrolle – Blitzbiskuit (12 Stücke)

Backtrennpapier	Backblech mit belegen.
75 g Mehl, 75 g Stärke, 20 g Kakao 1 TL Backpulver	und mischen.
4 Eier 4 EL Wasser 150 g Zucker	und mit dem **Handrührgerät** verschlagen. löffelweise dazugeben, verschlagen, es soll eine dickflüssige Masse entstehen.
	Mehl, Stärke, Kakao, Backpulver darübersieben, mit dem Schneebesen vorsichtig unterheben. Durch den Schneebesen gleiten lassen, nicht rühren. Auf das Backblech geben. **Backen:** mittlere Schiene – 12 Minuten **E-Herd:** 220 °C, **Gasherd:** Regler 4

Stück
545 kJ
4 g E
3 g F
15 g KH

Sahne-Obst-Füllung:

1/4 l Schlagsahne 1 Sahnesteif Zucker	steif schlagen. dazugeben. Mit nach Geschmack abschmecken.
200 g Obst, z. B. halbierte Erdbeeren,	Abgekühlten Biskuit mit belegen, mit Schlagsahne bestreichen, aufrollen.

Aufgaben:

Machen Sie Vorschläge für das Garnieren
a) eines Kartoffelsalats,
b) einer Erdbeerquarkspeise,
c) eines Obstsalats,
d) einer Tomatensuppe.

Salatschüssel mit Salatbesteck

Fleischplatte mit Fleischgabel und Löffel

Kartoffelschüssel mit Löffel

2.5 Speisen anrichten und garnieren

- **Anrichten** ist das Einfüllen oder Auflegen von fertigen Speisen in Anrichtegeschirr, z. B. Platten und Schüsseln.
- Das Anrichtegeschirr muss sauber und unbeschädigt sein.
- Schüsseln, Schalen usw. nur drei viertel voll – zwei Finger unter dem Rand – füllen. Den Rand mit einem sauberen Tuch reinigen.
- Auch bei Platten den Rand frei lassen. Die Ränder müssen sauber sein. Die Speisen wirken so appetitlicher.
- Heiße Speisen in vorgewärmtem Geschirr anrichten.
- Feste Speisen in Schüsseln oder auf Platten geben.
- Flüssige Speisen in Schüsseln geben oder mit einem Gießtopf in Einzelportionen ausfüllen.
- **Vorlegebesteck** bei Schüsseln u. Ä. danebenlegen, bei Platten darauflegen. Beispiele: Gemüselöffel, Kartoffellöffel, Salatbesteck, Suppenkelle, Soßenlöffel, Fleischgabel.
- **Garnieren** ist ein Verzieren von fertig angerichteten Speisen.
- **Garnieren – allgemein:** Speisen so garnieren, dass die Garnierung farblich und geschmacklich dazu passt: z. B. Petersilie, Tomatenachtel, Zwiebelringe, Zitronenscheiben, Kräuter.
- Die Garnierungen sollen essbar sein.
- Nicht zu üppig garnieren, die Speisen sollen noch zu sehen sein.
- Möglichst eine Randgarnierung oder Mittelgarnierung auswählen.
- **Anrichten von Suppen und Brühen:** in vorgewärmter Suppentasse mit Untertasse oder im Suppenteller oder in einer Suppenterrine mit Kelle.
- **Garnieren von Suppen und Brühen:** mit Kräutern, saurer oder süßer Sahne, Currypulver oder Paprikapulver.

- **Anrichten von Beilagen:** in vorgewärmten runden Schüsseln.
- **Garnieren von Beilagen:** mit gehackten Kräutern oder Petersilienblättchen oder mit in heißer Butter gebräuntem Semmelmehl.
- **Anrichten von Gemüse:** auf vorgewärmten Platten oder Schüsseln.
- **Anrichten von Fleisch:** aufgeschnittenen Braten oder Kurzgebratenes auf einer vorgewärmten Platte, Gulasch in einer vorgewärmten Schüssel, Rouladen und gefülltes Gemüse auf einer vorgewärmten tiefen Platte, dazu Soße in einer Soßenschüssel.
- **Garnieren von Fleisch:** mit Zwiebelringen, gedünsteten Tomaten, gedünsteten Pilzen oder Obst, z.B. Apfelringen, oder etwas Soße darübergießen.
- **Anrichten von Fisch:** auf einem vorgewärmten Teller oder einer Platte.
- **Garnieren von Fisch:** mit gedünsteten Speckwürfeln, Zwiebelwürfeln, Zitronenachteln, Zitronenscheiben, Tomatenscheiben oder gehackten Kräutern.
- **Anrichten von kalten Süßspeisen:** in (Glas-)Schälchen, -schüsseln oder -tellern. Kleine Gefäße evtl. auf mittelgroßen Teller stellen.
- **Garnieren von Süßspeisen:** mit Sahne, Fruchtteilen, Schokoladenstreuseln oder Mandelblättchen.

Garnieren einer Süßspeise

Garnieren einer Fischplatte

Garnieren einer roten Grütze

Garnieren einer Suppe

2.6 Vorgefertigte Lebensmittel

Diese Lebensmittel bzw. Speisen sind schnell zubereitet oder serviert.

Nach der Stufe der Bearbeitung unterscheidet man folgende vorgefertigte Lebensmittel:

Teilfertig sind küchenfertige oder garfertige Produkte.

- **Küchenfertig:** Lebensmittel, von denen der nicht essbare Teil entfernt ist und die gegebenenfalls zerkleinert sein können. Die Lebensmittel müssen fertig zubereitet und gegart werden.

  Beispiele: Gefriergemüse, Fischfilet, Hackfleisch.

- **Garfertig:** vorgefertigte Lebensmittel, die nur noch zu garen sind. Je nach Garverfahren werden sie in kochfertig, bratfertig, frittierfertig usw. unterteilt.

  Beispiele: Fischstäbchen, vorfrittierte Pommes frites, backfertige Brötchen.

Fertigprodukte sind aufbereitungsfertige oder verzehrfertige Produkte.

- **Aufbereitungsfertig:** fertig vorbereitete oder gegarte Lebensmittel, die weitere Zutaten benötigen und/oder bis zu der Verzehrtemperatur zu erwärmen sind.

  Beispiele: Tiefkühlgerichte, Tütensuppen, Pasteten.

- **Verzehrfertig:** Lebensmittel und Speisen, die ohne Behandlung oder Tätigkeit verzehrt werden können. Das Öffnen und Entfernen der Verpackung ist erforderlich.

  Beispiele: Frikadellen, Feinkostsalate, geräucherter Fisch, Obstsäfte.

Generell sind vorgefertigte Lebensmittel/Speisen teurer und aufwendiger verpackt als selbst hergestellte.

Der Nährstoffgehalt unterscheidet sich oft wesentlich vom Frischprodukt. Bei der Lebensmittelverarbeitung kommt es zu Nährstoffverlusten bzw. der Fett- und Salzgehalt werden erhöht.

Vorgefertigte Lebensmittel für die Großküche

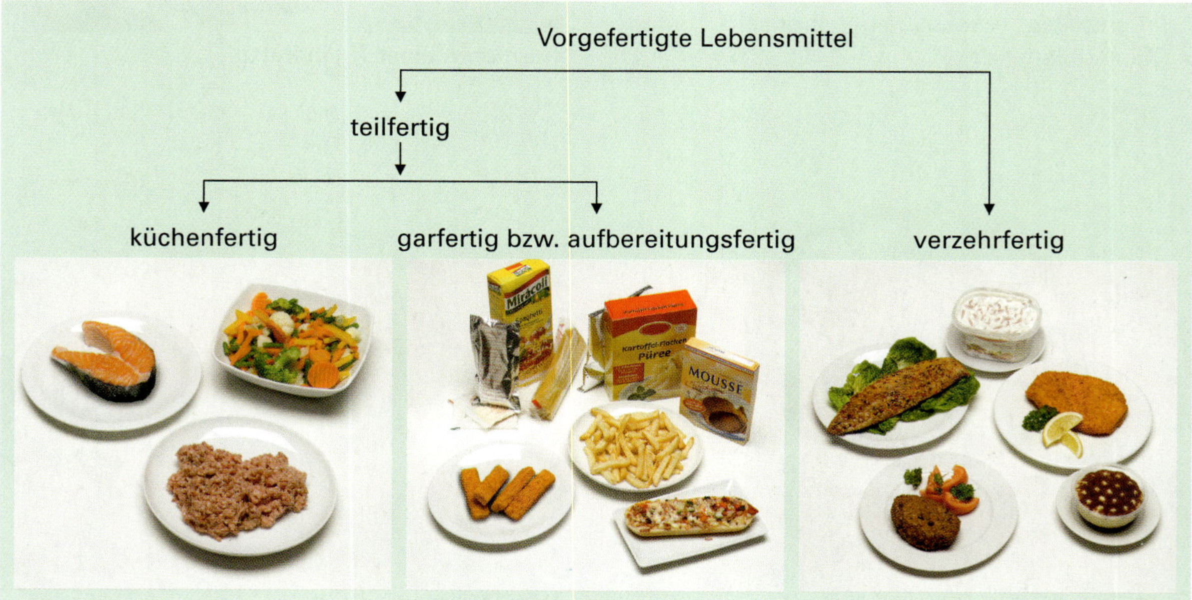

Aufwertung von vorgefertigten Lebensmitteln

Oft können vorgefertigte Lebensmittel durch frische Kräuter oder den Zusatz von Obst oder Gemüse verfeinert bzw. aufgewertet werden. Der evtl. fehlende Vitamingehalt oder Ballaststoffgehalt wird so ergänzt. Z. B. in die Götterspeise frisches Obst raspeln bzw. auf die Pizza zusätzliche Tomatenscheiben legen.

Bei der Zubereitung muss außerdem darauf geachtet werden, dass der Fettgehalt bzw. Salzgehalt nicht weiter erhöht wird.

Pommes frites müssen z.B. nicht noch einmal frittiert werden, sondern sie können im Backofen auf einem Blech erhitzt werden.

Aufgaben:

1. Nennen Sie vorgefertigte Lebensmittel, die in Ihrem Betrieb verarbeitet werden.
2. Beschreiben Sie Möglichkeiten, wie diese vorgefertigten Lebensmittel in Ihrem Betrieb verfeinert – aufgewertet – werden.
3. Übertragen Sie die unten stehende Tabelle in Ihr Heft und vervollständigen Sie diese.

Vergleich: Müsli selbst hergestellt oder vorgefertigt?

eine Portion	selbst hergestellt	teil-fertig	verzehr-fertig
Menge	?	?	?
Preis	? €	? €	? €
Tätig-keitszeit	? Min.	? Min.	? Min.
Ge-schmack	?	?	?

Bewerten Sie den Geschmack mit den Begriffen: sehr gut, gut und weniger gut.

Müsli, verzehrfertig
200 g fettarmer Joghurt **Birchermüesli** aus Milch mit 1,5 % Fett

Müsli, teilfertig, der Firma A
Zutaten für eine Portion
laut Angabe auf der Packung
50 g Früchte-Müsli
75 ml Milch

Müsli, selbst hergestellt

2 EL Haferflocken	*(20 g)*
4 EL Milch	*(60 g)*
1 kl. Apfel, geschält	*(120 g)*
½ Banane, geschält	*(70 g)*
1 EL Sultaninen	*(20 g)*
1 EL Haselnüsse	*(15 g)*
1 EL Zitronensaft	*(10 g)*

2.7 Tischdecken und Servieren

Herrichten von Tischen und Tafeln

Tafelformen

Bei besonderen Anlässen werden rechteckige und quadratische Tische zu unterschiedlichen Tafelformen zusammengeschoben.

Die Tafelform wird nach folgenden Gesichtspunkten ausgewählt:

- Anzahl der Gäste
- Größe und Grundfläche des Raumes
- Um die Tafel herum muss genügend freier Raum vorhanden sein.

runde Tafel 6 bis 12 Personen — **lange Tafel** 10 bis 16 Personen

großer Block 12 bis 20 Personen — **T-förmige Tafel** 16 bis 26 Personen

U-förmige Tafel 26 bis 40 Personen — **E-förmige Tafel** 40 bis 60 Personen

Tischwäsche

Unterlagen sind an den Tischecken z. B. durch Bänder oder Klettverschlüsse befestigt.

Diese Unterlagen schützen die Tischplatte vor Hitze und Feuchtigkeit.

Außerdem liegt das Tischtuch rutschfest auf dem Tisch und das Eindecken bzw. Servieren kann geräuscharm erfolgen.

Tisch- und Tafeltücher sollen dazu beitragen, dass die Tischoberfläche gepflegt aussieht. Deswegen werden sie sorgfältig aufgelegt, damit sie nicht verknittern.

Auflegen von Tischtüchern

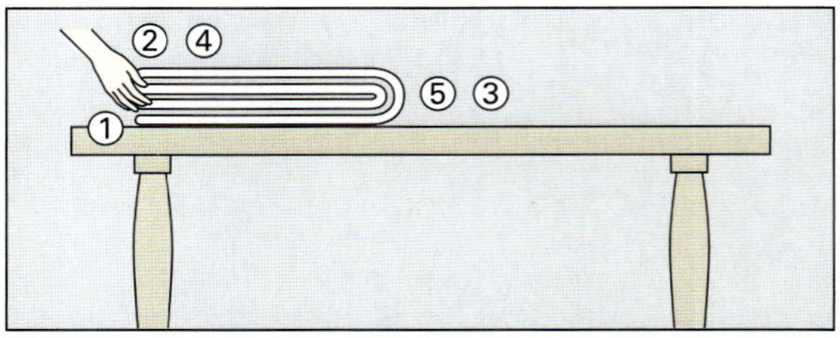

Das Tischtuch wird längs gefaltet auf den Tisch gelegt.

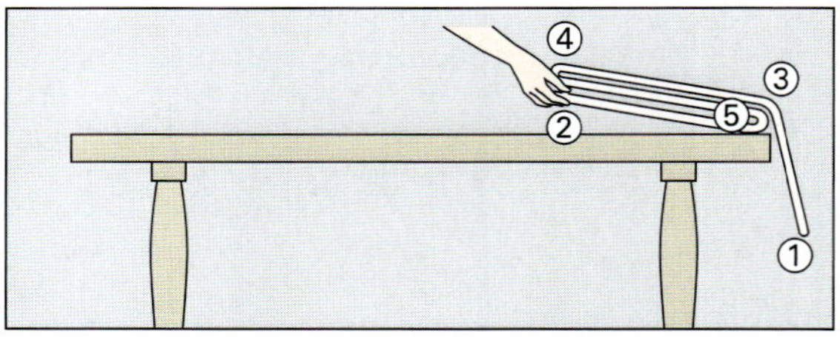

Die Webkanten liegen unten in Richtung der Person. Die Finger halten nun den Mittelbruch und die obere Webkante. Die untere Webkante liegt frei auf dem Tisch. Das Tischtuch wird jetzt angehoben und die frei liegende Webkante wird mit leichtem Schwung über die entgegengesetzte Tischkante gebracht.

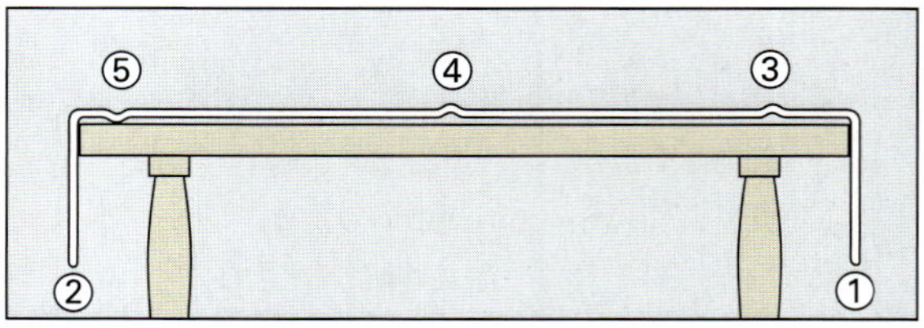

Die obere Webkante wird nun nach vorn über die vordere Tischkante gezogen.

Arbeitsablauf beim Eindecken

- Zuerst wird mit einer Serviette oder einem Platzteller der Gedeckplatz markiert – 60 cm Platz pro Person.
- Das Eindecken erfolgt im Uhrzeigersinn um den Tisch.
- Danach wird das Besteck eingedeckt:
  - Messer rechts und Gabel links für den Hauptgang, Gabel und Messer sind etwa 1 cm von der Tischkante entfernt. Die Messerklinge zeigt zum Teller.
  - Der Löffel für die Suppe liegt rechts neben dem Messer.
  - Es folgt das Besteck für das Dessert: Mittelgabel mit dem Griff nach links und Mittellöffel mit dem Griff nach rechts oberhalb des Gedeckplatzes.
- Salatschälchen werden links neben dem Teller eingedeckt.
- Wird ein Glas eingedeckt, so steht es oberhalb der Messerspitze. Werden mehrere Gläser eingedeckt, so steht das Glas, das zuerst gebraucht wird, über der Messerspitze. Die weiteren Gläser stehen rechts und links daneben.
- Der Brotteller wird als Letztes links vom Gedeck hingestellt. Ein Messer mit der Schneide nach links wird für Butter daraufgelegt.
- Die Serviette liegt auf dem Teller oder daneben.
- Schüssel und Platten stehen in der Mitte des Tisches.

Festlich gedeckter Tisch

Aufgaben:

1. Decken Sie einen Tisch für vier Personen. Es gibt folgende Speisen:
   a) Tomatensuppe,
   b) Braten mit Soße,
   c) Salzkartoffeln,
   d) Rohkost,
   e) Mineralwasser.
2. Stellen Sie Schüsseln und das Vorlegebesteck dazu.

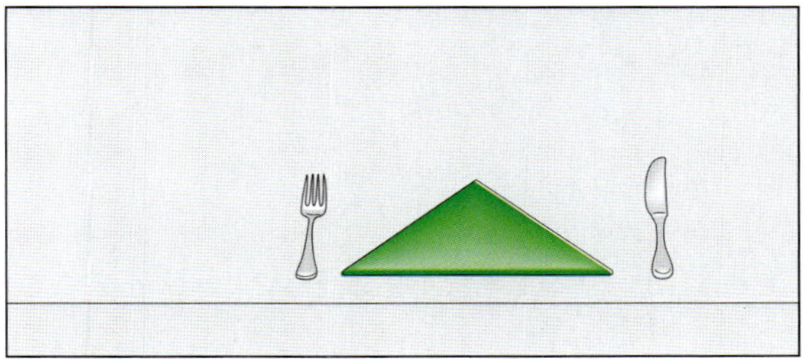

Grundgedeck

Hauptgang mit Suppe, Getränk und Brotteller

Hauptgang mit Suppe, Dessert und zweitem Glas

Besteck und Geschirr

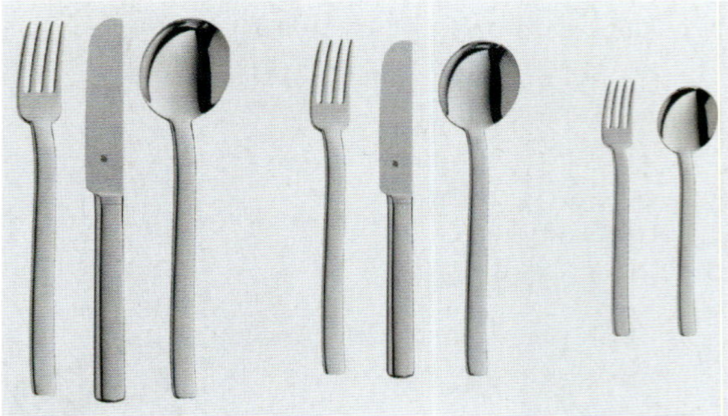

Großes, mittleres, kleines Besteck

Frühstücksgedeck

Fischbesteck Obstmesser, -gabel Eierlöffel

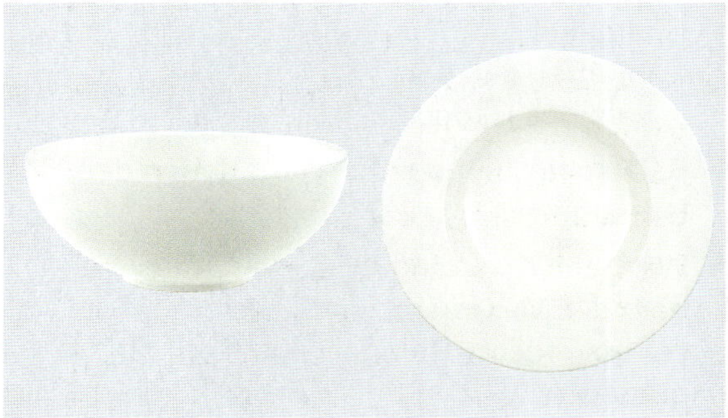

Suppentasse Suppenteller

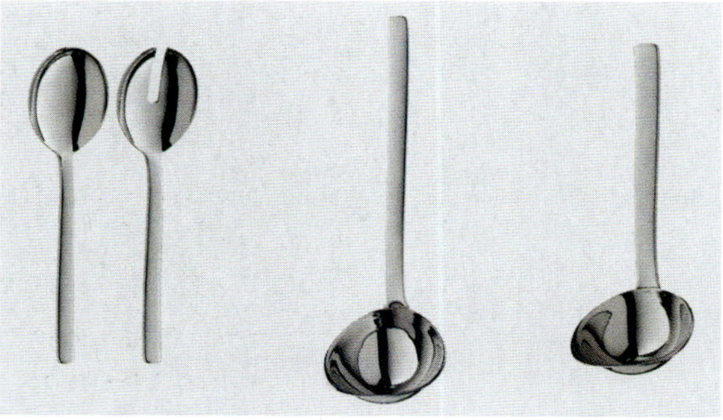

Salatbesteck Suppenkelle Soßenlöffel

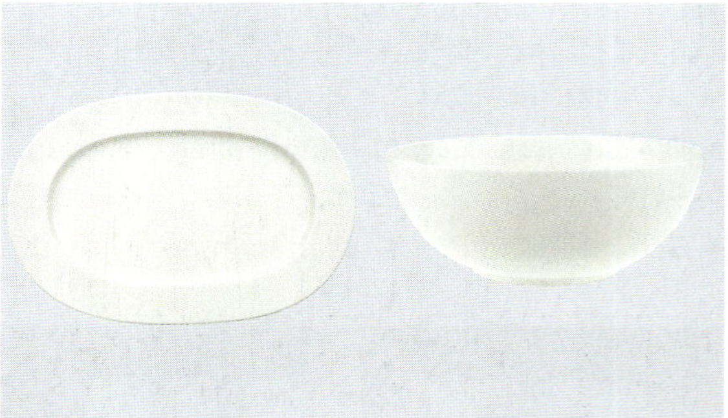

Fleischplatte Gemüseschüssel

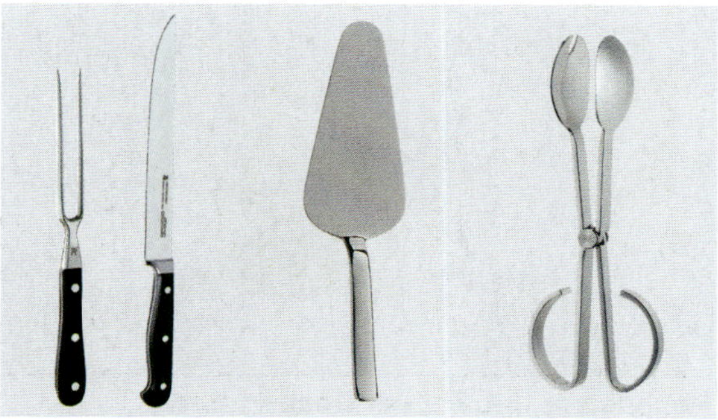

Tranchierbesteck Tortenheber Gebäckzange

Salatteller Dessertkelch

Tischdekorationen

Diese werden dem Anlass entsprechend ausgewählt.

- **Tischkarten** informieren den Gast über eine bestimmte Tischordnung.
- **Menükarten** informieren den Gast bei einem festlichen Menü über eine umfangreichere Speisenfolge.
- **Kerzenleuchter** verleihen dem Raum eine stimmungsvolle Atmosphäre. Die Kerzen dürfen nicht zu lang sein, die Flamme kann sonst blenden und die Unterhaltung stören.
- **Blumen oder Pflanzen**, z. B. als Gesteck, Blumenband oder kleiner Strauß auf dem Tisch, eignen sich gut zur Dekoration.
- **Tischdecke, Tischläufer** und **-bänder** müssen farblich auf das Geschirr abgestimmt sein, z. B. Geschirr mit Muster auf einfarbiger Decke und umgekehrt.
- Tischläufer und Bänder werden über die gesamte Länge der Tafelmitte gelegt.
- Die **Servietten** sollten farblich zum Geschirr passen.

Falten von Servietten – Spitz

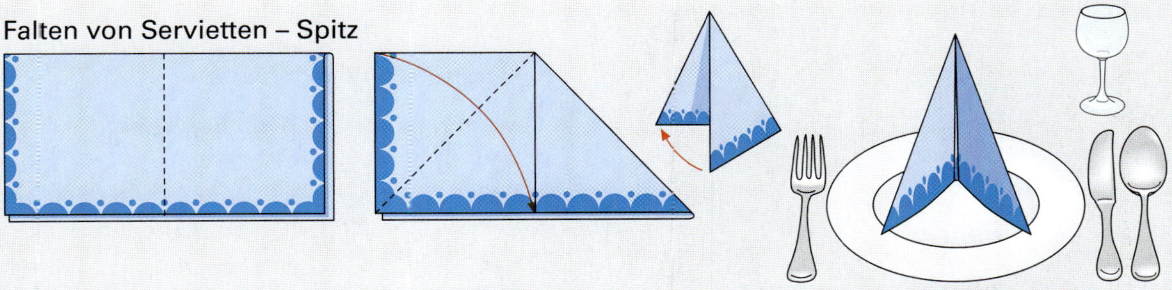

Serviette einmal aufklappen, offene Kante zeigt nach vorn.

Linke und rechte Serviettenecke zur Mitte der offenen Kante falten.

Das entstandene Dreieck in der Mitte zusammenfalten, aufstellen.

Mütze

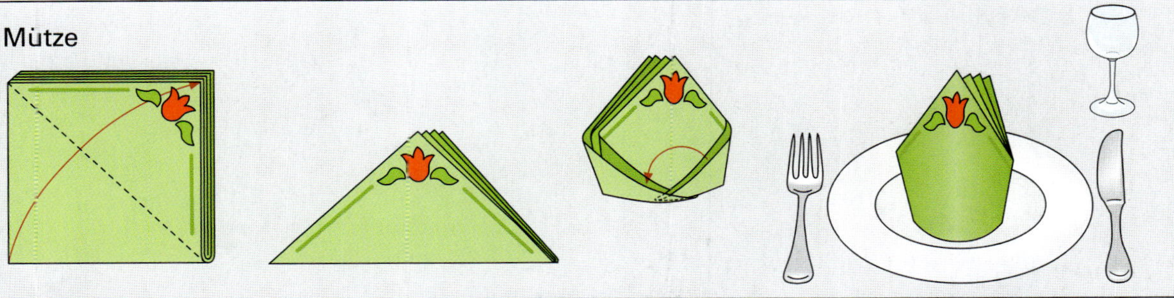

Ausgangsstellung

Untere geschlossene Ecke nach oben falten.

Beide Ecken hinten zusammenstecken.

Einsetzen der Teller von rechts

Anreichen der Speisen von links

Bewegungsrichtung beim Einsetzen

Bewegungsrichtung beim Anbieten

Servieren

Servieren von Speisen

- Grundsätzlich sollten alle Essensteilnehmer möglichst gleichzeitig bedient werden.
- Hektik und Lärm sind beim Servieren zu vermeiden.

Von welcher Seite wird der Gast jeweils bedient?

Von der rechten Seite des Gastes:

- Alle Speisen auf Tellern werden von rechts eingesetzt und von rechts auch wieder ausgehoben.
- Leere Teller für den nächsten Menügang werden auch von rechts eingesetzt.
- Ausnahmen gibt es, wenn das Einsetzen von rechts z.B. aus räumlichen Gründen nicht möglich ist.

Von der linken Seite des Gastes:

- Soll sich der Gast selbst aus den Schüsseln usw. nehmen, werden die Speisen von links angereicht, so kann sich der Gast leicht mit der rechten Hand die Speisen auffüllen.
- Gedeckteile wie z.B. Salat, Kompott, Resteteller, Brot, die ihren Platz auf der linken Seite des Gastes haben, werden auch von links eingesetzt und abgeräumt.

Bewegungsrichtung beim Servieren:

- Grundsätzlich vorwärtsgehen.
- Beim Einsetzen von Tellern – von rechts – geht man im Uhrzeigersinn um den Tisch.
- Werden die Speisen von links angeboten, bedient sich der Gast also selbst, geht die servierende Person jeweils nach rechts weiter – also gegen den Uhrzeigersinn.

Aufgaben:

1. Einem Gast wird eine Schüssel mit Blumenkohl angereicht. Von welcher Seite erfolgt die Bedienung?
2. In welcher Richtung geht die Bedienung dabei um den Tisch?

Abservieren

- Abserviert wird, wenn alle Gäste einen Gang bzw. das Essen beendet haben.
- Das Abservieren, Ausheben, geschieht immer von der rechten Seite des Gastes. Die Person, die aushebt, bewegt sich dabei im Uhrzeigersinn von rechts nach links.
- Zuerst werden die Teller mit dem abgelegten Besteck von rechts abgeräumt.
- Beim Ausheben der leeren Teller wird der erste Teller mit der rechten Hand ausgehoben und dann von der linken Hand mit Daumen, Zeige- und Mittelfinger gehalten. Das Messer wird im rechten Winkel unter die Wölbung der Gabel geschoben. Die Gabel so ausrichten, dass sie am Griffende mit dem Daumen gehalten werden kann. Der erste Teller wird auch als Handteller bezeichnet.
- Danach wird der zweite Teller ausgehoben und auf den Ballen, den Ringfinger und den kleinen Finger der linken Hand gestellt. Das Besteck wird auf den unteren Teller gelegt – Gabel auf Gabel und das Messer daruntergeschoben. Der zweite Teller wird auch als Oberteller bezeichnet.

  Weitere – bis zu zwei – Teller auf den Oberteller setzen.
- Jetzt werden Platten und Schüsseln abgeräumt.

Beim Servieren ist
- **die linke Hand die Tragehand,**
- **die rechte Hand die Arbeitshand.**

Von der rechten Seite des Gastes erfolgt
- **das Servieren von Speisen auf Tellern,**
- **das Einsetzen und Ausheben von Tellern.**

Von der linken Seite des Gastes
- **werden Speisen zur Selbstbedienung angereicht.**

Ausheben eines Tellers

Tragen des ersten Tellers

Tragen des zweiten Tellers

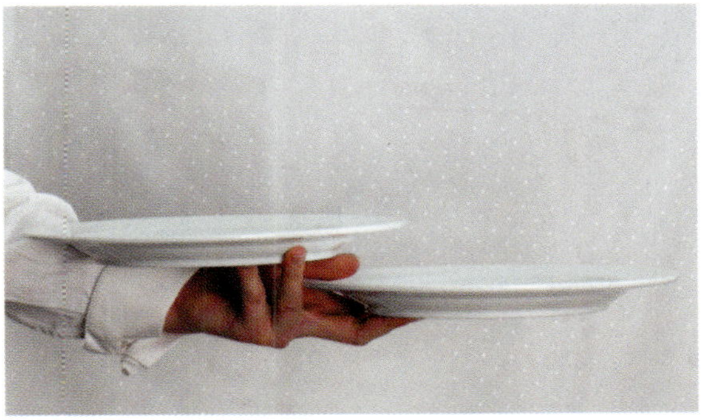

Tragen von zwei Tellern hintereinander

→ = Laufrichtung der Gäste beim Frühstücksbüfett

Aufbau eines Büfetts

- ▶ Tische für das Büfett werden in Block- oder Hufeisenform aufgestellt, damit die Gäste von allen Seiten an das Büfett herankommen können.
- ▶ Die Tische werden mit Büfetttüchern und Büfettschürzen (Skirtings) eingedeckt.
- ▶ Der Gast sollte von rechts nach links an dem Büfett vorbeigehen. Ganz rechts auf dem Tisch steht der Tellerstapel. Die natürliche Laufrichtung um ein Büfett erfolgt im Uhrzeigersinn.
- ▶ Ist der Platz auf dem Büfetttisch zu knapp, so können Teller, Gläser, Besteck und Servietten auch auf einem Nebentisch angeordnet werden.
- ▶ Beim Bereitstellen der Teller sollte darauf geachtet werden, dass die Anzahl der Teller doppelt so groß sein muss wie die zu erwartende Gästezahl.
- ▶ Speisen stehen links neben den Tellern. Die entsprechenden Vorlegebestecke liegen neben den Schüsseln bzw. auf den Platten. Die Griffe der Vorlegebestecke zeigen zum Gast hin.
- ▶ Speisen sollen für die Gäste leicht erreichbar sein, daher die hinten stehenden Speisen evtl. erhöht anordnen.
- ▶ Verschiedene Brotsorten, das sortierte Besteck und die Servietten liegen links daneben.
- ▶ Getränke und Gläser können auch auf einem Servierwagen oder einem Nebentisch stehen.
- ▶ Das gebrauchte Geschirr wird auf einem Seitentisch abgestellt.

Skirtung ↗

Festliches Menü

Bei einem festlichen Menü werden vier bis fünf Gänge gereicht.

- ▶ Zunächst werden ein bis zwei Vorspeisen, z. B. Salatcocktail und Suppe, serviert.
- ▶ Kalte Vorspeisen werden vor der Suppe gereicht, warme Vorspeisen oder Fischgerichte nach der Suppe.
- ▶ Es folgt das Hauptgericht, z. B. Fleisch mit verschiedenen Gemüsesorten und Beilagen.
- ▶ Das Menü wird mit ein bis zwei Nachspeisen, z. B. Süßspeise, Gebäck und Mokka, beendet.
- ▶ Die gesamte Speisenfolge bestimmt den Umfang der einzelnen Gänge. Die Portionsmenge je Gang wird umso geringer, je mehr Gänge gereicht werden.
- ▶ Bei der Zusammenstellung der Speisen müssen Jahreszeit, z. B. bei der Salat- und Gemüseauswahl, und der Anlass der Feier berücksichtigt werden.
- ▶ Die Speisenfolge sollte geschmacklich und farblich aufeinander abgestimmt sein. Auf die vielfältigen Möglichkeiten von Form und Farbe sollte geachtet werden: „Das Auge isst mit."
- ▶ Lebensmittel und Zubereitungsart, wie Überbacken, Grillen und Frittieren, sollten sich möglichst nicht wiederholen, z. B. Blumenkohlsuppe und Blumenkohl als Beilage oder Zwiebelsuppe, überbacken, und überbackenes Gemüse.
- ▶ Die Lebensmittel eines Ganges sollten unterschiedliche Farben und Struktur haben. Ein Gang mit Blumenkohl, Kartoffelbrei und Kalbsgeschnetzeltem wirkt wenig appetitanregend.

Menü

Forellenfilet mit Sahnemeerrettich

***

Gemüsekraftbrühe

***

Rehrücken mit Aprikosenhaube
Salat – Semmelknödel

***

Himbeerschaum

Eine kalte Vorspeise – ein Gang

Eine warme Vorspeise – ein Gang

Ein Hauptgericht – ein Gang

Eine Nachspeise – ein Gang

2.8 Ernährungskreis – Lebensmittel

Der Ernährungskreis der Deutschen Gesellschaft für Ernährung (DGE) gibt verständliche Tipps für die Zusammenstellung einer gesunden Ernährung.

Wenn man die Lebensmittel in richtiger Menge aus allen sieben Gruppen auswählt und auf Frische und Abwechslung achtet, ernährt man sich gesund.

Wähle täglich und reichlich aus den Gruppen eins bis fünf.

Iss weniger Lebensmittel aus den Gruppen sechs und sieben.

Achte vor allen Dingen bei der Wahl von Lebensmitteln aus der Gruppe sechs auf Abwechslung.

Aufgaben:

1. Suchen Sie Überschriften für die sieben Lebensmittelgruppen des Ernährungskreises.
   Gruppe 1 ?
   Gruppe 2 ?
   Gruppe 3 ?
   Gruppe 4 ?
   Gruppe 5 ?
   Gruppe 6 ?
   Gruppe 7 ?
2. Sammeln Sie Rezepte zu den verschiedenen Lebensmittelgruppen.
3. Stellen Sie fest, welche Nährstoffe hauptsächlich in den verschiedenen Lebensmittelgruppen vorhanden sind.
   Gruppe 1 Kohlenhydrate
   Gruppe 2 ?
   usw.

Übersicht – Nährstoffe

Vorkommen in Lebensmitteln	Vorkommen im menschlichen Körper	Hauptaufgaben im menschlichen Körper
	**Kohlenhydrate** 1 % der Körpermasse vor allem in der Leber und Muskulatur	liefern dem Körper vorwiegend Energie für Stoffwechsel, Körpertemperatur und weitere Leistungen 1 g ≙ 17 kJ (4 kcal)
	**Fette** 10 bis 15 % der Körpermasse vor allem im Unterhautfettgewebe und Bauchfett	liefern dem Körper vorwiegend Energie für Stoffwechsel, Körpertemperatur und weitere Leistungen 1 g ≙ 37 kJ (9 kcal)
	**Eiweiß** 20 % der Körpermasse in allen Körperzellen, ohne Eiweiß kein Leben	hauptsächlich zum Aufbau und zur Erhaltung des Körpers 1 g ≙ 17 kJ (4 kcal)
	**Wasser** 60 bis 70 % der Körpermasse in Blut, Lymphe und in allen Zellen	zum Aufbau und zur Erhaltung des Körpers; außerdem als Transport- und Lösungsmittel
	**Mineralstoffe** 4 bis 5 % der Körpermasse, Calcium in den Knochen, Eisen in den roten Blutkörperchen usw. **Vitamine** in Spuren, je nach Aufgabe unterschiedlich	zum Aufbau und zur Erhaltung des Körpers und als Wirkstoffe zur Regelung von Körpervorgängen als Wirkstoffe zur Regelung von Körpervorgängen

Regeln für die Verwendung von Wasser

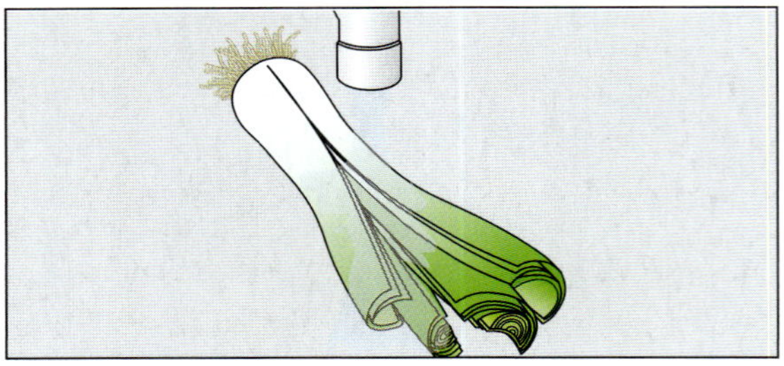

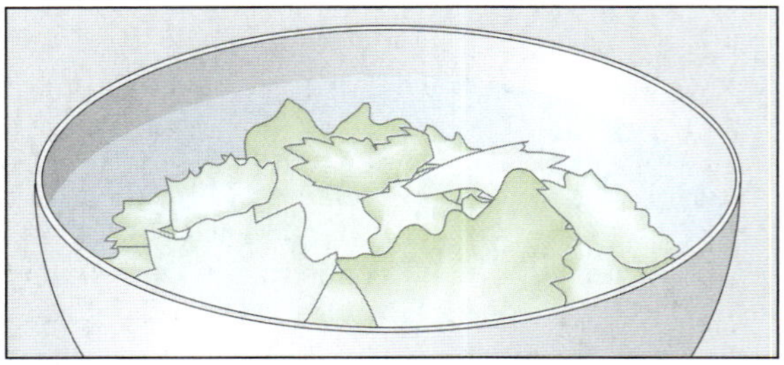

Lebensmittel kurz und gründlich unter fließendem kalten Wasser waschen. Empfindliche Lebensmittel werden in stehendem Wasser gewaschen.

Lebensmittel unzerkleinert waschen und nie im Wasser liegen lassen. So werden nur wenige Nährstoffe herausgelöst.

Geschmacksstoffe, die sich gut verteilen sollen, zusetzen, solange die Speisen noch heiß sind.

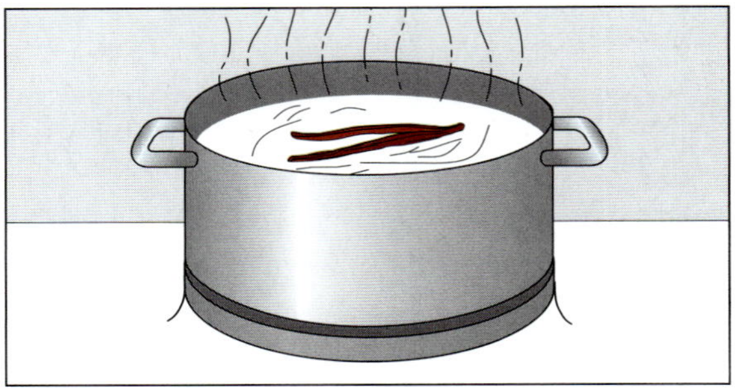

Ist das Herauslösen von Geschmacksstoffen oder Farbstoffen erwünscht, Lebensmittel in heißes Wasser geben oder mitkochen.

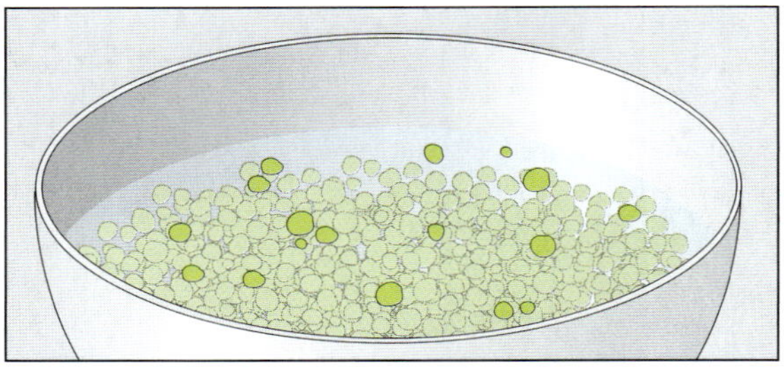

Lebensmittel, denen durch Trocknung Wasser entzogen wurde, z. B. Hülsenfrüchte oder Backobst, zum Aufquellen in Wasser geben.

Aufgaben:

1. **Wasser löst heraus**
   Geben Sie jeweils getrennt in ein Becherglas mit kaltem Wasser und in ein Becherglas mit heißem Wasser
   a) Spinatblätter,
   b) ein Stück Zitronenschale.
   Beobachten Sie und vergleichen Sie das Aussehen der Proben.
2. **Wasser lässt aufquellen**
   Geben Sie Backobst oder Hülsenfrüchte in Wasser. 12 Stunden stehen lassen.

   Vergleichen Sie danach Aussehen, Beschaffenheit und Menge von eingeweichten und nicht eingeweichten Lebensmitteln.

Saft, Nektar, Fruchtsaftgetränk – was heißt das?

Fruchtsaft besteht zu 100% aus unverdünntem Saft aus Obst. Fruchtsäfte dürfen keine Konservierungsstoffe, Farbstoffe oder sonstige Zusätze enthalten.

Fruchtsäfte enthalten durchschnittlich 100 g fruchteigenen Zucker pro Liter, außerdem sind Vitamine und Mineralstoffe enthalten.

Fruchtnektar ist eine Mischung aus Fruchtsaft und/ oder Fruchtmark, Wasser und Zucker. Der Fruchtanteil beträgt 25 bis 50%. Fruchtnektar wird unter anderem aus Früchten hergestellt, die sonst zu sauer sind. Der Zuckergehalt ist hoch.

Der Fruchtanteil muss angegeben werden. Konservierungsstoffe usw. dürfen nicht zugesetzt werden. Der Wasseranteil dieser Getränke ist höher.

Fruchtsaftgetränk hat einen noch geringeren Fruchtanteil. Bei Orangensaft sind es 6% und bei Trauben- und Apfelsaft 30%. Der Fruchtsaftanteil muss auch hier auf dem Etikett angegeben werden. Der Zusatz an Wasser und Zucker ist bei diesen Getränken noch höher, der Gehalt an natürlichen Vitaminen und Mineralstoffen dagegen geringer.

Fruchtschorle enthält 50 bis 60% Fruchtanteil.

Gemüsesaft ist wie Fruchtsaft unverdünnt. Salz, Gewürze usw. dürfen jedoch zugesetzt werden. Zutatenliste beachten.

Gemüsesaft-Cocktail ist eine Mischung von verschiedenen Gemüsesäften.

Gemüsetrunk enthält 25 bis 40% Gemüseanteil. Es dürfen Salz, Gewürze, Flüssigzucker usw. zugesetzt werden.

Bei **Limonaden** ist der Fruchtsaftanteil halb so hoch wie bei Fruchtsaftgetränken. Sie enthalten natürliche Aroma- und Farbstoffe.

Brausen haben keinen Fruchtanteil. Auf den Etiketten dürfen deshalb keine Früchte abgebildet werden. Sie bestehen aus Wasser, Zucker und künstlichen Aromastoffen.

Mineralwasser, Quellwasser, Tafelwasser

Über 300 natürliche und künstlich erschlossene Mineralwasserquellen sprudeln in Europa.

Natürlichem **Mineralwasser** kann Kohlensäure zugesetzt oder entzogen werden.

Quellwasser und Tafelwasser werden neben Mineralwasser angeboten.

Quellwasser stammt auch aus natürlichen Quellen, es muss keine Mineralstoffe enthalten.

Tafelwasser wird nicht aus Quellen gewonnen. Tafelwasser ist eine Mischung von Trinkwasser, Mineralwasser, Quellwasser usw.

Durch Trinkwasser und Mineralwasser wird dem Körper Flüssigkeit, aber keine Energie zugeführt.

Trinkwasser ist das „Lebensmittel Nr. 1", ohne Wasser kein Leben.

Fruchtsaftanteil bei Fruchtsaft, Fruchtnektar, Fruchtsaftgetränk und Limonde

Wassergehalt einiger Lebensmittel

Getreidearten

Aufgaben:

1. Wie heißen die abgebildeten Getreidearten?
2. Erstellen Sie in Gruppen Steckbriefe zu den Getreidearten.

Bestandteile des Getreidekorns

Im Mehlkörper des Getreidekorns befindet sich Stärke.

Stärke ist ein **Vielfachzucker**. Pflanzen können Stärke aus Einfachzuckern bilden. Sie speichern Kohlenhydrate in Form von Stärke.

Stärke besteht aus langen Ketten aus Traubenzuckerresten.

Stärke wird durch Hitzeeinwirkung, z. B. beim Toasten von Brot, zu **Dextrinen** abgebaut. Dextrine bestehen aus 10 bis 30 Traubenzuckerresten, sie schmecken wenig süß und sind wasserlöslich.

In der Schale des Getreidekorns befinden sich **Ballaststoffe**, z. B. **Cellulose**.

Cellulose ist ein faseriger, fester und wasserunlöslicher Stoff, der die Zellwände bildet.

Cellulose ist also ein unverdaulicher Nahrungsbestandteil. Im menschlichen Körper regen die Ballaststoffe die Verdauung an.

Mehl, Schrot – was heißt das?

Bei der Mehlherstellung werden die Roggen- und Weizenkörner zunächst von grobem Schmutz befreit.

Zerkleinerungsgrad: Die Getreidekörner werden dann zerkleinert, gemahlen. Durch Rüttelsiebe wird das gemahlene Getreide dann nach Feinheitsgrad getrennt. Die groben Teile werden als Schrot bezeichnet, die feinen als Mehl.

Ausmahlungsgrad: Vom Feinheitsgrad unabhängig können Getreidekörner unterschiedlich stark ausgemahlen werden.

Werden die ganzen Getreidekörner vermahlen, erhält man bei feiner Zerkleinerung Vollkornmehl, bei grober Vollkornschrot.

Wird dagegen nur der innere Teil des Getreidekorns – ohne Schalen und Keimling – vermahlen, so erhält man Auszugsmehl – Weißmehl.

Vollkornmehl – Auszugsmehl

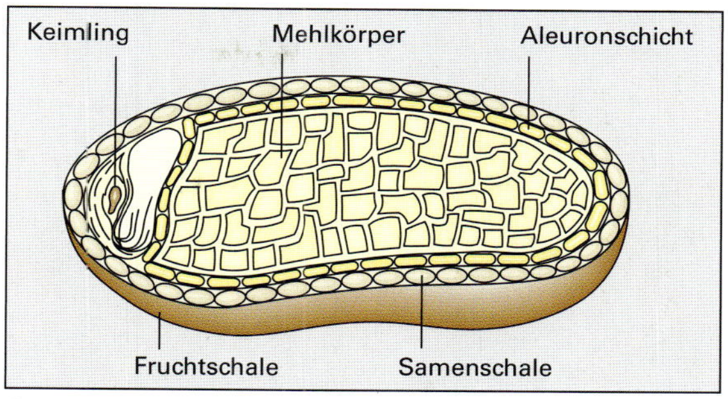

Schnitt durch ein Getreidekorn

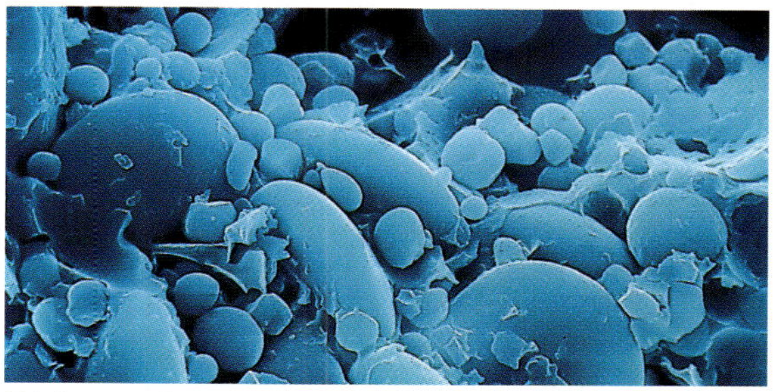

Weizenstärkekörner

Cellulose

Vollkornmehl, -schrot

dunkel
bis 100 % Ausmahlungsgrad
Bezeichnung:
z. B. Vollkornmehl
enthält mehr:
Mineralstoffe,
Vitamine,
Eiweiß,
Ballaststoffe

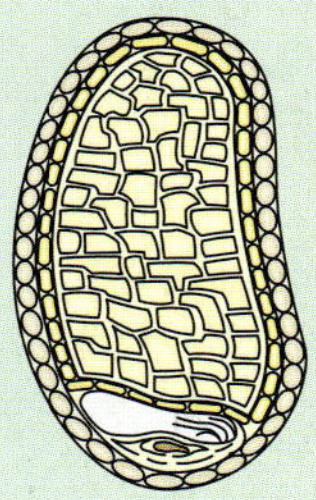

Weißmehl

hell
niedriger Ausmahlungsgrad
enthält mehr:
Stärke,
Energie

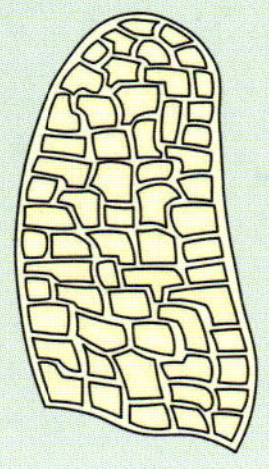

Langkornreis	
Weitere Bezeichnungen	Brühreis Patna
Kocheigenschaften	kocht körnig höherer Kleberanteil
Flüssigkeitsmenge	1 Tasse Reis, 2 Tassen Flüssigkeit
Verwendungsmöglichkeiten	Beilagen, Eintöpfe, Suppen
Garzeit: ● Naturreis ● weißer Reis	 30 bis 35 Minuten 20 bis 25 Minuten

Rundkornreis	
Weitere Bezeichnungen	Milchreis
Kocheigenschaften	kocht breiig weich höherer Stärkeanteil
Flüssigkeitsmenge	1 Tasse Reis, 4 Tassen Flüssigkeit
Verwendungsmöglichkeiten	Süßspeisen, Breie
Garzeit: ● Naturreis ● weißer Reis	 40 bis 45 Minuten 30 bis 35 Minuten

Reis – Regeln für die Verwendung

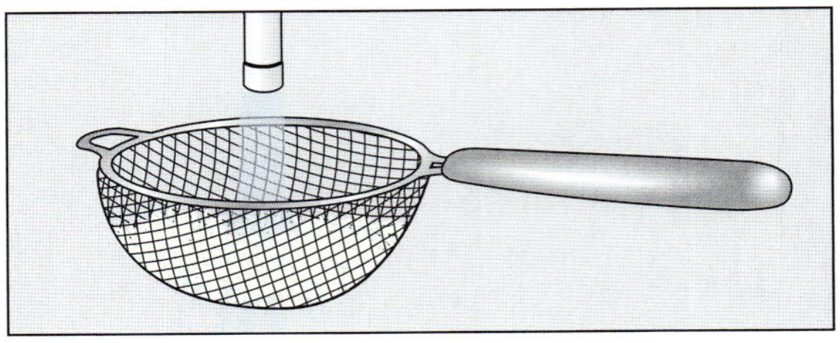

Reissorte nach dem Verwendungszweck auswählen. Reis in einem Sieb unter fließendem Wasser waschen.

Reis in die kochende Flüssigkeit einstreuen oder in Fett andünsten, bis er glasig ist, danach Flüssigkeit zugeben.

Reis während des Garens nicht umrühren, besonders Milchreis brennt sonst leicht an.

Reis kann durch Gemüse, Pilze und Gewürze farblich und geschmacklich verfeinert werden.

Aufgaben:

1. Nennen Sie Verwendungszwecke für die verschiedenen Reissorten.
2. Ermitteln Sie in Geschäften – mithilfe der Zutatenliste – Produkte, die aus den unterschiedlichen Getreidesorten hergestellt werden.

Verwendung von Stärke

- **Vermeidung von Klumpen**: Stärke oder Mehl zunächst in kaltem Wasser anrühren. Dann unter ständigem Rühren in die kochende Flüssigkeit geben.

  Beim **Bereiten einer Mehlschwitze** Mehl in das heiße Fett geben. Mehl und Fett gut miteinander vermischen, danach unter Rühren kalte Flüssigkeit hinzugeben.

  Stärkekörner verteilen sich zunächst gleichmäßig. In der kochenden Flüssigkeit kann die Stärke dann aufquellen und verkleistern.

  Bei Klumpenbildung verkleistern die Stärkekörner der Randschichten, die rohen – nicht gequollenen – Stärkekörner werden im Inneren eingeschlossen.
- Stärkehaltige Speisen nach der Zugabe von Säure nicht mehr längere Zeit kochen.
- Stärkehaltige Speisen nur mit einem sauberen Löffel probieren. Stärke wird durch Säure und Speichel abgebaut, sie verliert an Bindekraft.
- Beim Binden von Soßen und Suppen mit Stärke beachten, dass die Stärke beim Erkalten nachquillt.

- **Grobe Bindemittel** wie Grieß und Reis direkt in die kochende Flüssigkeit einstreuen. Die einzelnen Teile sind hier so groß, dass sie nicht zusammenklumpen können.

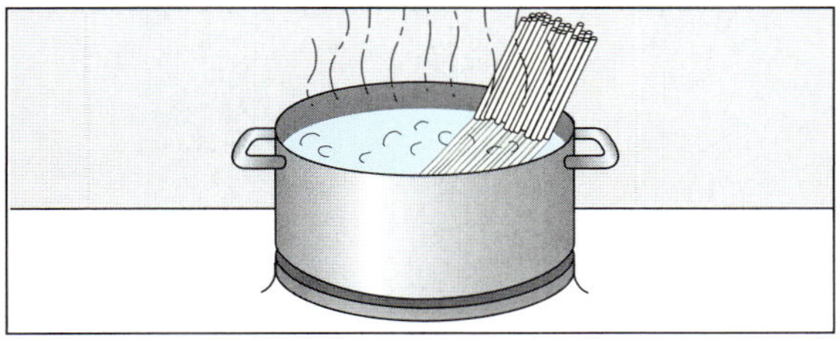

- **Teigwaren** in viel kochendes Wasser geben. Die Randschichten verkleistern schneller, die Form bleibt erhalten, die Teigwaren kleben nicht zusammen. Gar ziehen lassen.

Aufgaben:

1. **Löslichkeit von Stärke**
   Geben Sie 1 TL Stärke in ein Glas
   a) mit kaltem Wasser,
   b) mit warmem Wasser,
   c) mit heißem Wasser.

   Vergleichen Sie Aussehen und Beschaffenheit der drei Proben.

   Stellen Sie die jeweiligen Veränderungen fest.

2. Verrühren Sie 1 TL Stärke mit 2 EL kaltem Wasser.

   Bringen Sie in einem Topf $^1/_4$ l Wasser zum Kochen.

   Geben Sie die angerührte Stärke unter Rühren in das kochende Wasser.

   Lassen Sie das Ganze kurz aufkochen.

   Beschreiben Sie die jeweilige Veränderung der Stärke.

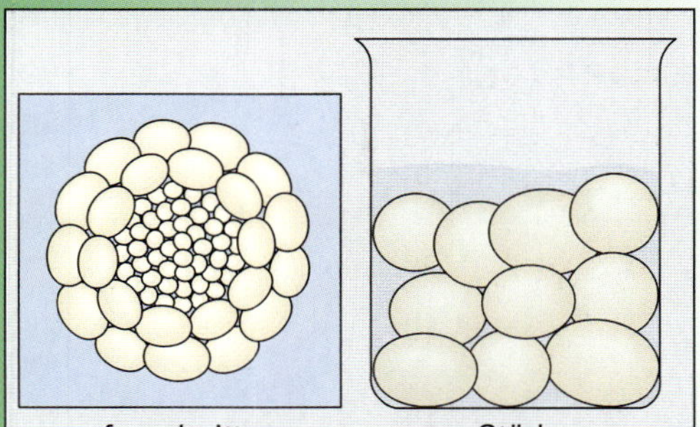

Aufgaben:

1. Häufig werden Kartoffeln so zubereitet. Beschreiben und beurteilen Sie das unten abgebildete Vorgehen.
2. Ermitteln Sie Rezepte für unterschiedliche Kartoffelgerichte:
   Pellkartoffeln,
   Kartoffelgratin,
   Kartoffelbrei
   usw.
3. Ermitteln Sie geeignete Kartoffelsorten für die verschiedenen Kartoffelgerichte.

Kartoffeln – Verarbeitung

- Kartoffeln möglichst dünn schälen oder als Pellkartoffeln garen.
- Kartoffeln kurz und gründlich waschen, erst unmittelbar vor dem Garen schälen. Nur kurze Zeit in kaltem Wasser aufbewahren.
- Kartoffeln möglichst mit Schale garen. Die Schale schützt vor der herauslösenden Wirkung des Wassers.
- Kartoffeln mit wenig Wasser garen oder im Siebeinsatz dämpfen.
- Der Fettgehalt von Kartoffeln kann durch das Garen stark erhöht werden. Der Fettgehalt in Pellkartoffeln und Salzkartoffeln ist sehr gering, in Pommes frites dagegen sehr hoch.
- **Bei Kartoffeln werden drei Kochtypen unterschieden:**

Kochtyp	Kocheigenschaften	geeignet für
festkochend	fest, feucht, platzen nicht auf	Kartoffelsalat, Pell-, Salz-, Bratkartoffeln
vorwiegend festkochend	mäßig feucht, platzen wenig auf	Salz-, Pell-, Bratkartoffeln
mehlig kochend	trockener, platzen stärker auf	Püree, Suppen, Eintöpfe, Puffer, Klöße

- Beim Warmhalten von Kartoffeln kommt es zu weiteren Nährstoffverlusten.

  Falls notwendig, Kartoffeln abkühlen lassen und portionsweise schnell wieder aufwärmen, z. B. in der Mikrowelle.

Lebensmittel mit jeweils der gleichen Fettmenge

Hauptangebotszeiten bzw. Haupterntezeiten von Obst und Gemüse

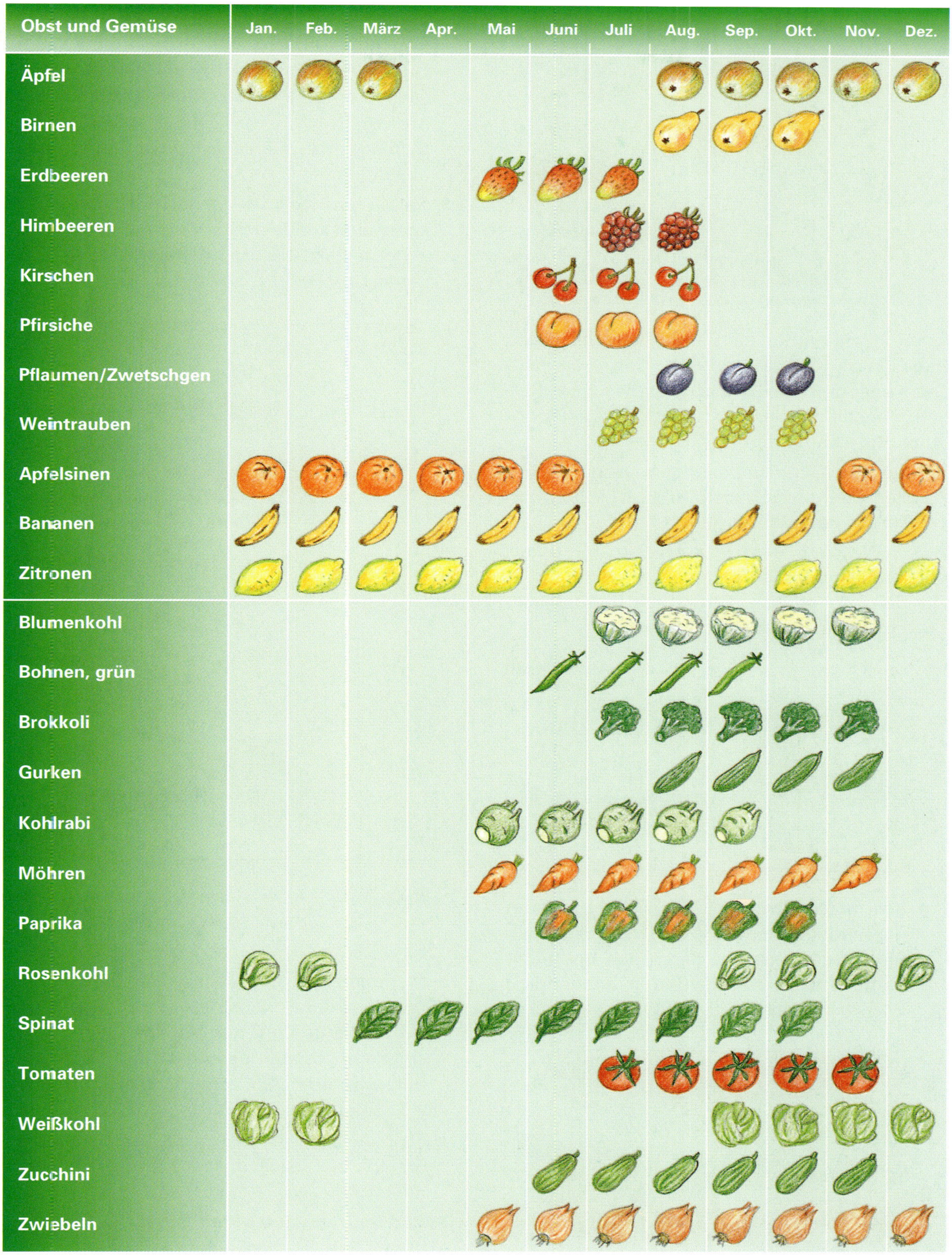

Salate – Verarbeitung

Rohkost:

Für Rohkost eignen sich außer verschiedenen Salatsorten, Keimen und Sprossen auch viele Gemüsesorten wie Möhren, Radieschen, Rettich, Fenchel, Sellerie, Kohlrabi, Paprikaschoten, Kohl, Champignons.

- Salat bzw. Gemüse besonders gründlich waschen, damit Schadstoffe, z. B. Blei, und Schmutz entfernt werden.
- Das **Waschen** wird je nach Struktur unterschiedlich durchgeführt:
  - bei **empfindlicher Struktur**, z. B. Kopfsalat, in stehendem, kaltem Wasser,

  - bei **fester Struktur**, z. B. Möhren, unter fließendem, kaltem Wasser. Aber auch diese Gemüsesorten kann man bei geringem Verschmutzungsgrad in stehendem Wasser waschen, so wird Wasser gespart.

- Durch **Putzen**, vgl. S. 58, z. B. das Entfernen der äußeren, welken Blätter, wird gleichzeitig der Schadstoffgehalt gemindert. Gemüse – soweit möglich – dünn schälen.
- Gemüse erst unmittelbar vor dem Anrichten zerkleinern, Vitaminverluste sind sonst größer. Nach dem Zerkleinern kann der Luftsauerstoff stärker einwirken und Zellsaft auslaufen.
- Salate bzw. Gemüse je nach Struktur unterschiedlich **zerkleinern**:
  - bei **fester Struktur**, z. B. Möhren, fein reiben bzw. fein zerkleinern,

  - bei **empfindlicher Struktur**, z. B. Salatgurke, in Scheiben schneiden, gröber zerkleinern.

- Salatblätter nach dem Waschen gründlich abtropfen lassen, die Marinade wird sonst zu wässerig.
- Marinade erst unmittelbar vor dem Servieren über die Rohkost geben, sie wird sonst zu wässerig und die Rohkost wird unansehnlich. Dies gilt besonders für Salatsorten mit wasserreicher, empfindlicher Struktur, z. B. Salatgurke.
- Für die Essig-Öl-Marinade kalt gepresstes Salatöl, z. B. Rapsöl oder Olivenöl, verwenden.
- Kräuter verbessern den Geschmack und erhöhen den Vitamingehalt.

Gemüse – Verarbeitung

- Gemüse im Ganzen gründlich in kaltem Wasser waschen.
- Gemüse putzen, nochmals waschen und zerkleinern.
- Tiefgekühltes Gemüse unaufgetaut mit $^1/_8$ l Wasser garen. Die Garzeit ist kürzer als bei frischem Gemüse. Der Vitamingehalt von tiefgekühltem Gemüse ist oft höher als bei scheinbar frischem, aber nur, wenn es direkt nach der Ernte tiefgekühlt wurde.
- Gemüse möglichst dämpfen oder dünsten. Beim Kochen kommt es zu größeren Nährstoffverlusten und oft auch zu Geschmacksverlusten.

Gemüse, gedünstet:

- Die meisten Gemüsesorten sind wasserreich, sie können gedünstet werden. Gemüse evtl. in etwas Butter oder Margarine zur Geschmacksbildung andünsten.
- Falls notwendig, $^1/_8$ l Wasser zufügen. Einige sehr wasserreiche Gemüsesorten, z. B. Spinat, können ohne Wasserzugabe gedünstet werden.
- Gemüse bei niedriger Temperatur garen, sonst verdampft das Wasser zu stark und das Gemüse kann anbrennen. Notfalls Flüssigkeit ergänzen. $^1/_8$ l Wasser ist ausreichend.

Gemüse, gedämpft:

- Blumenkohl, Brokkoli usw. sollten möglichst gedämpft werden, Nährstoffverluste sind so geringer.
- Wenig Wasser in den Topf füllen. Gemüse in den Siebeinsatz legen, diesen in den Topf stellen. Das Gemüse im geschlossenen Topf garen. Längere Garzeit als beim Kochen beachten.

Gemüse, gekocht:

- $^1/_2$ l Wasser zum Kochen bringen, das Gemüse in das kochende Wasser geben. Die Garzeit wird so verkürzt, die Nährstoffverluste sind geringer.
- Gekocht werden folgende Gemüsesorten: Spargel, Schwarzwurzeln, Sellerie.
- Sterilisiertes Gemüse aus Gläsern und Dosen durch frische Küchenkräuter aufwerten.

Warmhalten:

- Warmhalten von Gemüse vermeiden. Es kommt zu Nährstoffverlusten, außerdem kann sich der Schadstoffgehalt erhöhen.
- Falls notwendig, Gemüse rasch abkühlen und bei Bedarf wieder aufwärmen.
- Die Mikrowelle eignet sich zum Aufwärmen einzelner Portionen.

Lagern:

- Gemüse kühl, bei hoher Luftfeuchtigkeit und dunkel aufbewahren, so sind die Vitaminverluste geringer und das Gemüse bleibt länger frisch.
- Eine geeignete Verpackung des Gemüses kann die Vitaminverluste durch Licht und Luft mindern.

Salate aus gegarten Zutaten:

- Zutaten noch warm mit der Marinade mischen, der Geschmack zieht so besser durch. Salate zunächst vorsichtig würzen.
- Lebensmittel einige Stunden zugedeckt in der Marinade ziehen lassen.
- Salate vor dem Servieren nochmals abschmecken.

Aufgaben:

1. Sammeln Sie Rezepte für Gemüsebeilagen.
2. Wählen Sie fünf Salatsorten bzw. Gemüsesorten für eine Rohkostplatte aus. Beachten Sie dabei das jahreszeitliche Angebot. Beschreiben Sie die Zubereitung der Rohkost.

Aufgaben:

1. Es sollen
   a) Erbsen,
   b) Erdbeeren eingefroren werden.
   Beschreiben Sie die Arbeitsschritte.
2. Tiefgefrorene Erdbeeren sollen zubereitet werden.
   Beschreiben Sie die Arbeitsschritte.

Blanchieren

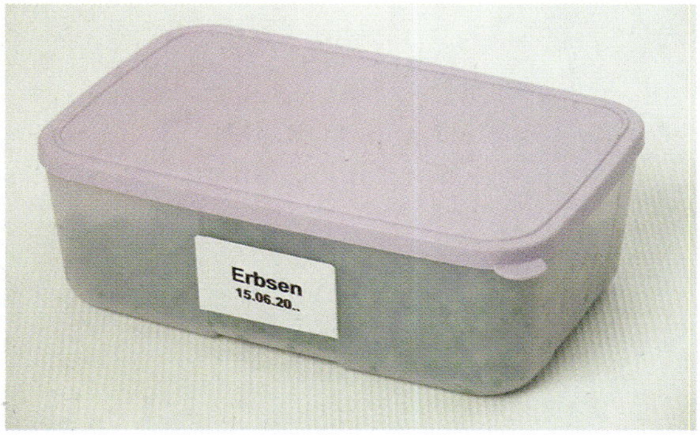

Kennzeichnung von Lebensmitteln

Einfrieren von Gemüse und Obst

- ▶ Nur frisches Gemüse und Obst verwenden.
- ▶ Gemüse und Obst durch Putzen und Waschen vorbereiten.
- ▶ Gemüse und Obst müssen teilweise vor dem Einfrieren blanchiert werden.

  Blanchieren:
  Gemüse und Obst werden 2 bis 4 Minuten in kochendem Wasser oder Wasserdampf vorgegart.

  Durch das Blanchieren bleiben während der Lagerung Vitamine, Farbe, Aussehen und Geschmack besser erhalten.
- ▶ Beim Blanchieren gibt man 500 g Gemüse oder Obst in 2 l kochendes Wasser. Das Gemüse oder Obst muss im Wasser „schwimmen". Im geschlossenen Topf blanchieren.

  Gemüse oder Obst nach dem Blanchieren schnell in kaltem Wasser abkühlen.
- ▶ Gemüse und Obst möglichst ungesalzen und ungezuckert einfrieren. Nach dem Auftauen abschmecken. Salz und Zucker senken den Gefrierpunkt, Lebensmittel verderben schneller.
- ▶ Nicht zu große Lebensmittelmengen auf einmal einfrieren. Bereits eingefrorene Lebensmittel können sonst antauen bzw. die Lebensmittel werden nicht schnell genug eingefroren.
- ▶ Gemüse und Obst in der jeweils benötigten Portionsgröße einfrieren.
- ▶ Wasserreiche Lebensmittel, z.B. Erdbeeren, erst waschen und auf einem Küchenpapier trocknen, dann einzeln – z.B. auf einem Tablett – schockgefrieren, danach verpacken und in Portionen im Gefriergerät lagern.
- ▶ Einwandfreie, luftdichte Verpackung verwenden wie Kunststoffgefäße usw. Es kommt sonst zum Austrocknen.
- ▶ Auf der Verpackung Inhalt und Verpackungsdatum und evtl. die Portionsanzahl angeben. Eine Überlagerung kann so vermieden werden.

Nicht geeignet zum Einfrieren sind:

- ▶ wasserreiches Gemüse und Obst wie
  - Blattsalate,
  - Salatgurken, Tomaten.

Zubereitung von Tiefkühlkost

- Obst, das roh gegessen werden soll, langsam im Kühlschrank oder möglichst flach ausgebreitet in der Mikrowelle auftauen. Die Form bleibt so besser erhalten.

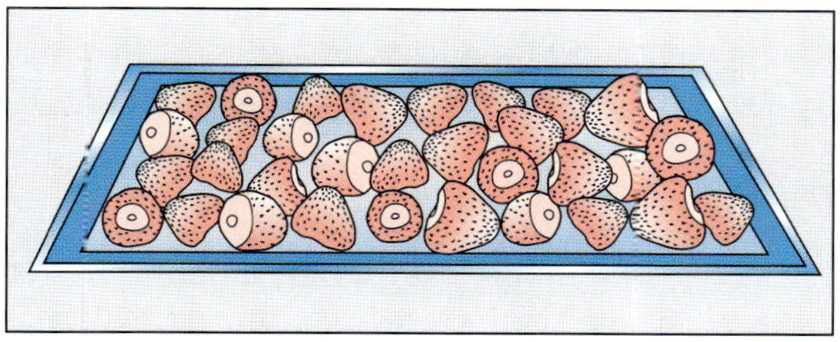

- Backwaren, z. B. einen Brotlaib, nach einstündiger Auftauzeit 10 Minuten im Backofen aufbacken oder unaufgetaut für etwa 10 Minuten in die Mikrowelle geben. Falls das Brot während des Gefrierens altbacken geworden ist, wird es nun wieder knusprig.

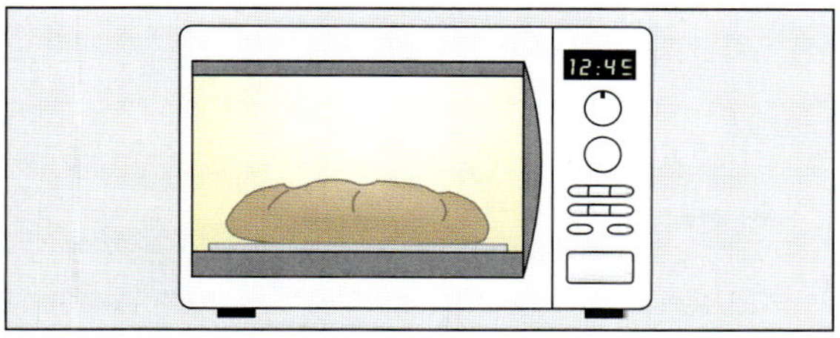

- Kleine Fleischstücke, Gemüse, Kartoffelklöße, Pommes frites usw. sofort unaufgetaut garen. Die Lebensmittel behalten so besser ihre Form, es geht weniger Zellsaft mit Nährstoffen verloren.
- Größere Fleischstücke, ganzes Geflügel usw. erst langsam auftauen lassen. Die Auftauflüssigkeit dabei getrennt auffangen.

  Das aufgetaute Fleisch sofort gut durchgaren – Kerntemperatur 70 °C.
- Auftauflüssigkeit sorgfältig weggießen. Mit reichlich Wasser nachspülen.
- Unaufgetautes Fleisch gart nicht vollständig durch. Es kann zu Lebensmittelvergiftungen kommen. Die Auftauflüssigkeit muss getrennt aufgefangen werden, sonst könnten andere Lebensmittel durch die Auftauflüssigkeit verunreinigt werden.
- Die verkürzte Garzeit von tiefgefrorenen Lebensmitteln beachten.

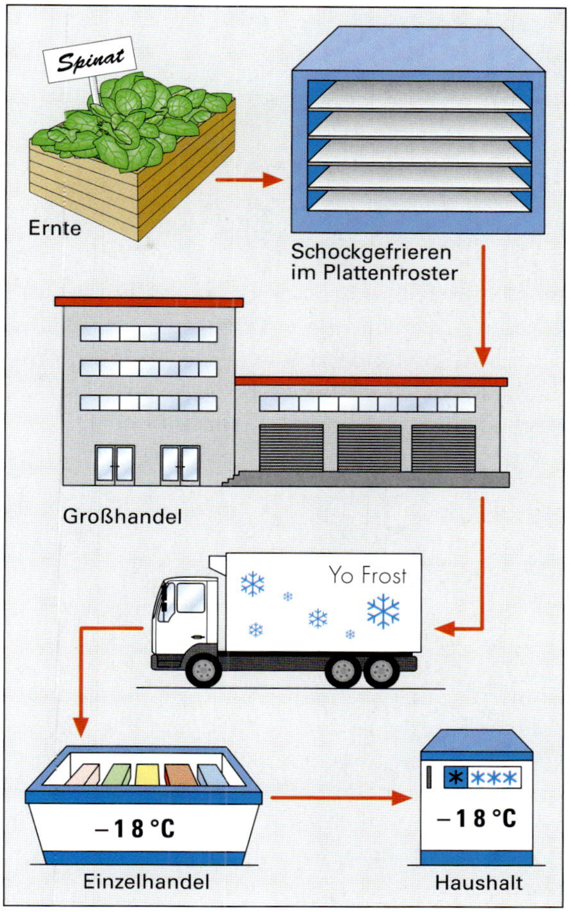

Tiefkühlkette

Eiskristallbildung beim langsamen Einfrieren

Auftauen langsam eingefrorener Lebensmittel

Eiskristallbildung beim Schockgefrieren

Kräuter

Basilikum hat eine appetitanregende und verdauungsfördernde Wirkung. Basilikum schmeckt etwas nach Gewürznelke und Minze. Es passt zu Gemüse, z. B. Tomaten, und zu Hackfleisch und anderen Fleischgerichten.

Bohnenkraut hat einen würzig-pfefferigen Geschmack. Es wird für Bohnengerichte, Gemüsesuppen und Salate verwendet. Bohnenkraut macht schwere Gerichte leichter verdaulich, es gilt als magenstärkend und krampflösend. Bohnenkraut kann reichlich verwendet werden.

Dill wird frisch, tiefgefroren und getrocknet angeboten. Dill, auch Gurkenkraut genannt, passt zu Gurken, Tomaten, Fischgerichten, Quark, Remoulade, Kräuterbutter.

Liebstöckel/Maggikraut hat einen starken, sellerieähnlichen Geschmack. Sparsam verwenden. Es eignet sich für Braten, Gemüse, Suppen und Brühen.

Petersilie, glatt oder kraus, ist das bekannteste Küchenkraut. Petersilie wird zu den fertigen Speisen gegeben. Sie passt zu hellen Speisen, z. B. Eiergerichten, Kartoffeln, Fisch- und Geflügelgerichten. Fertiggerichte werden mit Petersilie aufgewertet.

Rosmarin sollte sparsam verwendet werden, er passt zu allen italienischen Gerichten, auch zu Schweinebraten, Lammkeule und Hackfleisch. Rosmarin kann gut getrocknet werden.

Schnittlauch mit dem milden Zwiebelaroma passt wie Petersilie zu vielen salzigen Gerichten. Schnittlauch kann man täglich verwenden, auch zum Aufwerten von Fertiggerichten.

Thymian stammt auch aus dem Mittelmeerraum. Thymian sparsam verwenden und mitkochen. Thymian passt zu Fleisch, Eintopfgerichten und vielen italienischen Spezialitäten.

Kräuter, die in der Regel im frischen Zustand verwendet werden, sind meist Vitamin-C-reich.

Gewürze

Gewürze sind Pflanzenteile, die aufgrund ihres Gehaltes an Geschmacks- und Geruchsstoffen als würzende Zutaten verwendet werden.

Kümmel wirkt verdauungsfördernd und verhindert Blähungen. Kümmel wird für Kohlgerichte, Sauerkraut, Gulasch und Schweinebraten verwendet.

Lorbeerblätter stammen vom immergrünen Lorbeerbaum. Lorbeerblätter eignen sich für Sauerbraten, Fisch und Wild.

Die **Muskatnuss** ist ein walnussgroßer Samenkern. Muskat gibt es ganz oder gerieben. Muskatnuss eignet sich für Blumenkohl, Kartoffelbrei und Soßen.

Nelken sind noch nicht aufgegangene Blüten. Sie enthalten aromatisches Nelkenöl. Nelken werden für Kohlgerichte, Fischsud, Weihnachtsgebäck und Glühwein verwendet.

Paprika bzw. **Gewürzpaprika** wird aus den etwa 8 cm langen Früchten der Paprikapflanze gewonnen. Rosenpaprika ist scharf und dunkelrot. Delikatess-Paprika ist mild und feuerrot. Paprika eignet sich für Fisch, Fleisch, Suppen und Soßen.

Weißer **Pfeffer**: reife, geschälte Beeren, milder Pfeffer.

Schwarzer Pfeffer: unreife Beeren, schärfer.

Suppen, Soßen und Gemüse werden mit Pfeffer gewürzt.

Wacholderbeeren gelten als Spender für Gesundheit und Leben. Sie sind erbsengroß. Wacholderbeeren eignen sich für Wild, Wildgeflügel, Sauerbraten und Fischmarinaden.

Zimt wird aus abgelösten Rindenstücken hergestellt. Stangenzimt wird für Kompott und Glühwein verwendet, gemahlener Zimt für Apfelmus, Süßspeisen und Gebäck.

Gewürze sollen den Geschmack der Speisen ergänzen und unterstreichen.

Verwendung von Zucker

- Speisen süßen, solange sie heiß sind. Zucker löst sich schneller und besser.
- Säurehaltige Speisen erst nach dem Kochen süßen. Auf diese Weise wird weniger Zucker benötigt, die Speisen sind energieärmer.
- Zur Herstellung von Karamell und Zuckercouleur Zucker stärker erhitzen. Bei Temperaturen über 100 °C schmilzt der Zucker und färbt sich braun, es wird Wasser entzogen.
- Karamell hat eine geringere Süßkraft als Haushaltszucker.
- Pikante Speisen wie Salate, Gemüse, Wildgerichte mit einer Prise Zucker würzen. Der Geschmack wird so ausdrucksvoller.
- Konfitüren und Gelees ausreichend Zucker als Konservierungsmittel zusetzen.

  Zucker bindet freies Wasser. Die Mikroorganismen, die den Verderb bewirken, benötigen freies Wasser zum Leben.
- Zucker dient außerdem als Verschönerungsmittel, z. B. in Form von Glasuren oder durch Bestreuen mit Puderzucker.

Stufen der Karamellbildung

Zuckerrohr

Zucker hat viele Namen

Einfachzucker
bestehen nur aus einem Baustein, es sind die einfachsten Kohlenhydrate.

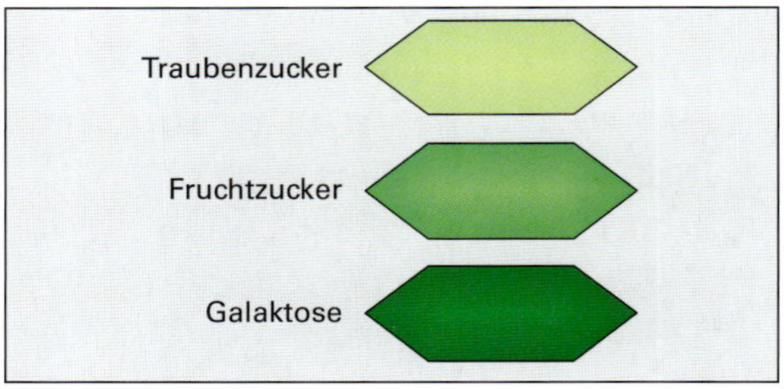

Traubenzucker und **Fruchtzucker** sind Einfachzucker, die in Obst, Honig und Süßigkeiten enthalten sind.

Doppelzucker
bestehen aus zwei gleichen oder unterschiedlichen Einfachzuckern.

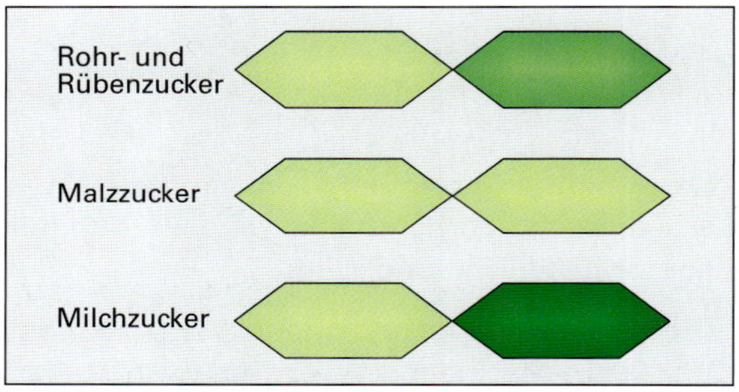

Haushaltszucker, auch Rohr- und Rübenzucker genannt, wird aus Zuckerrüben oder Zuckerrohr gewonnen.

Malzzucker ist in Bier, Gerste und Malzbonbons enthalten.

Milchzucker ist in Milch und Milchprodukten zu finden.

Zuckerrüben

Verarbeitung von Hühnereiern

► **Eigelb und Eiklar trennen**
Das Eigelb von einer Schalenhälfte in die andere gleiten lassen. Das Eiklar dabei in das darunterstehende Gefäß tropfen lassen.

Eier jeweils in ein gesondertes Gefäß aufschlagen. Das Ei könnte schlecht sein.

► **Speisen mit Eischnee lockern**
Das Eigelb sauber abtrennen. Das Gefäß und der Schneebesen müssen ganz sauber sein, sonst wird der Eischnee nicht steif. Eischnee steif schlagen, es müssen Spitzen stehen bleiben. Eischnee sofort verwenden, er wird sonst wieder flüssig.

► **Unterheben von Eischnee**
Eischnee z. B. auf die Teigmasse gleiten lassen. Eischnee vorsichtig unterheben, unterziehen. Durch Rühren oder Erschütterung wird das Gerüst im Eischnee zerstört.

Aufkochen von Speisen nach dem Unterheben von Eischnee vermeiden.

► **Legieren (Sämigmachen) mit Eigelb**
Suppen oder Soßen werden z. B. zur Verfeinerung legiert. Arbeitsschritte: Ei trennen. Eigelb mit etwas heißer Flüssigkeit verrühren. Eigelb in die heiße Speise geben. Speise nicht mehr kochen. Das Eigelb gerinnt sonst, es flockt aus.

► Zur Herstellung von Rührei oder Eierstich pro Ei die gleiche Menge Wasser/Milch zusetzen. Kloß- und Fleischteigen kann Ei als Bindemittel zugesetzt werden. Ei bindet beim Erhitzen die entsprechende Wassermenge.

► Mürbe- und Hefegebäck vor dem Backen mit Eigelb oder Milch bestreichen, das Gebäck erhält ein ansprechendes Aussehen, es wird braun.

► Eine trübe Knochenbrühe kann durch Aufkochen mit Eiklar geklärt werden. Eiklar umschließt die schwebenden Teilchen und setzt sich dann als Schaum an der Oberfläche ab.

► In der Gemeinschaftsverpflegung keine Speisen mit rohen Eiern anbieten, keine Mayonnaise verwenden.

Eigelb und Eiklar trennen

Eischnee schlagen

Eischnee unterheben

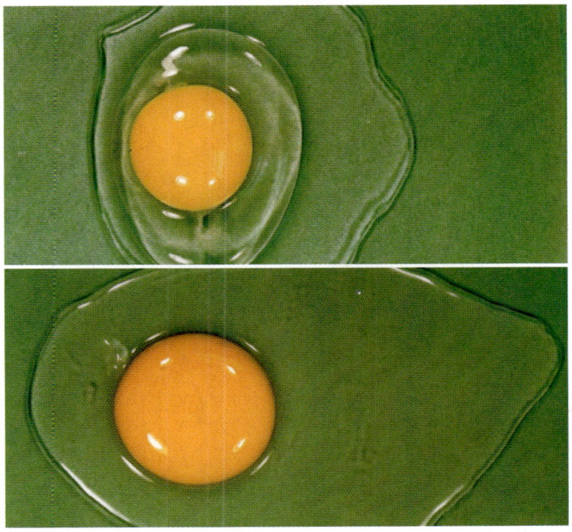
Frisches Ei und älteres Ei

Fisch

Fischfang in der Nordsee

Aufgaben:

1. Lesen Sie die Namen der abgebildeten Fischsorten. Sammeln Sie Rezepte, für die diese Fischsorten verwendet werden.
2. Beschreiben Sie das Vorbereiten und Braten von Seelachsfilet.
3. Erkunden Sie Preise für verschiedene Fische bzw. Fischfilet.

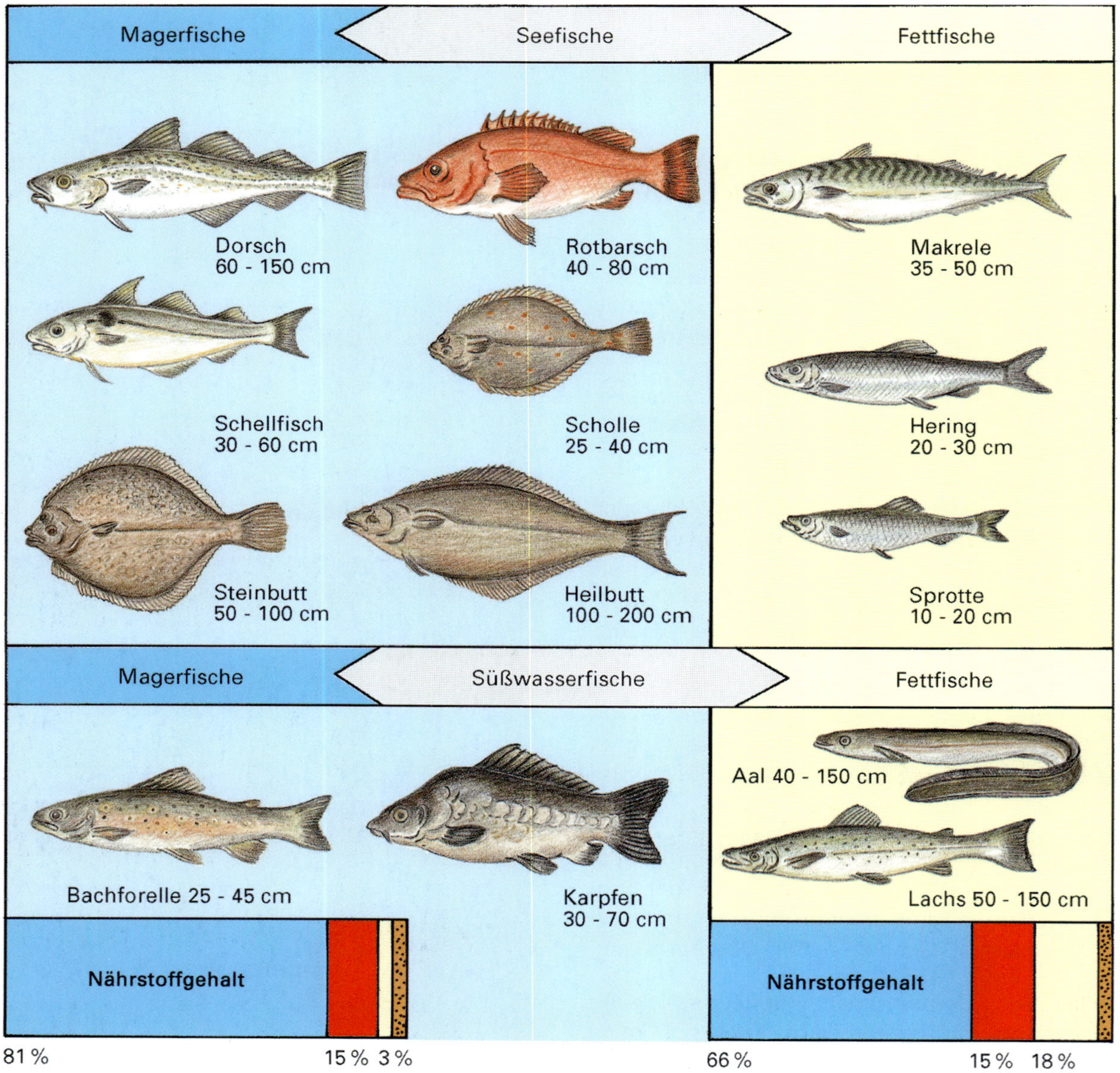

Einkauf und Verarbeitung von Fisch

- Frischer Fisch hat folgende Merkmale: rote Kiemen, straffe Haut – keine Druckstellen und keinen starken Fischgeruch.
- Frischfisch kühl aufbewahren. Am Einkaufstag verarbeiten. Fisch verdirbt leicht.

Vorbereiten von Fisch:
Drei-S-Regel „Säubern, Säuern, Salzen" bei der Zubereitung anwenden:

- Fisch säubern – nur kurz unter fließendem Wasser waschen, Wasser löst sonst wertvolle Nährstoffe heraus.
- Fisch mit Zitronensaft oder Essig säuern. 10 bis 15 Minuten stehen lassen. Das Fischfleisch wird weißer und fester.
- Fisch erst unmittelbar vor dem Garen salzen. Salz entzieht dem Fisch Flüssigkeit mit wertvollen Nährstoffen.

Garen:

- Besonders geeignet sind Dünsten, Braten und Grillen. Diese Gartechniken ermöglichen eine besonders schmackhafte Zubereitung.
- Fisch nicht kochen, sondern gar ziehen lassen.
- Garflüssigkeit für Soßen oder Suppen verwenden.
- Fisch gut würzen oder mit würzigen Beilagen servieren. Fisch hat wenig Eigengeschmack.
- Fisch vor dem Panieren gut abtupfen, die Panade weicht sonst durch.
- Tiefgekühlte Fischstücke, z. B. Fischstäbchen, unaufgetaut braten. Die Form bleibt so besser erhalten.

Frischer Fisch: rote Kiemen, straffe Haut

Drei-S-Regel: Säubern, Säuern, Salzen

Säubern

Säuern

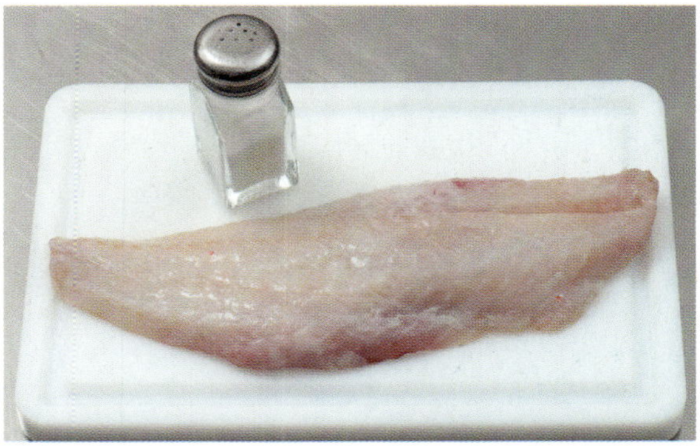

Salzen

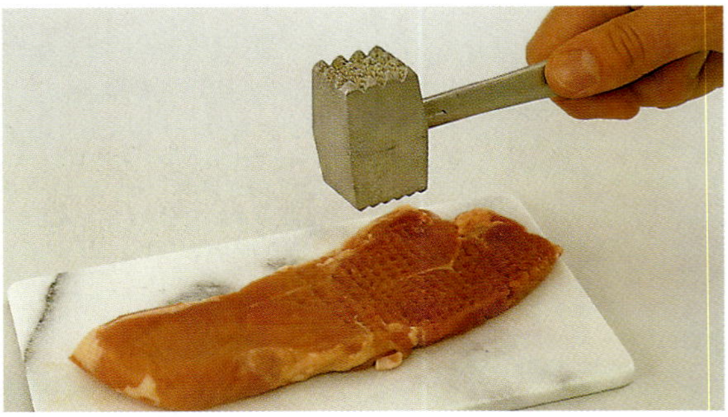

Klopfen von Fleisch

Tiefgekühlte Fleischstücke vollständig auftauen

Druckprobe: Ist das Fleisch gar?

Schneiden von Fleisch

Verarbeitung von Fleisch

- Fleisch nur unzerkleinert und kurz unter fließendem Wasser waschen. Wasser löst sonst Nährstoffe aus dem Fleisch.
- Flache Fleischstücke vor dem Garen klopfen. Das Bindegewebe wird zerrissen, das Fleisch erscheint zarter.
- Fleisch vor dem Schmoren, Braten oder Grillen abtupfen. Das Fett spritzt sonst.
- Fleischstücke beim Schmoren oder Braten zunächst von allen Seiten anbraten. Durch die Hitze schließen sich die Randschichten, es kann keine Flüssigkeit austreten, das Fleisch bleibt saftiger. Es bräunt schneller.
- Unpaniertes Fleisch erst nach dem Anbraten würzen. Salz entzieht dem Fleisch Flüssigkeit, das Fleisch wird zäh.
- Fleisch zum Kochen in kochendes Wasser geben. Die Randschichten schließen sich schneller.
- **Aber**: Zur Herstellung einer kräftigen Brühe Fleisch in kaltes Wasser geben, langsam erhitzen. Die Geschmacksstoffe und Nährstoffe werden aus dem Fleisch herausgelöst.
- Fleischstücke nach dem Panieren sofort braten. Sonst feuchtet die Panade durch.
- Hackfleisch und Leber am Tag des Einkaufs weiterverarbeiten. Sie verderben sehr leicht.
- Kleine tiefgekühlte Fleischstücke sofort unaufgetaut garen. Beim Auftauen geht Fleischsaft mit wichtigen Nährstoffen verloren.
- Größere tiefgekühlte Fleischstücke, z.B. Geflügel, erst langsam vollständig auftauen lassen, dann sofort garen. Die Auftauflüssigkeit auffangen und weggießen, sie kann Salmonellen enthalten. Ist das Fleisch nicht vollständig aufgetaut, so wird es evtl. nicht ausreichend durchgegart. Es kann zu Lebensmittelvergiftungen kommen.
- Fleisch ist gar, wenn es bei der Druckprobe nicht mehr nachgibt. Nicht in das Fleisch stechen, Fleischsaft mit Nährstoffen tritt aus.
- Fleisch quer zur Faser aufschneiden. Das Bindegewebe wird dabei zerschnitten, das Fleisch erscheint zarter.

Garen mit Fett

- Lebensmittel nur gut abgetupft in heißes Fett geben. Das Wasser spritzt sonst.
- In heißem Fett schließen sich die Poren schneller, es kann nur wenig Fett eindringen. Der Energiegehalt bleibt niedrig.
- Fett beim Garen sparsam verwenden. Fettzusatz erhöht den Geschmackswert von Speisen. Gleichzeitig wird der Energiegehalt erhöht.
- Für Speisen mit

  kurzer Garzeit/niedriger Gartemperatur können Butter und Margarine verwendet werden.
- Für Speisen mit

  längerer Garzeit/höherer Gartemperatur müssen reine Pflanzenfette, z. B. Plattenfette oder Pflanzenöle, evtl. auch Schmalz verwendet werden.
- Fetthaltige Speisen, z. B. Suppen und Soßen, kann man entfetten. Fett ist leichter als Wasser, es kann von der Oberfläche abgeschöpft werden.
- Fette höchstens zwei- bis dreimal zum Frittieren verwenden. Nach dem Gebrauch durch einen Papierfilter gießen und so reinigen. Fette werden nicht nur durch zu starkes, sondern auch durch mehrmaliges Erhitzen zersetzt.
- Nicht über dem Fettbad salzen.
- Fette können sich selbst entzünden. Auf brennendes Fett kein Wasser gießen! Einen Deckel auf das Gefäß legen, damit die Flammen ersticken.

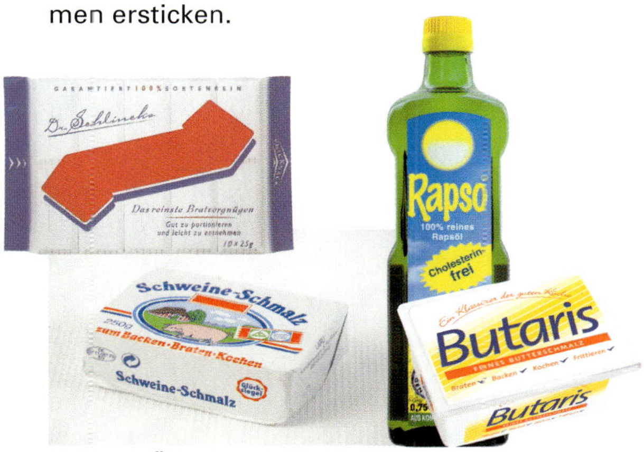

Fette und Öle für eine höhere Gartemperatur

Fett beim Garen sparsam verwenden

Kaltes Öl

Heißes Öl

Gartemperatur beachten!

Fette für eine niedrigere Gartemperatur

2.9 Mahlzeitengestaltung

Das erste Frühstück ist das Sprungbrett in den Tag.

Ein gutes Frühstück ermöglicht die Leistungsfähigkeit am Vormittag.

Folgende Grundsätze sollten bei der Einnahme und der Zusammenstellung des Frühstücks beachtet werden:

- Rechtzeitig aufstehen, nicht in Eile frühstücken.
- Möglichst gemeinsam am ansprechend gedeckten Tisch frühstücken.
- Das Frühstück nicht einsparen, um schlank zu bleiben.
- Nicht immer das gleiche Frühstück anbieten. Es gibt viele Abwechslungsmöglichkeiten. Verschiedene Brotsorten und unterschiedlichen Brotbelag, nicht nur Schoko-Nuss-Creme, Konfitüre usw. anbieten. Fruchtsäfte, Obst, Müsli, Joghurt und andere Milchprodukte können das Frühstück verbessern.

Das zweite Frühstück sollte vitaminreich und mineralstoffreich sein.

- Das zweite Frühstück soll das erste Frühstück in Bezug auf die Nährstoffzufuhr ergänzen. Wurde z.B. mit dem ersten Frühstück wenig Eiweiß aufgenommen, müssen nun eiweißreiche Lebensmittel ausgewählt werden.
- Obst, Gemüse, Milch und Milchprodukte sind besonders geeignet für das zweite Frühstück.

Das Mittagessen soll eine nicht zu umfangreiche Hauptmahlzeit sein.

- Höchstens ein Drittel der täglichen Gesamtenergie soll zu dieser Mahlzeit aufgenommen werden. Große Mahlzeiten erfordern viel Verdauungsarbeit. Die geistige Leistungsfähigkeit lässt nach, da das Gehirn weniger versorgt wird. Eine kleinere Mahlzeit hilft schneller über das Leistungstief.
- Die Mahlzeit soll langsam eingenommen werden, da sich das Sättigungsgefühl erst nach 15 Minuten einstellt.
- Es muss nicht immer Fleisch sein. Milch, Milchprodukte, Fisch, Hülsenfrüchte und Getreidegerichte sind eine Alternative.
- Fett ist in Lebensmitteln oft zu reichlich enthalten. Fettreiche Lebensmittel sollten durch fettarme Lebensmittel ersetzt werden, da sie zu Übergewicht führen können. Auch bei der Zubereitung sollte auf eine sparsame Verwendung von Fett geachtet werden.

Nachmittagsmahlzeit

- Fünf kleinere Mahlzeiten sind besser als drei große Mahlzeiten.
- Bei fünf Mahlzeiten bleibt die Leistungsfähigkeit besser erhalten, der Körper wird nicht so stark belastet.
- Die Nachmittagsmahlzeit sollte, wie das zweite Frühstück, vitaminreich und mineralstoffreich sein.

Das Abendbrot ermöglicht den Ausgleich.

- Nährstoffe, die bei den anderen Mahlzeiten zu wenig aufgenommen wurden, sollen berücksichtigt werden. War das Mittagessen z. B. vitaminarm, kann es zum Abendbrot einen Rohkostsalat geben.
- Ist die Familie erwerbstätig, kann abends gemeinsam ein warmes Abendbrot gegessen werden. Ein warmes Abendessen führt nicht zur Gewichtssteigerung.
- Das Abendbrot sollte spätestens zwei Stunden vor dem Schlafengehen eingenommen werden, da der Schlaf sonst beeinträchtigt wird.

- **Fünf Mahlzeiten am Tag erhöhen die Leistungsfähigkeit.**
- **Wird bei einer Mahlzeit, z. B. zum Frühstück, wenig oder einseitig gegessen, so muss dies durch eine andere Mahlzeit ausgeglichen werden.**

Aufgaben:

1. Zum ersten Frühstück gibt es Tee, Brötchen und Konfitüre, Camembert und Bierschinken. Machen Sie Vorschläge für ein ergänzendes zweites Frühstück.
2. Stellen Sie verschiedene Frühstücksvorschläge zusammen.
3. Nicht jede Mahlzeit kann auch frische Lebensmittel enthalten. Zum Mittagessen gibt es Erbseneintopf und Würstchen. Stellen Sie ein ergänzendes Abendessen zusammen.
4. Ergänzen Sie folgende Lebensmittel zu vollständigen, gut schmeckenden Mittagsmahlzeiten:
   a) gebratenes Fischfilet,
   b) Rührei,
   c) Huhn in Currysoße,
   d) Grünkernbratling,
   e) Kartoffelgratin.
5. Nennen Sie Essgewohnheiten, die Sie von anderen Personen übernommen haben.

Essgewohnheiten werden anerzogen.

Ernährungsfehlverhalten kann die Folge falscher Essgewohnheiten oder Traditionen sein, z. B.

- essen müssen, was auf den Tisch kommt, auch wenn man es nicht mag oder wenn man satt ist,
- nicht essen dürfen, weil noch nicht Essenszeit ist, auch wenn man hungrig ist,
- nicht essen, weil man meint, keine Zeit zu haben.

Häufiges Ernährungsfehlverhalten:

- zu hastig essen
- zu unkontrolliert essen
- unregelmäßig essen
- statt fünf Mahlzeiten drei, meist mit zu großen Portionen

2.10 Energie- und Nährstoffbedarf

Aufgaben:

1. Wer hat den höchsten Energiebedarf – wer bekommt die größte Portion:
   a) ein Mädchen, 17 Jahre,
   b) ein Junge, 18 Jahre,
   c) eine Frau, 30 Jahre,
   d) ein Mann, 30 Jahre?
   Hinweis: Alle Personen haben das gleiche Körpergewicht und den gleichen Leistungsumsatz.
2. Nennen Sie Freizeitbeschäftigungen mit einem hohen Energiebedarf.
3. Überprüfen Sie Ihr Gewicht, indem Sie mit einem Lineal den Wert für Ihre Körpergröße mit Ihrem Körpergewicht verbinden. Lesen Sie den Wert in der Mitte ab und bewerten Sie diesen.

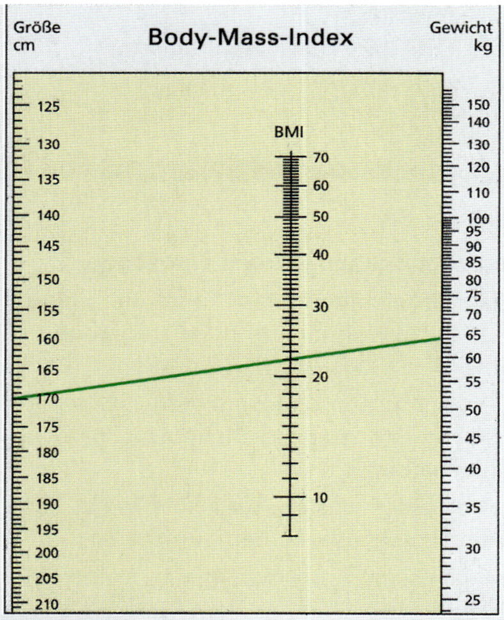

Bewertung

< 18:	Untergewicht: Empfehlenswert ist eine Gewichtszunahme
18–25:	Normalgewicht
26–30:	Übergewicht
> 30:	Adipositas – Fettsucht

Energiebedarf

Der **Gesamtenergiebedarf** einer Person setzt sich zusammen aus:

Grundumsatz und Leistungsumsatz.

Der **Grundumsatz** einer Person sinkt mit zunehmendem Alter, da sich die Stoffwechselvorgänge, z. B. Atmung, verlangsamen.

Der Grundumsatz steigt mit zunehmender Größe und höherem Gewicht – aber nicht Übergewicht –, da mehr Zellen versorgt werden müssen.

Außerdem wird der Grundumsatz durch das Geschlecht, Stress und Krankheiten beeinflusst. Frauen haben einen niedrigeren Grundumsatz als Männer.

Der **Leistungsumsatz** wird hauptsächlich durch körperliche Tätigkeiten in Beruf und Freizeit und durch die Wärmeregulation des Körpers bestimmt. Wenn es sehr kalt ist, benötigt der Körper z. B. Energie, um seine Temperatur aufrechtzuerhalten.

Der **Gesamtenergiebedarf** einer Person wird im Wesentlichen durch den Grundumsatz bestimmt. Doch ausreichend Bewegung ist für den Körper wichtig, damit Herz und Kreislauf in Form bleiben.

Viele Jugendliche leiden unter Übergewicht, manche auch unter Untergewicht. Wir bewegen uns zu wenig. Geräte erleichtern die Arbeit, Verkehrsmittel ersparen uns längere Wege.

Doch das muss nicht sein. Wenn wir bei der Zusammenstellung unserer Mahlzeiten reichlich von den Lebensmittelgruppen 1 bis 4 des Ernährungskreises auswählen, ernähren wir uns richtig.

Kohlenhydratbedarf

Bei der Ernährung sollte man darauf achten, dass die Gesamtkohlenhydratzufuhr stimmt. Aber auch die Anteile der einzelnen Kohlenhydratarten müssen beachtet werden.

Zwei Drittel unseres Kohlenhydratbedarfs sollten durch Stärke gedeckt werden.

Hierfür eignen sich besonders folgende Lebensmittel: Vollkornprodukte, Kartoffeln, Obst, Gemüse und Hülsenfrüchte.

Obst und Gemüse sollten außerdem möglichst oft roh verzehrt werden. In dieser Form sind neben Stärke und Ballaststoffen auch reichlich Vitamine, Mineralstoffe und sekundäre Pflanzenstoffe enthalten.

Aufgrund des Ballaststoffgehaltes regen diese Lebensmittel die Darmbewegung an, eine bessere Verdauung ist gesichert. Außerdem werden diese Lebensmittel nicht so schnell verdaut, die Kohlenhydrate werden langsam und gleichmäßig ans Blut abgegeben. Das Sättigungsgefühl hält länger vor.

► **Energiearme, kohlenhydratreiche, ballaststoffreiche Lebensmittel sind die Grundlage der verschiedenen täglichen Mahlzeiten.**

Aufgaben:

1. Beurteilen Sie die Ernährungsgewohnheiten von Petra.
2. Machen Sie Vorschläge, was Petra in Zukunft essen soll, damit sie sich gesund ernährt.

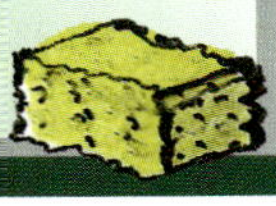

Ein Drittel unseres Kohlenhydratbedarfs kann durch Zucker gedeckt werden.

Wir aber essen zu süß. Unser Geschmacksempfinden „süß" nimmt ab, die Speisen und Getränke werden immer stärker gesüßt.

Bei der Lebensmittelverarbeitung werden häufig Ballaststoffe entfernt, übrig bleiben leicht verdauliche, energiereiche Lebensmittel wie Zucker, Brötchen, Kuchen, Süßigkeiten. Diese Lebensmittel enthalten oft kaum Vitamine und Mineralstoffe. Sie haben einen geringen Sättigungswert, sie machen oft hungrig und durstig. So besteht die Gefahr, dass zu große Mengen davon aufgenommen werden. Übergewicht kann die Folge sein.

► **Energiereiche, kohlenhydratreiche Lebensmittel sollten nur in geringen Mengen aufgenommen werden.**

Ernährungsgewohnheiten von Petra
Zum Frühstück gibt es Weizenbrötchen mit Konfitüre oder Honig, dazu ein Glas Multivitamin-Nektar, der besonders gesund sein soll.

Zum zweiten Frühstück isst sie einen „kleinen Happen" für den großen Hunger zwischendurch. Zur Abwechslung kann es auch mal Joghurtschokolade oder Vitaminbonbons geben.

Zum Mittagessen ein Burgerbrötchen ...
Nachmittags ein Stück Kuchen und ein Glas Cola-Getränk.

Eiweißbedarf

Hinsichtlich des täglichen Eiweißbedarfs unterscheidet man zwei Personengruppen:

Personen, die Eiweiß zur Erneuerung und zum Aufbau von Körpereiweiß benötigen:

- Zu dieser Gruppe gehören Säuglinge, Kinder und Jugendliche. Der Eiweißbedarf ist von der Wachstumsgeschwindigkeit abhängig.
- Zu dieser Gruppe mit erhöhtem Eiweißbedarf gehören auch Schwangere und Stillende.

Personen, die Eiweiß nur zur Erneuerung von Körpereiweiß benötigen:

- Erwachsene sollten bei einer gemischten Kost täglich mindestens 0,8 g Eiweiß pro kg Körpergewicht aufnehmen.
- Bei einer vegetarischen bzw. überwiegend pflanzlichen Kost muss mehr Eiweiß pro kg Körpergewicht aufgenommen werden.
- Ältere Menschen müssen auf eine eiweißreiche Kost – eine größere Nährstoffdichte – achten, da lediglich ihr Energiebedarf, aber nicht ihr Eiweißbedarf sinkt.

Richtlinien für die Eiweißbedarfsdeckung

- Nur ein Drittel der Eiweißaufnahme sollte durch tierische Lebensmittel erfolgen.
- Eine ausreichende Versorgung mit Milch, Milchprodukten und Seefisch ist neben der Eiweißbedarfsdeckung auch für die Calciumbedarfsdeckung, Iodbedarfsdeckung usw. notwendig.
- Durch pflanzliche Lebensmittel, Vollkornprodukte, Gemüse, Kartoffeln, Hülsenfrüchte usw., sollten zwei Drittel des Eiweißbedarfs gedeckt werden.
- Pflanzliche Lebensmittel enthalten gleichzeitig Ballaststoffe, die eine Überversorgung mit Energie und Eiweiß verhindern.
- Der Eiweißbedarf muss auf jeden Fall gedeckt werden. Eiweiß kann durch keinen anderen Nährstoff ersetzt werden.
- Eiweiß sollte regelmäßig aufgenommen werden, da es nur begrenzt gespeichert werden kann.

Eiweißgemische mit gutem Ergänzungswert

Hülsenfrüchte
mit Milch, Fleisch, Fisch, Ei oder Getreideerzeugnissen

Kartoffeln
mit Milch, Fleisch, Fisch oder Ei

- **Eiweißstoffe in Lebensmitteln können sich bei gleichzeitiger Aufnahme ergänzen, d. h., es kann mehr Eiweiß in Körpereiweiß umgebaut werden als bei getrennter Aufnahme.**
- **Wenn wir uns so ernähren und reichlich pflanzliches Eiweiß essen, ernähren wir uns gesünder.**

Fettbedarf

Jugendliche und Erwachsene sollten täglich nicht mehr als etwa 80 g Fett aufnehmen.

Die tägliche Fettzufuhr setzt sich zusammen aus Streichfett, Garfett – Zubereitung von Speisen – und unsichtbaren „versteckten" Fetten in Lebensmitteln.

- ▶ **Streichfett:** Täglich sollten höchstens 20 bis 30 g Butter oder Margarine verwendet werden.
- ▶ **Garfett und Streichfett** zusammen sollten nicht mehr als die Hälfte der täglichen Fettzufuhr ausmachen.
- ▶ **Gartechniken** auswählen, die nur wenig oder keinen Fettzusatz erfordern, z. B. Dämpfen, Grillen, Mikrowelle. Für Salate usw. geringe Mengen an hochwertigen Pflanzenölen verwenden.
- ▶ **Fettreiche Lebensmittel – versteckte Fette** – sollten möglichst vermieden werden, da sonst die Gefahr einer zu hohen Fettzufuhr besteht. Ohne es zu sehen, werden „versteckte" Fette aufgenommen.

Wir nehmen mit Fleisch, Fleischwaren, fettreichen Zwischenmahlzeiten an Imbissständen usw. viel zu viel Fett zu uns. Wir nehmen täglich etwa doppelt so viel Fett auf, wie wir benötigen.

Übergewicht von Kindern, Jugendlichen und Erwachsenen ist die Folge.

Wir müssen uns vor allem fragen:

Wie kann ich meinen Fettverzehr einschränken?

und nicht: Welches Fett soll ich essen?

Aufgaben:

1. Ermitteln Sie zehn
   a) besonders fettreiche,
   b) besonders fettarme
   Lebensmittel.
2. Machen Sie Vorschläge, wie man
   a) Garfett,
   b) Streichfett
   einsparen kann.

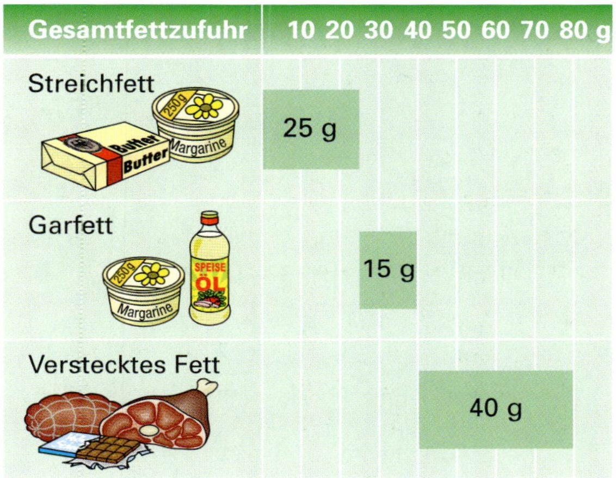

Die gleiche Fettmenge, wie sie in einer Hotelportion Butter enthalten ist, finden wir auch in folgenden Lebensmitteln:

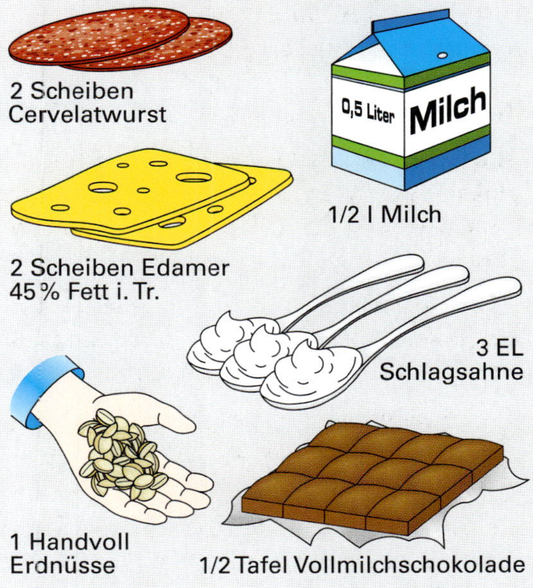

Vorkommen in Lebensmitteln

Mineralstoffbedarf

Die Mineralstoffe haben unterschiedliche Aufgaben im menschlichen Körper zu erfüllen.

Baustoffe: Calcium und Phosphat z. B. sind am Aufbau der Knochen beteiligt. Mineralstoffe geben diesen die Festigkeit und ermöglichen dadurch die Stützfunktion der Knochen.

Reglerstoffe: Natrium und Kalium z. B. regeln mit anderen Mineralstoffen den osmotischen Druck, die Gewebespannung. Die Stoffwechselvorgänge in den Zellen können nur bei normaler Gewebespannung ablaufen.

Bestandteile von wichtigen organischen Verbindungen: Iod z. B. ist Bestandteil der Schilddrüsenhormone und regelt so den normalen Grundumsatz. Eisen ist Bestandteil der roten Blutkörperchen und hier für den Sauerstofftransport verantwortlich.

Mineralstoffe haben jedoch nicht nur spezifische Aufgaben, sondern auch das Zusammenwirken dieser Stoffe ist von wesentlicher Bedeutung.

5 bis 20 g Mineralstoffe werden täglich ausgeschieden, dieser Verlust muss regelmäßig wieder durch die Nahrung ersetzt werden.

Je nach der Menge des Vorkommens unterscheidet man:

Mengenelemente		
Natrium	Chlorid	Phosphat
Kalium	Calcium	Magnesium

Spurenelemente		
Eisen	Cobalt	Mangan
Kupfer	Iodid	Molybdän
Zink	Fluorid	Selen

Aufgabe:

Ermitteln Sie mithilfe der Abbildungen, welche Mineralstoffe in den folgenden Lebensmitteln enthalten sind:

a) Getreide und Getreideprodukte,
b) Kartoffeln, c) Obst,
d) Gemüse, e) Milch,
f) Fisch, g) Eier,
h) Fleisch, i) Fette.

Vitaminbedarf

Vitamine sind lebensnotwendige Nahrungsbestandteile. (Vita heißt Leben.) Vitamine können nicht oder nur in unzureichender Menge im Körper gebildet werden. In kleiner Menge wirken sie im Zellstoffwechsel der Nährstoffe mit. Ohne Vitamine kann das Stoffwechselgeschehen also nicht ablaufen.

Abgesehen von Vitamin C liegen die Empfehlungen für die tägliche Zufuhr unter 20 mg.

Werden zu geringe Vitaminmengen aufgenommen, so kommt es zu Mangelerscheinungen. Durch eine abwechslungsreiche und ausgewogene Ernährung kann jedoch der Vitaminbedarf gedeckt werden.

Vitamine unterscheiden sich in ihrer Löslichkeit. Sie werden in fettlösliche und wasserlösliche Vitamine unterteilt. Fettlösliche Vitamine können nur mit Fett aufgenommen werden. Diese Vitamine werden dann im Körper gespeichert. Hohe Dosierungen können so gesundheitsschädlich sein. Wasserlösliche Vitamine werden nicht gespeichert, sie werden mit dem Harn ausgeschieden.

Fettlösliche Vitamine	Wasserlösliche Vitamine
Retinole, A	Thiamin, B_1
Calciferole, D	Riboflavin, B_2
Tocopherole, E	Pyridoxin, B_6
Phyllochinone, K	Cobalamin, B_{12}
	Biotin
	Folsäure
	Niacin
	Pantothensäure
	Ascorbinsäure, C

Aufgabe:

Ermitteln Sie mithilfe der Abbildungen, welche Vitamine in den folgenden Lebensmitteln enthalten sind:

a) Getreide und Getreideprodukte,

b) Kartoffeln, c) Obst,

d) Gemüse, e) Milch,

f) Fisch, g) Eier,

h) Fleisch, i) Fette.

Vorkommen in Lebensmitteln

3 Wohn- und Funktionsbereiche reinigen und pflegen

3.1 Grundlagen der Reinigung und Pflege

Aufgabe:

In dem abgebildeten Gästeraum in der Tagungsstätte „Martinshaus" sollen Sie eine Reinigung durchführen.
Welche Arbeiten müssen Sie hier erledigen?

Sichtreinigung

Begriffserklärung: Bei der Sichtreinigung werden lediglich direkt ins Auge fallende – sichtbare – Verschmutzungen beseitigt.

Anfallende Arbeiten sind unter anderem:

- das Aufräumen,
- das Leeren der Papierkörbe,
- die Beseitigung grober Verschmutzungen,
- das Lüften der Räume.

Unterhaltsreinigung

Begriffserklärung: Unterhaltsreinigungen sind sich wiederholende Arbeiten in festgelegten Zeitabständen.

Anfallende Arbeiten sind unter anderem:
- ▶ Staub nebelfeucht entfernen,
- ▶ Sanitärobjekte nass reinigen,
- ▶ Staub saugen,
- ▶ Fußboden wischen,
- ▶ Abfall beseitigen.

Grundreinigung

Begriffserklärung: Um Räume und Einrichtungsgegenstände gründlich zu reinigen und zu pflegen, wird in größeren Zeitabständen eine Grundreinigung vorgenommen.

Die Grundreinigung ist weit umfangreicher und gründlicher als die Unterhaltsreinigung, schließt aber deren Tätigkeiten ein.

Zusätzlich anfallende Arbeiten sind unter anderem:
- ▶ Reinigung von Gardinen und Wandschmuck,
- ▶ Reinigung von Fenstern, Heizkörpern und Türen,
- ▶ Grundreinigung des Fußbodens.

Tragen von Schutzhandschuhen

Bei Reinigungsarbeiten ist Hautschutz unerlässlich. Das Benutzen von Schutzhandschuhen ist oft erforderlich.

Schutzhandschuhe

Eincremen der Hände

Aufgaben:

1. Beschreiben Sie, welche Arbeiten Sie bei einer Unterhaltsreinigung in einem Badezimmer durchführen.
2. Berichten Sie von Grundreinigungen, die in Ihrem Betrieb durchgeführt wurden.
3. Nennen Sie Arbeiten, die Sie in Ihrem Betrieb mit Schutzhandschuhen durchgeführt haben.

Geräte und Maschinen für die Bodenreinigung

Aufgaben:

1. Benennen Sie die abgebildeten Geräte und Maschinen für die Bodenreinigung.
2. Berichten Sie über eigene Erfahrungen beim Einsatz dieser Geräte und Maschinen.

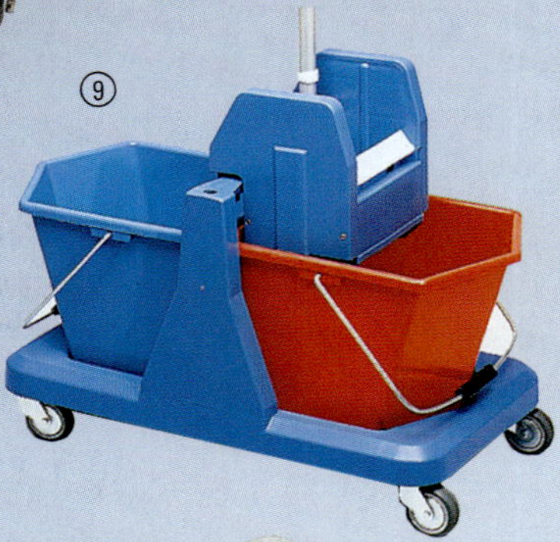

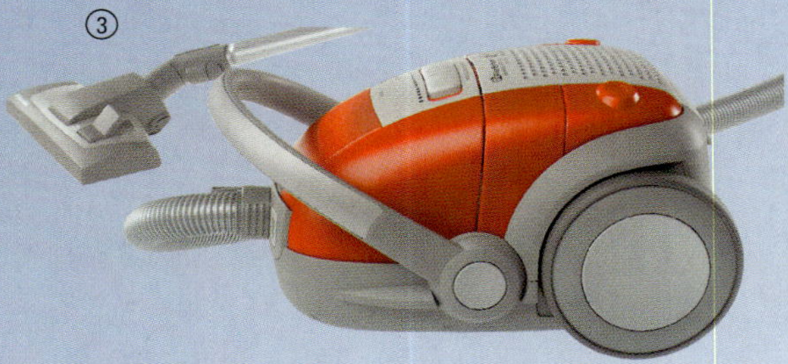

Breitwischgerät

Das Gerät besteht aus Stiel, Bezugshalter und Bezug. Ein Gerät mit einer Breite von 40 cm sollte bei breiten Flächen bevorzugt werden. Die Bezüge bestehen aus einem Grundgewebe, an dem Fransen und/oder Schlingen befestigt sind. In die Bezüge wird dann z. B. ein klappbarer Bezugshalter eingeführt.

Fahreimer und Presse

Die Fahreimer bestehen aus einem Fahrgestell, das mit einem oder zwei Kunststoffeimern oder Metalleimern ausgestattet ist. Oberhalb der Eimer befindet sich eine Handpresse zur Entwässerung der Bezüge des Wischgerätes. In dem einen Eimer befindet sich das Schmutzwasser, in dem anderen die Reinigungsflotte.

Trockensaugmaschinen

Hierzu gehören Staubsauger und Bürstensaugmaschinen. Die Luft wird angesaugt und in den Staubsammelbehälter geleitet. Bevor die Luft wieder aus dem Gerät austritt, wird sie gereinigt.

Bürstensauger besitzen zusätzlich Bürsten, die den Flor des Teppichs bürsten und so auch tiefer liegende Schmutzteilchen entfernen.

Bodenstaubsauger lassen sich durch das Einstellen des Bürstenvorsatzes zu Bürstensaugern umrüsten.

Dampfreinigungsgeräte

Diese Geräte erzeugen Wasserdampf, der unter Druck aus Düsenöffnungen austritt. Durch den Dampf werden Verschmutzungen gelöst, sie können danach abgewischt werden.

Mit einem Dampfreinigungsgerät können z. B. Pflegefilmkrusten, Kaugummi, Kerzenwachs und Fett auch an schwer zugänglichen Stellen relativ einfach entfernt werden, und zwar ohne Einsatz von Reinigungsmittel.

Hochdruckreiniger

Diese Geräte reinigen durch einen Wasserstrahl mit hohem Druck. Es gibt Kaltwasser- und Heißwasserhochdruckreiniger.

Hochdruckreiniger werden z. B. zum Reinigen des Küchenfußbodens eingesetzt.

Scheibenmaschinen

Scheibenmaschinen arbeiten mit Tellerbürsten oder mit Bodenreinigungsscheiben – Pads. Scheibenmaschinen werden zum Nassscheuern bei der Grundreinigung, beim Bohnern und Shampoonieren eingesetzt. Die Farben der Pads kennzeichnen die Stärke des Abriebs.

Sprühextraktionsgeräte

Diese Geräte führen die Reinigungsflotte aus einem fahrbaren Reinigungstank über einen Schlauch zu einer Sprühdüse: Mit der Sprühdüse wird die Reinigungsflotte auf dem Flor eines textilen Bodenbelages verteilt. Die Menge der Reinigungsflotte wird über einen Hebel dosiert.

Die Reinigungsflotte wird durch einen wenige Zentimeter hinter der Sprühdüse liegenden Absaugschlitz in den Schmutzwassertank zurückgesaugt. Die Bedienung des Sprühextraktionsgerätes muss aufgrund der Anordnung der Sprühdüse und des Absaugschlitzes im Rückwärtsgehen erfolgen.

Sprühextraktionsgeräte

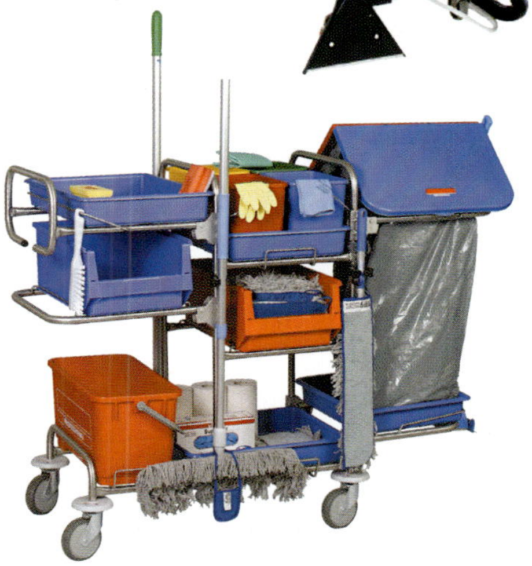

Systemwagen

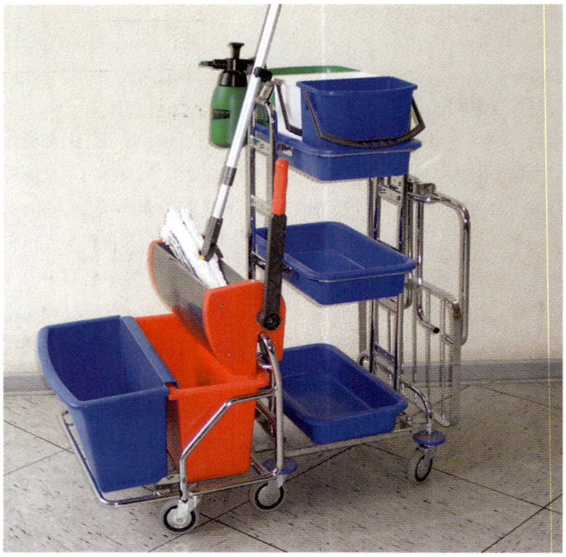

Arbeitsmittel für das Feuchtwischverfahren

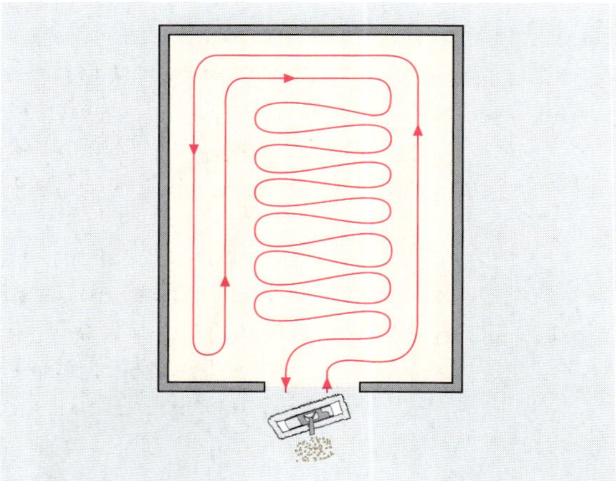

Feuchtwischen auf schmalen Flächen

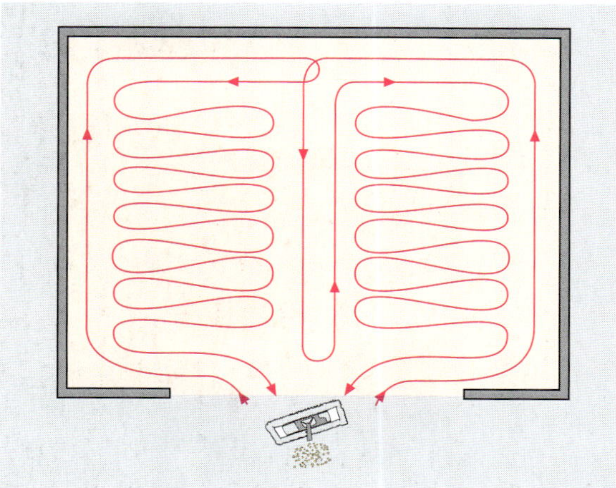

Feuchtwischen auf breiten Flächen

Feuchtwischverfahren

Arbeitsmittel: Wischgerät, Wischbezug, Wischtücher, Fahreimer, Presse und evtl. Reinigungsmittel.

Wofür eignet sich das Feuchtwischverfahren?
Beim Feuchtwischverfahren wird lockerer Feinschmutz entfernt.

Feuchtwischen von schmalen Flächen:
Das Wischgerät mit feuchtem Wischbezug führt man zunächst

- an der rechten Randzone entlang nach oben,
- weiter an der oberen Randzone entlang,
- dann an der linken Randzone entlang nach unten,
- links wieder nach oben.
- Dann wird von der Raummitte schlangenförmig der leichte Schmutz entfernt.
- Dabei darf das Wischgerät nicht vom Boden abgehoben werden.
- Der gesammelte Feinschmutz wird zuletzt mit einem Wischtuch aufgenommen.

Feuchtwischen von breiten Flächen:

- Wischgerät an der rechten Randzone entlang und durch die Raummitte führen.
- Mitte der rechten Raumhälfte schlangenförmig reinigen.
- Wischgerät an der linken Randzone entlangführen und die linke Raumhälfte schlangenförmig reinigen.
- Zuletzt den gesammelten Feinschmutz mit einem Wischtuch aufnehmen.

Aufgaben:

1. Stellen Sie die benötigten Arbeitsmittel für das Feuchtwischverfahren zusammen.
2. Zeigen Sie in einem Raum mit einem Wischgerät die Bewegungsrichtung
   a) auf einer schmalen Fläche,
   b) auf einer breiten Fläche
   beim Feuchtwischverfahren.

Nasswischverfahren

Arbeitsmittel: Wischgerät, z. B. Breitwischgerät mit Wischbezug, Fahreimer und Presse, Reinigungs- und evtl. Pflegemittel

Wofür eignet sich das Nasswischverfahren?
Beim Nasswischverfahren wird grober, nasser sowie anhaftender Schmutz entfernt. Das Nasswischverfahren ist geeignet für alle wasserfesten Hartbeläge, bei denen auch die Ecken und Wandabschlüsse wasserfest sind.

Die Reinigung erfolgt in zwei Arbeitsgängen:

- In der ersten Arbeitsstufe wird so viel Reinigungsflüssigkeit auf den Belag aufgebracht, dass anhaftende Verschmutzungen aufgeweicht und abgelöst werden.
- In der zweiten Arbeitsstufe wird das überschüssige Schmutzwasser mit stark ausgepressten Reinigungstextilien wieder aufgenommen.

Nasswischen auf schmalen Flächen:

- Die Reinigungsflüssigkeit wird mit dem Wischgerät zunächst in der Randzone aufgetragen.
- Die Raummitte wird nun schlangenförmig gereinigt, vgl. Feuchtwischen, das Wischgerät nimmt dabei ständig in der Randzone Reinigungsflüssigkeit auf.
- Schmutzwasser mit ausgepresstem Wischgerät zunächst in der Randzone und dann in der Raummitte – wie beim Auftragen – aufnehmen.
- Zuletzt den Grobschmutz mit einem Wischtuch aufnehmen.

Nasswischen auf breiten Flächen:

- Reinigungsflüssigkeit zunächst in der rechten Randzone und in der Raummitte auftragen.
- Danach die rechte Raumhälfte schlangenförmig reinigen.
- Reinigungsflüssigkeit dann in der linken Randzone auftragen.
- Nun die linke Raumhälfte schlangenförmig reinigen.
- Zuletzt den Grobschmutz mit einem Wischtuch aufnehmen.

Arbeitsmittel für das Nasswischverfahren

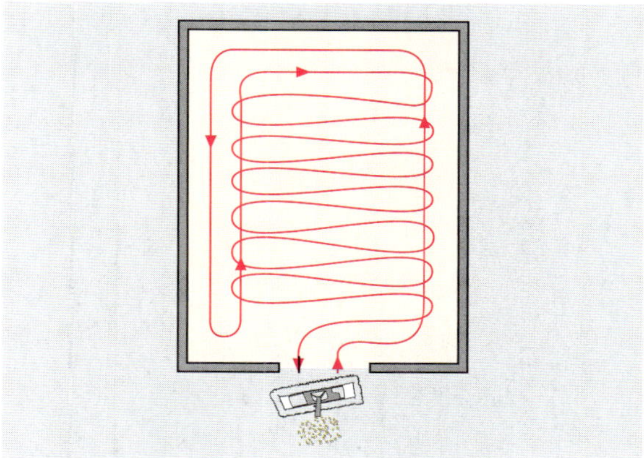

Nasswischen auf schmalen Flächen

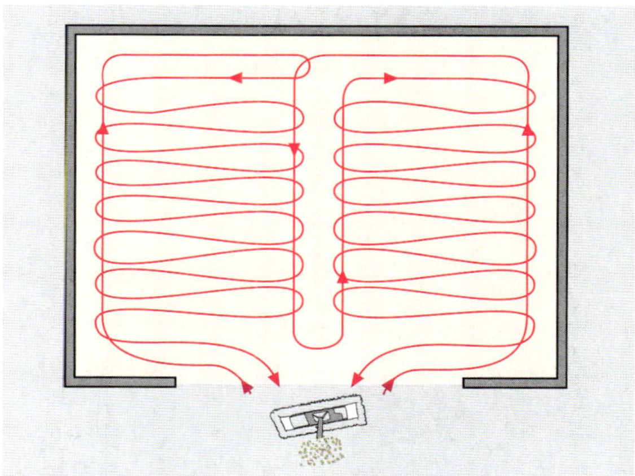

Nasswischen auf breiten Flächen

Reinigungsmittel und Pflegemittel

Aufgaben:

1. Bei welchen Mitteln handelt es sich um
   a) Reinigungsmittel,
   b) Pflegemittel?
2. Unterteilen Sie die abgebildeten Reinigungsmittel in
   a) scheuermittelhaltig,
   b) scheuermittelfrei.
3. Welche Gefahrensymbole sind auf Reinigungsmitteln zu finden?

Allzweckreiniger

- Allzweckreiniger – auch Mehrzweck-, Universal- oder Neutralreiniger genannt – sind für zahlreiche Werkstoffe mit wasserfester Oberfläche geeignet, z. B. Glas, Stein, Keramik, lackierte und emaillierte Flächen, wasserfeste Bodenbeläge.
- Bei normalen Verschmutzungen werden Allzweckreiniger nach der Gebrauchsanweisung mit Wasser verdünnt.
- Starke Verunreinigungen können auch mit unverdünntem Allzweckreiniger bearbeitet werden.

Scheuermittel

- Scheuermittel sind für die mechanische Reinigung hartnäckiger Verschmutzungen gedacht.
- Scheuermittel dürfen nur für Werkstoffe verwendet werden, die eine unempfindliche, kratzfeste Oberfläche haben.
- Lackierte Flächen oder verchromte Armaturen können z. B. bei langfristigem Einsatz dieser Mittel geschädigt werden.

Spezialreiniger

- **Glas- und Fensterreiniger**
  Glasreiniger und Fensterreiniger erzielen einen streifenfreien Glanz auf allen Glasflächen und Spiegelflächen.
  Glasreiniger werden unverdünnt oder mit Wasser angemischt eingesetzt.
- **Metallreinigungsmittel**
  Es gibt Spezialmittel für bestimmte Metalle und Universalmittel für mehrere Metallarten. Sie wirken meist reinigend und pflegend. Das Spezialreinigungsmittel muss auf das jeweilige Metall abgestimmt sein.
  Die Anwendung erfolgt meist mit einem weichen Reinigungstextil und anschließendem Auspolieren.
- **Fußbodenreiniger**
  Wischpflegemittel haben einen reinigenden und pflegenden Effekt. Sie eignen sich für alle wasserfesten Bodenbeläge.
- **Kalk lösende Reiniger für das Bad**
  Diese Reinigungsmittel sind für Waschbecken, Badewannen, Duschen, Wandfliesen und Bodenfliesen gedacht.
- **WC-Reiniger**
  Diese Reinigungsmittel sollen die Ablagerungen in der Toilette schnell und gründlich entfernen.
- **Teppichreinigungsmittel**
  Sie bilden einen Schaum, in den der Schmutz eingelagert wird. Er kann so nach dem Trocknen abgesaugt werden.
- **Möbelpflegemittel**
  Sie sollen Kratzer überdecken, Farben auffrischen und den Glanz verstärken. Die Pflegemittel bilden eine Schmutz abweisende und Wasser abweisende Schicht.

- **Durch Reinigung werden unerwünschte Stoffe beseitigt.**
- **Bei der Pflege werden erwünschte Stoffe auf die Oberfläche aufgetragen.**

Dosierhilfen für Wasch- und Reinigungsmittel

Portionsbeutel und Tabs

Weitere Dosierhilfen

Allgemeine Eigenschaften von Reinigungs- und Pflegemitteln

Chemisch wirkende Mittel

Reinigungsmittel bewirken das Ablösen der Schmutzschicht, indem die Haltekräfte der Schmutzteilchen auf chemischem Wege aufgehoben werden.

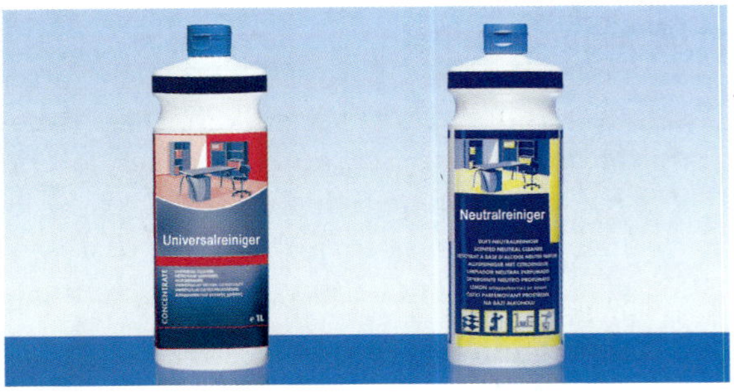

Pflegemittel bilden einen Schutzfilm auf der Oberfläche des Materials, um das Eindringen von Schmutz und Feuchtigkeit zu verhindern oder zu hemmen.

Mechanisch wirkende Mittel

Die Reinigungswirkung wird vorwiegend durch Mechanik, z. B. Scheuern, Schleifen und Polieren, erzielt. Dabei werden evtl. beim Entfernen der Schmutzschicht auch Teile der Oberfläche des zu reinigenden Materials abgerieben.

Die Härte des Scheuermittels muss der Härte der zu reinigenden Oberfläche entsprechen.

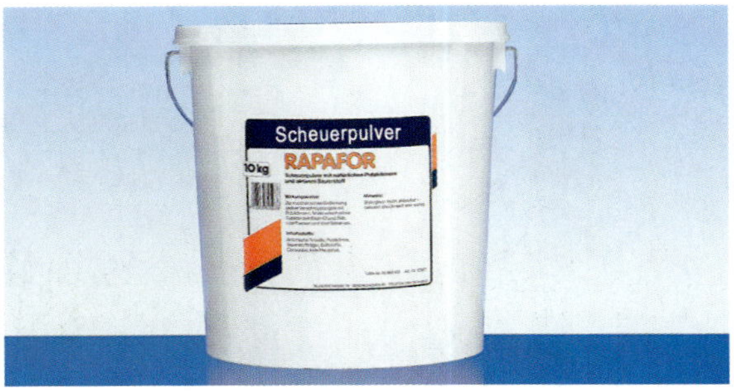

Chemisch und mechanisch wirkende Mittel

Durch die Verbindung von Chemie und Krafteinsatz wird die reinigende Wirkung erhöht. Solche Mittel sind z. B. Silberputztücher oder verseifte Putzkissen.

- Chemische Reinigungsmittel und Pflegemittel sparsam verwenden. Chemische Reinigungsmittel belasten die Gewässer und so die Umwelt.
- Zum Entkalken umweltfreundliche Entkalker oder Essig verwenden.
- Oft lässt sich Schmutz durch Bürsten oder Reiben ohne zusätzliche chemische Mittel entfernen.
- Verstopfungen nicht chemisch, sondern mechanisch mit einer Saugglocke/Spirale entfernen.

Aufgabe:

Notieren Sie Reinigungsmittel und Pflegemittel, die in Ihrem Betrieb verwendet werden. Ermitteln Sie aus der Gebrauchsanweisung, wofür sie verwendet werden können.

Reinigungsfaktoren

An allen Reinigungsvorgängen sind die vier Reinigungsfaktoren Mechanik, Chemie, Temperatur und Zeit beteiligt.

Aus Gründen des Umweltschutzes sollte der Faktor Chemie einen möglichst geringen Anteil bei den Reinigungsvorgängen haben.

Verringert man den Anteil an „Chemie" bei einem Reinigungsvorgang, muss ein anderer Faktor, z.B. Mechanik oder Zeit, erhöht werden, vgl. Spülen, Abbildung rechts.

Die Summe der Reinigungsfaktoren ist immer gleich.

Aus Kostengründen spielt der Faktor Zeit eine wesentliche Rolle. Personalkosten verursachen bei der Reinigung den höchsten Ausgabenposten.

Spezielle Einflussfaktoren bei der Reinigung

- Eigenschaften der zu reinigenden Oberfläche: Material, z.B. Glas; Art, z.B. Fenster
- Schmutzart, z.B. löslich oder unlöslich
- Reinigungsmittel, z.B. Allzweckreiniger
- Reinigungsgerät oder Maschine

Schmutzarten

Nach der Schmutzhaftung unterscheidet man:

- **lose aufliegenden Schmutz:**
  - Feinschmutz, z.B. Staub, Flusen
  - Grobschmutz, z.B. Sand und Laub
- **haftende Verschmutzungen:**
  - mit wässrigen Reinigern entfernbar, z.B. Straßenschmutz
  - mit wässrigen Reinigern nicht entfernbar, z.B. Kleber

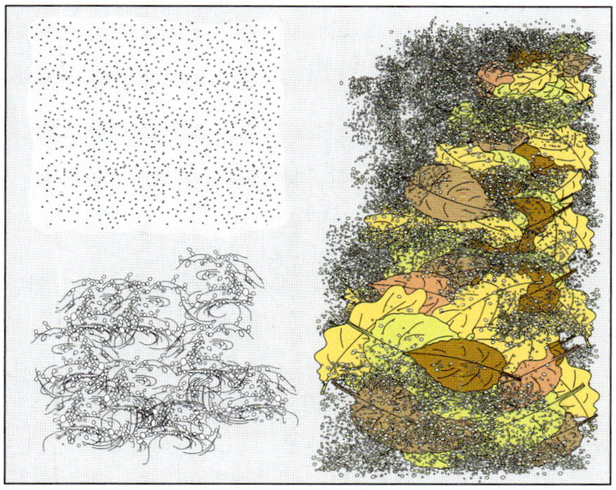

Feinschmutz und Grobschmutz

Reinigungsfaktoren

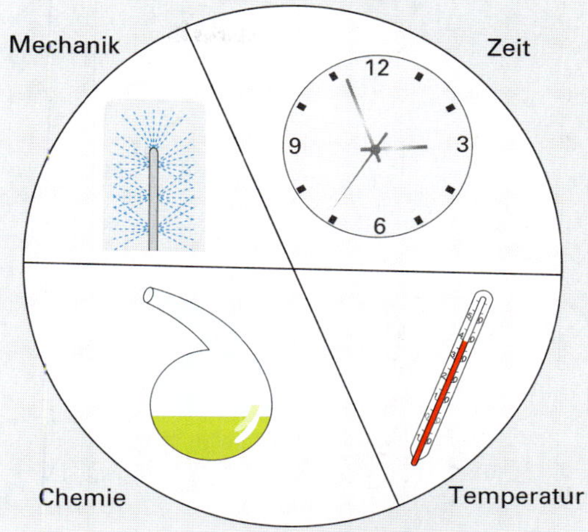

Geschirrspülmaschine

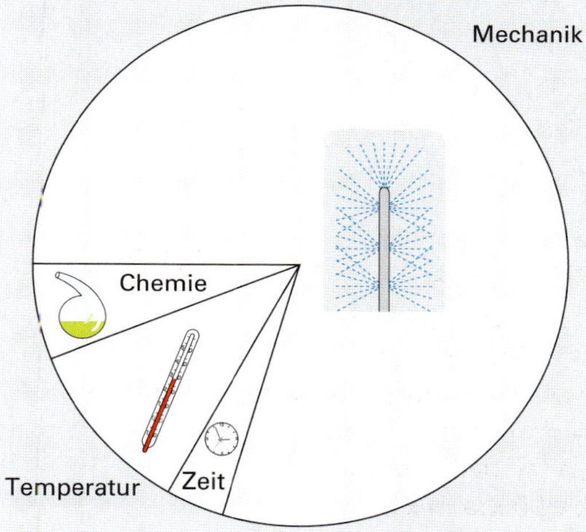

Spülen per Hand

Aufgabe:

Warum steht beim Spülen per Hand der Waschfaktor Mechanik an erster Stelle?

3.2 Reinigung und Pflege ausgewählter Materialien

Einfache Gläser

Kristallglas

Spezialglas

Gläser auf der Abtropffläche

Glas

Glas ist lichtdurchlässig, zerbrechlich und kratzempfindlich.

Dünne, empfindliche Gläser vertragen einen Temperaturwechsel – kalt, heiß – schlecht.

Die glatte Oberfläche von einfachem Glas ist leicht zu reinigen.

Kristallglas ist hart und hat einen hellen Klang. Kristallgläser werden oft mundgeblasen und anschließend durch Gravieren verziert.

Spezialglas ist z. B. feuerfestes Glas, das zum Kochen und Backen verwendet werden kann. Babyflaschen werden ebenfalls aus Spezialglas hergestellt.

Reinigen von Glas:

- Gläser und Glasgeschirr nach dem Verschmutzungsgrad sortieren.
- Glas ohne starke Verschmutzung wird zuerst gespült.
- Schmutz von Gläsern im warmen Spülwasser – Temperatur ca. 40 °C – mit einer weichen Bürste entfernen. Keine groben Scheuermittel verwenden.
- Das Wasser darf nicht zu heiß sein, damit die Gläser nicht zerspringen.
- Stielgläser beim Spülen und Abtrocknen am Kelch und nicht am Stiel halten, er könnte sonst abbrechen.
- Gläser mit der Öffnung nach unten auf die Abtropffläche stellen.
- Anschließend klar nachspülen und mit einem fusselfreien Gläsertuch aus Leinen oder Halbleinen abtrocknen.
- Weniger empfindliche Gläser werden in der Spülmaschine gereinigt. Andere Gläser können verkratzen oder trübe werden.
- Feuerfestes Glas kann in der Spülmaschine gesäubert werden, bei fest anhaftenden Speiseresten hilft ein Schwamm mit schwach reinigender Scheuerseite.
- Besondere Verschmutzungen, z. B. Kalkansatz in Vasen, werden mit Essig und Salz behandelt.
- Trinkgläser mit der Öffnung nach unten in den Schrank stellen.

Keramische Erzeugnisse

Man unterscheidet Porzellan, Steinzeug, Steingut und Töpferwaren.

Porzellan ist zweimal gebrannt, hart, glatt, glänzend und oft dünnwandig, es lässt Licht durchscheinen.

Steinzeug ist meist bräunlich bis grau getönt. Es besteht aus einem nicht durchscheinenden Material und ist meist dickwandig. Rustikales Geschirr, Vasen, Krüge und Einmachtöpfe werden daraus hergestellt.

Steingut sieht dem Porzellan sehr ähnlich, es ist meist dickwandig und wird erst durch die Glasur dicht. Einfaches Geschirr und Sanitärkeramik sind aus Steingut.

Feuerfeste Keramikerzeugnisse sind zum Kochen und Backen geeignet.

Töpferwaren – Irdengut – sind porös. Sie werden glasiert und unglasiert angeboten. Römertopf, Blumentöpfe und Blumenübertöpfe sind Töpferwaren.

Reinigen von keramischen Erzeugnissen:

- Geschirr nach dem Verschmutzungsgrad sortieren.
- Porzellan, Steinzeug und Steingut sind im Allgemeinen spülmaschinenfest, besonders Porzellan hat eine harte Oberfläche.
- Porzellan mit Aufglasurdekor ist nicht für die Spülmaschine geeignet, weil die Verzierungen auf die gebrannte Glasur aufgetragen sind und angegriffen werden können.
- Stark verkrustetes Porzellan und Steinzeug zunächst einweichen und dann erst spülen.
- Hartnäckige, feste Speisereste und Teeränder mit schwach reinigenden Schwämmen oder flüssiger Scheuermilch entfernen.
- Keine groben Scheuermittel verwenden, die Oberfläche wird sonst aufgeraut.
- Unglasierte Töpferware darf nur mit heißem Wasser gereinigt werden, damit keine Spülmittelreste in den Poren zurückbleiben.
- Geschirr gut nachspülen und auf der Abtropffläche abtropfen lassen.
- Poröses Geschirr – Töpferwaren – gut austrocknen lassen.
- Gargeschirr aus Töpferware, z B. Römertopf, vor der Benutzung mit Wasser vollsaugen lassen.

Porzellan

Steingut

Steingut

Töpferwaren

Rohholz – Küchenbrett, Nudelholz

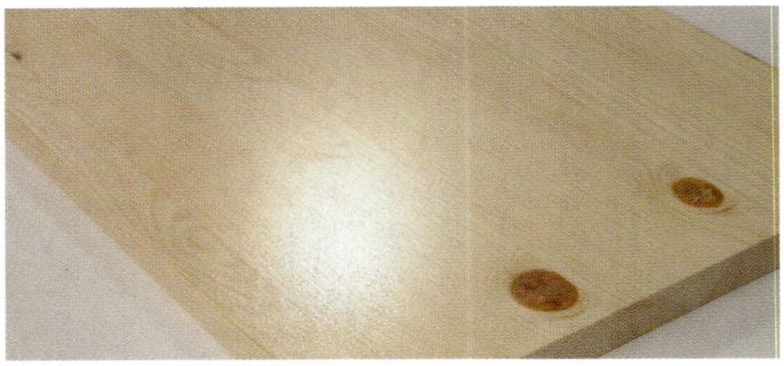

Holz mit geschlossener Oberfläche

Bewegung beim Auftragen von Pflegemittel

Bewegung beim Reinigen geschlossener Oberflächen

Holz

Rohholz muss vorsichtig gereinigt werden, denn Wasser lässt Holz aufquellen. Starke Hitze kann Risse noch vergrößern. Aus Rohholz können Küchenbretter und Nudelhölzer sein.

Reinigung von Rohholz:

- Rohholzgeräte schnell und gründlich spülen, nachspülen, abtrocknen, an der Luft trocknen lassen.
- Rohholz nicht lange im Wasser liegen lassen.
- Rohholz nicht in der Spülmaschine reinigen.
- Rohholz nicht auf Heizkörpern oder unter Einwirkung starker Hitze trocknen.
- Nur trockene Gegenstände wieder einräumen.
- **Gründliche Reinigung**: Das feuchte Rohholz mit Scheuermilch und Bürste in Richtung der Maserung scheuern. Reinigungsmittel durch gründliches Spülen vollständig entfernen.

Pflege von Möbelholz

Holz mit offener Oberfläche:

Gebeizte, polierte und gewachste Holzmöbel werden

- trocken von oben nach unten, von innen nach außen abgestaubt,
- ab und zu mit einem Möbelpflegemittel behandelt.
- Etwas Möbelpflegemittel auf ein weiches Tuch geben.
- Das Möbelpflegemittel wird dünn mit kreisförmiger Bewegung aufgetragen, evtl. einwirken lassen.
- Mit einem weichen Tuch wird nachpoliert.
- Arbeitsergebnis kontrollieren.
- Pflegemittel und Arbeitsgeräte aufräumen.

Holz mit geschlossener Oberfläche:

Lackierte, angestrichene, versiegelte und kunststoffbeschichtete Möbel werden

- mit einer milden Reinigungslösung – mit Neutralreiniger – gereinigt,
- mit klarem Wasser nachgewischt,
- anschließend trocken gerieben.
- Arbeitsergebnis kontrollieren.
- Reinigungsmittel und Arbeitsgeräte aufräumen.

Kunststoffe

Kunststoffe werden aus Erdöl und Erdölprodukten hergestellt.

Man unterscheidet Thermoplaste und Duroplaste.

Thermoplaste verformen sich bei Erwärmung. Sie sind hart oder weich. Sie sind nicht spülmaschinengeeignet.

Duroplaste sind weniger temperaturempfindlich. Sie sind hart.

Kunststoffe sind:

- bruchsicher,
- nicht kratzfest,
- nicht schnittfest,
- teilweise hitzeempfindlich – über 90 °C,
- unempfindlich gegen Säuren, die im Haushalt vorkommen.

Verwendungszwecke:
Schneidbretter, Schüsseln und Siebe, Essgeschirr, Gehäuse von Elektrogeräten, Griffe am Kochgeschirr, Vorratsdosen, Eimer, Wäschekörbe, Arbeitsflächen, Beschichtungen von Pfannen und Backformen

- Bei Kunststoffschneidbrettern sind Beschädigungen unvermeidbar.
- Kunststoffgegenstände nicht auf heißen Herdplatten abstellen oder mit heißem Fett füllen, da sie hitzeempfindlich sind.
- Kunststoffgeschirr sollte spülmaschinenfest sein.
- Kunststoffmöbel mit Mikrofasertüchern entstauben.

Beim Einkauf auf die Gütezeichen achten.

Kunststoffgegenstände, die diese Zeichen haben, sind für Lebensmittel geeignet.

Gütezeichen EU-Zeichen
Zeichen für „lebensmittelgeeignet"

Reinigung:

- Stark verschmutztes Kunststoffgeschirr zum Lösen des Schmutzes einweichen.
- Kunststoffgeschirr in heißer Spülwasserlösung oder mit Neutralreinigerlösung und weicher Bürste oder Schwammtuch reinigen.
- Kunststoffgeschirr nachspülen und abtrocknen.
- Nur notfalls flüssiges Scheuermittel verwenden. Scheuermittel und grobe Reinigungsschwämme rauen die Oberfläche auf. Der Schmutz kann sich dann in den Unebenheiten festsetzen.
- Angetrocknete Speisereste in warmem Wasser einweichen und dann abreiben.
- Kunststoffgeschirr aus der Geschirrspülmaschine muss meist von Hand nachgetrocknet werden.
- Farbflecken, z. B. durch Karotten, lassen sich von Kunststoff nicht mehr entfernen. Der Karottensaft dringt in angeraute Oberflächen ein.

Thermoplaste

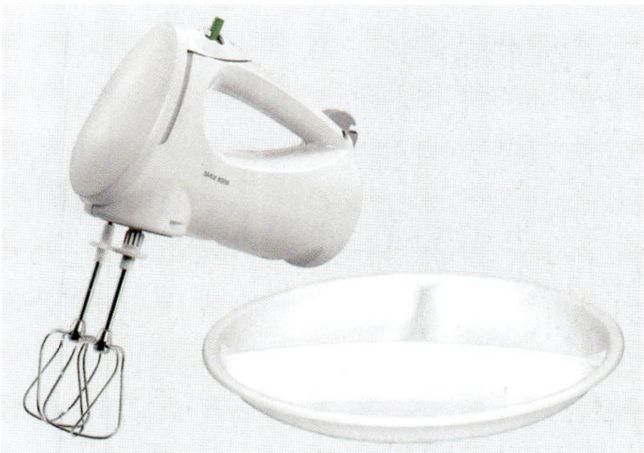

Duroplaste

Metalle

Edelstahl

Edelstahl ist

- sehr haltbar,
- schlagfest und rostfrei.

Verwendungszwecke:

Kücheneinrichtung, Serviergeschirr, Essbesteck, Kochgeschirr usw.

Reinigung:

- Für die normale Reinigung heißes Wasser mit Spülmittelzusatz verwenden.
- Geschirr mit der Spülbürste oder dem Spültuch reinigen.
- Starke Verschmutzungen zunächst einweichen, dann mit flüssiger Scheuermilch entfernen. Aber: keine groben Scheuermittel benutzen.
- Stark verschmutzte Edelstahltöpfe auf rutschfester Unterlage reinigen.
- Geschirr und Töpfe mit klarem, warmem Wasser nachspülen.
- Sofort abtrocknen, sonst wird Edelstahl fleckig.
- Bei einer gründlichen Reinigung von Töpfen und Pfannen Griffe und Stiele vor der Reinigung abschrauben und nach der Reinigung wieder befestigen.
- Es gibt auch spezielle Edelstahlreiniger, die pflegende Substanzen enthalten.

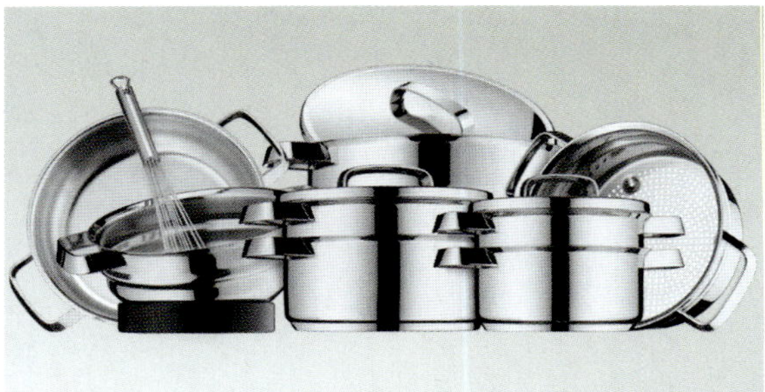

Reinigung einer Edelstahlspüle:

- Reinigungsmittel und Arbeitsgeräte bereitstellen.
- In ein Spülbecken warmes Wasser einlaufen lassen und Spülmittel zusetzen.
- Ein Schwammtuch in das Spülwasser geben. Mit dem Schwammtuch den Wasserhahn, das Spülbecken und die Abtropffläche usw. säubern.

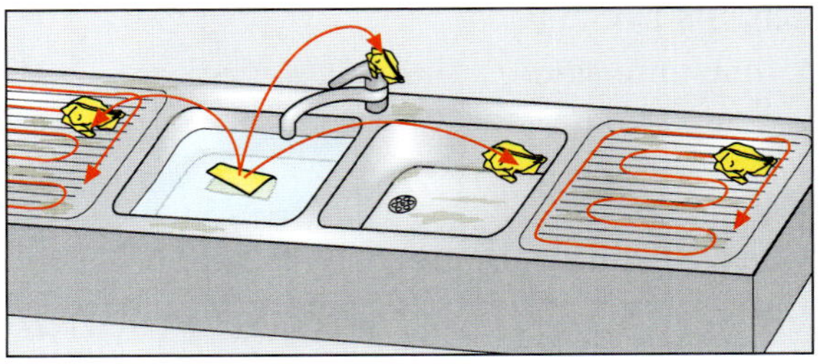

- Edelstahlreiniger auf das Schwammtuch geben und den Wasserhahn, das Spülbecken und die Abtropffläche usw. damit gründlich abreiben.

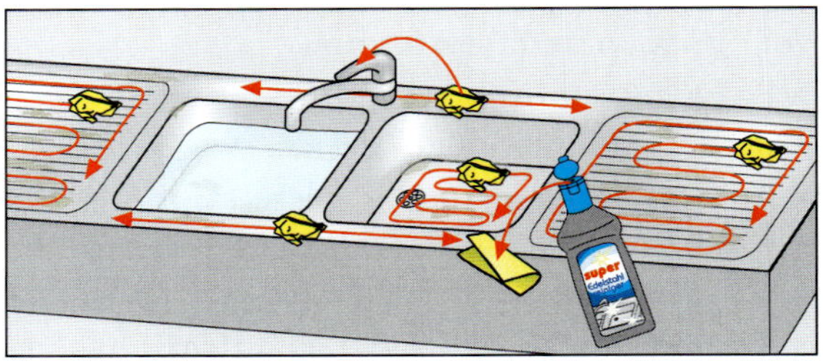

- Wasser aus dem Spülbecken ablaufen lassen und dies ebenfalls mit dem Edelstahlreiniger gründlich ausreiben.
- Alle Teile mit klarem, warmem Wasser von Rückständen des Reinigungsmittels abspülen.

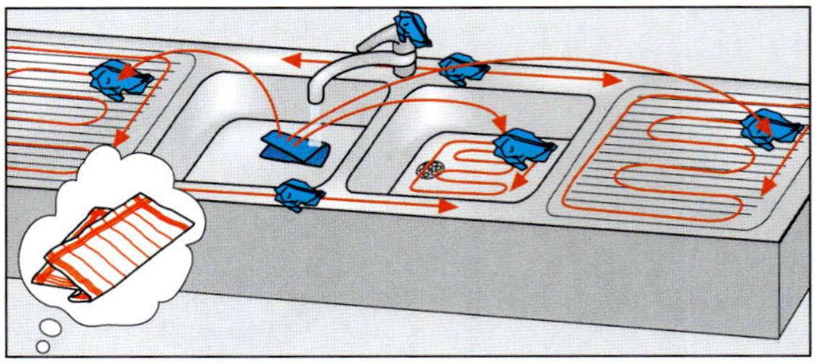

- Die Spüle und den Wasserhahn usw. gründlich mit dem Trockentuch trocken reiben.
- Reinigungsmittel und Arbeitsgeräte reinigen und aufräumen.

Gusseisen
Gusseisen ist
- ein guter Wärmeleiter,
- rostanfällig,
- schwer,
- stoßempfindlich,
- zerbricht beim Hinfallen.

Verwendungszwecke:
Pfannen, Kochgeschirr, Platten von Kochstellen

Reinigung:
- Heißes Wasser mit Spülmittelzusatz zum Auswaschen oder bei starker Verschmutzung zum Auskochen verwenden.
- Oder stark verschmutzte Gegenstände einweichen.
- Bei starker Verschmutzung können verseifte Stahlwolle und flüssige Scheuermilch eingesetzt werden.
- Verschmutzungen kreisförmig mit verseifter Stahlwolle oder flüssiger Scheuermilch behandeln.
- Dabei ein feuchtes Schwammtuch als Unterlage verwenden.
- Gegenstände von innen und von außen gründlich reinigen.
- Gegenstände gut mit heißem, klarem Wasser nachspülen.
- Gegenstände gründlich abtrocknen, damit eine Rostbildung vermieden wird.
- Reinigungsmittel und Arbeitsgeräte reinigen und aufräumen.

Gusseisen und Stahl werden teilweise durch Überzüge vor Rost geschützt.

Aluminium
Aluminium ist
- ein guter Wärmeleiter,
- teilweise stoßempfindlich,
- säure- und laugenempfindlich.

Es dürfen keine Speisen darin aufbewahrt werden.

Haushaltsgeräte sind häufig mit einer Schutzschicht – Eloxal – überzogen. Sie sind dann säureunempfindlich.

Verwendungszwecke:
Kochgeschirr, Backbleche, Kuchenformen

Reinigung:
- Heißes Wasser mit Spülmittel zum Auswaschen oder bei starker Verschmutzung zum Auskochen verwenden.
- Oder Geschirr mit Rhabarberblättern auskochen.
- Flüssige Scheuermilch oder verseifte Stahlwolle sollten möglichst nicht eingesetzt werden.
- Gegenstände gut in heißem, klarem Wasser nachspülen.
- Gegenstände gründlich abtrocknen, damit eine Rostbildung vermieden wird.
- Reinigungsmittel und Arbeitsgeräte reinigen und aufräumen.

Mögliche Beschichtungen:
Weißblech hat einen dünnen Zinnüberzug. Es ist säureempfindlich und kratzempfindlich.

Schwarzblech ist schwarz lackiertes Weißblech oder das Weißblech wurde schwarz gebrannt.

Pfanne aus Gusseisen

Töpfe aus Aluminium

Silber mit schwarzen Verzierungen

Silberputzmittel und Silberputztuch

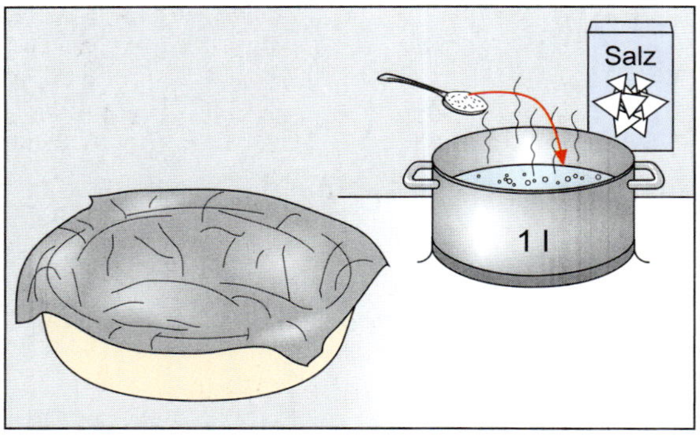

Zutaten für das Silbertauchbad, heiß

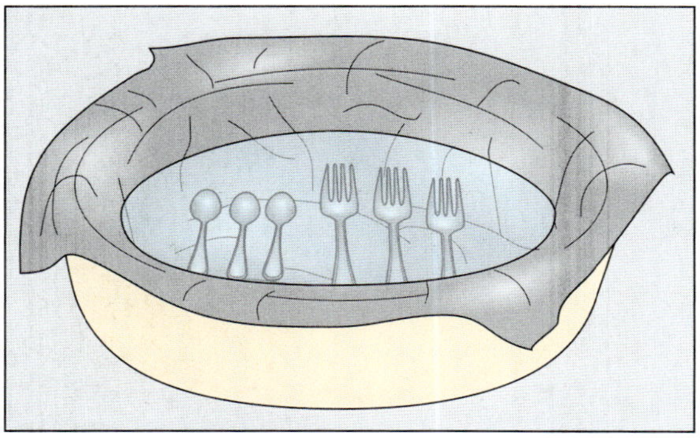
Silber im Tauchbad, heiß

Silber

Silber ist ein sehr weiches Metall. Die Zahlenangabe 800 auf Silber bedeutet z. B., dass der Gegenstand aus 800 Teilen Silber und 200 Teilen Kupfer besteht.

Silber
- ist kratzempfindlich,
- läuft z. B. beim Essen von Ei an.

Reinigung:

Silberputzmittel enthält Poliermittel und eine reinigungswirksame Substanz. Das Silber wird also gereinigt und vor erneutem Anlaufen geschützt.

- Silbergegenstände sorgfältig auf einer weichen Unterlage mit dem Silberputzmittel reinigen – polieren.
- Silbergegenstände heiß spülen und abtrocknen.

Silberputztuch oder -watte: Diese Reinigungsmittel werden wie das Silberputzmittel eingesetzt.

Silbertauchbad, kalt:
- Silberteile nur sekundenlang in das Tauchbad halten, dann sofort mit Wasser abspülen. Die Silberoberfläche wird sonst angegriffen.
- Das Tauchbad darf auch nicht mit Edelstahl in Berührung kommen, da dieser sonst angegriffen wird.
- Die Messerschneiden von Silberbesteck sollen also nicht mit einem Tauchbad in Berührung kommen, sie sind aus anderem Material gefertigt.
- Silbergegenstände mit künstlich erzeugter schwarzer Schicht/Streifen bzw. Verzierungen dürfen nicht in ein Silbertauchbad gegeben werden, da diese Schicht sonst entfernt wird.

Silbertauchbad, heiß:
- Eine Plastikschüssel mit Aluminiumfolie auslegen.
- Das Silberbesteck so darauf verteilen, dass alle Besteckteile die Aluminiumfolie berühren. Kochende Kochsalzlösung aus 1 EL Salz auf 1 l Wasser herstellen.
- Das Silberbesteck mindestens 10 bis 15 Minuten in der Lösung liegen lassen, bis alle Verschmutzungen verschwunden sind.

Kupfer, Messing, Zinn

Kupfer ist ein weiches, rötlich schimmerndes Metall, das Wärme gut leitet.

Kupfer wird durch Säuren angegriffen.

Aus Kupfer werden Backformen, Töpfe und Ziergegenstände hergestellt.

Messing ist eine Legierung aus 50 bis 70% Kupfer und Zink.

Aus Messing werden Ziergegenstände und Möbelbeschläge hergestellt.

Zinn ist ein weiches, silberweiß aussehendes Metall. Zinn ist sehr empfindlich gegen Kratzer.

Aus Zinn werden Becher, Krüge, Teller und Ziergegenstände hergestellt.

Reinigung:

- Den zu reinigenden Gegenstand auf eine rutschfeste Unterlage stellen.
- Käufliche Universalmetallputzmittel oder Spezialputzmittel für die verschiedenen Metalle nach der Gebrauchsanweisung anwenden.
- Also etwas Universalmetallputzmittel oder ein Spezialputzmittel für das jeweilige Metall auf einen Polierlappen geben.
- Gegenstand mit dem Poliertuch vollständig gründlich abreiben, bis alle Verfärbungen verschwunden sind.
- Gegenstände nun in heißem Wasser reinigen, sodass Putzmittelspuren verschwinden.
- Gegenstände gründlich abtrocknen.
- Reinigungsmittel und Arbeitsgeräte reinigen und aufräumen.

Gegenstände aus Kupfer und Zinn

Emaille

Emaillegeschirr hat einen Kern aus Stahl, der mit einer eingebrannten Emailleschicht überzogen ist. Emaille ist eine glasartige Masse.

Emaille ist

- kratzempfindlich,
- stoßempfindlich, Emaille springt ab.

Verwendungszwecke:
Töpfe, Schüsseln

Reinigung:

- Heißes Wasser mit Spülmittelzusatz verwenden.
- Stark verschmutzte Gegenstände einweichen, evtl. auskochen.
- Nicht mit Metallgegenständen auskratzen.
- Keine groben Scheuermittel benutzen.
- Gegenstände gut in heißem, klarem Wasser nachspülen.
- Gegenstände gründlich abtrocknen, damit eine Rostbildung vermieden wird.
- Reinigungsmittel und Arbeitsgeräte reinigen und aufräumen.

Gegenstände mit Emailleüberzug

Gegenstände aus Messing

Lederpflege

Ledermöbel

Leder ist nach Holz und Stein der drittälteste Werkstoff der Welt. Den überwiegenden Teil des Möbelleders liefern Kuh- und Bullenhäute. Für ein größeres Sofa braucht man mehr als 25 m^2 Bezugsleder – die Häute von fünf bis sechs ausgewachsenen Rindern.

Die Häute werden gespalten, gegerbt und gefärbt.

Man unterscheidet glattes und raues Leder. Raues Leder, z. B. Wildleder, hat eine angeschliffene Oberfläche.

Glattes Leder

Raues Leder

Ledergütezeichen

Ledermöbel

Bei der Unterhaltsreinigung werden Ledermöbel mit einem weichen Tuch abgestaubt.

Glattes Leder

- Naturbelassenes Leder ist vor direkter Sonneneinstrahlung zu schützen.
- Schmutz mit einem feuchten Tuch abwischen und mit einem weichen trockenen Tuch trocknen.

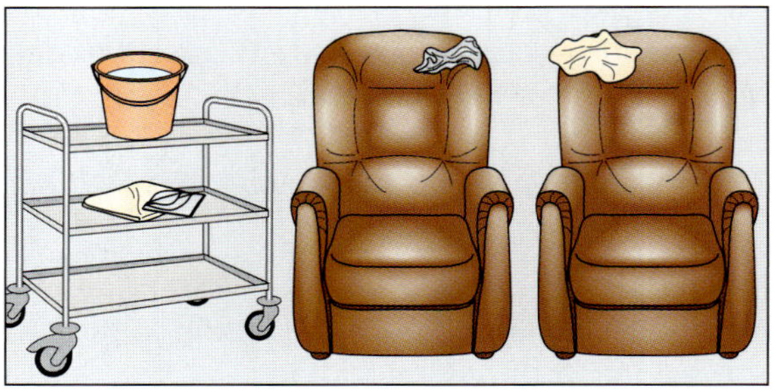

- Starkes Reiben soll dabei vermieden werden.
- Angetrockneter Schmutz kann mit in Wasser aufgelöster Neutralseife entfernt werden. Dazu ein Tuch in der Reinigungslösung anfeuchten, den Fleck dann großflächig abwischen. Das Leder darf dabei nicht durchfeuchtet werden.
- Flüssigkeiten sofort mit einem trockenen Tuch aufsaugen, auf keinen Fall reiben.
- Flecken durch Flüssigkeiten, Speisen oder Fett werden wie angetrockneter Schmutz behandelt.
- Verbleibt ein Fettfleck, so ist dieser gewöhnlich nach ca. zwei Monaten verschwunden.
- Glattes Leder wird etwa zweimal jährlich mit handelsüblichen Spezialpflegemitteln bearbeitet, damit es weich und geschmeidig bleibt.
- Das Spezialpflegemittel muss zunächst an einer verdeckten Stelle getestet werden.

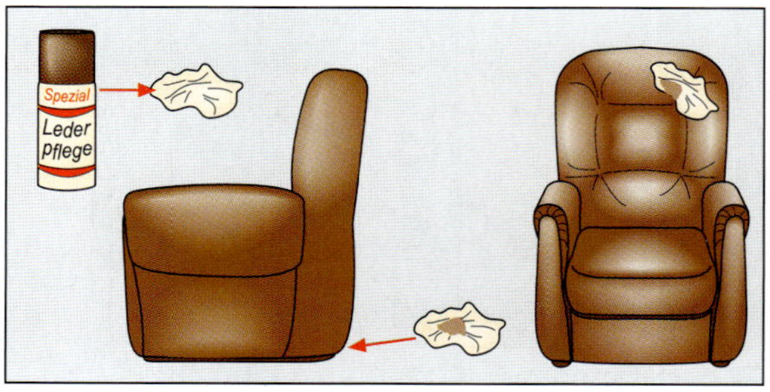

Rauleder

- Rauleder gelegentlich mit dem Staubsauger ohne Druck absaugen. Speckige bzw. blanke Stellen mit einer Gummibürste oder einem Schaumstoffschwamm wieder aufrauen.

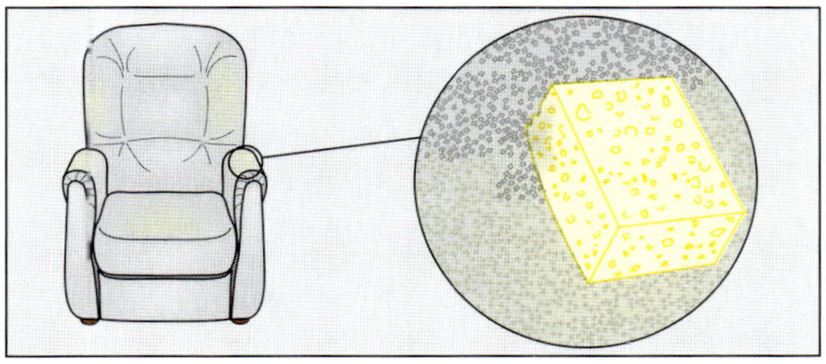

- Angetrockneten Schmutz mit einer Bürste entfernen und die Stelle anschließend absaugen.
- Flüssigkeiten sofort mit einem trockenen Tuch abdecken und so aufsaugen. Falls notwendig, mit einer neutralen Waschmittellösung großflächig feucht abwischen, danach gut trocknen lassen und aufrauen.
- Speisen und Fett sofort entfernen. Die betroffene Stelle großflächig feucht abwischen. Nach dem vollständigen Trocknen vorsichtig aufbürsten.

Koffer, Mappen und Taschen

- Innentaschen leeren, entstauben, evtl. aussaugen.
- Feucht abreiben, trocknen lassen.
- Eincremen mit Pflegemittel, einwirken lassen und polieren.
- Metallbeschläge mit Metallpflegemittel reinigen.
- Rauleder vor dem ersten Gebrauch imprägnieren, so können keine Nässeflecken entstehen.

Taschen aus Leder

Lederhandschuhe

Waschbare, ungefütterte Lederhandschuhe können durch Handwäsche gereinigt werden.

- Eine Waschmittellösung nach der Gebrauchsanweisung für Ledershampoo herstellen.
- Handschuhe in der Waschmittellösung waschen, nicht zu stark reiben.
- Handschuhe gründlich ausspülen.
- Zum Trocknen Handschuhe spannen.
- Nach dem Trocknen je einen Handschuh über die Hand ziehen und das Leder durch Bewegung der Finger geschmeidiger machen.

Aufgaben:

1. Beschreiben Sie das Reinigen und Pflegen von
   a) Glattlederschuhen,
   b) Raulederschuhen.
2. Ledermöbel aus Glattleder sollen gründlich gereinigt werden. Stellen Sie die Arbeitsgeräte und Reinigungsmittel zusammen.
3. Ein Spezialpflegemittel wird ohne vorherigen Test zur Pflege eines Ledersofas eingesetzt. Was kann die Folge dieser Arbeitsweise sein?

3.3 Reinigung und Pflege von Geräten

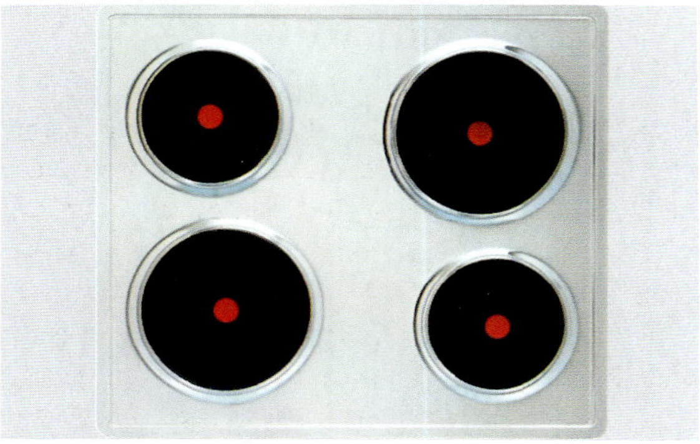

Kochplatte mit Überlaufrand
Kochmulde aus Emaille

Kochfeld aus Glaskeramik

Aufgabe:

Stellen Sie die Reinigungsmittel und Arbeitsgeräte für die Reinigung von
a) Kochplatten,
b) Kochfeldern zusammen.

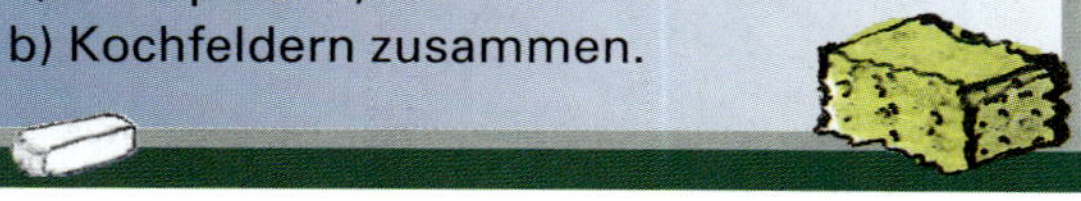

Elektroherd – Kochstellen und Kochfelder

Nach Beendigung des Kochens müssen die Kochplatten und Kochfelder gereinigt werden.

- In der Regel genügen das Abwaschen mit Spülmittellösung und Nachspülen mit klarem Wasser sowie Trockenreiben.
- Vor der Reinigung überprüfen, ob alle Platten bzw. Kochfelder auf „0" stehen und abgekühlt sind.

Reinigung stark verschmutzter Kochplatten:

- Sind Speisen übergekocht und angebrannt, müssen Verschmutzungen in der Kochmulde mit Wasser eingeweicht werden.
- Danach werden die groben Verschmutzungen mit einem Schwammtuch entfernt.
- Eingebrannte Verkrustungen auf den Kochplatten kreisförmig mit Scheuermilch und der Scheuerseite des Schwamms entfernen.
- Den Überlaufrand bei starken Verschmutzungen ebenfalls mit Scheuermilch und der Scheuerseite eines Schwamms reinigen.
- Der Überlaufrand einer Kochplatte aus Stahl kann auch mit verseifter Stahlwolle gesäubert werden.
- Emaillierte Kochmulden mit einem Schwammtuch reinigen. Nie mit verseifter Stahlwolle säubern, die Emaille würde verkratzen.
- Danach Kochplatten und Kochmulde abwaschen und trocken reiben.
- Alle schwarzen Kochplatten sollten regelmäßig mit Vaseline oder hartem Pflanzenfett vor Rost geschützt werden.

  Vaseline kreisförmig einreiben. Mit Küchenpapier nachreiben.

Kochfelder aus Glaskeramik:

- Für Glaskeramik gibt es spezielle Glasschaber, mit denen hartnäckige Schmutzrückstände entfernt werden können.
- Für die Reinigung werden auch Spezialmittel angeboten. Herstellerangaben beachten.
- Zur Reinigung von Glaskeramik nie Scheuerpulver, raue Schwämme oder Ähnliches verwenden, sie verkratzen das Kochfeld.

Gasherd

- Gashahn schließen.
- Reinigungsmittel und Arbeitsgeräte bereitstellen.
- Stellrost abnehmen und im Spülbecken reinigen. Mit klarem Wasser nachspülen und trocknen.
- Selbstreinigende Brennerdeckel, falls sie verschmutzt sind, bei kleiner Flamme etwa 5 bis 20 Minuten – je nach Verschmutzungsgrad – abbrennen lassen.
- Nicht selbstreinigende Brennerdeckel abnehmen, mit einem feuchten Tuch reinigen und nachtrocknen. Brennerdeckel wieder richtig auflegen.
- Thermofühler und Zündeinrichtung können mit einer kleinen weichen Bürste sauber gehalten werden, sie dürfen nicht nass werden, weil sonst kein Funke entsteht.
- Die Reinigung der Kochmulde und des Backofens usw. erfolgt wie bei dem Elektroherd. Vgl. S. 176, 178.

Mikrowellengerät

- Reinigungsmittel und Arbeitsgeräte bereitstellen.
- Herausnehmbare Platten und Drehteller können in der Spülmaschine gereinigt werden.
- Das Mikrowellengerät wird mit Wasser mit Spülmittelzusatz feucht ausgewischt.
- Mikrowellengerät auch von außen reinigen.
- Evtl. vorhandene Luftfilter sollten nach starker Verschmutzung ausgetauscht werden.
- Herausnehmbare Teile wieder einsetzen.

Grillgeräte

- Reinigungsmittel und Arbeitsgeräte bereitstellen.
- Herausnehmbare Teile aus dem Gerät entfernen und gesondert reinigen.
- Geräte mit Spülmittellösung auswischen und trocken reiben. Eingebrannte Rückstände einweichen und materialentsprechend beseitigen.
- Bei beschichteten Kontaktflächen keine kratzenden Mittel oder scharfen Gegenstände zum Reinigen verwenden.
- Der Grillheizkörper reinigt sich durch die hohen Temperaturen selbstständig, feuchtes Abwischen würde ihn beschädigen.
- Herausnehmbare Teile wieder einsetzen.

Convectomaten

Moderne Convectomaten, Heißluftdämpfer und Dampfdruckgeräte haben Garräume aus Edelstahl, evtl. mit Bodenablauf, die täglich bzw. nach jeder Schicht mit heißer Reinigungslösung ausgewaschen werden.

Ist bei hartnäckigen Verschmutzungen die Reinigung mit Spezialreinigern oder Hochdruckgeräten notwendig, muss unbedingt die erforderliche Schutzkleidung angelegt werden: Schutzbrille, hitzefester Overall, Handschuhe und Sicherheitsschuhe.

Das Gleiche gilt für die Gehäusereinigung. Funktionsteile wie Dichtungen, Ventile und Verriegelungen müssen – auch beim Dampfdrucktopf und beim Druckkochkessel – sorgfältig nach der Gebrauchsanweisung des Herstellers gereinigt werden.

Convectomat

Reinigung eines Backofens – Arbeitsschritte

Reinigungsmittel und Arbeitsmittel bereitstellen. Licht im Backofen anschalten.

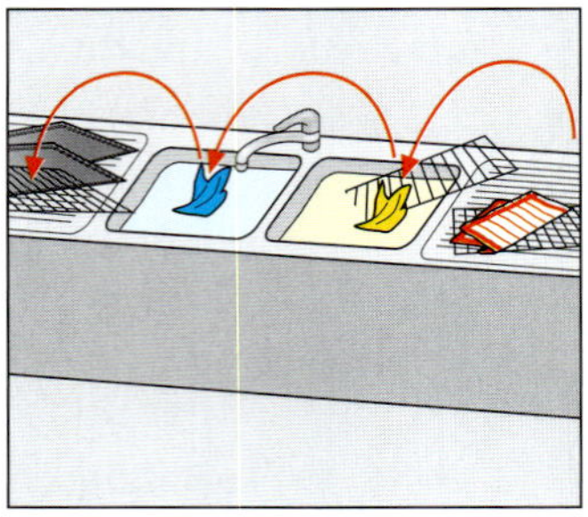

Bleche und Roste herausnehmen. In der Spüle reinigen.

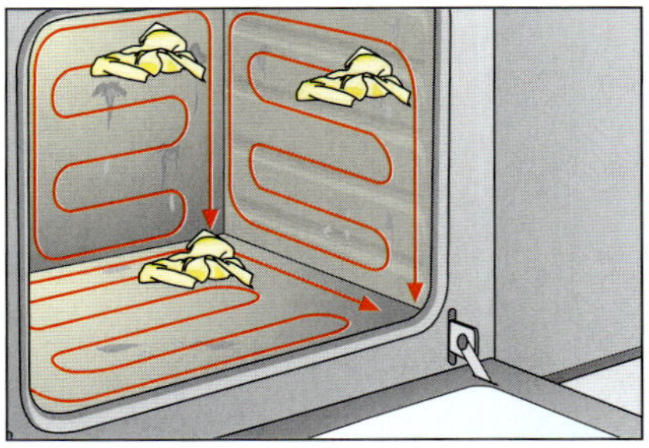

Backofen vollständig – Wände und Rahmen – mit Neutralreinigerlösung reinigen.

Hartnäckige Verschmutzungen mit Scheuermittel und der Scheuerseite eines feuchten Schwamms entfernen.

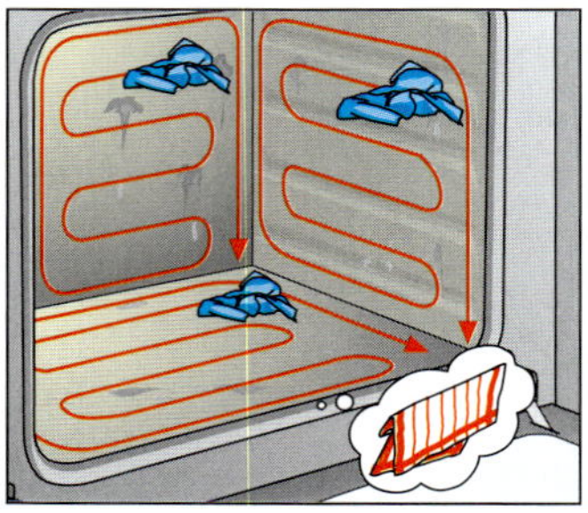

Backofen mit sauberem Wasser auswaschen und mit dem Trockentuch austrocknen.

Backofen wieder einräumen. Licht ausschalten.

Türinnenseite und Türaußenseite reinigen, nachspülen und mit dem Trockentuch trocknen.

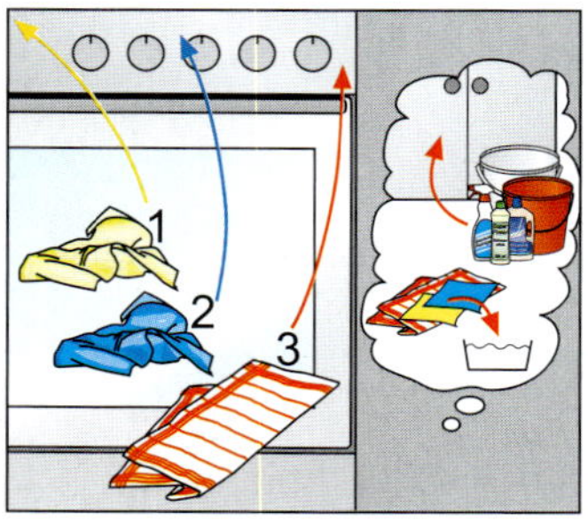

Bedienungsblende ebenfalls reinigen. Arbeitsmittel und Reinigungsmittel wegräumen.

Achtung: Backofenreiniger nur verwenden, wenn der Schmutz sonst nicht entfernt werden kann. Gebrauchsanweisung beachten!

Geschirrspülmaschinen

Bei mangelhaftem Spülergebnis mithilfe des Wasserstandstestes nach Herstellerangaben überprüfen, ob ausreichend Wasser in den Spülraum fließt.

Ursache für einen zu niedrigen Wasserstand können Verschmutzungen im Wasserzulaufsieb sein.

In diesem Fall:

- ▶ Reinigungsmittel und Arbeitsgeräte bereitstellen.
- ▶ Netzstecker ziehen.
- ▶ Wasserzulaufhahn schließen.
- ▶ Wassereinlaufventil abschrauben.
- ▶ Sieb herausnehmen – Gebrauchsanweisung beachten – und reinigen.
- ▶ Zulaufventil wieder montieren, nach Öffnung des Wasserzulaufs evtl. nachziehen.
- ▶ Außerdem regelmäßig die Siebkombination – Grobfilter und Feinfilter – herausnehmen und reinigen.
- ▶ Siebkombination – Grobfilter und Feinfilter – wieder einsetzen.
- ▶ Ebenfalls regelmäßig das Türdichtungsgummi, den Türrahmen und die Tür reinigen.
- ▶ Sprüharm bei Bedarf herausnehmen – Gebrauchsanweisung beachten! – und unter fließendem Wasser durchspülen.
- ▶ Vor der nächsten Benutzung des Geschirrspülers Stromkontakt wieder herstellen und den Wasserzulauf wieder öffnen.
- ▶ Klarspüler und Regeneriersalz rechtzeitig nachfüllen. Anzeige beachten.
- ▶ Um Ablagerungen von fetthaltigen Speiseresten im Innenraum zu vermeiden, sollte der Reiniger zwar knapp, aber nicht unterdosiert werden. Stets entsprechend der Verschmutzung des Geschirrs Programm und Temperatur auswählen.
- ▶ Bei Kalkablagerungen an den Innenwänden kristalline Zitronensäure bei einem Reinigungsgang einsetzen. In hartnäckigen Fällen vom Fachmann den Ionenaustauscher überprüfen lassen.

Gewerbegeschirrspülmaschinen

- ▶ Durchschub- oder Bandautomaten in der Großküche werden nach jeder Schicht mit heißem Wasser ausgespritzt oder mit dem Dampfreiniger gereinigt.
- ▶ Die Dichtungen und das Gehäuse werden mindestens wöchentlich gereinigt.
- ▶ Täglich wird gereinigt bei extremen Maschinenlaufzeiten und hoher Verschmutzung!
- ▶ Wichtig ist die tägliche Kontrolle der Siebe, im Vorspülbereich evtl. auch während einer Schicht.

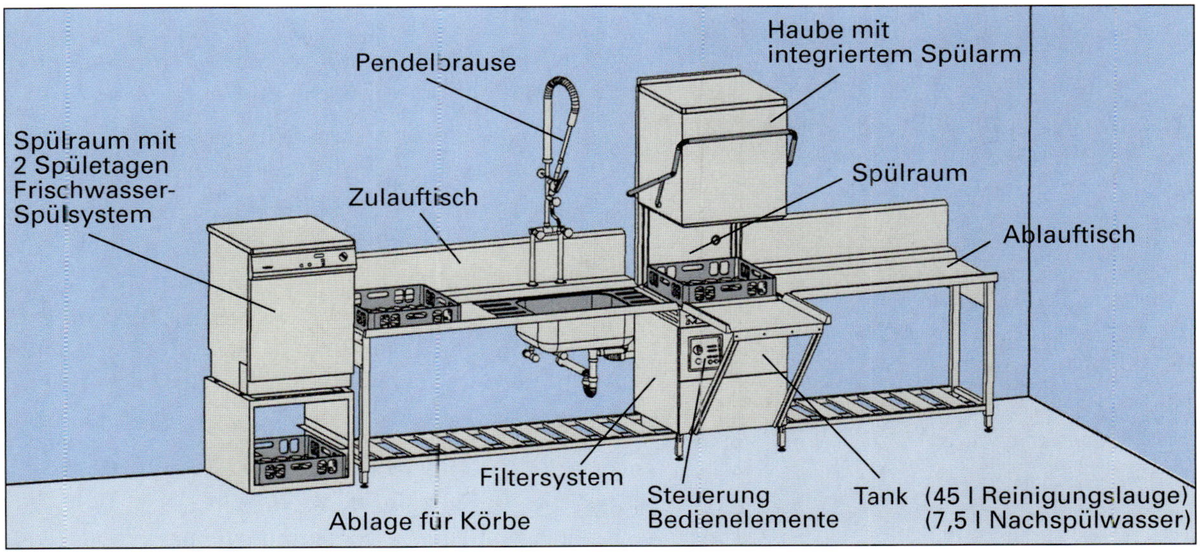

Spülküche im Gewerbe mit unterschiedlichen Spülsystemen

Aufgaben:

1. In welcher Reihenfolge werden folgende Gegenstände beim Spülen per Hand gereinigt:
   a) Kartoffelschüssel aus Porzellan,
   b) Wassergläser,
   c) Fischbesteck,
   d) Bratpfanne,
   e) Kompottschälchen aus Glas,
   f) Bratenwender,
   g) Suppenschüssel,
   h) Suppenlöffel,
   i) flache Teller – verschmutzt,
   j) Suppenteller?
2. Welche Arbeitsgeräte und Reinigungsmittel benötigen Sie für
   a) Topf mit angebranntenSpeiseresten,
   b) Besteck,
   c) Vase?

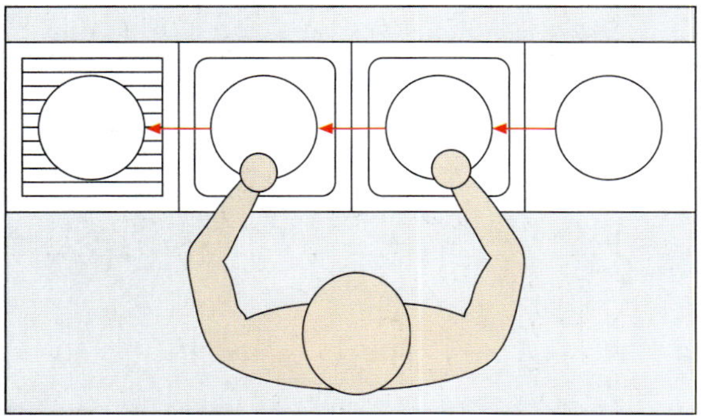

Arbeitsplatz für das Geschirrspülen per Hand

Geschirrspülen per Hand

- Töpfe, Pfannen und Backbleche gleich nach dem Entleeren mit Wasser füllen. Dann können die Speise- bzw. Gebäckreste nicht antrocknen und sind später leichter zu entfernen.
- Stark verschmutztes Geschirr vorspülen. Das Spülwasser muss dann nicht so oft gewechselt werden.
- Geschirr sortiert und stapelweise rechts neben die Spüle stellen. Besteck in ein Sammelgefäß geben.
- In beide Spülbecken heißes Wasser einlassen. Dem Wasser in dem rechten Spülbecken wenig Spülmittel zusetzen. Spülmittel löst Fett und fetthaltige Speisereste und erleichtert so die Arbeit. Durch größere Spülmittelmengen wird kein besseres Ergebnis erzielt. Sie belasten nur wie alle anderen Reinigungsmittel über die Abwässer die Umwelt.
- In folgender Reihenfolge das Geschirr spülen: Glas – Porzellan – Besteck – Töpfe – Pfannen.
- Das schmutzige Geschirr möglichst stapelweise in die rechte Spüle setzen, so werden viele unnötige Handgriffe vermieden.
- Besteck mit der Spülbürste reinigen. Messer nie im Spülwasser liegen lassen, während des Spülens in der Hand behalten. Verletzungsgefahr!
- Das Geschirr einzeln in der linken Spüle nachspülen, danach in den Abtropfkorb oder auf die Abtropffläche stellen.
- Glas vorsichtig und gründlich mit einem fusselfreien Leinentuch abtrocknen.
- Das restliche Geschirr kann – falls genügend Zeit vorhanden ist – auf der Abtropffläche trocknen.
- Das saubere Geschirr sortiert abstellen und sorgfältig einräumen, damit die nächsten Benutzer es am gewohnten Platz vorfinden.
- Spülbürste und Spülbecken nach dem Abwasch gründlich reinigen.
- Reinigungsmittel wegräumen.
- Spültücher und Geschirrtücher zum Trocknen aufhängen oder in die Wäsche geben.

Beschicken und Leeren der Geschirrspülmaschine – Arbeitsschritte

Speisereste von Geschirr und Töpfen mit einem Gummischaber entfernen.

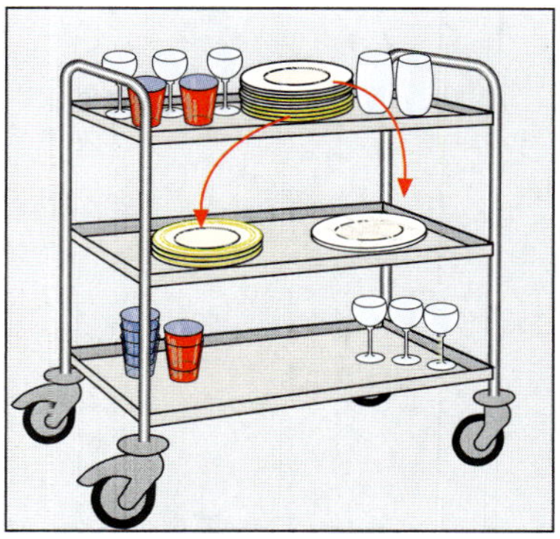

Ungeeignetes Geschirr aussortieren.

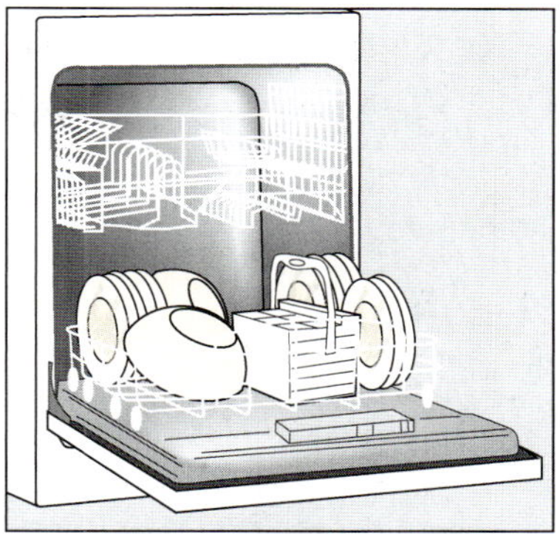

Größere und stärker verunreinigte Geschirrteile in den unteren Korb einsortieren.

Besteck unsortiert in den Besteckkorb stellen.

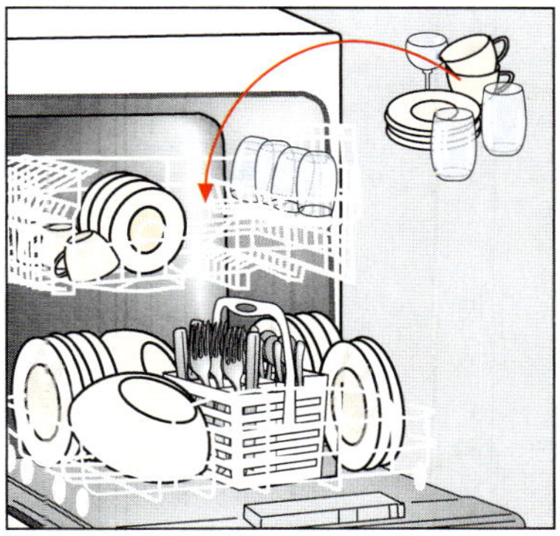

Gläser und leicht verschmutztes Geschirr in den oberen Korb stellen.

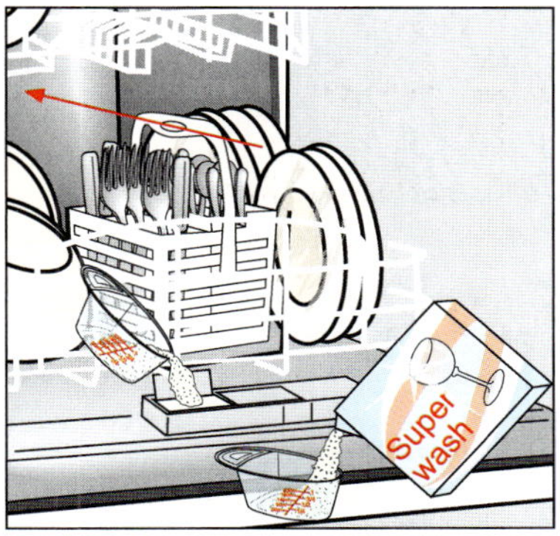

Reiniger nach Gebrauchsanweisung zugeben. Körbe zurückschieben.

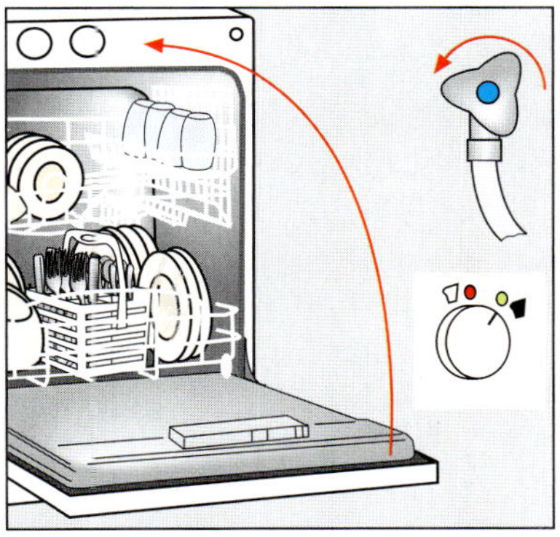

Tür schließen. Wasserhahn öffnen. Programm auswählen und starten.

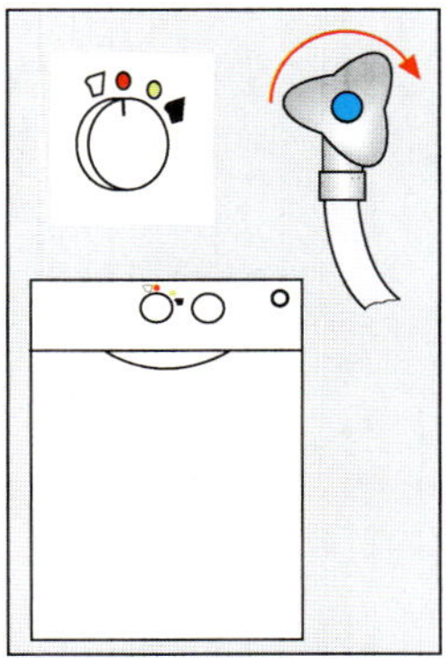

Nach Programmende Gerät ausschalten. Wasserhahn schließen.

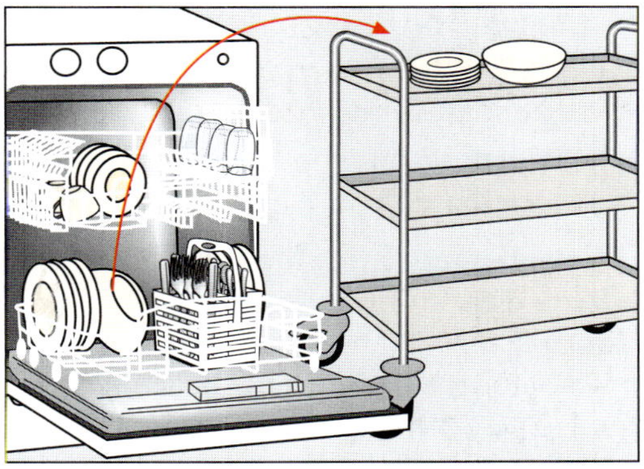

Geschirrspülmaschine ausräumen. Mit dem unteren Korb beginnen. Geschirr auf Sauberkeit überprüfen.

Geschirrspülen mit der Maschine oder per Hand?

Bevor teure Geräte gekauft werden, sind oft umfangreiche Vorüberlegungen bzw. Entscheidungsprozesse notwendig.

Was versteht man unter einem Entscheidungsprozess?
Ein Entscheidungsprozess besteht aus den folgenden Phasen:

Planungsphase:
Welche Überlegungen müssen vor der Kaufentscheidung angestellt werden?

Informationsphase:
Welche Informationen müssen beschafft werden?

Wo kann man diese Informationen erhalten?

Beurteilungsphase:
Wie kann das Informationsmaterial ausgewertet werden?

Entscheidungsphase:
Welche Entscheidung soll getroffen werden?

Entscheidungsprozess „Anschaffung einer Geschirrspülmaschine?"

Überlegungen/Tätigkeiten während der Planungsphase

- Wie können wir die Kosten für Kauf und Nutzung ermitteln?
- Wie können wir Zeitersparnis und Kraftersparnis ermitteln, die durch den Einsatz einer Geschirrspülmaschine erreicht werden?
- Wie können wir weitere Vorteile bzw. Nachteile ermitteln?
- Wo können wir das Gerät aufstellen?
- Sind entsprechende technische Einrichtungen vorhanden bzw. notwendig?

Überlegungen/Tätigkeiten während der Informationsphase

Um diese Fragen beantworten zu können, muss Informationsmaterial beschafft werden:

- Prospekte/Produktinformationen in Fachgeschäften usw.
- Kennzeichnung an Geräten, z. B. Warenzeichen, Sicherheitszeichen
- Verbraucherinformation in Verbraucherberatungsstellen und Energieberatungsstellen

Überlegungen bzw. Tätigkeiten während der Beurteilungsphase

Vergleich verschiedener Geräte hinsichtlich der

- Kosten für Anschaffung und Nutzung
- technischen Daten, Umweltfreundlichkeit, z. B. der Energieverbrauch, Wasserverbrauch, Salzverbrauch, Geräusch/Lärmbelästigung
- Bedienung, Handhabung; Arbeitsaufwand und Arbeitserleichterung
- Richtigkeit der Werbeaussagen

Auswertung des Informationsmaterials

Das **Fassungsvermögen einer Geschirrspülmaschine** wird in Maßgedecken angegeben. Es beträgt in der Regel 10, 12 oder 14 Maßgedecke einschließlich Serviergeschirr.

12 Maßgedecke entsprechen der Geschirrmenge, die in einem 4-Personen-Haushalt täglich anfällt.

Arbeitsaufwand: Aufgrund des Fassungsvermögens ist täglich ein Spülgang mit der Maschine notwendig. Beim Spülen von Hand wird diese Geschirrmenge meist in zwei Spülgängen gereinigt.

Die Arbeitszeit für das Geschirrspülen beträgt pro Tag

a) mit der Maschine etwa 15 Minuten (einräumen, ausräumen usw.),

b) von Hand etwa 60 Minuten.

Die Kosten für das Geschirrspülen setzen sich zusammen aus **Kapitalkosten und Betriebskosten.**

Die **Kapitalkosten** für die Geschirrspülmaschine setzen sich zusammen aus

- Anschaffungskosten,
- Kosten für Aufbau und Anschluss des Gerätes,
- Kosten für Reparatur (Instandhaltung) usw.

Die Kapitalkosten pro Jahr für das Geschirrspülen mit der Maschine betragen ca. 100,00 €.

Kapitalkosten für das Geschirrspülen von Hand entstehen meist nicht, da Spüle und benötigte Materialien vorhanden sind.

Betriebskosten entstehen beim Betrieb des Gerätes bzw. beim Spülen von Hand für Wasser, Spülmittel usw.

Aufgaben:

1. Berechnen Sie die täglichen Betriebskosten für das Geschirrspülen
   a) mit der Maschine,
   b) per Hand.
2. Berechnen Sie die Gesamtkosten und die Gesamtarbeitszeit für das Geschirrspülen pro Jahr
   a) mit der Maschine,
   b) per Hand.

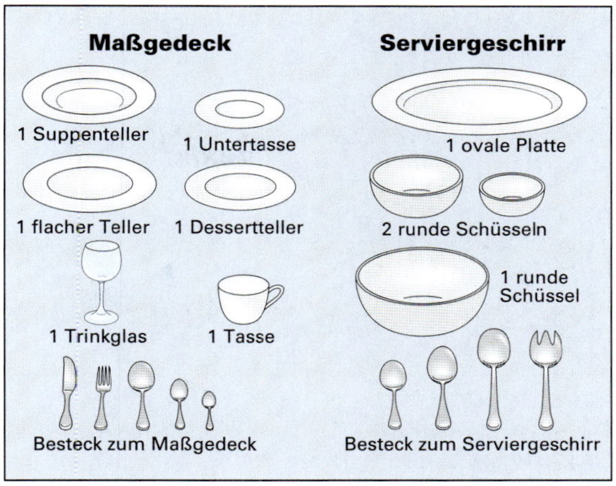

Betriebskosten mit der Geschirrspülmaschine pro Tag

Hilfs- und Betriebsstoffe	Einheit	Preis je Einheit in €	1 Spülgang pro Tag	
			Verbrauch	Kosten in €
Wasser	m^3	3,80	0,014	?
Strom	kWh	0,20	1,050	?
Spülmittel	kg	2,00	0,030	?
Klarspüler	l	4,80	0,003	?
Salz	kg	1,00	0,020	?
tägliche Kosten	–	–	–	?

Betriebskosten beim Geschirrspülen per Hand pro Tag

Hilfs- und Betriebsstoffe	Einheit	Preis je Einheit in €	2 Spülgänge pro Tag	
			Verbrauch	Kosten in €
Wasser	m^3	3,80	0,040	?
Strom	kWh	0,20	2,0	?
Spülmittel	l	1,75	0,006	?
Spülbürste, Geschirrtuch	–	–	–	0,05
tägliche Kosten	–	–	–	?

Gesamtkosten pro Jahr

Kostenart	Geschirrspülen Maschine	per Hand
Kapitalkosten	100,00 €	–
Betriebskosten	365 × ? €	365 × ? €
Gesamtkosten	? €	? €

Gesamtarbeitszeit pro Jahr

	Geschirrspülen Maschine	per Hand
Arbeitszeit pro Tag	365 × ? Minuten	365 × ? Minuten
Gesamtarbeitszeit	? Minuten	? Minuten

Reinigung des Kühlschranks – Arbeitsschritte

Arbeitsgeräte und Reinigungsmittel bereitstellen.

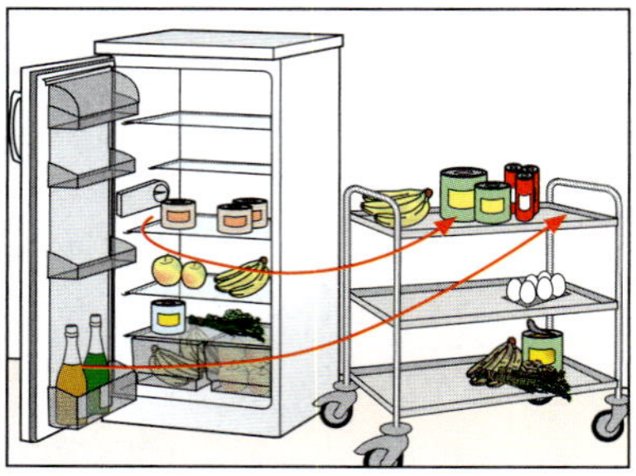

Kühlschrank ausschalten und ausräumen.

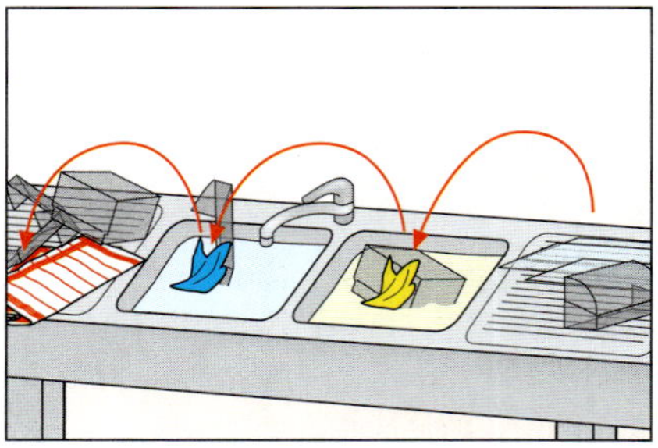

Fächereinteilung herausnehmen.
In der Spüle reinigen.
Evtl. Eis aus dem Eisfach mit einem Teigschaber entfernen.

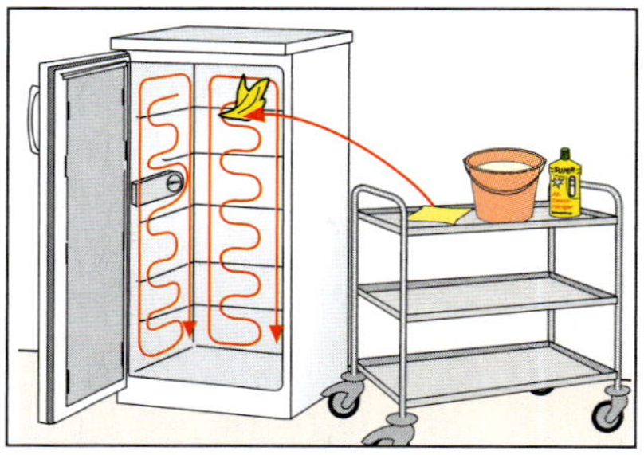

Innenwände des Kühlschranks von oben nach unten mit Wasser und Allzweckreiniger reinigen.

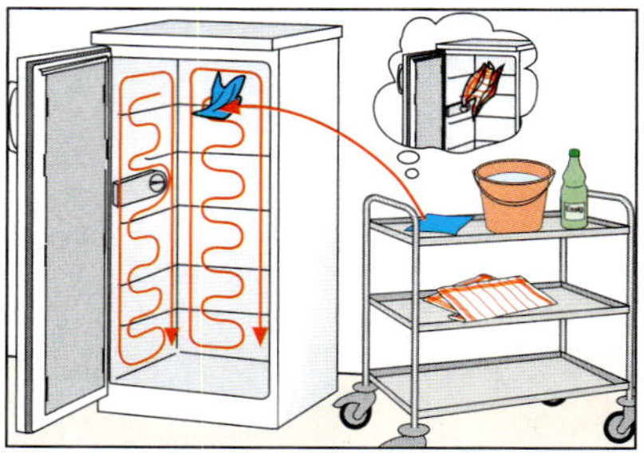

Innenwände mit Essigwasser nachbehandeln, trocken reiben.

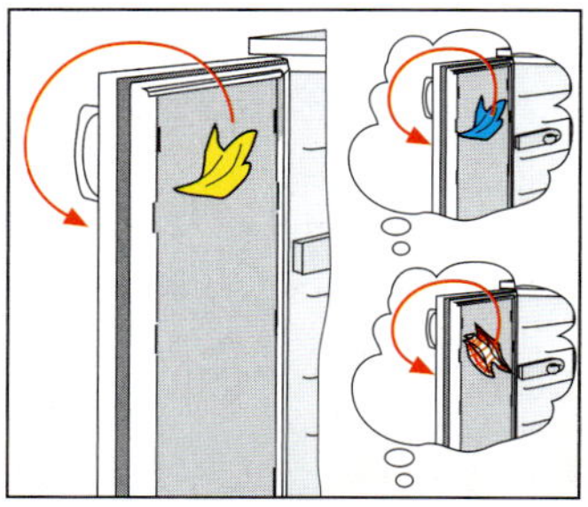

Tür des Kühlschranks wie die Innenwände reinigen.

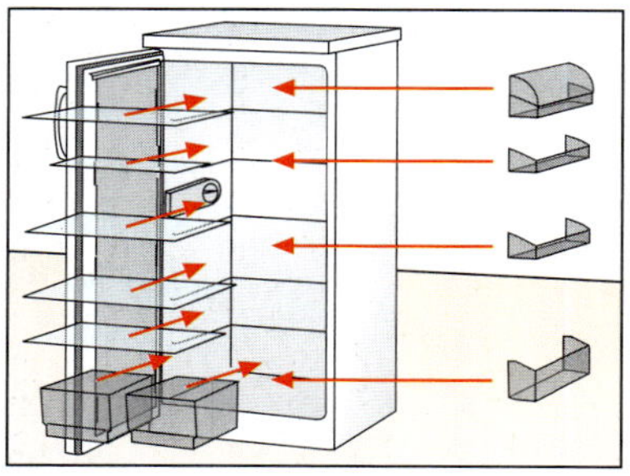

Gereinigte Fächereinteilung einsetzen.

Vorräte geordnet wieder in den Kühlschrank einräumen.

Kühlschrank einschalten.
Tür schließen.
Arbeitsgeräte und Reinigungsmittel wegräumen.

Gefriergeräte und Gefriereinrichtungen

Alle drei bis vier Monate – spätestens wenn die Reifschicht ca. 3 mm dick ist – muss die Reifschicht entfernt und das Gerät gereinigt werden.

Reinigungsablauf – Gefriergerät:

- Arbeitsgeräte und Reinigungsmittel bereitstellen.
- Gerät abschalten.
- Gefriergut herausnehmen, mit Zeitungspapier oder Ähnlichem isolieren und kühl stellen.
- Gefriergerät abtauen lassen. Zur Beschleunigung Behälter mit heißem Wasser in das Gefriergerät stellen.
- Fächereinteilung herausnehmen und inzwischen im Spülbecken gründlich reinigen.
- Gerät auswaschen und trocknen.
- Tür und Dichtungsringe reinigen.
- Gefriergerät von außen feucht mit Allzweckreinigerwasser und Essigwasser reinigen und anschließend mit dem Trockentuch trocknen.
- Fächereinteilung wieder einsetzen.
- Das Gefriergerät einschalten und wieder auf Temperatur bringen.
- Gefriergut wieder geordnet in die Fächer einlegen.
- Arbeitsplatz reinigen.
- Arbeitsgeräte und Reinigungsmittel wegräumen.

Begehbare Gefriereinrichtungen in der Gemeinschaftsverpflegung werden häufig ausgekehrt, d. h. trocken gereinigt.

Einzelbehälter zum Einstellen in die Regale sollen wöchentlich bzw. nach der Entnahme oder vor der Neubeschickung gereinigt werden.

Sicherheitsmaßnahmen in Gefrierräumen:

- Gefrierraumtüren müssen von innen zu öffnen sein.
- Beim Betreten des Kühlraums ist warme Kleidung zu tragen.
- In dem Kühlraum muss eine vom Stromnetz unabhängige Notrufeinrichtung vorhanden sein.

Aufgaben:

1. Erstellen Sie einen Arbeitsplan für die Reinigung einer Gefriertruhe.
2. Am 17. Juli finden Sie bei der Reinigung eines Kühlschranks folgende Mindesthaltbarkeitsdaten auf den Lebensmitteln:
   a) Milchtüte 20. 7. ..
   b) Speisequark 19. 7. ..
   c) Brot, verschimmelt
   d) Edamer Käse 30. 7. ..
   e) Buttermilch 16. 7. ..
   Welche Lebensmittel werden von Ihnen wieder in den Kühlschrank eingeräumt bzw. aussortiert?

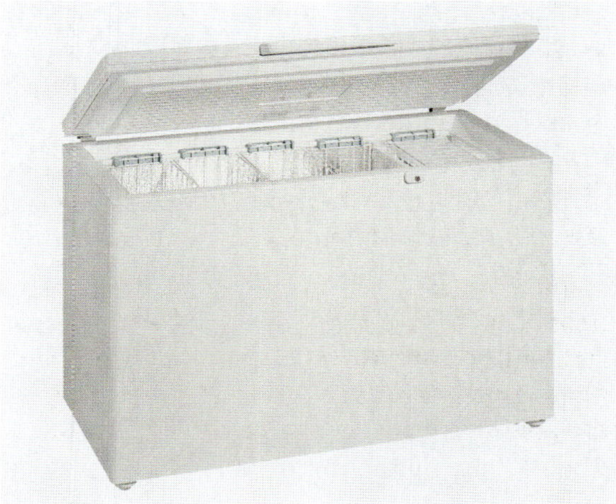

Kühltruhe

Begehbare Gefriereinrichtung

Fritteuse und Fettbackgerät

Reinigung:

- Gerät ausschalten und abkühlen lassen.
- Fett in spezielle, verschließbare Entsorgungseimer für Fett ablassen.

  Achtung: In der Regel hat das Fett beim Ablassen noch eine Temperatur von ca. 80 °C, deshalb wärmeisolierende Handschuhe mit Stulpen als Unterarmschutz tragen.
- Abgelassenes heißes Fett aus dem Arbeitsbereich entfernen.
- Reinigungsmittel – Spülmittel und Scheuermilch – und Arbeitsgeräte – Vliespapier, Schwammtuch, Spülbürste und Trockentuch – bereitstellen.
- Frittierkorb, Heizstäbe und Frittierbecken **abkühlen** lassen.
- Mit Vliespapier vorreinigen.
- Frittierkorb mit heißem Wasser mit Spülmittelzusatz gründlich reinigen. Falls notwendig, flüssige Scheuermilch verwenden.
- Frittierkorb mit heißem, klarem Wasser nachspülen und trocknen.
- Fritteuse und Deckel erst innen und dann außen mit heißem Wasser mit Spülmittelzusatz gründlich reinigen.
- Fritteuse und Deckel mit heißem, klarem Wasser nachspülen.
- Fritteuse geöffnet trocknen lassen, damit keine Flusen vom Trockentuch in das neue Fett gelangen.
- Reinigungsmittel und Arbeitsgeräte reinigen und aufräumen.

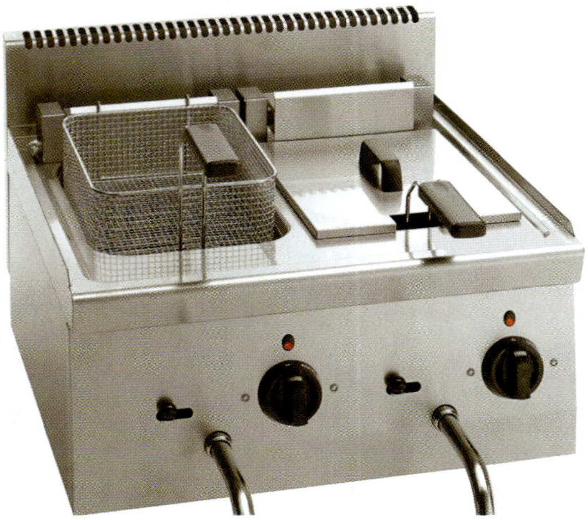

Fritteuse mit Deckel und Frittierkorb

Aufschnittschneidemaschine

Alle Geräte, mit denen Fleisch und andere eiweißhaltige Lebensmittel bearbeitet und verarbeitet werden, müssen sorgfältig – mindestens nach jeder Schicht – gereinigt werden. Nur so können Lebensmittelvergiftungen vermieden werden.

Reinigung:

- Netzstecker ziehen.
- Reinigungsmittel und Arbeitsgeräte bereitstellen.
- Messer aus der Maschine herausnehmen.
- Schneidgutschlitten hochklappen.
- Andruckplatte abschrauben.
- Alle Teile in heißem Wasser mit Spülmittel abwaschen. Keine Messer in das Wasser legen. Unfallgefahr!
- Alle Teile mit heißem, klarem Wasser nachspülen und trocknen.
- Reinigungsmittel und Arbeitsgeräte reinigen und aufräumen.

Das gleiche Reinigungsprinzip gilt für Fleischwolf, Cutter und alle Fleischmesser.

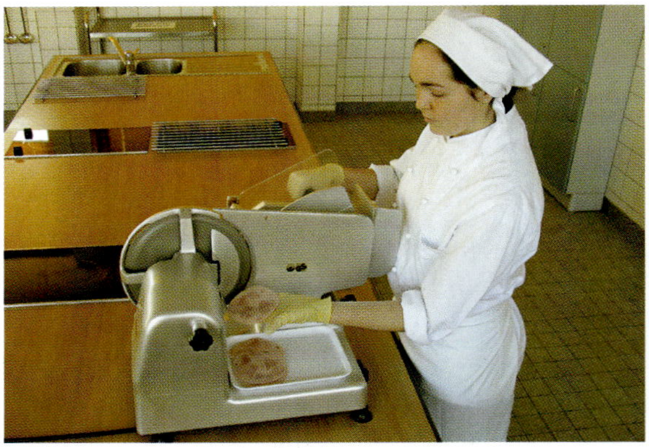

Aufschnittschneidemaschine

Cutter

Dunstabzugshauben

Man unterscheidet Abluftgeräte und Umluftgeräte.

Abluftgeräte sind wirksamer, da die angesaugte Küchenluft durch einen Fettfilter gereinigt und durch einen Abluftkanal ins Freie abgeleitet wird. Bei Abluftgeräten werden alle drei bis vier Jahre die Rohrwege gesäubert.

Bei **Umluftgeräten** wird die Luft durch Fettfilter und einen Geruchsfilter gereinigt, bevor sie in die Küche zurückgeleitet wird.

Fettfilter sind also bei Abluftgeräten und Umluftgeräten vorhanden. Die Fettfilter zeigen meist durch Verfärbung an, dass ein Wechsel notwendig ist. Filter, die viel Fett aufgenommen haben, stellen eine Brandgefahr dar.

Der Geruchsfilter wird nach Herstellerangabe gewechselt.

Vor der Reinigung der Dunstabzugshaube die Reinigungshinweise des Herstellers beachten.

Reinigungsablauf:

- Netzstecker ziehen.
- Fettfilter entnehmen, reinigen oder entsorgen.
- Schutzgitter, Luftschrauben und Gehäuse reinigen.
- Fettfilter einlegen oder einbauen.
- Schutzgitter anbringen.
- Betriebsbereitschaft überprüfen.

Wiederverwendbare Filter aus Kunstfasern werden in warmer Reinigungslösung gewaschen. Nach zwei- bis dreimaliger Reinigung müssen auch diese ersetzt werden.

Metallfilter werden ebenso oder in der Geschirrspülmaschine gereinigt.

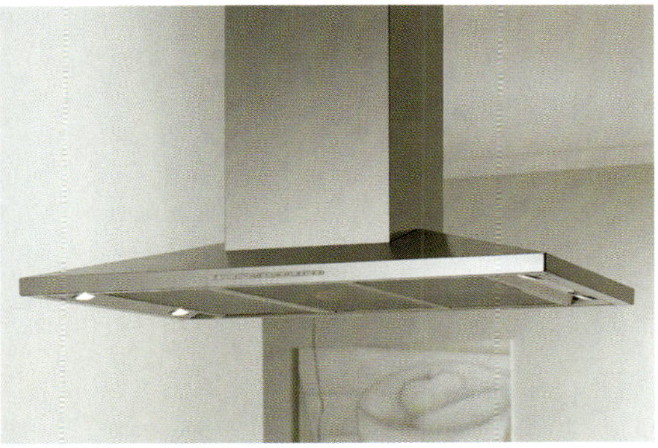

Dunstabzugshaube

Küchenmaschine

- Netzstecker ziehen.
- Reinigungsmittel und Arbeitsgeräte bereitstellen.
- Abnehmbare Teile der Küchenmaschine lösen und im Spülbecken reinigen. Mit klarem Wasser nachspülen und trocknen.
- Maschine und Stromkabel mit einem feuchten Tuch reinigen.
- Küchenmaschine wieder zusammensetzen.

Abnehmbare Teile einer Küchenmaschine

Toaster

- Netzstecker ziehen.
- Reinigungsmittel und Arbeitsgeräte bereitstellen.
- Krümelschublade des Toasters herausziehen. Krümel in den Abfalleimer geben, mit einem feuchten Tuch reinigen, trocknen.
- Toastergehäuse und Stromkabel mit einem feuchten Tuch gründlich reinigen, trocknen.

Entfernen der Krümel aus dem Toaster

3.4 Reinigungsarbeiten in Räumen

Reinigung und Pflege von speziellen Fußbodenbelägen

PVC

- ▶ **Unterhaltsreinigung:**
  Kehren, Feuchtwischen oder Nasswischen, Cleanern.
  Als Reinigungsmittel sind Seifenreiniger, Allzweckreiniger und Neutralreiniger geeignet.
- ▶ **Die Pflege** erfolgt mit Wischmitteln.
- ▶ **Grundreinigung:**
  Hier werden Spezialmittel und Bohnermaschinen mit stark reibenden Pads eingesetzt.
  Ölhaltige Verschmutzungen müssen sofort entfernt werden, da sie in den Belag eindringen.

Laminat

Laminatböden sind Beläge, die aussehen wie Parkett oder Dielenböden.

- ▶ **Unterhaltsreinigung:**
  Kehren, Feuchtwischen, Cleanern.
  Da die Kanten Wasser aufnehmen können, sollte keine Nassreinigung erfolgen. Als Reinigungsmittel sind Seifenreiniger, Allzweckreiniger und Neutralreiniger geeignet.
- ▶ **Die Pflege** erfolgt mit Wischmitteln.
- ▶ **Grundreinigung:**
  Da eine Grundreinigung mit stärkerem Wassereinsatz verbunden ist, kann diese bei Laminat nicht durchgeführt werden.

Linoleum

- ▶ **Unterhaltsreinigung:**
  Kehren, Feuchtwischen, Cleanern.
  Für die Reinigung nur neutrale Seifenreiniger einsetzen.
- ▶ **Die Pflege** erfolgt durch Beschichtung mit Pflegefilmen, Selbstglanzemulsion.
- ▶ **Grundreinigung:**
  Nach der Feuchtreinigung können raue Beläge durch Polieren mit grünen – mäßig reibenden – Pads geglättet werden.

Kork, versiegelt

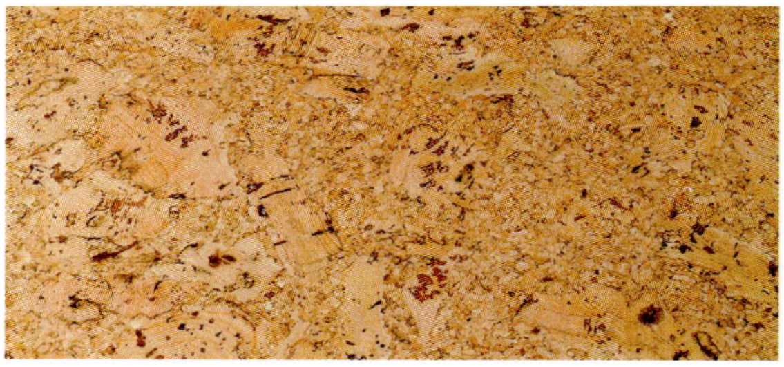

- ▶ **Unterhaltsreinigung:**
  Kehren, Feuchtwischen, Cleanern.
  Als Reinigungsmittel können Allzweckreiniger und Neutralreiniger verwendet werden.
- ▶ **Die Pflege** erfolgt mit Wischmitteln, die Selbstglanzemulsion enthalten.
- ▶ **Grundreinigung:**
  Reinigungsmittel wie bei der Unterhaltsreinigung verwenden, außerdem grüne Pads mit geringem Abrieb. Versiegelungen sind kratzempfindlich.

Pads mit geringem und starkem Abrieb

Parkett

- **Unterhaltsreinigung:**
  Kehren, Feuchtwischen, Cleanern.
  Möglichst wenig Wasser verwenden. Als Reinigungsmittel können Allzweckreiniger und Neutralreiniger eingesetzt werden.
- **Die Pflege** erfolgt mit Parkettpflegemitteln.
- **Grundreinigung:**
  Reinigungsmittel wie bei der Unterhaltsreinigung verwenden sowie grüne Pads mit geringem Abrieb. Versiegelungen sind kratzempfindlich.

Dielen, unversiegelt

- **Unterhaltsreinigung:**
  Kehren in Dielenrichtung, Feuchtwischen und Cleanern. Eine Durchnässung muss generell vermieden werden. Als Reinigungsmittel sind Allzweckreiniger und Neutralreiniger geeignet.
- **Die Pflege** erfolgt durch Heißwachsen oder Auftragen von Hartwachslösungen mit anschließendem Polieren in Holzmaserungsrichtung.
- **Grundreinigung:**
  Reinigungsmittel wie bei der Unterhaltsreinigung und rote Pads mit starkem Abrieb verwenden.

Glasierte Steinböden

- **Unterhaltsreinigung:**
  Kehren, Feuchtwischen oder Nasswischen.
  Als Reinigungsmittel eignen sich Allzweckreiniger und Alkoholreiniger. Glasierte Fliesen sehen bei überdosiertem Reinigungsmittel schmierig aus.
- Glasierte Fliesen benötigen keine Pflegesubstanz.

Grundreinigung:

- Es sind keine besonderen Maßnahmen notwendig.

Unglasierte Steinböden

Unglasierte Fliesen haben eine raue und poröse Oberfläche.

- **Unterhaltsreinigung:**
  Kehren, Feucht- oder Nasswischen.
  Als Reinigungsmittel eignen sich Seifenreiniger und Allzweckreiniger. Die Reinigung ist aufwendig, da der Schmutz zum Teil tief in den Poren sitzen kann.
- **Pflege:** Geeignete Wischmittel verwenden. Als Fleckenschutz für unglasierte Fliesen gibt es spezielle Silikon-Imprägniermittel.
- **Grundreinigung:**
  Nassscheuern ermöglicht eine gründliche Reinigung.

Reinigung textiler Bodenbeläge

Unterhaltsreinigung

Die Unterhaltsreinigung textiler Bodenbeläge wird durch Staubsaugen oder Bürstensaugen durchgeführt.

Staubsaugen eignet sich für alle Beläge, allerdings kann nur lose aufliegender Schmutz entfernt werden.

Beim Bürstensaugen wird lose aufliegender Schmutz entfernt, außerdem wird die Oberfläche durch die Bürsten mechanisch bearbeitet, hierdurch können auch haftende Verschmutzungen beseitigt werden.

Bürstensaugen ist nicht geeignet für textile Bodenbeläge mit Schlingen, hier können Verfilzungen entstehen. Nicht zu empfehlen ist diese Reinigungsmethode auch bei Nadelfilzbelägen, da eine Aufrauung und damit ein erhöhter Verschleiß bewirkt wird.

Arbeitsgrundsätze beim Saugen:

- Füllung der Filtertüte überprüfen, bei $^2/_3$-Füllung auswechseln.
- Auf die richtige Saugstärke bzw. auf die richtige Bürstenhöhe achten.
- Aufrecht und somit rückenschonend arbeiten, Druck kann die Saugkraft nicht erhöhen.
- Nicht zu hastig arbeiten, der Staub muss erst durch die Düsen aufgenommen werden.
- Vom Kabel weg saugen, Kabel rechtzeitig umstecken.
- Bei möblierten Räumen ist das Inselsaugen die günstigste Methode.
- Nach dem Saugen Gerät und Kabel mit einem feuchten Tuch reinigen. Bürsten von Fäden usw. befreien.

Möblierter Raum – Inselsaugen

Grundreinigung

Bei der Grundreinigung handelt es sich um eine **Nassreinigung**, die nach gründlichem Saugen mit dem Staubsauger oder Bürstensauger erfolgt. Hartnäckige Verschmutzungen oder andere Rückstände, die das Aussehen beeinträchtigen, werden entfernt.

Materialverträglichkeitsprobe: Vor einer Nassreinigung muss zunächst an einer wenig sichtbaren Stelle überprüft werden, ob durch die Reinigung Veränderungen an dem textilen Bodenbelag entstehen, z.B. Verfärbungen oder Fleckenbildung.

Shampoonierung

Flüssiges Shampoo oder Trockenreinigungspulver wird mit einer Shampoonier- oder Scheibenmaschine bahnenweise aufgetragen und einmassiert. Die Bahnen überlappen sich dabei um einige Zentimeter.

Den Schaum auf dem textilen Bodenbelag einwirken lassen, während dieser Zeit die Fläche nicht begehen. Der Schaum hüllt die Schmutzpartikel ein. Nach dem Trocknen werden diese abgesaugt.

Sprühextraktion

Mit einem Sprühextraktionsgerät wird die Reinigungsflüssigkeit bahnenweise auf den textilen Bodenbelag gesprüht. Der Schmutz wird gelöst und anschließend im gleichen Arbeitsgang in einen Schmutzwassertank aufgesaugt. Gearbeitet wird in Längs- oder Querbahnen in Richtung Tür. Die Bahnen überlappen sich dabei um einige Zentimeter. Hartnäckige Verschmutzungen werden mehrmals bearbeitet. Die gereinigte Fläche darf bis zur vollkommenen Trocknung nicht begangen werden.

Die Sprühextraktion ist nur für feuchtigkeitsunempfindliche Bodenbeläge geeignet.

Arbeitsablauf: Grundreinigung

- ▶ Reinigungsmittel und Arbeitsgeräte bereitstellen.
- ▶ Materialverträglichkeit des Bodenbelages prüfen.
- ▶ Fußbodenheizung abstellen, da es sonst zur Streifenbildung kommen kann.
- ▶ Bewegliche Kleinmöbel beiseitestellen. Fläche so weit wie möglich frei räumen und Möbel durch Abdeckungen vor Spritzern durch die Reinigungsflüssigkeit schützen.
- ▶ Staubsaugen oder Bürstensaugen durchführen.
- ▶ Reinigungsmittel nach Herstellervorschrift mischen und Arbeitsgeräte einsatzbereit machen.
- ▶ Textile Bodenbeläge shampoonieren oder sprühextrahieren.
- ▶ Arbeitsergebnis kontrollieren. Evtl. noch vorhandene Flecken mit speziellen Fleckenmitteln entfernen.
- ▶ Geräte reinigen.
- ▶ Bei hochflorigen Bodenbelägen Flor im feuchten Zustand durch Bürsten aufrichten.
- ▶ Andere textile Bodenbeläge trocknen lassen, nicht begehen, dann absaugen.
- ▶ Reinigungsmittel und Arbeitsgeräte aufräumen.
- ▶ Abdeckungen von den Möbeln entfernen.
- ▶ Möbel wieder einräumen.

Auswahl textiler Bodenbeläge

Die Auswahl eines textilen Bodenbelags ist abhängig von der Nutzung und Beanspruchung der Räume.

Für Verbraucher ist es häufig schwer, die Teppichqualität zu beurteilen. Einkaufshilfe kann das Teppichsiegel der Europäischen Teppichgemeinschaft sein.

Das Teppichsiegel kennzeichnet, dass der Gebrauchswert und die mögliche Beanspruchung getestet wurden. Das Testergebnis wird dann durch Eignungssymbole verdeutlicht:

stuhlrollengeeignet

für Büroräume mit Stühlen auf Rollen

treppengeeignet

für Treppen in Gemeinschaftseinrichtungen usw.

antistatisch

kein Aufladen, beim Begehen kein Schlag

Fußbodenheizung

für Räume mit Bodenheizung

Schnittkantenfestigkeit

in Privathäusern

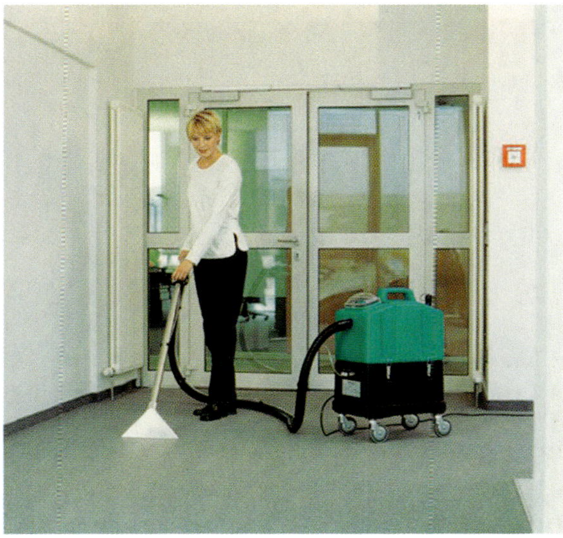

Sprühextraktion

Teppichsiegel – Beispiel

Aufgaben:

1. Betrachten Sie das Fenster. Welche Arbeiten müssen Sie zunächst erledigen, bevor Sie mit der Fensterreinigung beginnen können?
2. Benennen Sie die abgebildeten Arbeitsgeräte und Reinigungsmittel.
3. Welche der abgebildeten Leitern wählen Sie für die Fensterreinigung aus?

Arbeitsgeräte und Reinigungsmittel

Fensterreinigung

Arbeitsgeräte und Reinigungsmittel auswählen

Einwascher: Er besteht aus einem Griff und einem Einwaschfell.

Fensterabzieher: Er besteht aus einem Griff und einer Gummilippe. Mit dem Fensterabzieher zieht oder schiebt man das Wasser von der Scheibe.

Fensterleder: eine dünne ungefärbte Tierhaut mit hoher Saugfähigkeit, die keine Fusseln beim Trockenwischen auf der Scheibe hinterlässt.

Trockentuch: ein fusselfreies Tuch aus Baumwolle oder Halbleinen. Die Scheiben usw. werden damit trocken poliert.

Schwammtuch: Es nimmt viel Wasser auf.

Neutralreiniger: zum Entfernen des Schmutzes.

Spiritus: Er wirkt fettlösend. Es kann auch ein Glasreiniger verwendet werden, er wird auf die Scheiben gesprüht.

Zwei Eimer: einen Eimer mit Wasser und Neutralreiniger. Neutralreiniger nach Gebrauchsanweisung dosieren. Das Schwammtuch kommt in den Eimer mit Neutralreiniger. Einen Eimer mit Wasser und Spiritus. Der Einwascher kommt in diesen Eimer.

Sicherheitsleiter: mit GS-Zeichen mit mindestens drei Stufen, Abstellfläche und einem Haltegriff.

Arbeitsplatz

Fensterreinigung – Arbeitsschritte

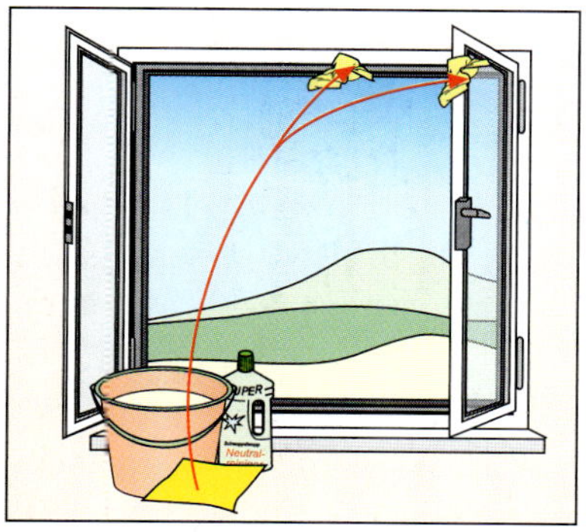

Fensterrahmen von innen und außen mit dem Wasser mit Neutralreiniger reinigen.

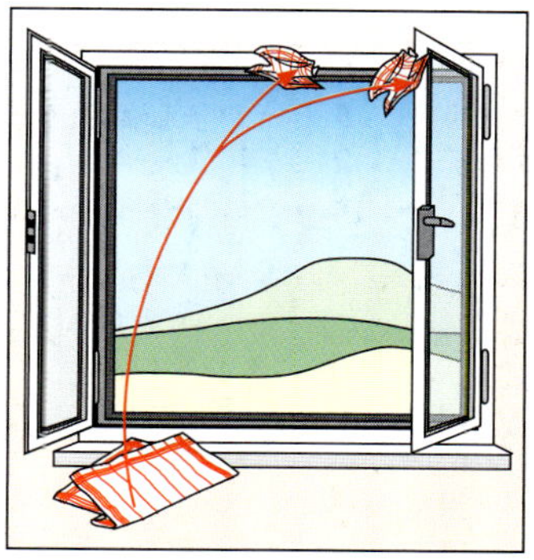

Fensterrahmen innen und außen mit dem Trockentuch trocken reiben.

Einwascher in den Eimer mit Wasser und Spiritus tauchen.

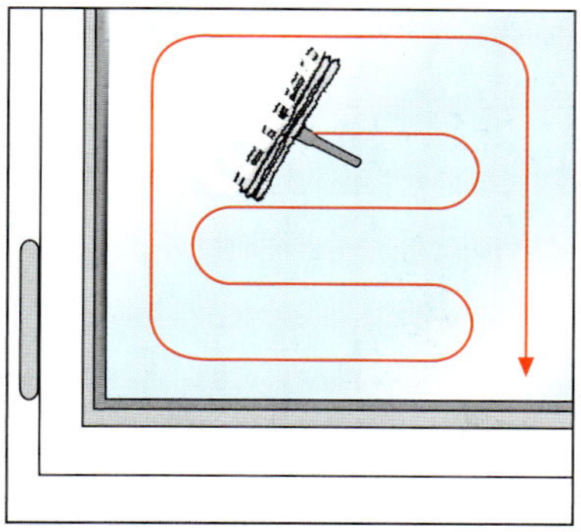

Fensterscheibe innen mit dem Einwascher reinigen. Die rote Linie zeigt die Bewegungsrichtung.

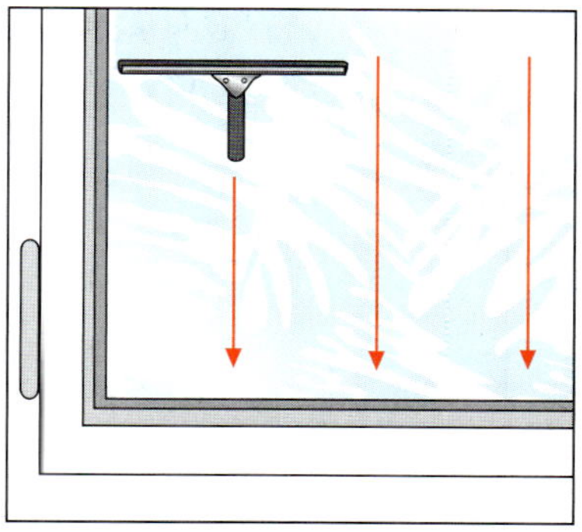

Wasser mit dem Abzieher von oben nach unten von der Scheibe abziehen.

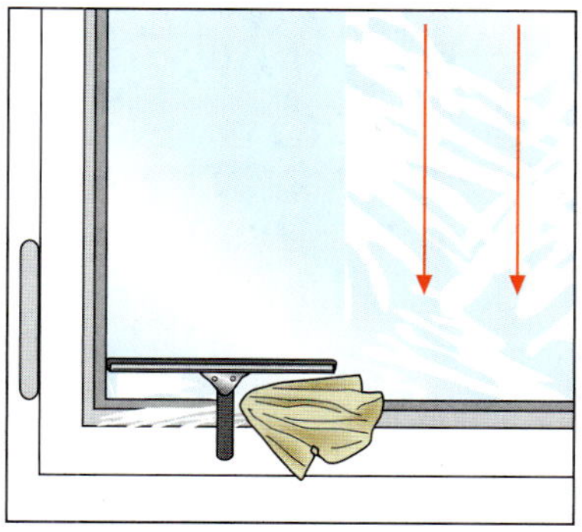

Mit dem Fensterleder das Wasser von der Gummilippe des Abziehers abnehmen.

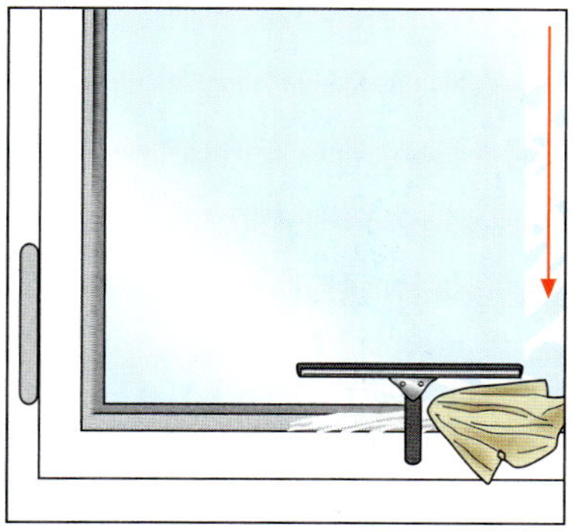

Reihenweise das Wasser abziehen.

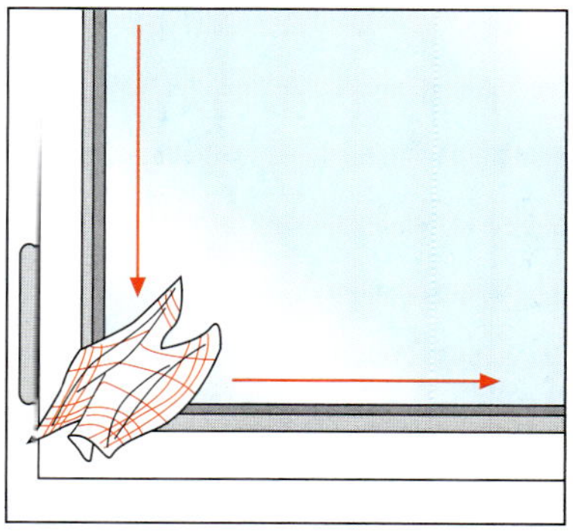

Mit dem Trockentuch Scheibenrand und Ecken sorgfältig auswischen. Fensterscheibe außen genauso reinigen.

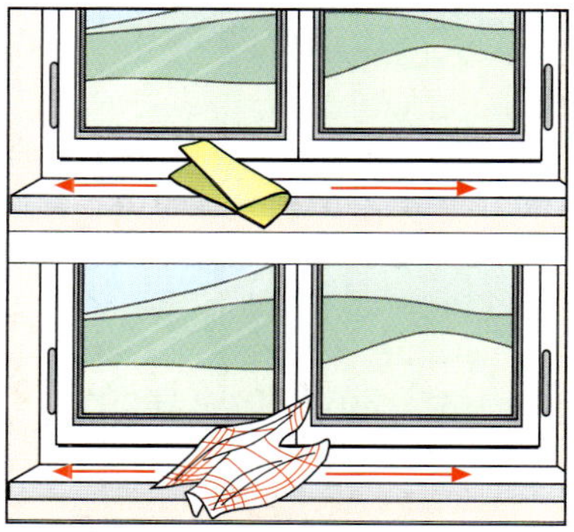

Fensterbank mit dem Schwammtuch reinigen. Mit dem Trockentuch nachreiben. Gesäuberte Blumentöpfe zurückstellen. Aufräumen!

Reinigen von Wohnräumen

Unterhaltsreinigung

Folgende Tätigkeiten gehören zur Unterhaltsreinigung:

- **Aufräumen**
  Hierzu gehören u. a.:
  - Zeitungen und Zeitschriften zusammenlegen und wegräumen.
  - Gläser, Flaschen, Geschirr, Abfälle hinaustragen.
  - Stühle, Sessel, Kissen und Decken zurechtrücken bzw. aufschütteln.
  - Spielsachen wegräumen.
  - Betten beim Aufstehen lüften, evtl. auch Betten machen.
- **Lüften**
  Aus hygienischen Gründen müssen alle Räume täglich gründlich gelüftet werden. Während des Lüftens werden die Heizkörper abgedreht.

Aufgaben:

1. Sie sollen in dem abgebildeten Raum einer Wohngruppe eine Unterhaltsreinigung durchführen. Welche Reinigungsarbeiten müssen Sie erledigen?
2. Sie sollen in dem abgebildeten Raum einer Wohngruppe eine Grundreinigung durchführen. Welche Reinigungsarbeiten müssen Sie erledigen?
3. Stellen Sie notwendige Arbeitsgeräte und Reinigungsmittel für die Unterhaltsreinigung bereit.

▶ **Abstauben und Abwischen**

Je nach der Raumnutzung werden die Einrichtungsgegenstände ein- bis zweimal wöchentlich gereinigt.

Einrichtungsgegenstände werden nebelfeucht abgewischt oder abgestaubt, je nach Art der Oberfläche. Empfindliche Holzflächen, Fernseher und PC werden mit weichen, sauberen Staubtüchern, Mikrofasertüchern oder feinhaarigen Pinseln abgestaubt. Angeschmutzte Staubtücher kommen in die Wäsche. Unempfindliche Oberflächen werden mit einem Haushaltsvlies nebelfeucht abgewischt, z. B. Fensterbänke, Heizkörper. Dem Wasser, in dem das Tuch immer wieder ausgewaschen wird, kann ein mildes Reinigungsmittel zugesetzt werden.

▶ **Fußbodenreinigung**

Je nach Material und Verschmutzungsgrad erfolgt eine Trockenreinigung oder Feuchtreinigung des Fußbodens.

- **Trockenreinigung textiler Bodenbeläge:** Diese werden bei leichter Verschmutzung mit einer Teppichkehrmaschine gereinigt. Bei stärkerer Verschmutzung – oder wenn im Haushalt keine Teppichkehrmaschine vorhanden ist – wird der Staubsauger eingesetzt. Zum Schluss werden die Fransen an den Teppichen gekämmt.

Reinigungsgeräte zum Abstauben

- **Trockenreinigung nicht textiler Bodenbeläge:** Nicht textile Bodenbeläge können durch Moppen, Staubsaugen oder Kehren trocken gereinigt werden. Mit dem Mopp können bei der täglichen Reinigung kleine Staubmengen entfernt werden.

  Liegen in den Zimmern Teppiche, die gesaugt werden, erübrigt sich der Mopp, denn mithilfe der Bürste an den Düsen des Staubsaugers können nicht textile Bodenbeläge problemlos abgesaugt werden.

  Kehren eignet sich nur bei Grobschmutz. Um das Aufwirbeln von Staub zu vermeiden, sind ruhige, strichförmige Arbeitsbewegungen vom Rand des Raumes zur Mitte bzw. zur Tür durchzuführen.

- **Feuchtreinigung nicht textiler Bodenbeläge:** Nach herkömmlicher Methode wird ein nasses Reinigungstuch über einen Schrubber gelegt. Der Boden wird gewischt und anschließend mit dem ausgewaschenen und ausgewrungenen Reinigungstuch getrocknet.

- Für größere Flächen empfiehlt sich die Zwei-Eimer-Methode. Es wird ein fahrbares Gestell mit zwei Behältern sowie einer Presse benötigt. In dem einen befindet sich warmes Wasser mit Reinigungsmittel und in dem anderen klares Wasser. Der Nasswischmopp wird in das Reinigungswasser getaucht und in der Presse leicht ausgedrückt. Nach dem Wischen taucht man den Nasswischmopp in das klare Wasser, presst ihn kräftig aus und trocknet den Boden nach.

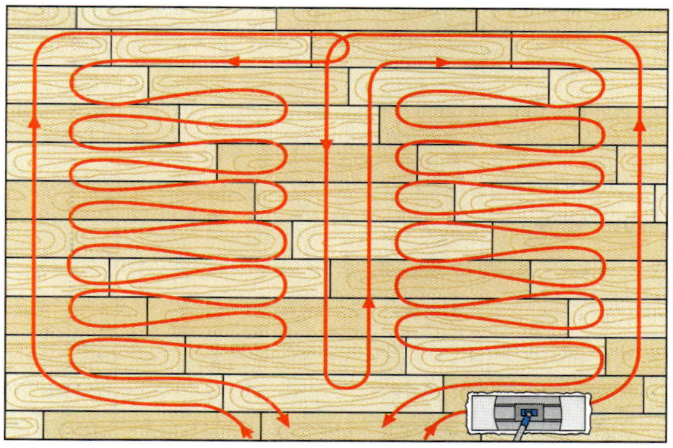

Feuchtreinigung eines Laminatbodens

Grundreinigung

▶ **Für Bewegungsfreiheit sorgen**

Um einen reibungslosen Arbeitsablauf bei der Grundreinigung zu gewährleisten, werden zunächst alle Kleinmöbel und leicht beweglichen Teile gereinigt und aus dem Raum entfernt. Bilder und Ziergegenstände werden von den Wänden abgenommen und je nach Material gesäubert. Lampenschirme werden abgestaubt, abgesaugt oder feucht abgewischt.

Bevor der Fußboden gereinigt wird, müssen die Wände abgesaugt oder abgekehrt werden.

▶ **Türen** Vgl. S. 200

- Arbeitsgeräte und Reinigungsmittel, evtl. Sicherheitsleiter bereitstellen.
- Staub entfernen.
- Stark verschmutzte Stellen vorbehandeln.
- Zuerst den Türrahmen, dann das Türblatt reinigen. Grundsätzlich von innen nach außen und von oben nach unten arbeiten.
- Türgriffe abwischen oder abwaschen. Türfüllungen abstauben. Falze der Türzargen und die Türoberkante nicht vergessen.
- Reinigungsergebnis kontrollieren.
- Arbeitsgeräte und Reinigungsmittel wegräumen.

Türen bestehen teilweise aus unterschiedlichen Materialien. Die Reinigungsverfahren müssen dem Material entsprechend ausgewählt werden.

Empfindliche Holztüren werden mit einem Möbelpflegemittel behandelt.

Unempfindliche Türen mit einer Reinigungslösung abwaschen, mit einem Haushaltsvlies abtrocknen, bei Bedarf mit einem Trockentuch polieren.

▶ **Fenster** Vgl. S. 193

Gardinen und Vorhänge waschen oder zum Reinigen geben. Bei der gründlichen Reinigung der Fenster dürfen auch Gardinenstangen, Rollos, Fensterläden oder Jalousetten nicht vergessen werden.

▶ **Schränke** Vgl. S. 201

Bei der Grundreinigung wird ein Schrank nach dem anderen völlig ausgeräumt. Man entfernt das evtl. vorhandene Schrankpapier, wischt den Schrank – falls möglich – feucht aus und trocknet nach.

Evtl. werden sogar die Einlegebretter herausgenommen, um die Seiten- und Rückwände großflächig abwischen zu können.

Nach dem Nachtrocknen bleiben die Schranktüren offen stehen, bis der Schrank wieder eingeräumt wird.

In der Zwischenzeit wird der Inhalt der Schränke geordnet, evtl. gereinigt, Überflüssiges und Schadhaftes aussortiert.

Von außen werden die Möbel feucht gereinigt oder mit Pflegemittel behandelt. Die Ober- und evtl. auch die Rückseite sollten nicht vergessen werden.

Schließlich wird der Inhalt wieder geordnet in die völlig trockenen Schränke eingeräumt.

▶ **Öfen und Heizkörper**

Sind Kachelöfen oder Kamine vorhanden, wird die Asche entfernt und neues Heizmaterial eingelegt.

Die Außenflächen der Öfen bzw. Heizkörper werden mit der Heizungsbürste mit Reinigungslösung abgewaschen und nachgetrocknet.

Reinigung von Heizkörpern

► **Reinigen von Polstermöbeln**
Alle Polsterteile gründlich absaugen. Evtl. mit Polsterreinigungsmittel bearbeiten. Holzteile evtl. mit Holzpflegemittel behandeln. Pflegemittel gut verreiben, damit später keine Kleidung verschmutzt wird. Vgl. S. 203.

► **Blumen und Pflanzen**
Zimmerpflanzen bei Bedarf in der Badewanne oder im Freien überbrausen, welke Blätter und Blüten entfernen, im Bedarfsfall Pflanzen umtopfen, vgl. S. 206. Die Übertöpfe reinigen. Schnittblumen frisches Wasser geben. Trockenblumen entstauben und evtl. mit Haarspray übersprühen, damit sie wieder frisch aussehen.

► **Fußböden**
Brücken und lose verlegte Teppiche werden im Freien ausgeschüttelt und mit der Florseite nach unten auf der Teppichstange geklopft. Anschließend werden sie abgebürstet, zusammengerollt und beiseitegelegt.

Textile Bodenbeläge gründlich absaugen. Stärkere Verschmutzungen mit der Scheibenmaschine und Teppichshampoo behandeln.

Nicht textile Bodenbeläge werden gründlich mit Reinigungslösung gewischt. Das Wischen des Raumes erfolgt von der gegenüberliegenden Seite zur Tür hin. Ecken und Fußbodenleisten werden dabei ebenfalls gereinigt.

Nach dem Trocknen des Bodens wird das Zimmer wieder eingeräumt.

Endkontrolle
Ein Kontrollgang durch das gereinigte Zimmer und das Wegräumen der Reinigungsmittel und Arbeitsgeräte beenden die Grundreinigung des Wohnraums.

Aufgabe:

Erstellen Sie eine Mind-Map zum Thema „Reinigung eines Wohnraumes einer Wohngruppe“. Die drei Hauptäste haben die Bezeichnungen
a) Sichtreinigung,
b) Unterhaltsreinigung,
c) Grundreinigung.

Ordnen Sie die folgenden Tätigkeiten den drei Hauptästen zu:
1. lüften
2. Gardinen korrekt ausrichten
3. Decke und Wände entstauben
4. Betten machen
5. Betten abziehen bzw. neu beziehen
6. Bettrahmen feucht abwischen
7. Papierkorb leeren
8. Matratze und Polstermöbel absaugen
9. Schränke innen und außen feucht abwischen
10. Fußboden gründlich reinigen
11. Teppichboden absaugen
12. Türklinken und Griffspuren an den Türen feucht abwischen
13. Fensterbank feucht abwischen
14. Heizkörper reinigen
15. Kissen aufschütteln

Zimmer bei der Endkontrolle

Reinigen des Sanitärbereichs

Unterhaltsreinigung

- Arbeitsgeräte und Reinigungsmittel bereitstellen.
- Wasch-, Duschbecken und Badewannen mithilfe von Wasser mit Neutralreinigerzusatz säubern. Bei hartnäckiger Verschmutzung mit Scheuermilch und einem Scheuerschwamm auswischen und mit klarem Wasser nachspülen. Trocken reiben.

  Haare niemals in den Abfluss spülen.
- Kalkrückstände auf den Fliesen und Armaturen werden mit heißem Essigwasser oder sparsam verwendetem Kalklöser entfernt. Nach dem Abspülen der Reinigungsmittel werden die Wassertropfen mit einem nicht fusselnden Tuch abgewischt.

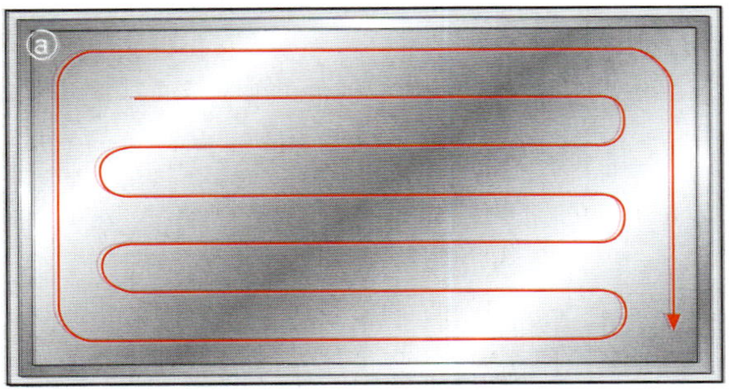

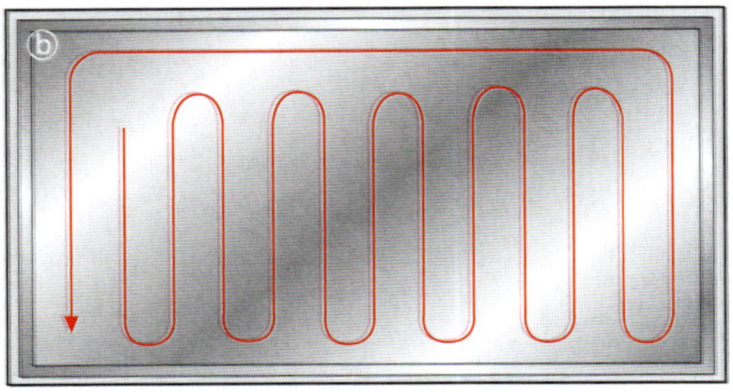

- Spiegel werden evtl. mit Glasreiniger behandelt.
- Ablagen werden abgewischt und nachgetrocknet.
- Toiletten werden mit WC-Reiniger, der sparsam dosiert wird, und der WC-Bürste geputzt. Zum Abwaschen des Deckels, der WC-Brille und des Beckens dient ein – andersfarbiges – Reinigungstuch, das nur dafür bereitliegt und in heißem Wasser, dem Allzweckreiniger zugesetzt ist, ausgespült wird.

  Vor dem Reinigen der Toilette mit WC-Reiniger das Fenster öffnen, damit nicht die ätzenden Gase des Mittels eingeatmet werden. Den WC-Reiniger immer kindersicher verschlossen und für Kinder unerreichbar aufbewahren.
- Verstopfte Rohre zuerst mit der Saugglocke/Spirale behandeln, chemische Rohrreiniger sollten stets umweltbewusst eingesetzt werden.
- Abfallbehältnisse leeren.
- Wasser in einen Eimer geben. Neutralreiniger genau dosiert in das Wasser geben. Fußboden nass reinigen.
- Arbeitsgeräte und Reinigungsmittel reinigen und wegräumen.

Aufgaben:

1. Stellen Sie die benötigten Arbeitsgeräte und Reinigungsmittel für die Unterhaltsreinigung des Sanitärbereichs zusammen.
2. Mit welchem der abgebildeten Bewegungsabläufe – a) oder b) – soll der Spiegel gereinigt werden?
3. Zeichnen Sie den Bewegungsablauf beim Reinigen des Fußbodens im Sanitärbereich.
   Zeichnen Sie dazu ein Rechteck in Ihr Heft:
   Länge 10 cm,
   Höhe 5 cm.
   Dies ist nun der Fußboden des Sanitärbereichs.

Grundreinigung

Wird die Unterhaltsreinigung in den Sanitärräumen stets sorgfältig durchgeführt, entstehen bei der Grundreinigung nur wenige zusätzliche Arbeiten.

- Arbeitsgeräte und Reinigungsmittel bereitstellen.
- Vorhänge und Badeteppiche werden gewaschen.

- Badewanne, Bidet, Dusch- und Waschbecken werden mit Scheuermilch ausgerieben, nachgespült und nachgetrocknet. Dabei besonders auf die Kalkränder an den Armaturen und Verunreinigungen an den Beckenrändern achten. Auch Überlauf, Abfluss und Abflusssieb sowie Stöpsel werden sorgfältig gereinigt. Die Unterseite des Waschbeckens und die Wasserrohre dürfen nicht vergessen werden.
- Bei der **Grundreinigung der Toilette** Wasserkasten, Rohre, WC-Deckel, WC-Brille und die Außenseite des WC-Beckens mit Allzweckreinigerlösung abwaschen und mit klarem Wasser nachwischen und trocknen.

  Gegebenenfalls Rückstände an den Befestigungen der WC-Brille entfernen, hierzu müssen dann evtl. Deckel und WC-Brille abgeschraubt werden.

  In das Toilettenbecken wird – bei geöffnetem Fenster – sparsam WC-Reiniger gestreut, der etwas einwirken sollte, damit er seine desinfizierende Wirkung entfalten kann. Mit der WC-Bürste wird danach das Becken sorgfältig gereinigt.
- Die **Fliesenflächen** werden waagerecht von oben nach unten mit Allzweckreinigerlösung abgewaschen und zum Trocknen abgezogen. Vergraute Fugen der Fliesen reinigt man mit einer Bürste und Scheuermilch. Mit heißem Essigwasser werden Duschwände wieder blank.

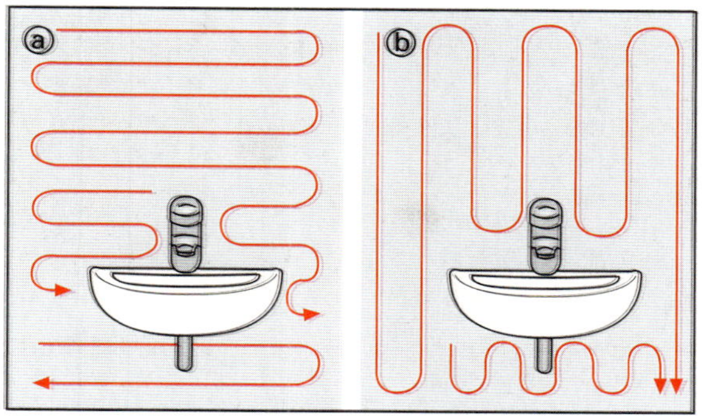

- Leuchte und Spiegel reinigen.
- Ablagen und Schränke werden abgeräumt bzw. ausgeräumt, feucht ausgewischt und nachgetrocknet. Die sortierten Gegenstände werden bei Bedarf gereinigt und wieder übersichtlich eingeräumt. Ablagen und Schränke auch von außen gründlich reinigen, vgl. S. 201.
- Reinigung der Tür: Vgl. S. 200.
- Nach der gründlichen Nassreinigung des Fußbodens wird der Sanitärbereich wieder eingeräumt.
- Reinigungsergebnis kontrollieren.
- Das Wegräumen der Arbeitsgeräte und Reinigungsmittel beendet die Grundreinigung.

Aufgaben:

1. Mit welchen Arbeitsgeräten und Reinigungsmitteln können die Verschmutzungen bei dem abgebildeten Waschbecken entfernt werden?
2. Welcher Bewegungsablauf – vgl. Abbildung oben – sollte für die Reinigung der abgebildeten Fliesen ausgewählt werden: der linke ⓐ oder der rechte ⓑ?

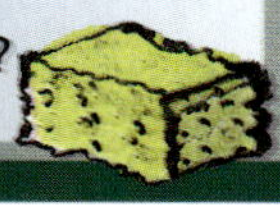

Reinigung von lackierten Türen – Arbeitsschritte

Reinigungsmittel und Arbeitsmittel bereitstellen.

Türrahmen mit der Reinigungsmittellösung von innen und außen reinigen.

Tür innen und außen mit wellenförmiger Bewegung von oben nach unten – danach den Rand – reinigen.

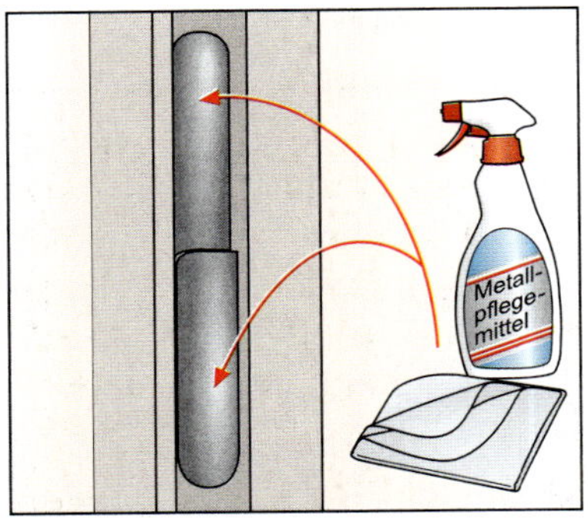

Scharniere und Türgriffe mit Metallpflegemittel reinigen.

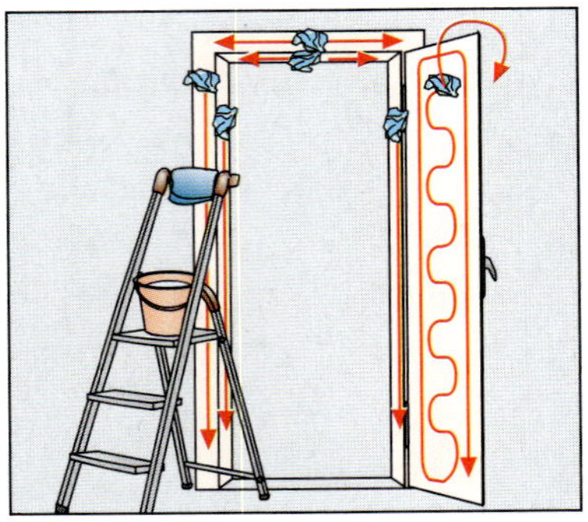

Rahmen und Tür mit klarem Wasser nachwischen.

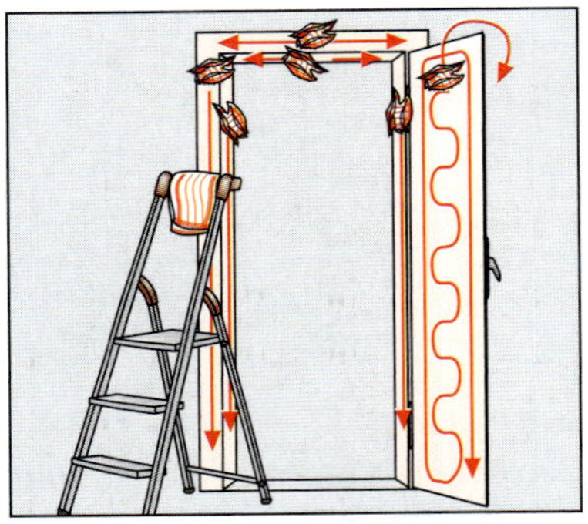

Rahmen und Tür mit dem Trockentuch von oben nach unten trocken reiben. Aufräumen.

Reinigung von Treppen – Arbeitsschritte

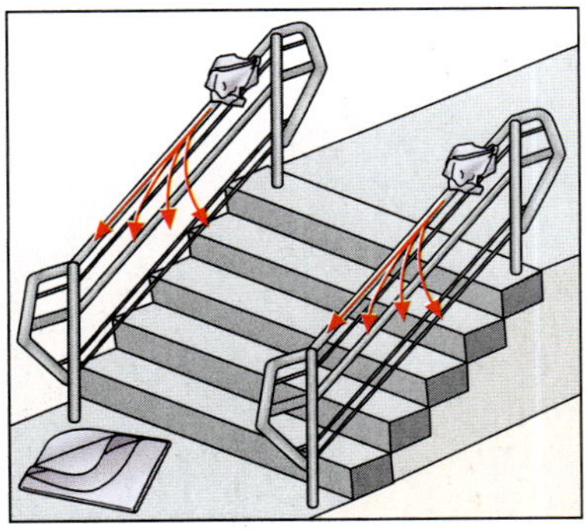

Treppengeländer von oben nach unten entstauben.

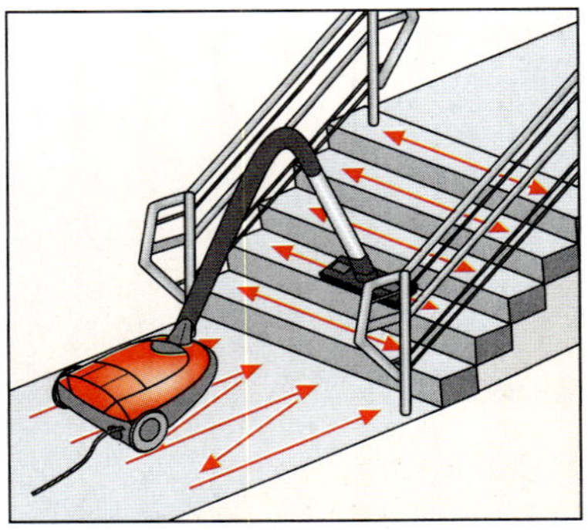

Treppenstufen – Tritt und Stoß – von oben nach unten entstauben. Wandsockel nicht vergessen.

Treppe von oben nach unten durch Feuchtwischen reinigen.

Grundreinigung eines Schranks – Arbeitsschritte

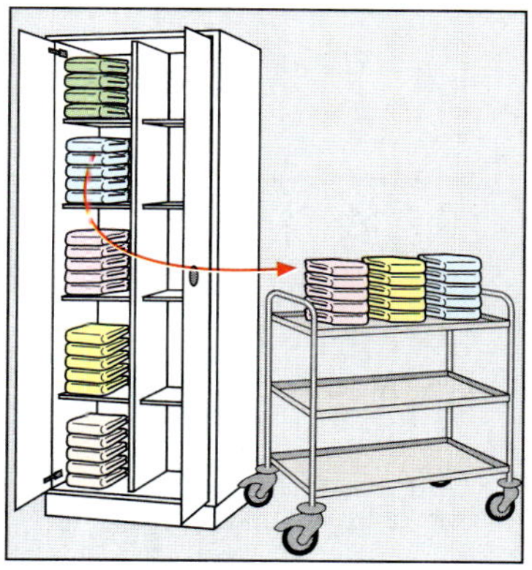

Gegenstände und lose Einlegebretter aus dem Schrank nehmen.

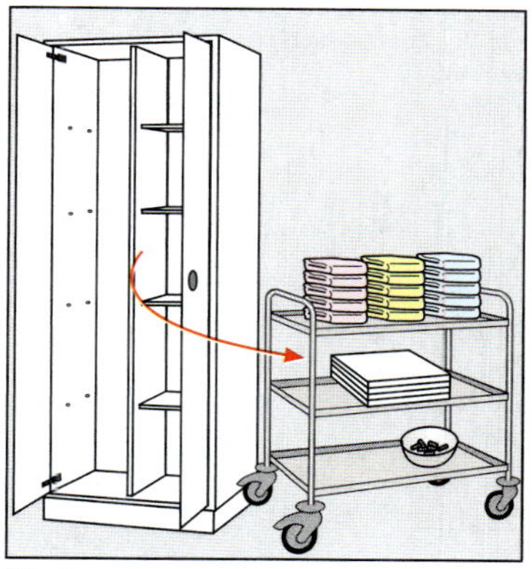

Einlegebretter sicher hinstellen oder hinlegen.

Schrankdecke mit einem feuchten Tuch reinigen, innen Schrankwände und Schranktüren ebenfalls reinigen.

Schrankboden reinigen.

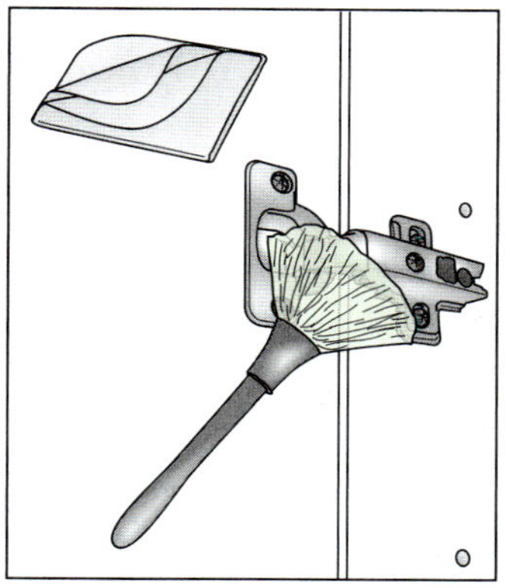

Scharniere, Schloss und Schlüssel materialgerecht reinigen.

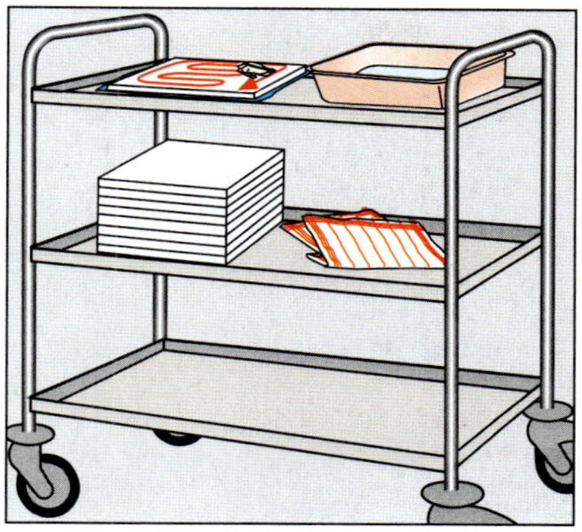

Einlegebretter reinigen und trocken reiben.

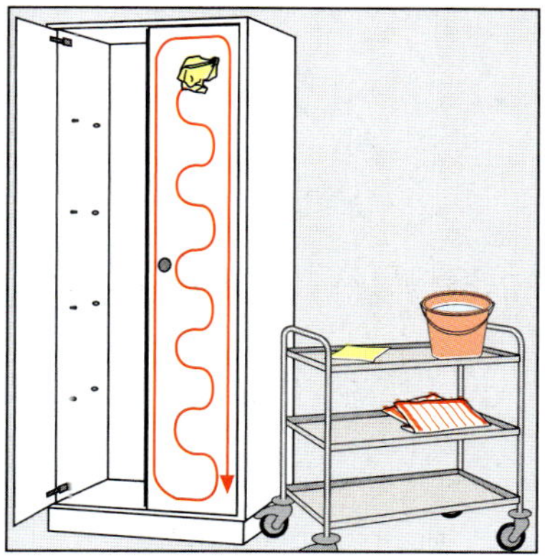

Schrank von außen entsprechend reinigen.

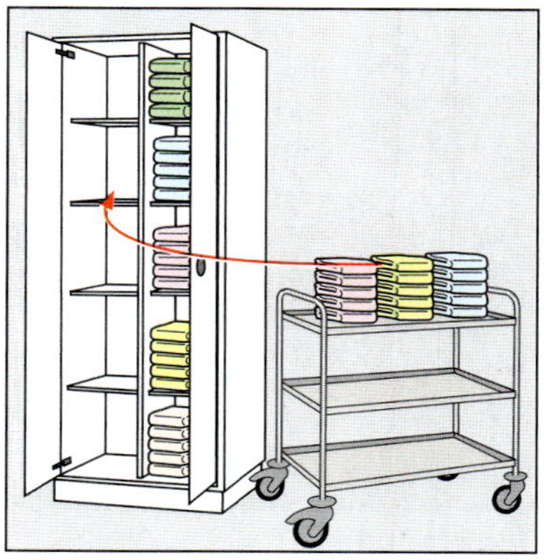

Einlegebretter wieder einsetzen. Gegenstände geordnet in den völlig trockenen Schrank wieder einräumen.

Grundreinigung von Stuhl und Tisch – Arbeitsschritte

Stuhl mit der Sitzfläche auf einen Tisch stellen. Stuhlbeine nebelfeucht abwischen, trocken reiben.

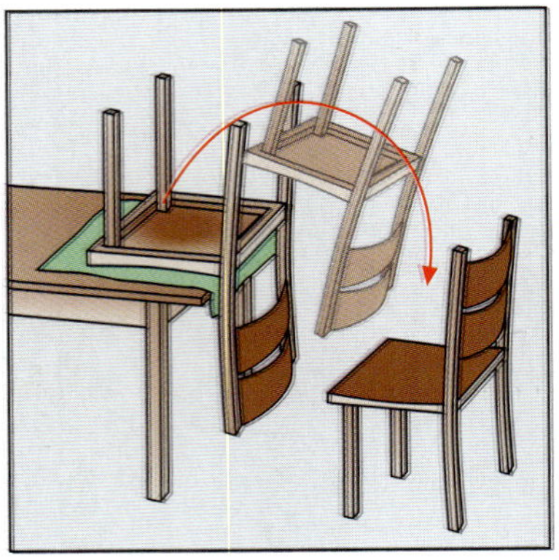

Stuhl vom Tisch heben und umdrehen.

Stuhllehne und Sitzfläche dem Material entsprechend reinigen.

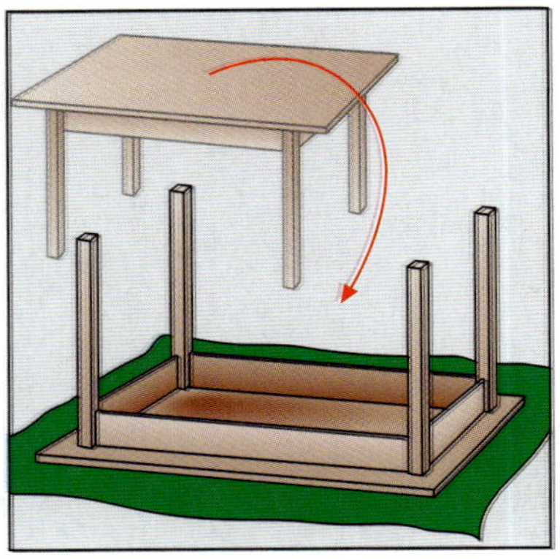

Tisch umdrehen und auf eine weiche Unterlage stellen.

Tischbeine nebelfeucht reinigen, trocken reiben.

Tischplatte von innen nebelfeucht reinigen, trocken reiben.

Tischrahmen nebelfeucht reinigen, trocken reiben.

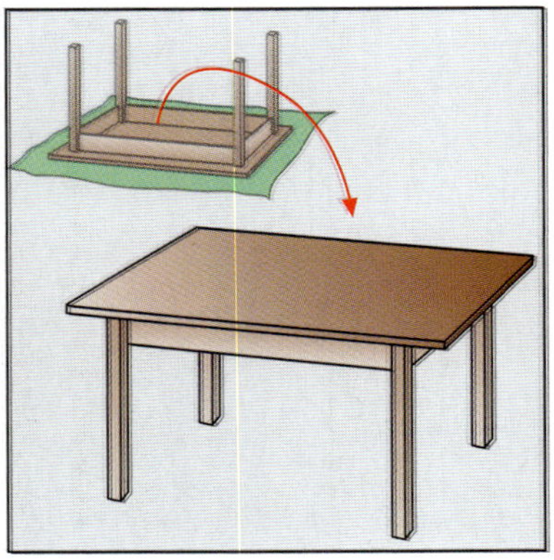

Tisch wieder umdrehen.

Tischoberfläche nebelfeucht reinigen, trocken reiben. Evtl. mit Möbelpolitur behandeln.

Reinigung von Polstermöbeln

Reinigung:

- Reinigungsmittel und Arbeitsgeräte bereitstellen.
- Lose Polsterteile aus den Polstermöbeln herausnehmen.
- Unterseite der Polstermöbel absaugen.
- Alle Polsterteile mit einer weichen Kleiderbürste abbürsten oder mit der Polsterdüse absaugen. Oder mit feuchtem Leder abreiben.
- Gebrauchsanweisung für das Polsterreinigungsmittel lesen.
- Polsterreinigungsmittel bei Bedarf nach der Gebrauchsanweisung einsetzen.
- An einer verdeckten Stelle eine Probe mit dem Polsterreinigungsmittel machen.
- Polsterreinigungsmittel nie direkt auf Polsterbezüge auftragen, sondern ein sauberes weißes Tuch damit anfeuchten und den Fleck von den Rändern her zur Mitte hin vorsichtig bearbeiten.
- Feuchte Flecken auf dem Polster möglichst sofort mit lauwarmem Wasser behandeln und mit einem saugfähigen Tuch oder farblosem Küchenpapier trocken tupfen.
- Urinflecken auf Polstermöbeln mit einer Lösung aus kaltem Wasser und Shampoo nachbehandeln.
- Nicht textile Teile der Polstermöbel mit Wasser mit Neutralreinigerzusatz reinigen. Mit klarem Wasser nachbehandeln und gründlich trocknen.
- Reinigungsmittel und Arbeitsgeräte reinigen und aufräumen.

Was „steckt“ in den Polstermöbeln?

1 Gestell
2 Rückenfederung
3 Watte zum Schutz des Stoffes
4 mehrschichtiges Schaumstoffpolster
5 Armlehnenkern aus Verbundschaum
6 Federkern

Reinigung von Polstermöbeln

Aufgaben:

1. Stellen Sie die notwendigen Reinigungsmittel und Arbeitsgeräte für die Polsterreinigung zusammen.
2. Erkunden Sie das Angebot an Polsterreinigungsmitteln.

3.5 Zimmerpflanzen und Blumen

Blumenpflege – Topfpflanzen

Gießen

Pflanzen werden häufig zu stark gegossen, sodass die Wurzeln faulen. Die Wassermenge muss jedoch so groß sein, dass die Feuchtigkeit bis zu den Wurzeln vordringt. Man sollte zwischen nassem und feuchtem Boden unterscheiden. Mit den Fingern kann festgestellt werden, ob gegossen werden muss. Dann gießen, wenn sich die Erde trocken anfühlt.

- Topfpflanzen mit abgestandenem Wasser gießen, Pflanzen mögen kein kaltes Wasser.
- Je höher die Zimmertemperatur, umso öfter muss gegossen werden.
- Blühende Pflanzen brauchen in ihrer Ruhezeit weniger Wasser.
- Auch Kakteen, Pflanzen mit nadelförmigen Blättern und Zwiebelgewächse benötigen wenig Wasser.
- Werden Plastiktöpfe verwendet, ist der Wasserbedarf ebenfalls geringer.

Das Gießen erfolgt je nach der Pflanzenart:

- Bei vielen Pflanzen wird das **Wasser direkt auf die Erde gegossen**; dabei sollten keine Blätter benetzt werden, z. B. Fleißiges Lieschen, Efeu, Geranie.

- Bei einigen Pflanzen wird das **Wasser in den Untersetzer gegeben**, z. B. Alpen-, Usambaraveilchen.

- Zur vollständigen Durchfeuchtung kann der **ganze Topf untergetaucht** werden, bis keine Luftblasen mehr aufsteigen, z. B. Farne und Palmen, Azaleen.

- Bei trichterförmigen Pflanzen kann das **Wasser direkt in den Trichter gegossen** werden: z. B. Ananasgewächse, Bromelien.

Reinigen und Besprühen

Besonders bei großflächigen Blättern werden Staub und Verunreinigungen entfernt, indem die Pflanzen abgebraust bzw. bei Regenwetter ins Freie gestellt werden.

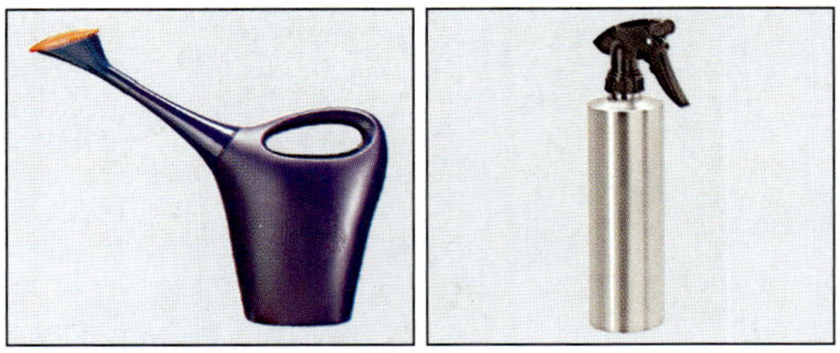

Gießkanne und Sprenger

Besprühen der Pflanzen mit klarem Wasser am Abend oder Morgen ist bei geringer Luftfeuchtigkeit, die z. B. durch die Zentralheizung verursacht wird, ratsam.

Untersetzer und Übertöpfe regelmäßig reinigen. So können die Pflanzen vor Krankheiten und Schädlingen geschützt werden.

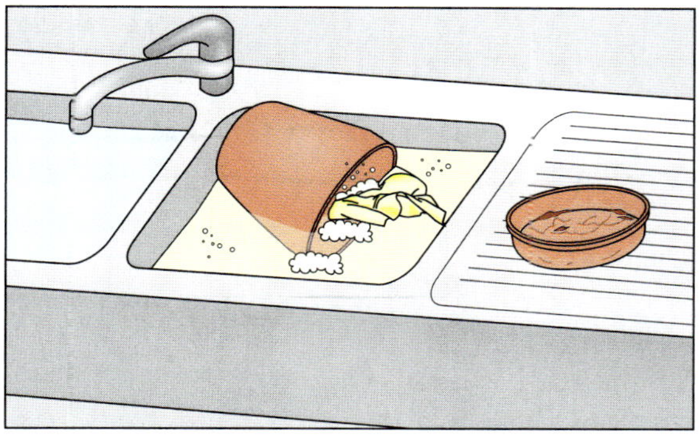

Ausputzen
Das Ausputzen der Pflanzen, d. h. Entfernen verwelkter Blüten und Blätter, verhindert Krankheitsbefall, der durch die welken Blätter und Blüten entstehen kann.

Gleichzeitig wirken die Pflanzen so gepflegter.

Beschneiden
Beim Stutzen der Pflanzen schneidet man den Trieb immer genau über einer Knospe ab. Der Schnitt soll von der Knospe weg schräg nach unten zeigen.

Zimmerpflanzen werden während des Wachstums gestutzt. Sie wachsen dann buschiger bzw. die Blütenzahl wird vermehrt.

Ein Rückschnitt kann auch bei zu groß gewordenen Pflanzen erfolgen.

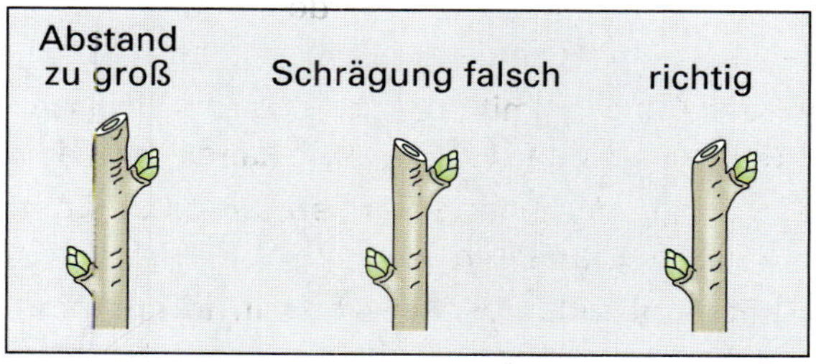

Aufgaben:

1. Beschreiben Sie die Reinigung eines Blumentopfes aus
   a) Töpferware,
   b) Kunststoff.
2. Nennen Sie die Aufgaben bei der Pflanzenpflege, die
   a) täglich oder mehrmals wöchentlich,
   b) selten
   durchgeführt werden.
3. Erproben Sie das Umtopfen einer Pflanze.

Ausgeputzte Pflanze im Übertopf

Umtopfen

Pflanzen müssen von Zeit zu Zeit umgetopft werden. Die Gründe dafür sind verschieden: Der Topf ist für die Pflanze zu klein geworden, die Wurzeln wachsen schon aus dem Topf oder die Erde ist ausgelaugt.

Arbeitsschritte:

▶ **Austopfen der Pflanze:** Pflanze mit einer Hand halten und den Topf umdrehen, mit dem Topfrand evtl. vorsichtig auf eine Kante klopfen, damit die Pflanze sich löst. Pflanze aus dem Topf nehmen.

▶ **Lockerung des Wurzelballens:** Lose anhaftende Erde entfernen und Wurzeln evtl. etwas kürzen.

▶ **Vorbereitung des Topfes:** Über das Loch des neuen Blumentopfes eine Tonscherbe geben. Etwa 3 cm hoch frische Blumenerde einfüllen.

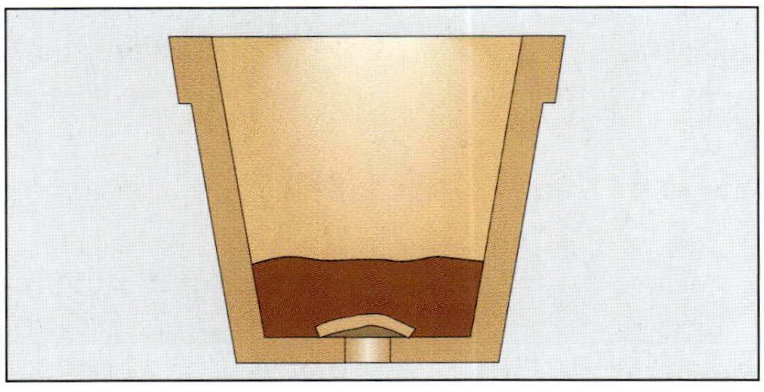

▶ **Einsetzen der Pflanze:** Pflanze in die Mitte setzen. Topf vollständig mit Blumenerde füllen. Blumenerde rundherum festdrücken, dabei einen Gießrand formen. Blumentopfrand und Blumentopf säubern.

▶ **Angießen:** Blumentopf auf einen Untersetzer stellen. Pflanze kräftig gießen. Pflanze an ihren Standort zurückstellen. Pflanze aber nicht in die pralle Sonne stellen.

▶ Den vorher benutzten Blumentopf reinigen. Arbeitsmittel reinigen und wegräumen. Arbeitsplatz reinigen.

Pflanze in den nächsten Wochen nicht düngen. In der neuen Erde sind genügend Nährstoffe für die Pflanze.

Hydrokultur – Wasserkultur

Für eine Hydrokultur werden ein Kulturtopf – der Innentopf –, ein Übertopf, Tongranulat, ein Wasserstandsanzeiger und Langzeitdünger benötigt.

Umstellung von Pflanzen auf Hydrokultur

- Die Umstellung ist möglich bei bis zu drei Jahre alten Pflanzen.
- Die Pflanze wird vorsichtig aus dem Topf genommen, sodass der Wurzelballen nicht beschädigt wird.

- Der Wurzelballen wird unter lauwarmem Wasser abgewaschen, bis alle Erdreste entfernt sind.

- Nun werden abgestorbene und faule Wurzelteile abgeschnitten.
- Für Hydrokultur eignen sich Kulturtöpfe, die mit Wasserstandsanzeiger, Haltestäben, Nährstoffbatterien und Kragenrosette ausgestattet sind.
- Etwa zwei Fingerbreit wird gewässertes Tongranulat in den Kulturtopf – Innentopf – gegeben.
- Die Pflanze wird in den Kulturtopf gegeben; dabei soll der obere Wurzelrand mit dem oberen Topfrand auf einer Höhe sein.

- Der Topf wird nun mit gewässertem Tongranulat aufgefüllt.
- Unten wird die Nährstoffbatterie – Düngetablette – eingefügt, oben der Wasserstandsanzeiger.

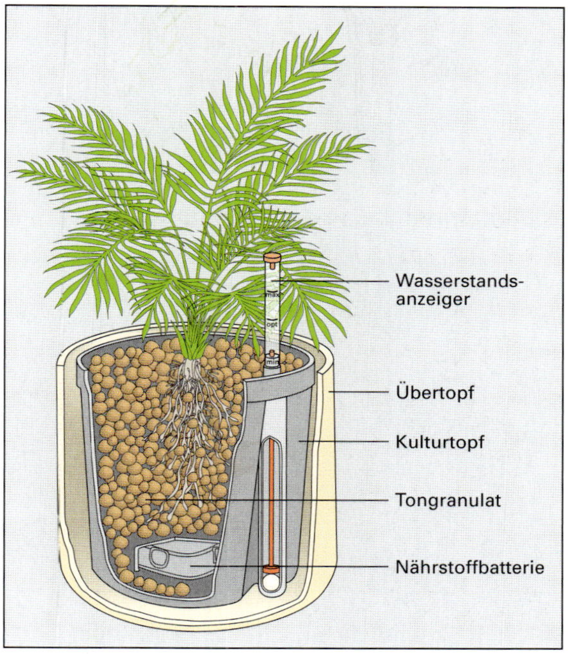

- Der Kulturtopf wird in den größeren Übertopf gestellt.
- Nun wird lauwarmes Wasser in den Kulturtopf gegossen, bis der Wasserstandsanzeiger auf „optimal" steht. Das Wasser reicht ein bis zwei Wochen.
- Die alten Wurzeln sterben mit der Zeit ab und es bilden sich neue Wurzeln, die an die Hydrokultur angepasst sind.
- Alle 2 bis 6 Monate wird die Nährstofflösung abgegossen; mit einer neuen Düngetablette wird frische Nährstofflösung hergestellt.

Vortreiben von Blumenzwiebeln im Winter

Geeignete Pflanzen:
Tulpen, Narzissen, Krokusse, Hyazinthen

Arbeitsschritte:

- Über das untere Loch eines Blumentopfes eine Tonscherbe geben, damit das Gießwasser später besser eindringen bzw. abfließen kann.
- Blumentopf zu zwei Dritteln mit Blumenerde füllen.

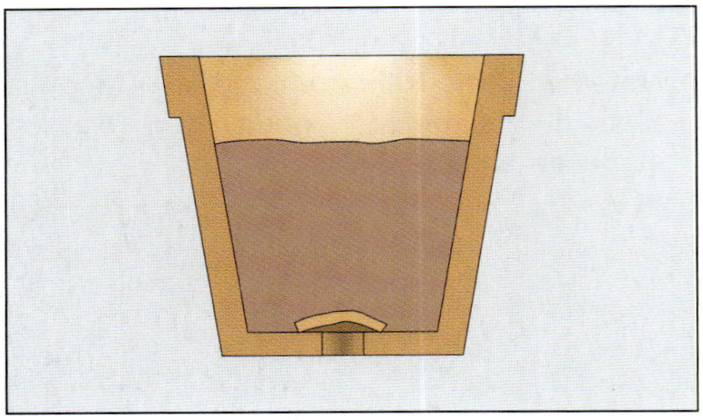

- Blumenzwiebel in die Mitte geben.

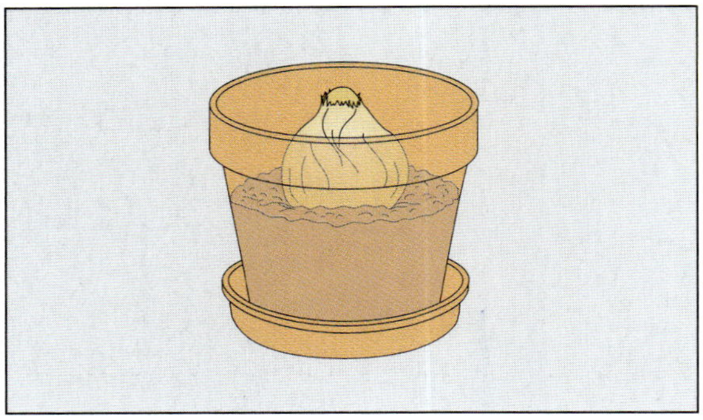

- Mit Blumenerde auffüllen, rundherum festdrücken.
- Reichlich gießen.
- Den Blumentopf an einen kühlen, aber frostfreien Ort stellen.
- Regelmäßig von unten gießen.
- Der Trieb ist nach 8 bis 12 Wochen ca. 5 cm hoch.
- Den Blumentopf jetzt in einen wärmeren Raum umstellen.
- Ein Papierhütchen über den Trieb geben, so kann das Steckenbleiben der Blüte zwischen den Blättern verhindert werden.

- **Hütchen:** Benötigt wird ein Stück Papier, 15 × 15 cm groß. Die rechte obere Ecke durch einen Bogen mit der linken unteren Ecke verbinden. Am Bogen entlang das Papier abschneiden. Die geraden Kanten übereinanderbiegen, zusammenkleben.

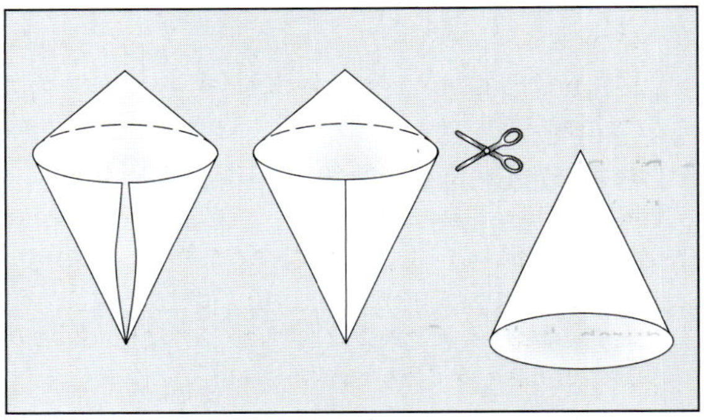

- Das Hütchen wird entfernt, sobald es durch den Trieb angehoben wird.

- Falls ein Garten vorhanden ist, kann die verblühte Pflanze im Frühjahr dort eingepflanzt werden.
- Es gibt auch spezielle Glasgefäße zum Vortreiben von Blumenzwiebeln.

Pflege von Schnittblumen

- ▶ Zunächst eine Vase in Größe, Form und Farbe entsprechend Farbe, Art und Größe der Blumen aussuchen.
- ▶ Wasser mit Zimmertemperatur in die Vase füllen.
- ▶ Blätter von den unteren Teilen der Stängel entfernen, auf diese Weise bleiben Pflanzen und Wasser länger frisch.
- ▶ Pflanzenstängel vor dem Einstellen am unteren Ende etwa 1 cm schräg abschneiden und 1 cm tief einschneiden, damit die Pflanze besser mit Wasser versorgt werden kann. Bei holzigen Stängeln, z. B. Flieder, muss der untere Teil des Stängels zerquetscht bzw. mit einer Gartenschere aufgespalten werden.
- ▶ Blumen einzeln in die Vase geben. Die Stängel sollten sich kreuzen, dann haben die Blumen einen besseren Halt.
- ▶ Blumen mit unterschiedlicher Länge verwenden.
- ▶ Die Blumen sollen etwa doppelt so hoch wie die Vase sein.
- ▶ Wasser täglich erneuern, dabei die Stängel gleichzeitig etwas zurückschneiden, hierdurch halten Schnittblumen länger frisch. Das Wasser soll temperiert sein.
- ▶ Das Wasser braucht nicht erneuert zu werden, falls Frischhaltemittel zugesetzt wurde. Das Wasser aber regelmäßig ergänzen.
- ▶ Schnittblumen halten länger frisch, wenn sie nachts kühl gestellt und im Sommer besprüht werden.
- ▶ Vasen gründlich reinigen, d. h. Pflanzenreste und Kalkreste mit Essigwasser entfernen.

Trocknen von Pflanzen

- ▶ Blumen schneiden, wenn sich die Knospen öffnen. Blätter entfernen.
- ▶ Blumen zusammenbinden und mit den Köpfen nach unten aufhängen.
- ▶ Der Raum soll trocken und warm sein.
- ▶ Blumen nicht direkter Sonnenstrahlung aussetzen.

Nach etwa zwei Wochen können die Blumen verwendet werden.

Blumen und passende Vase

Abschneiden der Pflanzenstängel

Einstellen der Blumen in die Vase

Trocknen von Pflanzen

Benötigtes Material

Befestigung des Steckhilfsmittels

Anordnung kurzstieliger Blüten

Anordnung halbhoher Blüten

Gestalten eines Blumengestecks

Blumengestecke können als Tischdekoration oder Raumdekoration gestaltet werden.

Benötigtes Material:

- Blumen, Grün, Zweige möglichst entsprechend der Jahreszeit oder dem Anlass
- Steckschale
- Steckhilfsmittel, z. B. mit Wasser getränktes Steckmoos oder Steckigel

Arbeitsschritte:

- Zuerst Steckhilfsmittel – Steckmoos – in einer Steckschale befestigen.
- Dann das Steckhilfsmittel mit kurzem Grün abdecken, damit es nicht mehr zu sehen ist.
- Es folgen kurzstielige Blüten, die über dem Grün angeordnet werden.
- Danach halbhohe hellere Blüten in lockerer Anordnung befestigen.
- Zuletzt werden längere kleine Blüten eingesteckt, sie wirken besonders leicht.
- Die Blüten sollen in unterschiedlicher Höhe ungleichmäßig – asymmetrisch – angeordnet sein. Das Gesteck wirkt dadurch leichter.
- Das fertige Gesteck sollte mindestens die zweifache bis dreifache Höhe der Steckschale haben.
- Das Tischgesteck für eine Festtafel sollte möglichst flach und wenig ausladend sein, damit die Gäste sich über das Gesteck hinweg sehen und miteinander reden können.
- Arbeitsplatz säubern und aufräumen.

Fertiges Blumengesteck

messer
Kompostbehälter

Erstellen eines Adventsgestecks

Benötigte Materialien:

- **Steckhilfsmittel:**
  z. B. Holzscheibe, Korkuntersetzer, Schale (Untersetzer für Blumentopf) oder Ast als Unterlage, Knetmasse, Kunststoffsteckmasse, Moos oder Steckschwamm als Steckmasse
- **Tannengrün:**
  z. B. Tanne, Douglastanne, Kiefer, Lebensbaum oder Eibe
- **Dekoration:**
  z. B. Schleifen, Kerzen, getrocknete Früchte, Nüsse

Arbeitsschritte:

- Knetmasse oder Steckschwamm auf der Unterlage, z. B. Holzscheibe, befestigen.

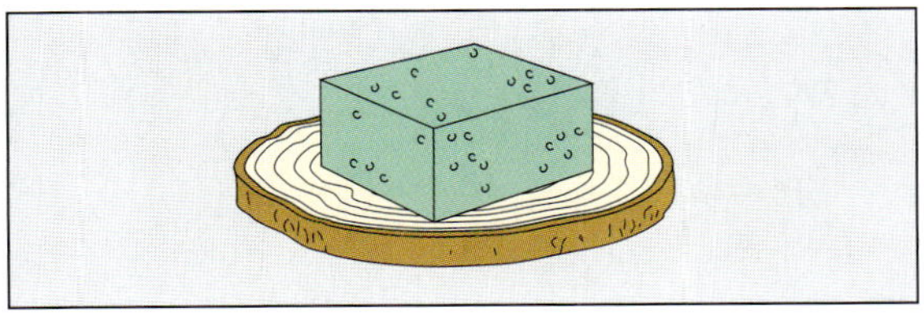

- Diese Steckunterlage mit Tannengrün bedecken, die Steckmasse darf nicht sichtbar sein. Die rechte Seite des Tannengrüns und die Tannengrünspitzen sollen zu sehen sein.
- **Kerze andrahten und einstecken:** von dickem Draht etwa 4 cm abschneiden; bei dicken Kerzen mehrere Stücke verwenden. Das eine Ende des Drahtes mit einer Zange fassen, das andere Ende des Drahtes über einer Kerze erhitzen. Das erhitzte Drahtende in den Kerzenboden stecken.

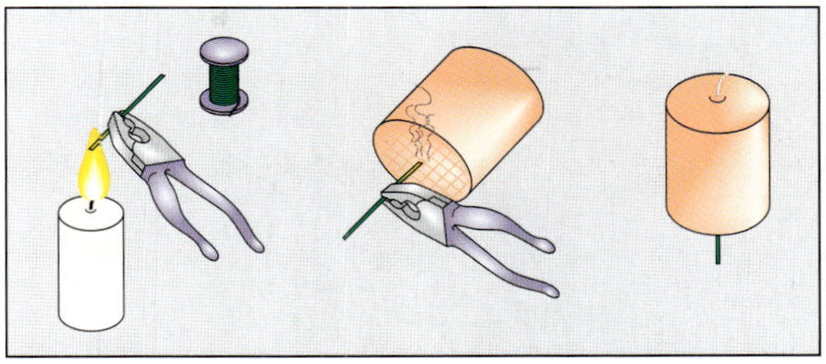

- Die Kerze soll der Mittelpunkt des Gestecks sein. Kerze und Tannengrün sollen sich nicht berühren, **Brandgefahr!**
- Weitere Dekorationsteile andrahten und feststecken:
  - **Andrahten von Zapfen:** Draht um die unteren Schuppen legen. Die Drahtenden umeinander drehen, einen Stiel formen.
  - **Andrahten von Schleifen:** Eine Schleife binden. Draht um den Mittelpunkt der Schleife legen, Drahtenden umeinander drehen, einen Stiel formen.

  - **Andrahten von Walnüssen:** Am einen Ende des Drahtes einen kleinen Haken bilden. Den Haken an der weichen Stelle der Nuss einstecken.
- Gesteck evtl. säubern, für Standfestigkeit sorgen.
- Arbeitsplatz säubern und aufräumen.

4 Textilien reinigen und pflegen

4.1 Textile Fasern und Flächen

Die textile Kette

Textile Fasern

Naturfasern waren die ersten textilen Rohstoffe. Wolle und Leinen waren für unsere Vorfahren wichtig, da sie diese selbst erzeugten. Aus China kam die kostbare Seide dazu, die heute auch in Europa gewonnen wird. Baumwolle baut man in warmen Ländern an.

Baumwolle und Flachs/Leinen sind pflanzliche Naturfasern.

Baumwolle stammt von der einjährigen Baumwollpflanze.

Flachs/Leinen wird wie Getreide angebaut. In den Flachsstängeln befinden sich die Leinenfasern.

Wolle und Seide sind tierische Naturfasern. Wolle stammt von Schafen, Lämmern, dem Angorakaninchen oder der Angoraziege. Daneben wird Kamelhaar verarbeitet.

Seide wird von Seidenraupen gesponnen. Die Seidenraupen bilden um sich herum einen Kokon, der aus einem dreieinhalb Kilometer langen Seidenfaden besteht. In dem Kokon verpuppt sich die Raupe und wird später zum Schmetterling.

Chemiefasern: Bereits in der Mitte des 19. Jahrhunderts wurden Versuche unternommen, nach dem Vorbild der Seidenraupe textile Fäden künstlich herzustellen. Ausgangsmaterial war das Holz von Fichten und Buchen. Endprodukt war ein Faden.

1931 wurden die ersten synthetischen Chemiefasern erzeugt. Ausgangsmaterial war Erdöl, aus dem durch chemische Verarbeitung ein neues Endprodukt, der synthetische Faden, entstand.

Flachs (Leinen)

Baumwolle

Seidenkokon

Wolle

Angorakaninchen

Kaschmirziege

Aufgaben:

1. Ermitteln Sie textile Fasern, aus denen
   a) Kleidungsstücke,
   b) Raumtextilien, z. B. Kissen,
   c) Haushalttextilien, z. B. Geschirrtücher,
   hergestellt sind.
2. Erkunden Sie das Stoffangebot in verschiedenen Läden.

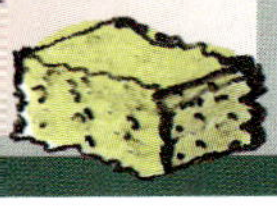

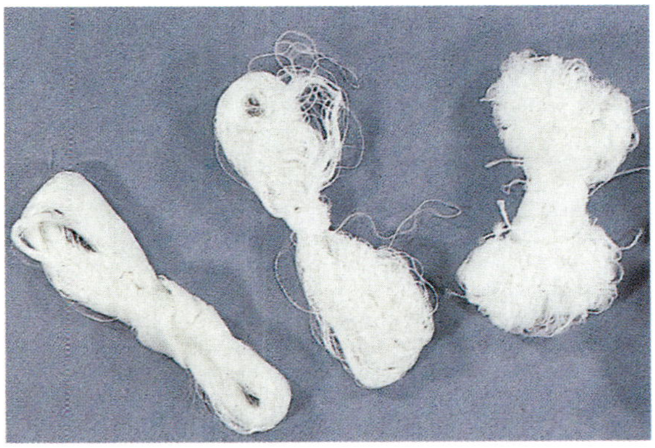
Chemiefasern

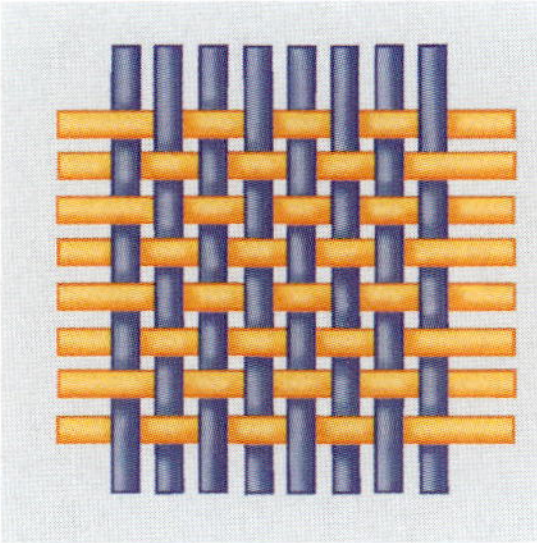
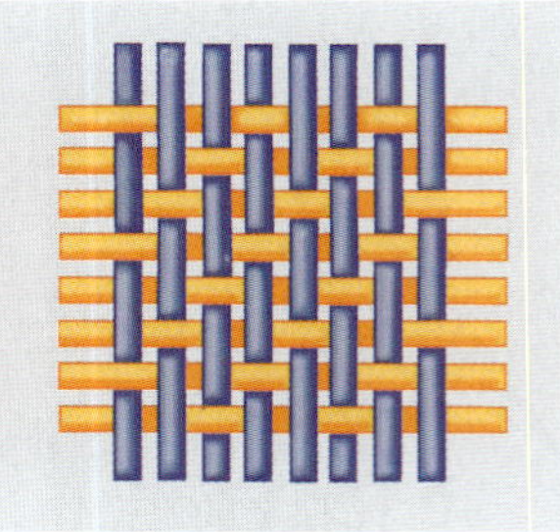

Leinwandbindung Köperbindung

Maschenware: gestrickt – gehäkelt

Florgewebe

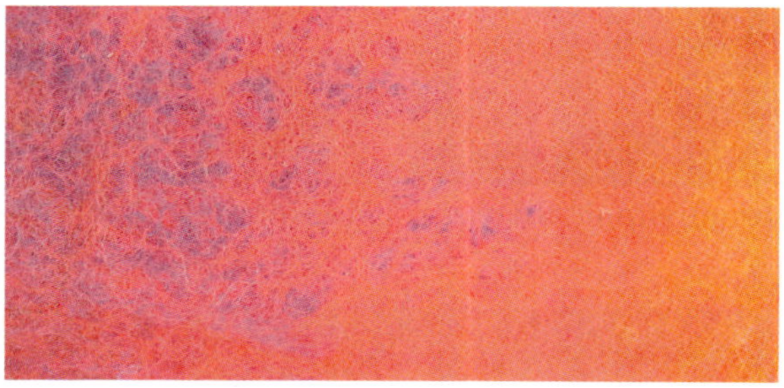

Filz

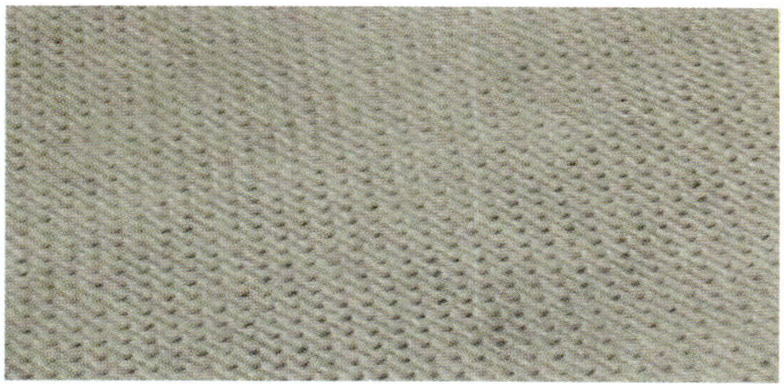

Vliesstoff

Welche textilen Flächen gibt es?

Webwaren

Das Weben ist eine uralte Technik.

Die **Leinwandbindung** ist die einfachste Bindung. Hierbei werden zwei Fadensysteme miteinander verbunden – verkreuzt: der Kettfaden in Längsrichtung und der Schussfaden in Querrichtung.

Durch die jeweilige Bindung werden Eigenschaften eines Stoffes bestimmt. Neben der Leinwandbindung finden wir die Köperbindung und die Atlasbindung.

Köperbindung: Z. B. Jeansstoff hat eine Köperbindung. Typisch sind dabei die schräg verlaufenden Verkreuzungen. Seine Festigkeit erhält Jeansstoff durch besonders festes Weben.

Webwaren sind formbeständig, wenig dehnbar und unelastisch. Die Strapazierfähigkeit ist gut bis sehr gut.

Florgewebe

Frottierwaren bestehen aus Florgewebe. Sie haben fest eingearbeitete Schlingen im Grundgewebe. Durch die Schlingen wird die Oberfläche vergrößert. Die Saugfähigkeit ist dadurch verbessert.

Maschenwaren

Beim Stricken und Häkeln werden aus einem fortlaufenden Faden Schlingen gebildet, diese Schlingen nennt man auch Maschen. Miteinander verschlungen und ineinanderhängend, ergeben diese Maschen die textile Fläche.

Maschenwaren sind dehnbar, knitter- und bügelarm. Sie verziehen sich aber und sie sind weich im Griff.

Verbundstoffe

Sie entstehen durch eine Verbindung von Fasern, Fäden oder Flächen. Man unterscheidet Filze und Vliesstoffe.

Filze werden durch mechanische Verfahren hergestellt, z. B. durch Filzen und Walken unter Einwirkung von Wärme, Feuchtigkeit und Seifenlauge.

Vliesstoffe werden durch Hitzeeinwirkung verschweißt oder verklebt.

Vliesstoffe verwendet man z. B. für Einmalwäsche und Reinigungstücher.

Die Strapazierfähigkeit ist sehr gering.

Wäschearten

- **Bettwäsche** ist meist aus Baumwolle oder auch einem Baumwollmischgewebe.

  Zur Bettwäsche gehören: Bettlaken oder Spannbetttücher, Bettbezüge, Kopfkissen und Matratzenschoner.
- **Tischwäsche** ist meist aus Reinleinen, Halbleinen, einem Baumwollmischgewebe oder aus Chemiefasern.

  Zur Tischwäsche gehören: Tischtücher und Tafeltücher, Mitteldecken, Tischläufer, Tischsets, Servietten und Tischskirtings – z. B. für ein Büfett.
- **Wäsche für die Körperhygiene** ist meist aus Baumwolle oder Polyester mit Mikrofasern.

  Zur Wäsche für die Körperhygiene gehören: Handtücher, Badetücher, Gästetücher, Waschlappen, Waschhandschuhe, Bademäntel und Badevorlagen.
- **Wäsche für den Küchenbereich** ist meist aus Reinleinen, Halbleinen oder Baumwolle.

  Zur Wäsche für den Küchenbereich gehören: Geschirrtrockentücher, Gläsertrockentücher.
- **Berufskleidung** ist meist aus Baumwolle oder Baumwollmischgewebe.

  Zur Berufskleidung gehören hauptsächlich: Arbeitskittel, Arbeitshose und Kopfbedeckung.

Außerdem gibt es die persönliche Oberbekleidung und Unterwäsche sowie Heimtextilien.

Bettwäsche

Tischwäsche

Wäsche für die Körperhygiene

Übersicht – textile Rohstoffe

Textile Rohstoffe

- **Naturfasern**
  - pflanzliche: Baumwolle, Leinen, Jute, Hanf, Sisal
  - tierische: Wolle, Kamelhaar, Angora (Kaninchen), Seide, Mohair (Ziege), Kaschmir (Ziege)
- **Chemiefasern**
  - cellulosische: Viskose, Acetat, Modal
  - synthetische: Polyester, Polyamid, Polyacryl, Polyurethan (Elasthan)

Textilkennzeichnungsgesetz

Textilien müssen Angaben über die verwendeten textilen Rohstoffe aufweisen. Die Textilkennzeichnung kann eingewebt, angenäht oder in anderer Form befestigt sein.

Ist nur ein Rohstoff in dem Textilerzeugnis enthalten, so kann die Bezeichnung des Rohstoffes durch die Zusätze „100%" oder „rein" oder „ganz" ergänzt werden.

▶ **Ein Textilerzeugnis besteht z.B. nur aus Baumwolle.**

Folgende Kennzeichnungen sind erlaubt:

100% Baumwolle
Reine Baumwolle
Baumwolle

Bestehen Textilerzeugnisse überwiegend aus einem textilen Rohstoff mit einem geringen Zusatz eines anderen textilen Rohstoffs, so muss nur der Hauptbestandteil angegeben werden.

▶ **Ein textiler Gegenstand besteht z.B. zu 90% aus Baumwolle und zu 10% aus Polyester.**

Folgende Kennzeichnungen sind erlaubt:

90% Baumwolle
Baumwolle 85% Mindestgehalt
90% Baumwolle 10% Polyester

Besteht ein Textilerzeugnis aus mehreren textilen Rohstoffen, so müssen diese in absteigender Reihenfolge angegeben werden.

▶ **Ein Textilerzeugnis besteht z.B. aus 50% Baumwolle, 30% Leinen und 20% Polyester.**

Folgende Kennzeichnungen sind erlaubt:

50% Baumwolle 30% Leinen Polyester
50% Baumwolle 30% Leinen 20% Polyester

Aufgaben:

1. Erläutern Sie die Textilkennzeichnungen an den Stoffballen – links oben.
2. Erkunden Sie die Textilkennzeichnungen von
   a) Bettwäsche,
   b) Tischwäsche,
   c) Berufsbekleidung,
   d) Wäsche für Körperhygiene,
   e) Wäsche für den Küchenbereich.

Gütezeichen garantieren die Rohstoffzusammensetzung von Textilien

Das Gütezeichen besagt, dass die Textilien zu 100% aus Baumwolle bestehen. Das Zeichen findet man u.a. bei Tischwäsche und Bettwäsche.

Das Gütezeichen besagt, dass die Textilien zu 100% aus Leinen bestehen. Das Zeichen findet man z.B. bei Tischwäsche und Oberbekleidung.

Das Gütezeichen besagt, dass die Textilien zu 40% aus Leinen und sonst aus Baumwolle bestehen. Das Zeichen findet man ebenfalls bei Tischwäsche und Oberbekleidung.

Reine Schurwolle

Das Gütezeichen besagt, dass die Textilien aus reiner Schurwolle bestehen. Das Zeichen findet man z.B. bei Oberbekleidung.

Internationales Seidenzeichen

Das Gütezeichen besagt, dass die Textilien aus reiner Seide bestehen. Das Zeichen findet man u.a. bei Oberbekleidung und Unterwäsche.

Das Gütezeichen besagt, dass die Textilien aus reiner Schurwolle mit Beimischungen bestehen. Das Zeichen findet man z.B. bei Oberbekleidung.

Warenzeichen

Warenzeichen geben dagegen lediglich Auskunft über die Herkunft der Textilien. Hier übernimmt der Hersteller die Qualitätsüberwachung.

Der Verbraucher kann bei guten Erfahrungen mit entsprechenden Textilien auf das bewährte Warenzeichen zurückgreifen.

Überblick – Eigenschaften textiler Rohstoffe

	Eigenschaften / Rohstoffe	Reißfestigkeit, Scheuerfestigkeit	Knitterfestigkeit	Feuchtigkeitsaufnahmefähigkeit	Wärmerückhaltevermögen	Griff	Besonderheiten
NATURFASERN	**Baumwolle**	strapazierfähig	knittert sehr stark	saugfähig	hält kaum warm	weich	beult leicht aus, läuft beim Waschen evtl. ein
	Leinen	sehr strapazierfähig	knittert sehr stark	saugfähig	sehr gering, fühlt sich kühl an	fest	raut nicht auf, trocknet schnell, glänzt, nimmt keinen Geruch an
	Wolle	strapazierfähig	knittert nicht, Falten hängen sich an feuchter Luft aus	sehr saugfähig, Wasserdampf wird aufgenommen, Wassertropfen perlen zunächst ab	hält sehr warm	weich bis fest	filzt, mottenanfällig
	Seide	sehr strapazierfähig	knittert kaum	sehr saugfähig	isoliert gut	weich	geringes Gewicht, edler Glanz
CHEMIEFASERN	**Viskose**	strapazierfähig	knittert sehr stark	saugfähig	hält kaum warm	weich	ähnlich wie Baumwolle
	Modal	sehr strapazierfähig	knittert sehr stark	saugfähig	hält kaum warm	weich	ähnlich wie Baumwolle
	Acetat	strapazierfähig	knittert kaum	wenig saugfähig	hält kaum warm	weich	Aceton (Fleckenwasser, Nagellack) löst Acetat auf, es entstehen Löcher
	Polyamid Polyester Polyacryl	sehr strapazierfähig	knittert nicht	kaum saugfähig, Wasser wird an der Faser entlang abgeleitet	hält kaum warm Ausnahme: Polyacryl	weich	geringes Gewicht, die Fasern laden sich elektrostatisch auf, verrotten nicht

4.2 Textilpflege

Kreislauf der Textilpflege

Internationale Pflegekennzeichnung

Die Pflegekennzeichnung sollte beim Waschen, Bügeln, Reinigen und Trocknen von Textilien beachtet werden.

Diese Kennzeichnung ist nicht gesetzlich vorgeschrieben. In den meisten Textilien sind jedoch Pflegesymbole auf dem Etikett.

Die Beachtung der Pflegesymbole bereits beim Einkauf – z.B. „Waschen erlaubt" – hilft unter anderem, später höhere Reinigungskosten zu vermeiden.

Aufgaben:

1. Erläutern Sie die Pflegesymbole. Wie sollen die abgebildeten Textilien
   a) gewaschen,
   b) getrocknet,
   c) gebügelt werden?
2. Welche Textilien können zusammen gewaschen werden?

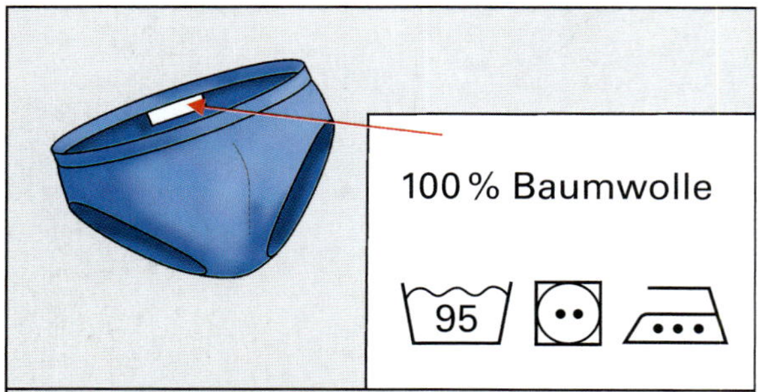

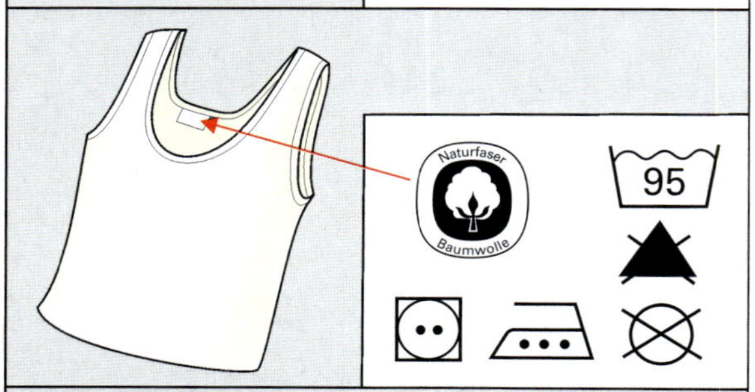

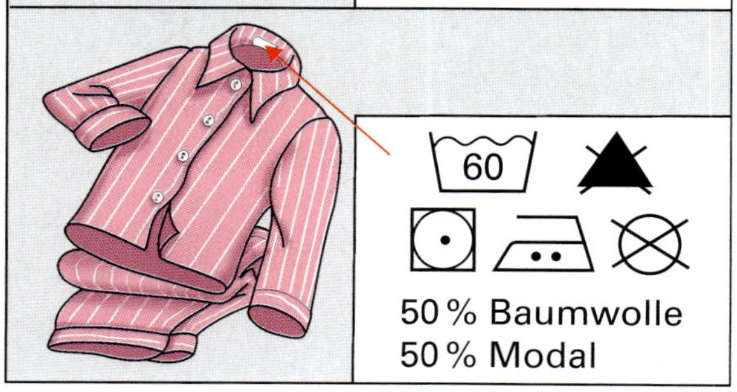

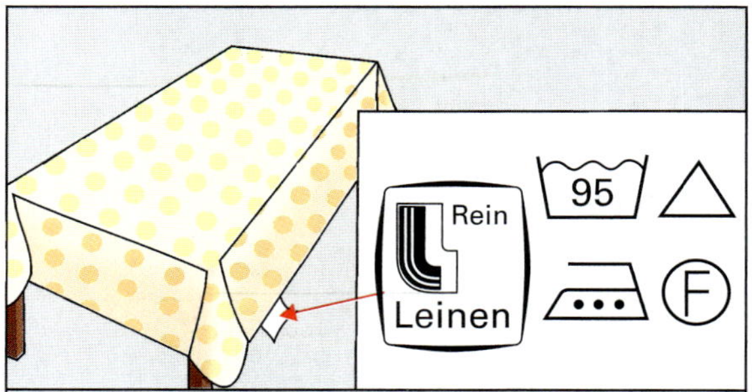

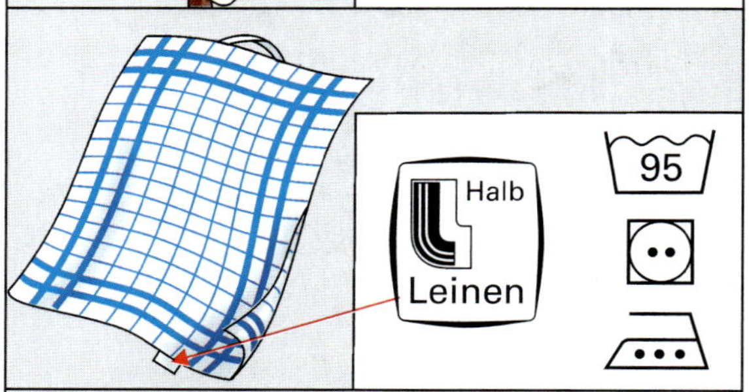

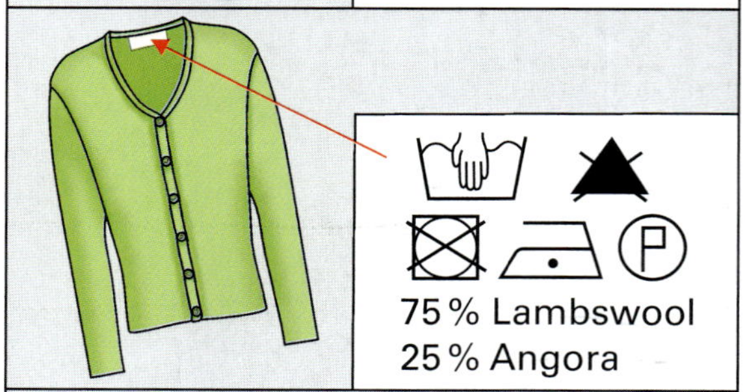

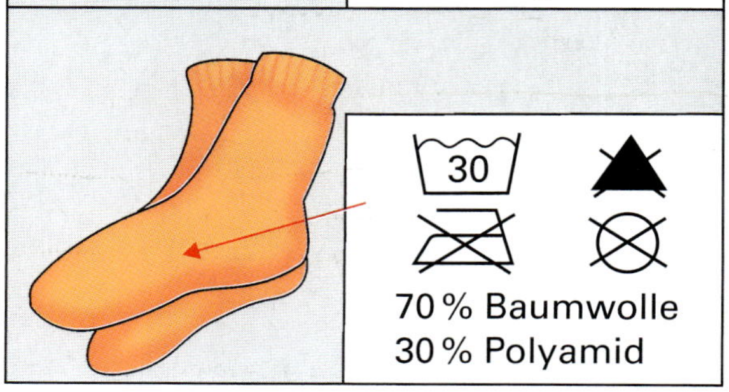

Die internationale Pflegekennzeichnung ermöglicht die Wahl geeigneter Waschverfahren und angemessener Bügeltemperaturen.

WASCHEN (Waschbottich)												
	95	95	60	60	40	40	40	30	30	30		
	Normal-waschgang	Schon-waschgang	Normal-waschgang	Schon-waschgang	Normal-waschgang	Schon-waschgang	Spezial-schon-waschgang	Normal-waschgang	Schon-waschgang	Spezial-schon-waschgang	Hand-wäsche	nicht waschen

Die **Zahlen** im Waschbottich entsprechen den **maximalen Waschtemperaturen**, die nicht überschritten werden dürfen. – Der **Balken** unterhalb des Waschbottichs verlangt nach einer (mechanisch) **milderen Behandlung** (Schonwaschgang). Er kennzeichnet Waschzyklen, die sich z.B. für pflegeleichte und mechanisch empfindliche Artikel eignen. Der **doppelte Balken** kennzeichnet Waschzyklen mit weiter minimierter Mechanik, z.B. für Wolle.

BLEICHEN (Dreieck)			
	Chlor- und Sauerstoffbleiche zulässig	nur Sauerstoffbleiche zulässig/ keine Chlorbleiche	nicht bleichen

TUMBLER-TROCKNUNG (Trockentrommel)			
	Trocknen mit normaler thermischer Beanspruchung	Trocknen mit reduzierter thermischer Beanspruchung	Trocknen im Tumbler nicht möglich

Die Punkte kennzeichnen die Trocknungsstufe der Tumbler (Wäschetrockner).

BÜGELN (Bügeleisen)				
	heiß bügeln	mäßig heiß bügeln	nicht heiß bügeln Vorsicht beim Bügeln mit Dampf	nicht bügeln

Die Punkte kennzeichnen die Temperaturbereiche der Reglerbügeleisen.

PROFESSIONELLE TEXTILPFLEGE (Reinigungstrommel)					
	P	P	F	F	
					keine Chemisch-reinigung möglich

Die **Buchstaben** sind für den Chemischreiniger bestimmt. Sie geben einen Hinweis auf die infrage kommenden **Lösemittel**.
Der **Balken** unterhalb des Kreises verlangt bei der Reinigung nach einer **Beschränkung** der mechanischen Beanspruchung, der Feuchtigkeitszugabe und/oder der Temperatur.

	W	W	W	
				keine Nassreinigung möglich

Dieses Symbol kann Artikel kennzeichnen, die im **Nassreinigungsverfahren** behandelt werden können.
Es wird als zweite Zeile **unter dem Symbol für die Chemischreinigung** angebracht.
Die **Balken** unterhalb des Kreises verlangen bei der Nassreinigung nach einer **Beschränkung** der mechanischen Beanspruchung (siehe Waschen).

Quelle: Sartex, Schweizerische Arbeitsgemeinschaft für Textilkennzeichnung, Zürich

Welche Bereiche werden für die Pflege der Wäsche benötigt?

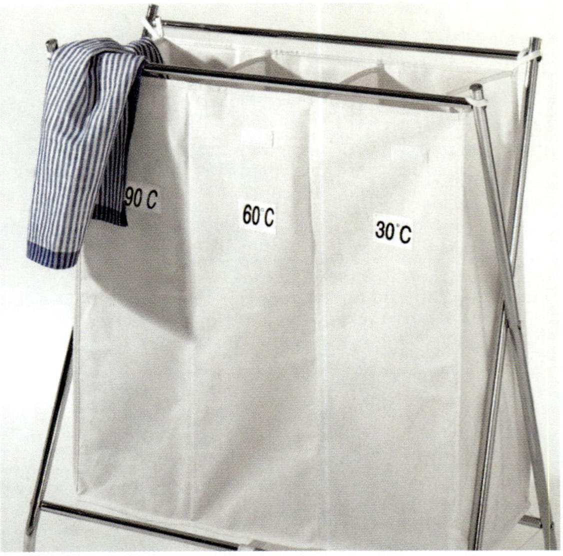

Wäschesammelsystem

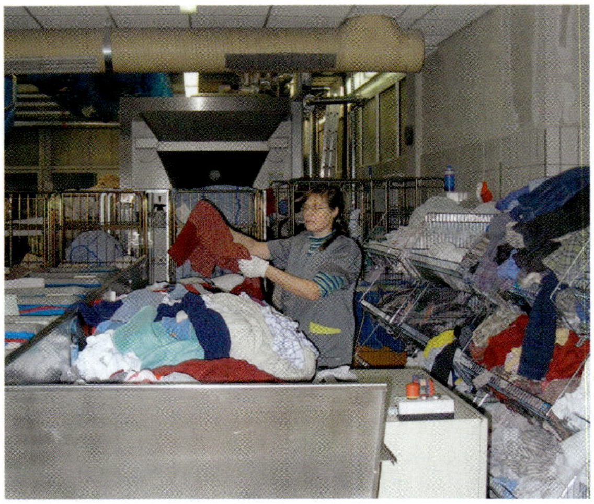

Sortieren der Wäsche

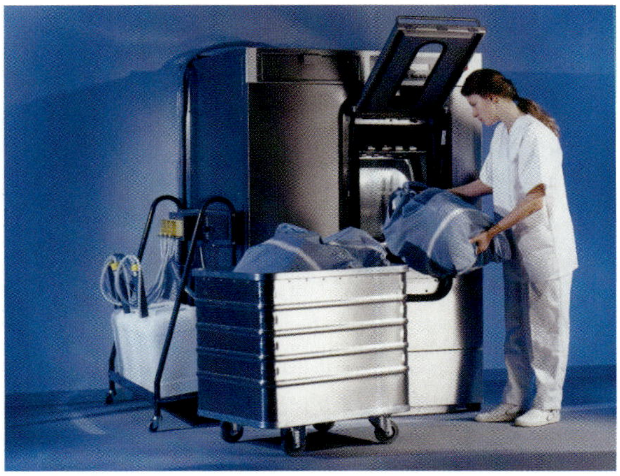

Waschen

Unreiner Bereich der Wäscherei

Zunächst wird die Schmutzwäsche im unreinen Bereich der Wäscherei angeliefert. Dort wird sie nach Textilart, Farben und Verschmutzung sortiert.

So gibt es dann Kochwäsche, Buntwäsche, Feinwäsche und Wäsche für Sonderbehandlung, die besonders verunreinigt ist.

In dem unreinen Bereich der Wäscherei stehen Waschmaschinen für die Vorreinigung der besonders verschmutzten Wäsche.

Außerdem gibt es Waschmaschinen und Trockner für die normal verschmutzte Wäsche.

Reiner Bereich der Wäscherei

Nach dem Wasch- und Trockenvorgang wird die Wäsche in den reinen Bereich der Wäscherei transportiert. Hier findet das Mangeln und Bügeln der Wäsche statt. Außerdem gibt es zum Glätten Hemdenfinisher für Oberhemden und Blusen und Tunnelfinisher für Nachthemden und Berufskleidung.

An Legetischen wird die Wäsche dann noch vor der Auslieferung gefaltet und gelegt.

Ausbesserungsarbeiten können hier auch noch durchgeführt werden.

Sammeln und Sortieren der Wäsche

Sammeln der Schmutzwäsche

Wäsche sollte möglichst bald nach dem Wechseln gewaschen werden. Gealterter Schmutz ist schwieriger zu entfernen als frischer. Zudem ist schmutzige Wäsche ein Nährboden für Mikroorganismen. Dies kann z. B. bei Küchenwäsche, die lange und feucht gelagert wird, zu Stockflecken durch Schimmelpilze führen.

Verschmutzte Wäsche sollte trocken und luftig in möglichst kühlen Räumen getrennt von sauberer Wäsche aufbewahrt werden.

Geeignete Behälter zur Aufbewahrung von Schmutzwäsche sind z. B. luftdurchlässige Wäschekörbe oder waschbare, luftdurchlässige Netze und Sammelsysteme, z. B. nach den notwendigen Waschprogrammen.

In Krankenhäusern und Pflegeheimen wird die Schmutzwäsche in Säcken gesammelt, die ungeöffnet in die Waschmaschine gegeben werden. Die Wäschesäcke öffnen sich dann durch die Trommelbewegung in der Maschine.

Evtl. muss die Wäsche gekennzeichnet werden, damit sie auch wieder zu ihrem „Eigentümer“ gelangt.

Sortieren von Schmutzwäsche

Die Schmutzwäsche wird sortiert nach

- erforderlichem Waschprogramm in der Maschine oder Handwäsche,
- Farben: hell und dunkel,
- Verschmutzungsgrad: normal, leicht, fleckig.

Aufgaben:

1. Sortieren Sie die auf Seite 225 abgebildeten Wäschestücke nach den erforderlichen Waschprogrammen.
2. Nennen Sie jeweils weitere Wäschestücke, die in den Waschprogrammen gewaschen werden.
3. Erkunden Sie das Wäschesammelsystem in Ihrem Betrieb.

Bügeln

Wäschekennzeichnung

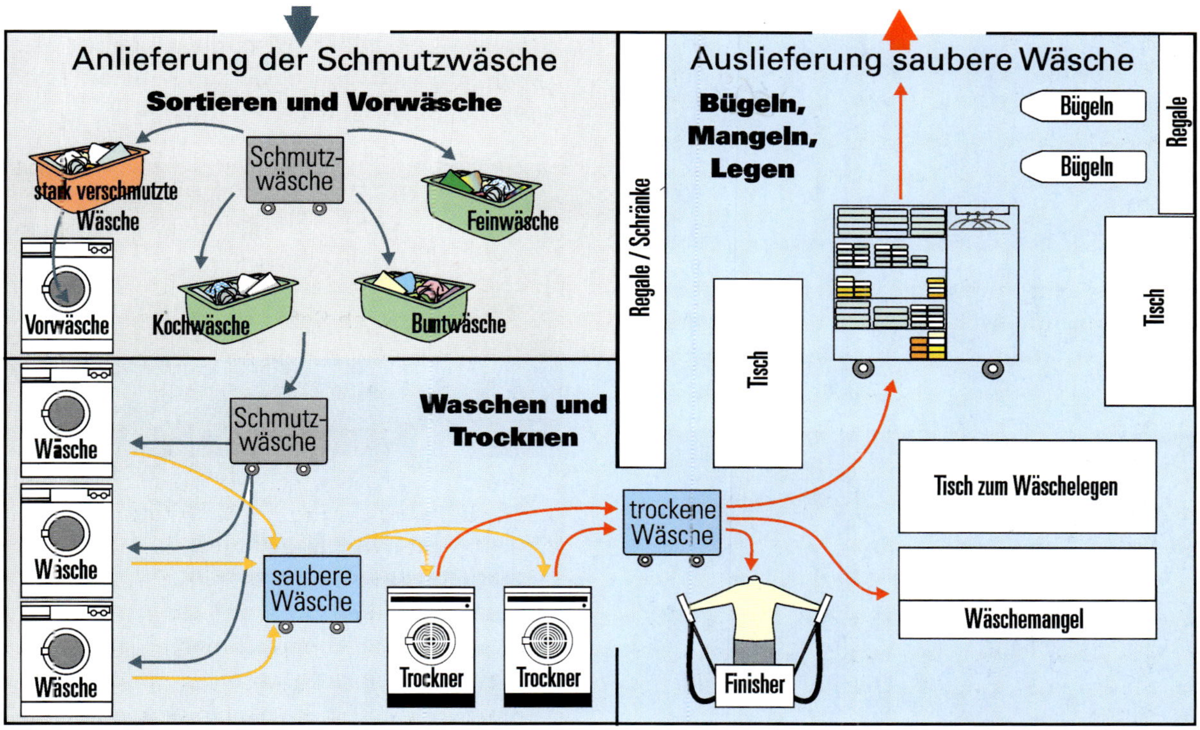

Sortieren der Schmutzwäsche nach den Waschprogrammen

▶ **Normalprogramm, 95 °C:** nur für stark verschmutzte weiße Wäsche aus Baumwolle oder Leinen oder kochfest gefärbte Wäsche, z. B. stark verschmutzte Küchentücher.

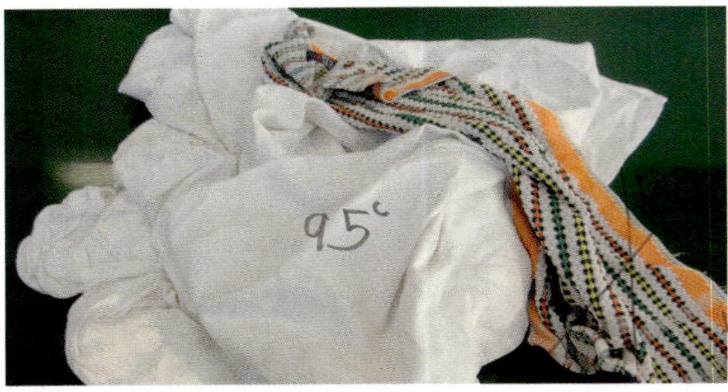

▶ **Normalprogramm, 60 °C:** für leicht verschmutzte Wäsche, die sonst bei 95 °C gewaschen werden könnte, außerdem hellfarbige Textilien, die nicht kochfest sind.

▶ **Normalprogramm, 40 °C:** für Buntwäsche aus Baumwolle, Leinen usw., die aufgrund ihrer Einfärbung oder Ausrüstung keine höheren Temperaturen verträgt, z. B. Oberbekleidung und bunte Frottierwäsche.

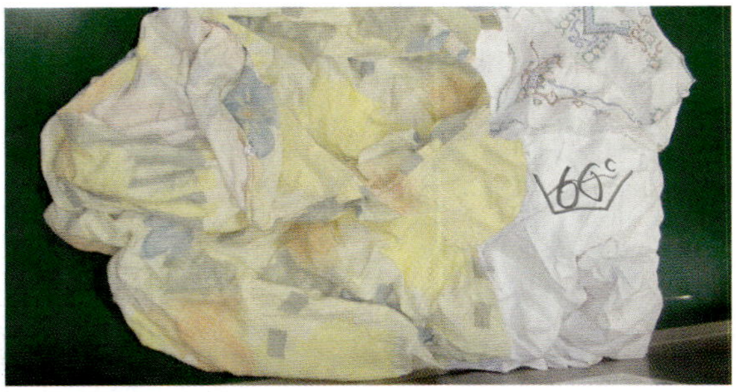

▶ **Pflegeleichtprogramm, 40 °C:** für Wäscheteile aus synthetischen Fasern und aus pflegeleichtem Baumwollmischgewebe, z. B. Hemden und Blusen.

▶ **Pflegeleichtprogramm, 30 °C:** für Feinwäsche und pflegeleichte Wäsche – mechanisch besonders empfindliche Textilien, z. B. Vorhänge, Gardinen, Hemden und Blusen.

▶ **Wollprogramm, 30 °C:** für waschmaschinenfeste Wollartikel.

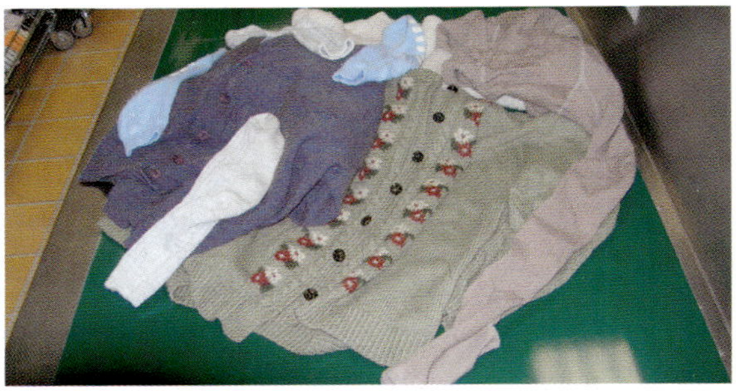

▶ **Handwäsche**, z. B. für selbst gestrickte Wollpullover, die in der Waschmaschine verfilzen können. Auch Oberbekleidung aus Seide erfordert teilweise die Handwäsche.

- **Diese Angaben können nur allgemeine Richtwerte sein.**
- **Im Einzelfall die Pflegekennzeichnung in den Textilien genau beachten.**

Vorbereiten der Wäsche

Folgende Arbeiten werden durchgeführt:

- Taschen entleeren und ausbürsten und evtl. umdrehen.
- Ärmel usw. entrollen, Schmutz wird entfernt und es wird ein gleichmäßiges Waschergebnis erzielt.
- Knöpfe öffnen, die Knopflöcher bzw. Knöpfe können sonst beim Waschen beschädigt werden.
- Nicht waschbare Knöpfe entfernen, sie werden sonst beim Waschen beschädigt.
- Leder- und Kunststoffgürtel entfernen, sie sind nicht waschbar.
- Reißverschlüsse schließen, andere Wäschestücke können sonst beschädigt werden bzw. der Reißverschluss kann sich verformen.
- Bänder, z.B. von Vorbindern, leicht miteinander verschlingen, sie können sich sonst beim Waschen verknoten.
- Stark verschmutzte Stellen evtl. mit Waschmittel einreiben.
- Bettbezüge, Kopfkissen, farbige Oberbekleidung und Cordhosen, Nickipullover usw. nach links wenden, die Farben und die Stoffstruktur bleiben so unter anderem besser erhalten, die rechte Seite wird geschont.
- Bei Bettbezügen jeden zweiten Knopf zuknöpfen. Kleine Wäschestücke können sich dann nicht in den Bezügen verfangen.

Aufgaben:

1. Betrachten Sie die abgebildeten Wäschestücke, die für das Waschen vorbereitet werden sollen. Welche Arbeiten müssen hier zunächst vor dem Waschen durchgeführt werden?
2. Überlegen Sie, was jeweils passieren kann, wenn diese Arbeiten nicht gewissenhaft durchgeführt werden.

Wie viel Schmutzwäsche passt in die Waschmaschine?

Wie viel wiegen unsere Textilien?	
Bettwäsche und Tischwäsche	
Bettbezug	700 g
Bettlaken	500 g
Kissenbezug	180 g
Tischdecke	400 g
Serviette	60 g
Wäsche für Körperhygiene und Küche	
Frotteetuch	180 g
Duschtuch	350 g
Geschirrtuch	100 g
Berufskleidung	
Kittel	350 g
Hose	400 g
T-Shirt	200 g
Bistroschürze	250 g
Persönliche Wäsche	
Unterhemd	100 g
Unterhose	60 g
Socken (Paar)	50 g
Schlafanzug	450 g
Bluse	200 g
Oberhemd	300 g
Jeans	600 g

Dies sind nur Durchschnittswerte.

Rechenbeispiel:
Wie viel Bettbezüge ergeben eine Waschmaschinenfüllung?

Eine Waschmaschinenfüllung im Normalprogramm sind 5 kg Trockenwäsche.

5 kg = 5000 g

5000 : 700 = 7,14

Sieben Bettbezüge ergeben eine Waschmaschinenfüllung.

Aufgaben:

1. Wie viel Frotteetücher ergeben eine Waschmaschinenfüllung?
2. Wie viel pflegeleichte Oberhemden ergeben eine Waschmaschinenfüllung?
3. Nach einer Feier sind 4 Tischdecken und 24 Servietten zu waschen. Wie viel Kilogramm Wäsche können noch zusätzlich in die Waschmaschine gegeben werden?
4. Wie viel Duschtücher ergeben eine Waschmaschinenfüllung?
5. Wie hoch ist das Gesamtgewicht aller in der Tabelle genannten Textilien?
6. Drei Duschtücher sind bereits in der Waschmaschine. Wie viel Bettbezüge können noch zusätzlich in diesem Waschgang gewaschen werden?
7. Von wie viel Personen ergibt die Berufskleidung – T-Shirt und Hose – eine Waschmaschinenfüllung?
8. Die Tagungsgäste sind abgereist.
   a) Die Bettwäsche – Laken, Bezug und Kopfkissen – von wie viel Gästen kann in einem Waschgang gewaschen werden?
   b) Wie viel T-Shirts passen noch zusätzlich in die Waschmaschine?

- **In eine Haushaltswaschmaschine passen im Normalprogramm meist 5 kg trockene Schmutzwäsche.**
- **In eine Haushaltswaschmaschine passt im Schongang meist 1 kg trockene Schmutzwäsche.**

Regeln für die Fleckenbehandlung

- ▶ Flecken sofort entfernen. Frische Flecken lassen sich leichter entfernen, „ältere" Flecken sind manchmal gar nicht mehr zu entfernen.
- ▶ Vor der Anwendung eines Fleckenmittels die Gebrauchsanweisung genau durchlesen und die Dosierungsvorschriften genau beachten.
- ▶ Flecken evtl. mit einem weißen Faden umranden. Wenn das Material feucht ist, sind die Flecken nämlich manchmal nicht mehr zu erkennen.

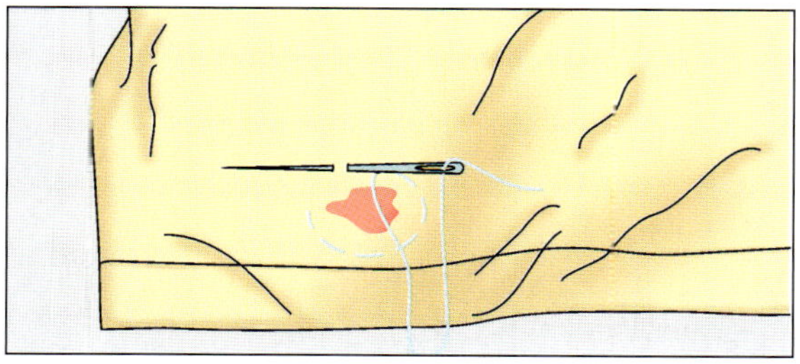

- ▶ Groben Schmutz, z. B. Speisereste oder Kerzenwachs, vor der Fleckenbehandlung abheben.
- ▶ Zur Fleckenbehandlung je nach Material und Fleckenart Feinwaschmittellösung, Gallseife, Fleckenmittel oder andere spezielle Mittel verwenden.
- ▶ Den Einsatz von chemischen Fleckenmitteln möglichst vermeiden, da sie gesundheitsgefährdend und umweltbelastend sind. Genau die Gebrauchsanweisung des Fleckenmittels durchlesen und beachten. Bei geöffnetem Fenster arbeiten. Dämpfe nicht einatmen.
- ▶ Zunächst an einer verdeckten Stelle, z. B. Naht oder Saum, prüfen, ob das Fleckenmitte das Material bzw. die Farbe angreift.

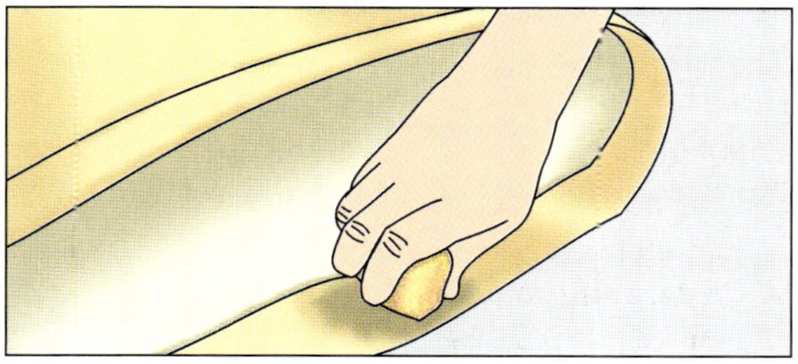

- ▶ Zur Fleckentfernung die verschmutzte Stelle auf eine saugfähige farblose Unterlage – ein Tuch oder Zellstoff – legen, der Schmutz soll von der Unterlage aufgenommen werden.
- ▶ Ein sauberes farbloses Tuch bzw. einen Stoffrest aus dem gleichen Material mit Fleckenwasser oder Seifenlösung tränken. Flecken von der linken Stoffseite bearbeiten. Nicht zu stark reiben. Flecken mit kreisenden Bewegungen – von innen nach außen – betupfen. So wird eine Randbildung vermieden.

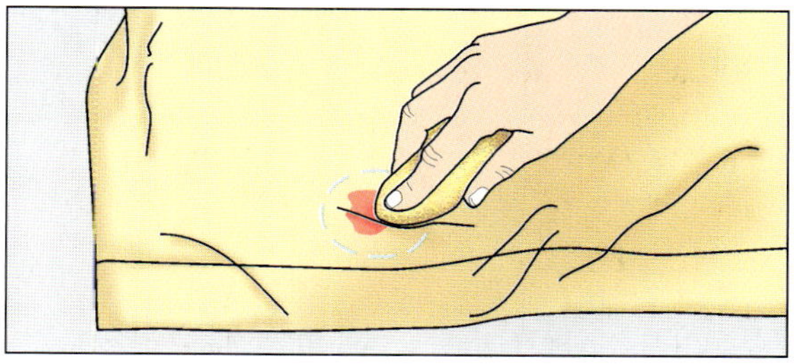

- ▶ Fleckenmittel kurze Zeit einwirken lassen und anschließend ausspülen und trocknen.
- ▶ Nach der Behandlung mit Fleckenmittel die Textilien trocknen lassen, anschließend ausbürsten.

Behandlung von speziellen Flecken

Wachs: So weit wie möglich abheben. Stoff zwischen farbloses Toilettenpapier bzw. Küchenpapier legen. Wachs bei niedriger Temperatur ausbügeln.

Ölfarbe: Nach einer Stoffprobe mit Terpentin und Waschmittel behandeln.

Blut: In kaltem Wasser auswaschen, mit Waschmittel nachbehandeln.

Milch: Mit lauwarmer Waschmittellösung behandeln.

Kaffee, Tee: Mit warmem Wasser abtupfen, mit Waschmittellösung nachbehandeln.

Lippenstift, Schuhcreme, Wagenschmiere: Mit Fleckenwasser herauslösen, evtl. mit Waschmittellösung nachbehandeln.

Kaugummi: Kleidungsstück einfrieren und Kaugummi im harten Zustand abheben.

Tinte: Mit Spezialmittel behandeln.

Nagellack, Alleskleber: Nach einer Stoffprobe – nicht bei synthetischen Chemiefasern – mit Nagellackentferner behandeln.

Waschfaktoren

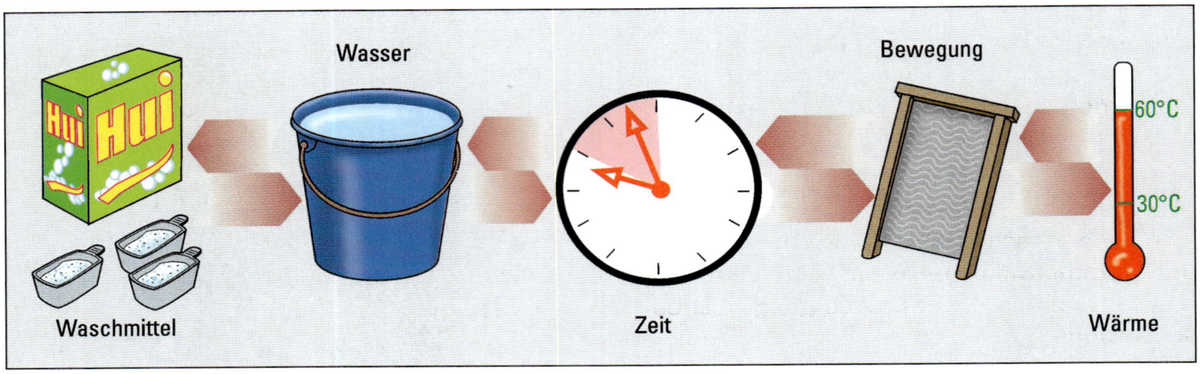

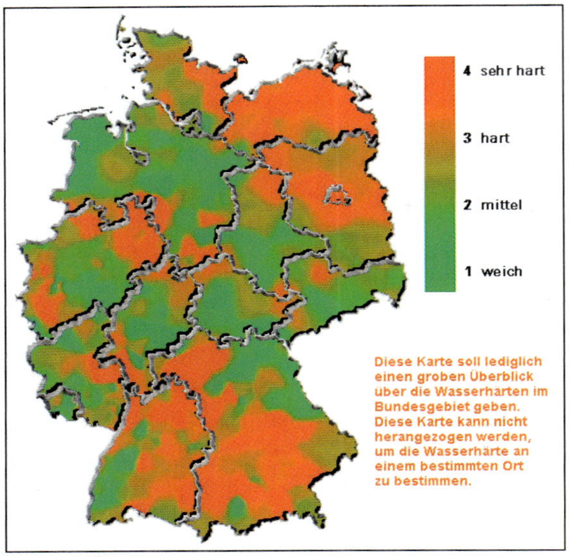

Grobe Übersicht der Wasserhärte in Deutschland

So dosieren Sie richtig im Hauptwaschgang:

Wasserhärtebereich	normal verschmutzt	stark verschmutzt	Ergiebigkeit*
1 weich	1 Tab	2 Tabs	132 kg
2 mittel	2 Tabs	3 Tabs	66 kg
3 + 4 hart/ sehr hart	3 Tabs	4 Tabs	44 kg

* So viel normal verschmutzte Trockenwäsche können Sie mit 1 kg Tabs im Hauptwaschgang bei einer Beladung von 4,5 kg waschen.

Beachten Sie die Pflegehinweise in Ihren Textilien und die Anleitungen der Waschmaschinenhersteller.

Nicht für Wolle und Seide verwenden.

Dosierungsanweisung für Waschmittel

Schmutz soll mithilfe von Wasser entfernt werden. Damit die Wäsche aber sauber wird, sind außer dem Waschfaktor Wasser noch vier weitere Faktoren notwendig:

Temperatur, Zeit, Mechanik (Bewegung) und Chemie (Waschmittel).

Waschfaktor Wasser

Beim Leitungswasser werden vier Härtebereiche unterschieden:

- 1 weich
- 2 mittel
- 3 hart
- 4 sehr hart

Das zuständige Wasserwerk gibt Auskunft über den Härtebereich des örtlichen Leitungswassers.

Der Wasserhärtebereich ist entscheidend für die Dosierung des Waschmittels.

Je härter das Wasser, umso mehr Waschmittel wird benötigt.

Waschfaktor Temperatur

Die Waschtemperatur beschleunigt den Reinigungsvorgang.

Die Wahl der Temperatur muss jedoch auf die jeweilige Faser- und Gewebeart und den Grad der Verschmutzung abgestimmt werden.

Waschfaktor Zeit

Der Zeitfaktor – die Dauer des Waschprogramms – kann durch die Programmwahl beeinflusst werden.

Stark verschmutzte Wäsche benötigt z. B. ein Vorwaschprogramm und somit eine längere Zeit in der Waschmaschine.

Waschfaktor Mechanik

Unter Mechanik versteht man in der Waschmaschine die Trommelbewegung. Die Wäschestücke verändern ständig ihre Lage. Sie reiben aneinander, sie werden von den Mitnehmerrippen hochgehoben und fallen wieder zurück in die Waschflotte.

Beim Füllen der Trommel muss darauf geachtet werden, dass über der trockenen Wäsche noch eine Handbreit Platz zwischen Wäsche und Trommelwand frei bleibt, damit sich die Wäsche während des Waschvorgangs frei bewegen kann.

Bei pflegeleichter Wäsche sollte die Trommel nur zur Hälfte – 1 bis 1,5 kg – gefüllt werden, damit weniger Knitterfalten entstehen. Eine Füllung sind etwa sechs Oberhemden – je nach Maschine.

Bei der Handwäsche wird die Wäsche in der Waschflotte durch Drücken, Bewegen und Reiben mechanisch bearbeitet.

Waschfaktor Chemie

Jedes Waschmittel ist aus unterschiedlichen Chemikalien zusammengesetzt: Beispiel rechts.

Waschmittel können nach ihren Einsatzgebieten unterteilt werden:

- **Pulverförmige Universalwaschmittel** oder Vollwaschmittel für alle Temperaturen. Sie enthalten Bleichmittel.
- **Flüssige Universalwaschmittel** für 30 bis 60 °C ohne Bleichmittel.
- **Colorwaschmittel** enthalten keine Bleichmittel und optischen Aufheller. Sie enthalten Stoffe, die die Farbübertragung während des Waschens verhindern. Dies sind also spezielle Waschmittel für farbige Textilien.
- **Baukastensysteme** bestehen aus den getrennten Bestandteilen Basiswaschmittel, Enthärter und Bleichmittel. Diese einzelnen Bestandteile können getrennt je nach Verschmutzungsgrad, Wasserhärte und Farbe der Textilien dosiert werden.
- **Spezialwaschmittel** für Wollwäsche, Feinwäsche, Buntwäsche und Gardinenwäsche.
- **Waschmittel für Handwäsche** für zwischendurch. Handwaschmittel dürfen nicht in der Waschmaschine eingesetzt werden. Die Waschmaschine würde überschäumen.

Informationen auf Waschmittelpackungen

Inhaltsstoffangaben (gemäß EG-Verordnung)

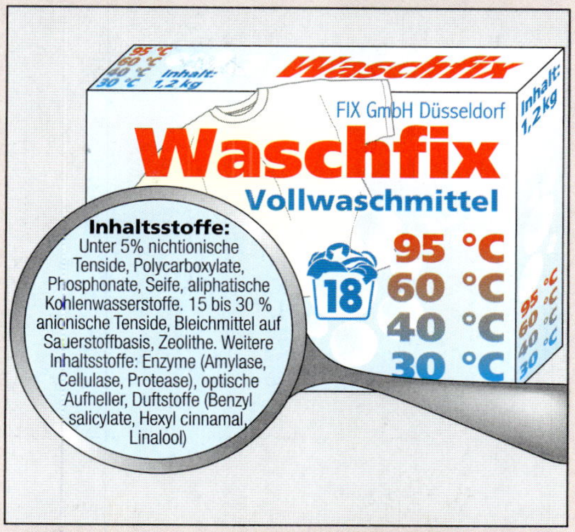

Ergiebigkeit: Bei mittlerer Wasserhärte (2) und mittlerem Verschmutzungsgrad reicht die Packung Waschfix für 18 Wäschen im Hauptwaschgang bei normaler Beladung von 4,5 kg Trockenwäsche.

Dosierungsempfehlung für Waschfix bei mittlerem Verschmutzungsgrad:

Wasserhärtebereich 1	65 ml
Wasserhärtebereich 2	85 ml
Wasserhärtebereich 3+4	110 ml

Um welche Stoffe handelt es sich hier?

Zeolith A, Polycarboxylate, Phosphonate u. a. enthärten Wasser und schützen Wäsche und Waschmaschine vor schädlicher Kalkablagerung.

Perborat entfernt bleichbare Flecken, z. B. Obst, Tee.

Tenside (anionische, nichtionische) lösen zusammen mit anderen Wirkstoffen den Schmutz von den Fasern und binden ihn in der Waschflotte, besonders öl- und fetthaltige Verschmutzungen.

Enzyme unterstützen die Entfernung z. B. eiweißhaltiger Flecken.

Polymere schützen vor schädlichen Kalkablagerungen, verhindern das Vergrauen der Wäsche.

Silikate verhindern die Korrosion der Waschmaschine.

Natriumcarbonat (Soda) enthärtet das Wasser, verbessert die Pulverqualität.

Stabilisierungsstoffe sichern die Wirksamkeit einzelner Inhaltsstoffe.

Optische Aufheller erhalten die Brillanz der Wäsche, Weißkraftverstärker.

Parfümöle geben der Wäsche einen angenehmen, frischen Duft.

Umweltbelastung durch Waschmittel

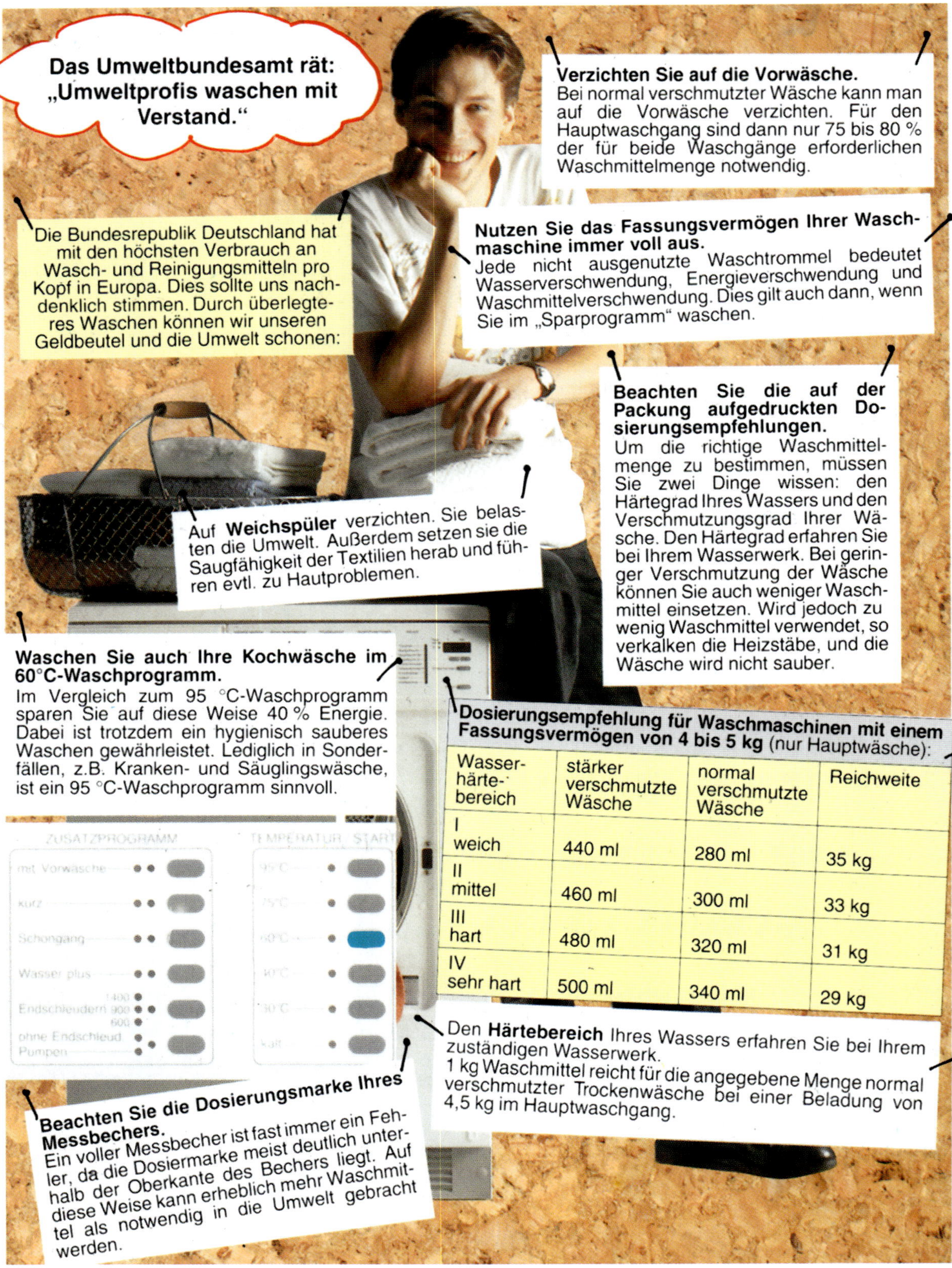

Das Umweltbundesamt rät: „Umweltprofis waschen mit Verstand."

Die Bundesrepublik Deutschland hat mit den höchsten Verbrauch an Wasch- und Reinigungsmitteln pro Kopf in Europa. Dies sollte uns nachdenklich stimmen. Durch überlegteres Waschen können wir unseren Geldbeutel und die Umwelt schonen:

Verzichten Sie auf die Vorwäsche.
Bei normal verschmutzter Wäsche kann man auf die Vorwäsche verzichten. Für den Hauptwaschgang sind dann nur 75 bis 80 % der für beide Waschgänge erforderlichen Waschmittelmenge notwendig.

Nutzen Sie das Fassungsvermögen Ihrer Waschmaschine immer voll aus.
Jede nicht ausgenutzte Waschtrommel bedeutet Wasserverschwendung, Energieverschwendung und Waschmittelverschwendung. Dies gilt auch dann, wenn Sie im „Sparprogramm" waschen.

Beachten Sie die auf der Packung aufgedruckten Dosierungsempfehlungen.
Um die richtige Waschmittelmenge zu bestimmen, müssen Sie zwei Dinge wissen: den Härtegrad Ihres Wassers und den Verschmutzungsgrad Ihrer Wäsche. Den Härtegrad erfahren Sie bei Ihrem Wasserwerk. Bei geringer Verschmutzung der Wäsche können Sie auch weniger Waschmittel einsetzen. Wird jedoch zu wenig Waschmittel verwendet, so verkalken die Heizstäbe, und die Wäsche wird nicht sauber.

Auf **Weichspüler** verzichten. Sie belasten die Umwelt. Außerdem setzen sie die Saugfähigkeit der Textilien herab und führen evtl. zu Hautproblemen.

Waschen Sie auch Ihre Kochwäsche im 60°C-Waschprogramm.
Im Vergleich zum 95 °C-Waschprogramm sparen Sie auf diese Weise 40 % Energie. Dabei ist trotzdem ein hygienisch sauberes Waschen gewährleistet. Lediglich in Sonderfällen, z.B. Kranken- und Säuglingswäsche, ist ein 95 °C-Waschprogramm sinnvoll.

Dosierungsempfehlung für Waschmaschinen mit einem Fassungsvermögen von 4 bis 5 kg (nur Hauptwäsche):

Wasserhärtebereich	stärker verschmutzte Wäsche	normal verschmutzte Wäsche	Reichweite
I weich	440 ml	280 ml	35 kg
II mittel	460 ml	300 ml	33 kg
III hart	480 ml	320 ml	31 kg
IV sehr hart	500 ml	340 ml	29 kg

Den **Härtebereich** Ihres Wassers erfahren Sie bei Ihrem zuständigen Wasserwerk.
1 kg Waschmittel reicht für die angegebene Menge normal verschmutzter Trockenwäsche bei einer Beladung von 4,5 kg im Hauptwaschgang.

Beachten Sie die Dosierungsmarke Ihres Messbechers.
Ein voller Messbecher ist fast immer ein Fehler, da die Dosiermarke meist deutlich unterhalb der Oberkante des Bechers liegt. Auf diese Weise kann erheblich mehr Waschmittel als notwendig in die Umwelt gebracht werden.

Waschen mit der Maschine

Beladen der Waschmaschine

Die günstigsten Waschergebnisse werden beim Einhalten der empfohlenen Füllmengen erreicht. Die sortierten Wäscheteile werden locker eingefüllt. Um gleichmäßige Waschergebnisse zu erzielen, sollten außerdem große und kleine Wäscheteile gleichzeitig gewaschen werden.

Waschmittelzugabe

Das Waschmittel ist vor Beginn des Waschprogramms in die Einspülkammern für Vor- und Hauptwäsche zu geben; Weichspüler wird, falls nötig, in die dritte Kammer gegeben.

Die Auswahl des Waschmittels richtet sich nach Textilart und Verschmutzungsgrad.

Das Waschmittel soll nicht höher dosiert werden als unbedingt notwendig. Bei ständiger Unterdosierung des Waschmittels und gleichzeitiger Überbeladung der Maschine können sich sogenannte Fettläuse bilden. Fettläuse sind tropfenförmige Fettrückstände auf der Wäsche.

Auswahl des Waschprogramms

Nach dem Schließen der Maschine wird das Waschprogramm ausgewählt. Je nach Programm sind die Temperatur sowie die mechanische Beanspruchung der Wäsche unterschiedlich. Pflegeleichte Textilien gehören in den Schongang. Hier ist die Bewegung gemindert und es wird mehr Wasser eingesetzt.

Ablauf eines Waschprogramms

Vorwäsche:

Die Vorwäsche wird bei 30 bis 40 °C durchgeführt, um groben Schmutz abzulösen oder zu lockern. Vorwäsche ist nur bei stark verschmutzter Wäsche notwendig.

Hauptwäsche:

Dies ist der eigentliche Waschvorgang bei Temperaturen bis 95 °C. Der restliche Schmutz wird entfernt.

Spülen:

Drei bis fünf Spülgange sorgen dafür, dass die Waschmittelrückstände entfernt werden.

Schleudern:

Die Wäsche wird je nach Leistung der Maschine bzw. Einstellung trocken geschleudert. Bei pflegeleichten Textilien entfällt das Schleudern.

Beladen der Waschmaschine

Waschmaschine – Toplader

Waschmaschine – Frontlader

Handwäsche

Besonders bei einigen empfindlichen Textilien aus Wolle oder Seide ist das Pflegesymbol „Handwäsche" zu finden. Diese Textilien sind empfindlich gegen zu viel „Bewegung", oft wirken auch zu hohe Temperaturen schädigend.

Auch bei selbst gestrickten Kleidungsstücken sollte möglichst bereits beim Einkauf des Materials auf den Hinweis „filzt nicht" oder „waschmaschinenfest" geachtet werden, da der Wasserbedarf bei der Handwäsche sehr hoch ist.

Arbeitsplatz bei der Handwäsche

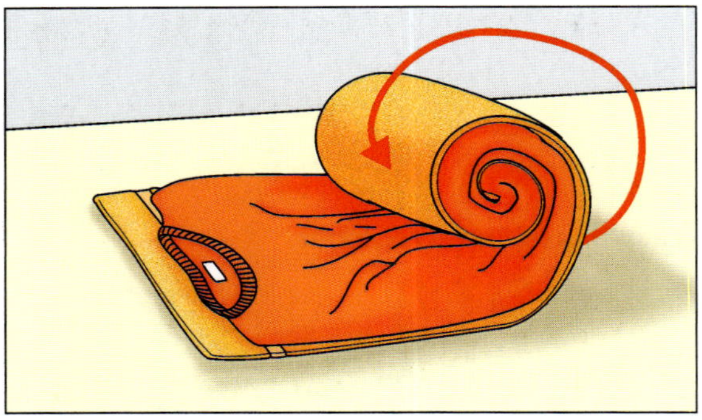

Einrollen von Textilien zum Vortrocknen

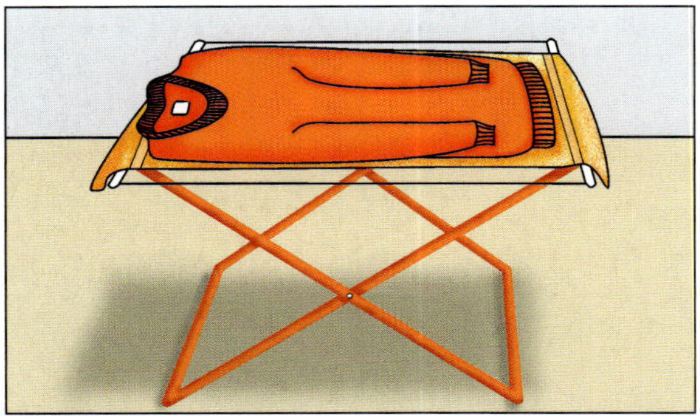

Liegend z. B. auf dem Wäscheständer trocknen

- Textilien auch für die Handwäsche nach Farben und Material sortieren.
- Besonders bei neuen Textilien darauf achten, ob sie farbecht sind. Textilien, die Farbe abgeben, werden getrennt gewaschen.
- Bei empfindlicher Maschenware, z. B. einem Pullover, der mit der Hand gewaschen wird, können sich Ärmellänge, Breite und Länge beim Waschen verändern. Die Maße werden also zunächst ermittelt. Die Maschenware nach dem Waschen wieder entsprechend in Form ziehen.
- Textilien in reichlich Waschflotte geben: 1 kg Wäsche in 20 l kaltes bis handwarmes Wasser (nicht über 30 °C) – Flottenverhältnis 1 : 20.
- Spezialwaschmittel genau nach den Herstellerangaben dosieren.

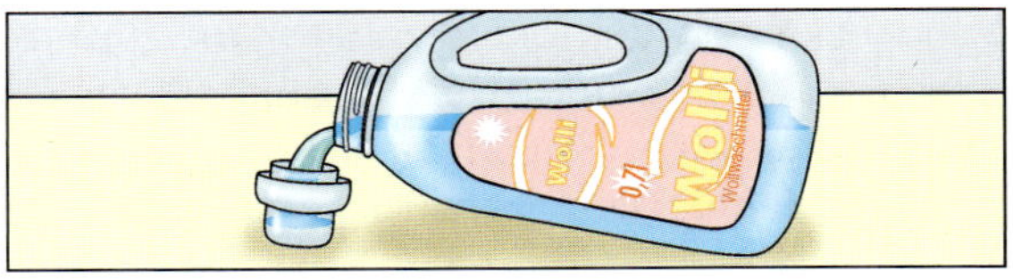

- Niemals Waschmittel unmittelbar auf empfindliche Textilien geben, es könnte zur Fleckenbildung kommen.
- Textilien in der Waschflotte gut durchdrücken, nicht zu stark reiben, das Material wird sonst beschädigt.
- Farbige Textilien nicht zu lange in der Waschflotte liegen lassen, es könnte sonst zu Farbveränderungen kommen.
- Kleidungsstücke gründlich spülen, bis das Spülwasser klar bleibt. In das letzte Spülwasser evtl. etwas Essig geben, die Farbe bleibt so besser erhalten.
- Kleidungsstücke gut ausdrücken, nicht auswringen.
- Empfindliche Textilien durch Ein- und Ausrollen in saugfähigen Tüchern vortrocknen.
- Maschenware zum Trocknen immer zunächst in saugfähige Tücher einrollen, ausdrücken oder in einem Kissenbezug in der Waschmaschine leicht anschleudern.
- Maschenware anschließend im Liegen, z. B. über dem Wäscheständer, trocknen.
- Seide nass zum Trocknen aufhängen, so bilden sich nicht so starke Knitter.

Trocknen der Wäsche an der Luft

Im Freien entziehen Sonne und Wind der Wäsche die Feuchtigkeit. Im Raum, der gut belüftet sein sollte, sind Raumtemperatur und Luftfeuchtigkeit für die Trocknungsgeschwindigkeit entscheidend.

Als Trocknungsvorrichtung eignen sich:

- gespannte abwaschbare Wäscheleine,
- mobile Wäschespinne,
- klappbare Wäscheständer in verschiedenen Größen und Formen.

Vorbereitende Arbeiten und Aufhängen

- Vor dem Aufhängen wird die Leine mit einem feuchten Tuch abgewischt.
- Wäscheklammern befinden sich griffbereit in einem Klammerbeutel oder Ähnlichem.
- Der Korb mit der feuchten, evtl. vorsortierten Wäsche sollte auf einen Hocker gestellt werden, um Kraft und Zeit zu sparen.
- Jedes Wäschestück an den Aufhängstellen anfassen und ausschlagen. Kanten und Bänder ausstreichen.
- Wäsche gleicher Art und Größe nebeneinander, Strümpfe paarweise aufhängen.
- Doppelte Wäschestücke nach rechts drehen, dann aufhängen.
- Verschluss bei Bettwäsche seitlich in den Wind hängen.
- Textilien sollen sich nicht verziehen, deshalb an Nähten, Trägern oder Bund anklammern. Die Wäscheklammern sollen außerdem keine Druckstellen an den Textilien hinterlassen.
- Große Wäschestücke fadengerade handbreit bis halbiert über die Wäscheleine schlagen, dann festklammern.
- Oberhemden und Blusen am Saum anklammern.
- Schürzen, Hosen und Röcke am Bund anklammern.
- T-Shirts, Poloblusen und andere Trikotwaren zur Hälfte über die Leine hängen.
- Bunte und synthetische Textilien nicht in der prallen Sonne trocknen, da sie sonst verblassen oder vergilben.
- Textilien dürfen nicht den Boden berühren, da sie sonst verschmutzen.

Wäschespinne mit Wäsche

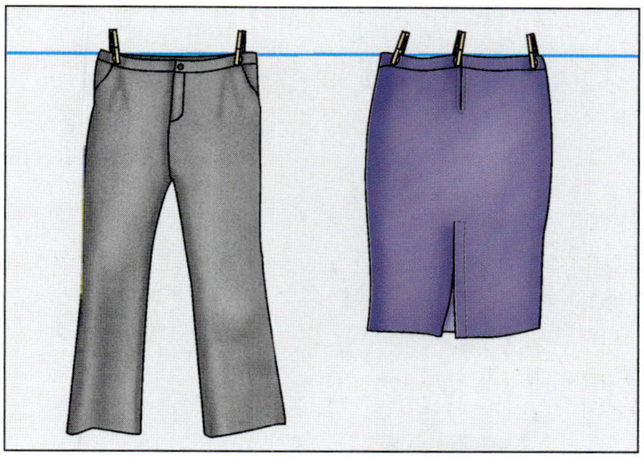

Aufhängen von Hosen und Röcken

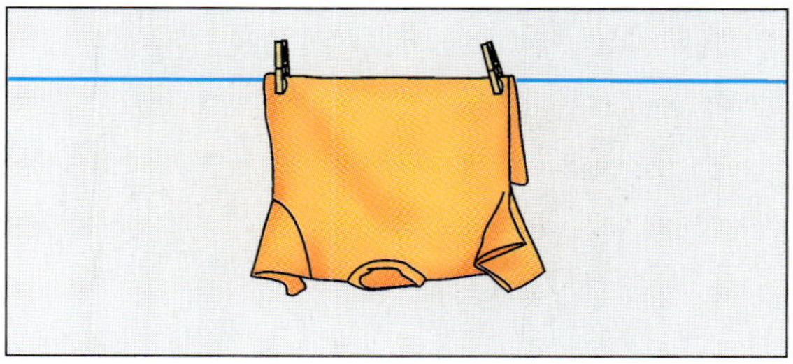

Aufhängen von T-Shirts

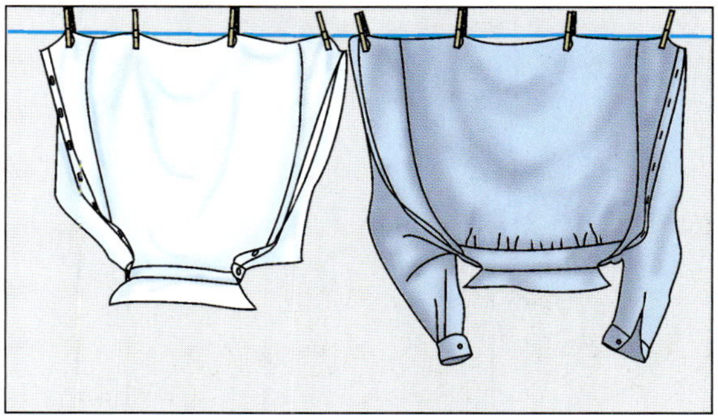

Aufhängen von Oberhemden und Blusen

Abnehmen der Wäsche

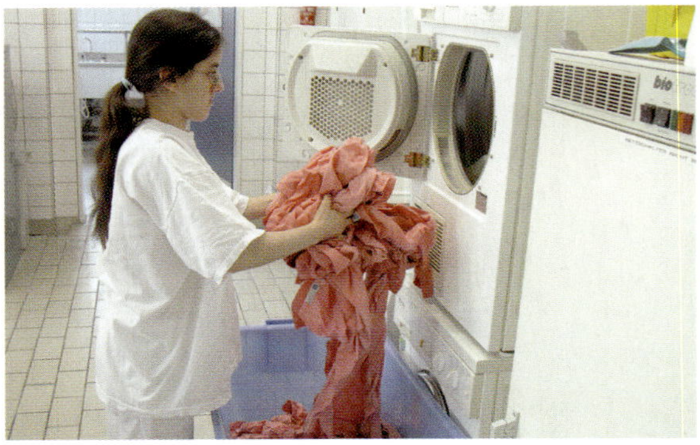
Beladen des Wäschetrockners

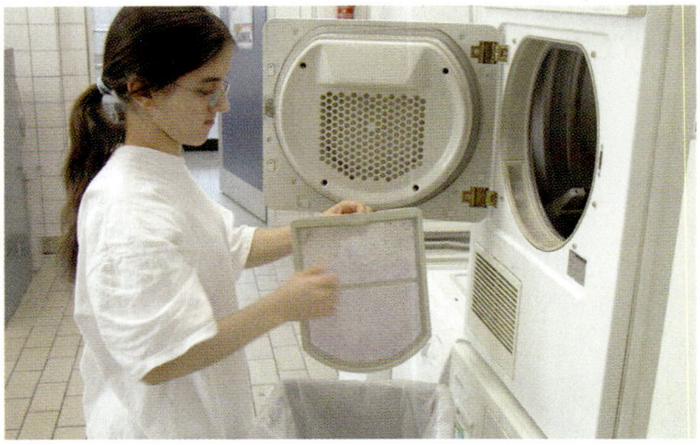
Flusensieb reinigen

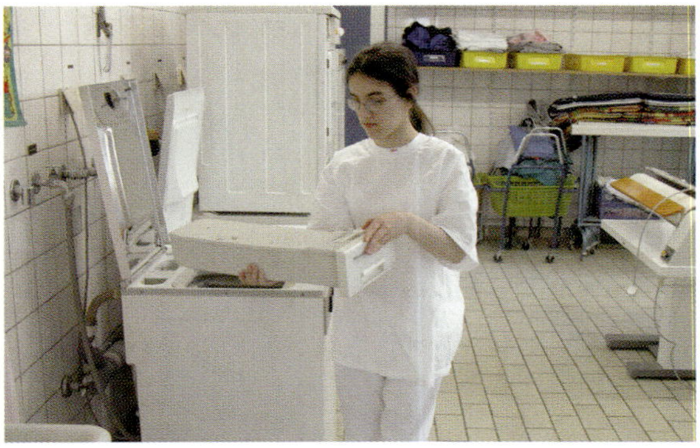
Wasserbehälter leeren

Abnehmen der Wäsche

- Bügelfreie Wäsche wird abgenommen, wenn sie völlig trocken ist. Sie wird sofort schrankfertig zusammengelegt bzw. aufgehängt.
- Bügelwäsche wird bügelfeucht abgenommen und günstigstenfalls „von der Leine weg" gebügelt.
- Anderenfalls werden die abgenommenen Wäschestücke ordentlich zusammengelegt und getrennt nach Mangelwäsche und Bügelwäsche in den Wäschekorb gegeben.
- Textilien, die ausgebessert werden müssen, werden aussortiert.

Trocknen im Wäschetrockner

- Bedienungsanleitung des Trockners sorgfältig lesen und befolgen.
- Pflegesymbole der Textilien beachten. Manche Textilien dürfen nicht im Trockner getrocknet werden.
- Textilien nach Faserart und gleicher Trockenzeit sortieren.
- Textilien locker in den Trockner legen.
- Einige Textilien – aus synthetischen Chemiefasern – sind empfindlich gegen trockene Hitze, diese dürfen nur im Pflegeleicht-Programm getrocknet werden.
- Wäsche nicht übertrocknen, damit es keine Knitterfalten gibt.
- Textilien sofort nach Ablauf des Trockenprogramms herausnehmen.
- Das Flusensieb nach jedem Gebrauch reinigen.
- Bei Kondensationstrocknern, vgl. S. 235, den Wasserbehälter leeren.

Der gewünschte Trocknungsgrad der Wäsche kann meist eingestellt werden:

- **Schranktrocken:** Die Wäsche hat eine Restfeuchte von 0 bis 2%. Sie kann sofort im Schrank aufbewahrt werden.
- **Bügeltrocken:** Die Wäsche hat eine Restfeuchte von ca. 13%. Die Wäsche kann also ohne Einsprengen direkt gebügelt werden.
- **Mangeltrocken:** Die Wäsche hat die notwendige Restfeuchte für das Mangeln von ca. 18%.

Wäschetrockner/Tumbler

Es gibt zwei Arten von Wäschetrocknern: Ablufttrockner und Kondensationstrockner.

In beiden Systemen wird zunächst die Luft in der Trommel erwärmt, die der in der Trommel rotierenden Wäsche Feuchtigkeit entzieht. Die warme Luft wird durch eine Heizung und ein Gebläse erzeugt.

Beim Ablufttrockner wird die Raumluft angesaugt und im Trockner erwärmt. Die feuchte, warme Luft wird dann über einen Abluftschlauch oder Abluftkanal ins Freie geleitet.

Beim Kondensationstrockner kondensiert – verflüssigt – feuchte Luft durch Abkühlung in einem Kondensator. Das Wasser wird in einem Sammelbehälter aufgefangen oder abgepumpt. Der Kondensationstrockner gibt also keine Feuchtigkeit nach außen ab.

Kondensationstrockner brauchen 5 bis 10% mehr Energie als Ablufttrockner.

Energielabel

Die Gerätehersteller müssen auf dem Energielabel Angaben zum Energieverbrauch und Wasserverbrauch machen. So können sparsame Trockner ausgewählt werden.

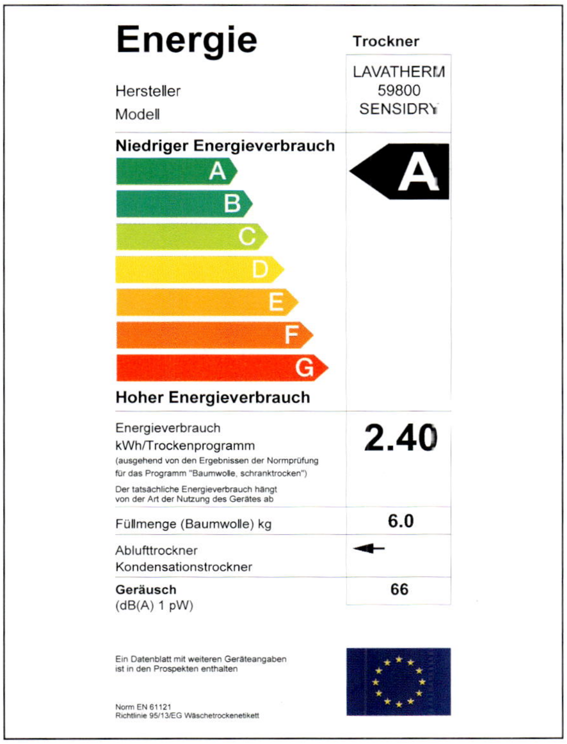

Energie — Trockner

Hersteller Modell	LAVATHERM 59800 SENSIDRY
Niedriger Energieverbrauch A B C D E F G Hoher Energieverbrauch	A
Energieverbrauch kWh/Trockenprogramm (ausgehend von den Ergebnissen der Normprüfung für das Programm "Baumwolle, schranktrocken") Der tatsächliche Energieverbrauch hängt von der Art der Nutzung des Gerätes ab	2.40
Füllmenge (Baumwolle) kg	6.0
Ablufttrockner Kondensationstrockner	←
Geräusch (dB(A) 1 pW)	66

Ein Datenblatt mit weiteren Geräteangaben ist in den Prospekten enthalten

Norm EN 61121
Richtlinie 95/13/EG Wäschetrockenetikett

Energielabel eines Wäschetrockners

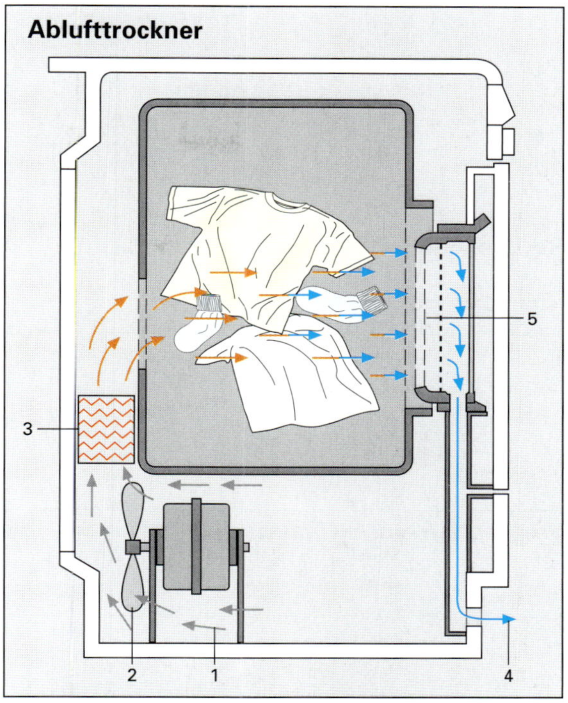

1 zuströmende Luft
2 Gebläse
3 Heizung
4 Abluft
5 Flusensieb

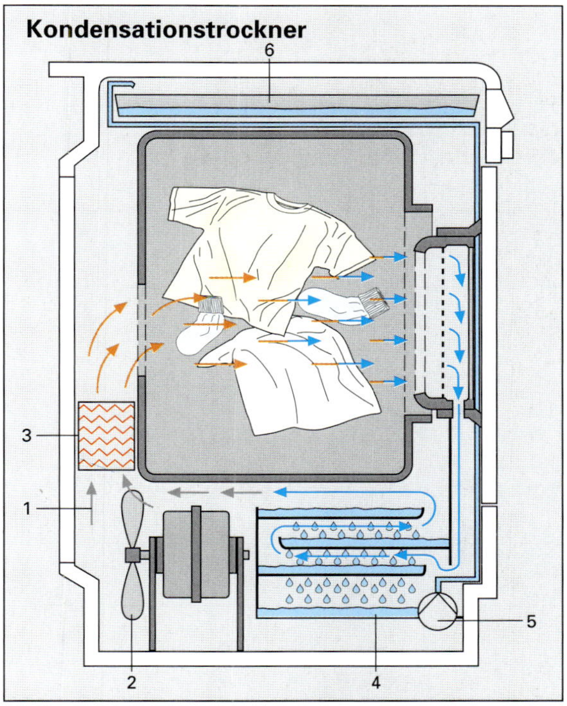

1 zuströmende Luft
2 Gebläse
3 Heizung
4 Kondensator
5 Kondensatpumpe
6 Kondensat-auffanggefäß

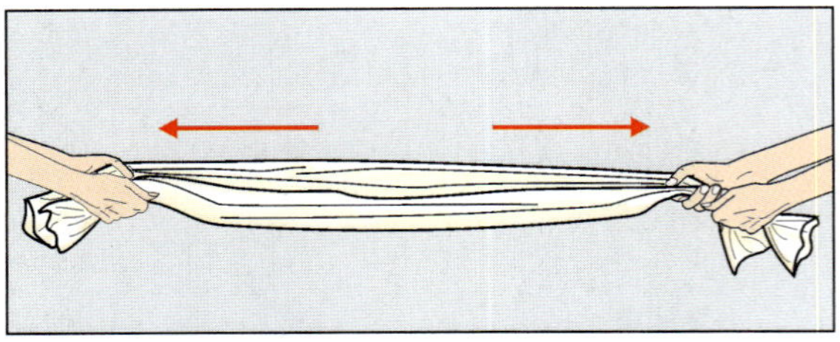

Recken von Bettlaken, Tischdecken

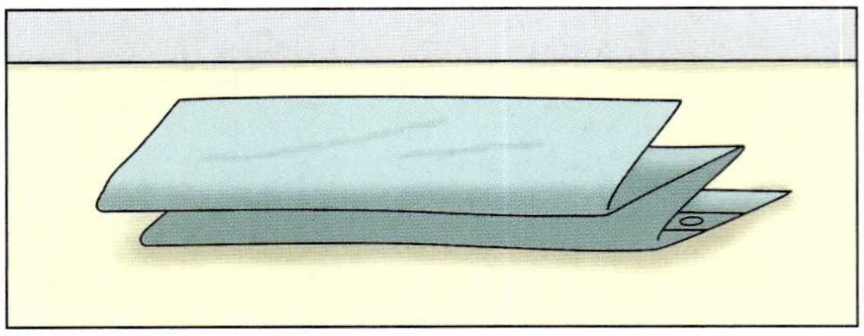

Vorbereiten eines Kopfkissens

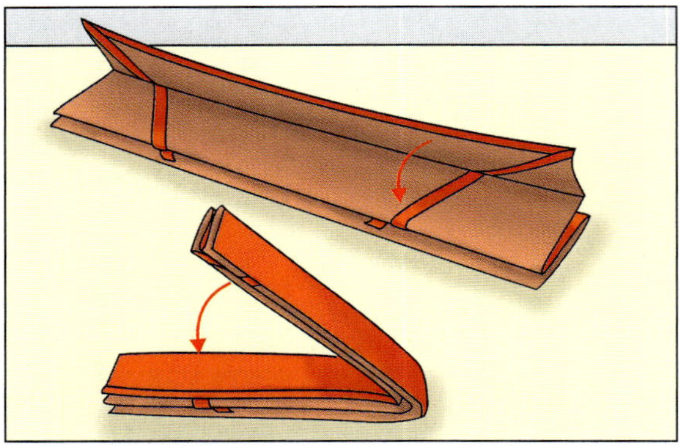

Vorbereiten einer Bistroschürze

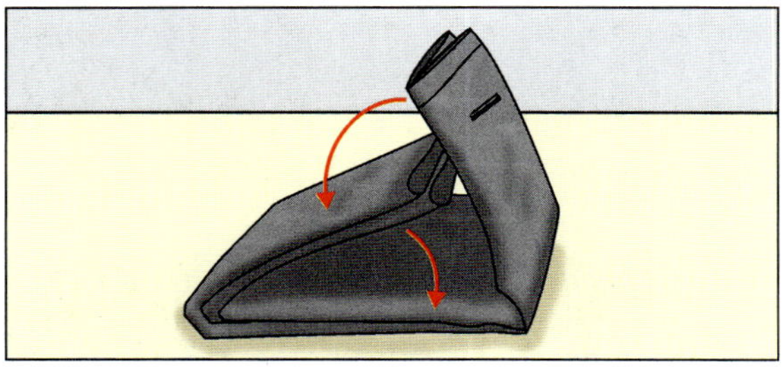

Vorbereiten einer Arbeitshose

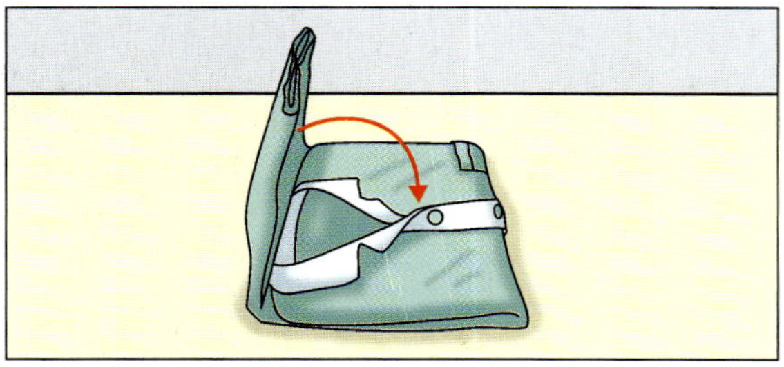

Vorbereiten eines Arbeitskittels

Vorbereiten der Textilien für das Bügeln

Bügelwäsche setzt sich aus **glatten Teilen**, z. B. Tisch- und Bettwäsche, und **geformten Teilen**, z. B. Blusen und Hemden, zusammen.

Um wirtschaftlich bügeln zu können, sind folgende Vorbereitungsarbeiten notwendig:

- Textilien für Bügeleisen und Bügelmaschine – glatte Teile – vorsortieren.
- Textilien nach Bügeltemperatur sortieren.
- Trockene, nicht mehr bügelfeuchte Textilien mit lauwarmem Wasser einsprengen, damit später alle Falten beseitigt werden.
- Eingesprengte Wäsche in einem Folienbeutel mindestens eine Stunde durchfeuchten lassen.
- Eingesprengte Wäsche nicht länger als 24 Stunden liegen lassen. Es bilden sich sonst Stockflecken.
- Kleine glatte Teile, z. B. Kopfkissen, Geschirrtücher, in Form ziehen, Säume usw. glatt streichen und ziehharmonikaartig falten.
- Große glatte Teile zu zweit an den Enden fassen, zusammenfassen und recken. Kanten und Säume glatt streichen. Die Teile der Länge nach zusammenfalten und dann ziehharmonikaartig falten.
- Bei geformten Teilen Säume, Bänder usw. glatt streichen, in Form ziehen und einrollen.
- Textilien aus Seide nicht einsprengen, sondern in ein feuchtes Tuch einrollen.
- Textilien in einen Wäschekorb legen, und zwar in umgekehrter Reihenfolge, wie gebügelt werden soll: Textilien, die mit hoher Temperatur gebügelt werden sollen, liegen unten im Korb. Textilien, die niedrige Temperaturen benötigen, liegen oben.

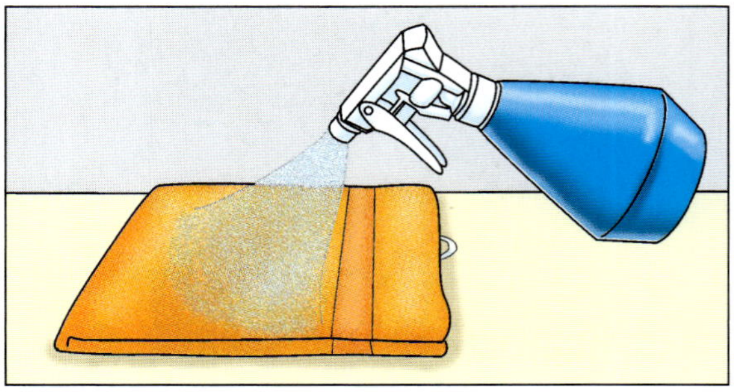

Einsprengen der Bügelwäsche

Arbeitsplatz für das Bügeln

- Je nachdem ob die bügelnde Person Rechts- oder Linkshänder ist, steht der Behälter mit den ungebügelten Textilien rechts oder links neben dem Bügelbrett, vgl. Abbildung.
- Die ungebügelte Wäsche sollte ohne Bücken gegriffen werden können.
- Auf der anderen Seite des Bügelbretts steht eine Ablage für die gebügelten Textilien.
- Das Bügelbrett sollte höhenverstellbar sein, damit sowohl im Sitzen als auch im Stehen gearbeitet werden kann. Je nach Größe der zu bügelnden Teile wird im Sitzen oder Stehen gearbeitet.
- Eine Hilfe für das Bügeln kleinerer, geformter Teile ist ein Ärmelbrett.
- Ein Arbeitsstuhl/eine Stehhilfe mit verstellbarer Höhe erleichtert ebenfalls das Bügeln.
- Beim Arbeiten an einer Bügelmaschine ersetzt diese in der u-förmigen Anordnung das Bügelbrett.
- Der Lichteinfall sollte von der Seite kommen.
- Ausreichende Belüftung und Entlüftung sollten vorhanden sein.
- Das Bügeleisen wird mit der rechten Hand am Körper vorbei über die Textilien geschoben.
- Die linke Hand zieht diese vorsichtig straff.
- Die gebügelten Teile werden nach hinten geschoben, hier können sie glatt herunterhängen. Sie dürfen den Boden nicht berühren.

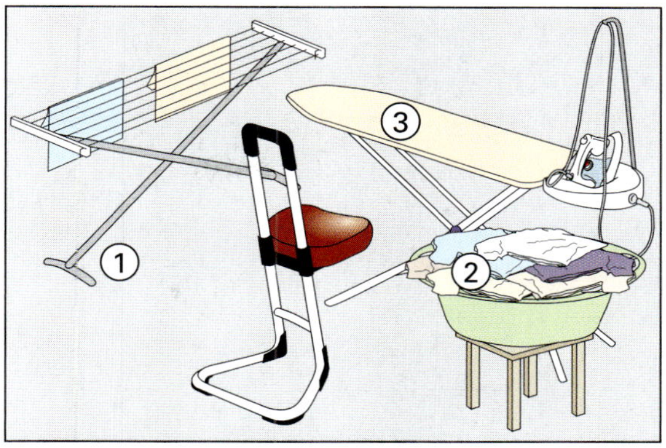

1 Ablage für gebügelte Wäsche
2 Korb mit ungebügelter Wäsche
3 Bügelplatz

Kleiderständer – Ablage für geformte Teile

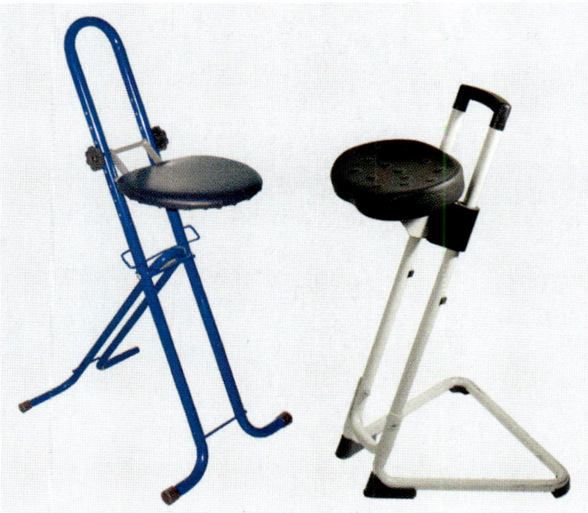

Höhenverstellbare Stehhilfen

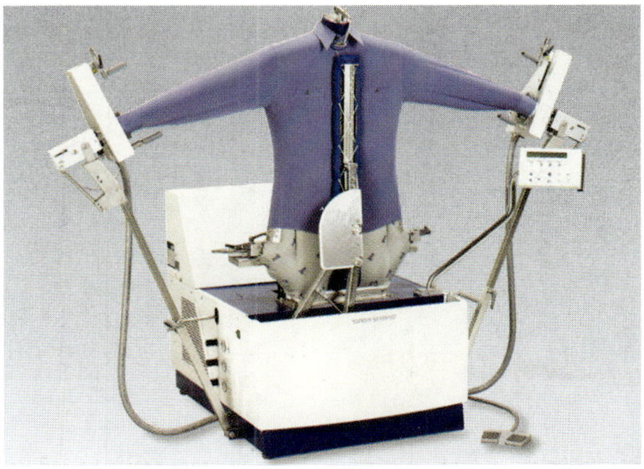

Hemdenfinisher

Bügeleisen

Der Temperaturregler erlaubt eine stufenlose Einstellung der gewünschten Bügeltemperatur.

Die Temperatureinstellung beim Bügeleisen muss entsprechend dem textilen Rohstoff und der Ausrüstung ausgewählt werden.

Pflegesymbole beachten.

● ● ● Leinen, Baumwolle

● ● Wolle, Seide

● Chemiefasern

Beachten Sie aber: Bei entsprechender Ausrüstung, z. B. pflegeleicht, darf auch Baumwolle nur bei der Einstellung ● ● gebügelt werden.

Dampfbügeleisen

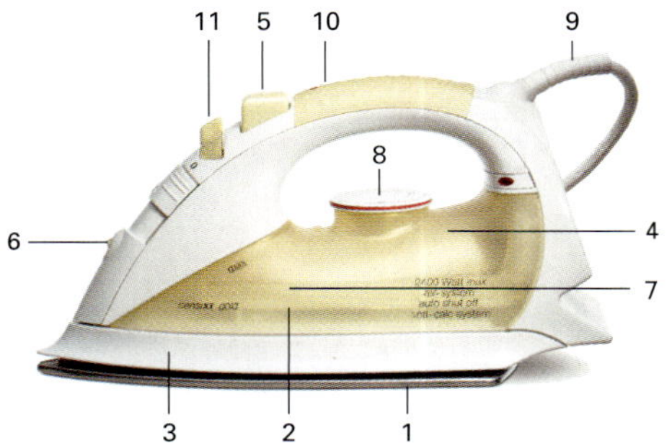

1 Bügelsohle
2 Dampfkammer
3 Heizstäbe
4 Wassertank
5 Dampfstoß- und Sprühknopf
6 Sprühdüse
7 Tropfventil
8 Temperaturwähler
9 Anschlusskabel
10 Kontrollleuchte
11 Dampfmengenwähler

Allgemeine Regeln für das Bügeln

- Zuerst Stücke mit niedriger Einstellung bügeln, dann mit mittlerer und schließlich mit hoher Einstellung. Auf diese Weise kann das Bügeleisen nicht zu heiß sein, es muss auch nicht gewartet werden, bis es abgekühlt ist.
- Textilien im Allgemeinen von rechts bügeln. Stickereien, Shirts mit Aufdruck z. B. jedoch von links bügeln, so wird die Stickerei nach rechts durchgedrückt, sie bleibt plastischer.
- Wollsachen von rechts mit einem feuchten Tuch dämpfen.
- Große Wäschestücke so bügeln, dass die fertig gebügelten Teile auf der anderen Seite des Bügelbrettes herunterhängen. Von sich weg bügeln, so bleiben die fertig gebügelten Teile glatter.
- Doppelte Teile, z. B. Kragen, Manschetten, Knopfleisten, erst von links, dann von rechts bügeln. So werden sie von rechts glatt, eventuelle Falten entstehen auf der linken Seite.
- Danach kleinere Teile, wie Ärmel und Bänder, bügeln. Zuletzt die großen Teile, wie Vorderteil und Rückenteil einer Bluse, bügeln. Die großen Teile können dann nicht wieder kraus werden.
- Vom Weiten ins Enge bügeln, z. B. Blusenärmel von der Schulter zur Manschette bügeln. Auf diese Weise kommt es nicht so leicht zur Faltenbildung.
- Gebügelte Kleidungsstücke sofort aufhängen. Wäschestücke auf die Ablage legen.
- Kleinere Wäsche- und Kleidungsstücke sollten im Sitzen gebügelt werden, so wird Kraft gespart.

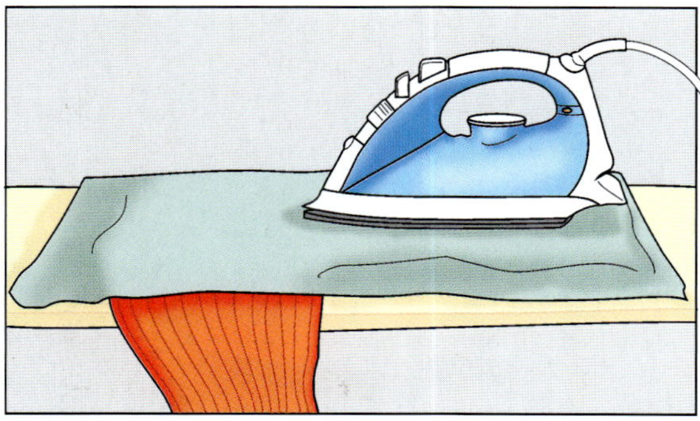

Dämpfen von Wollsachen

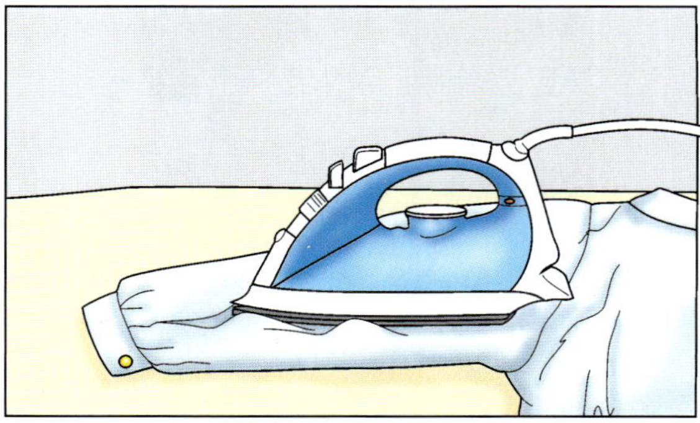

Vom Weiten ins Enge bügeln

Bügeln von Geschirrtüchern

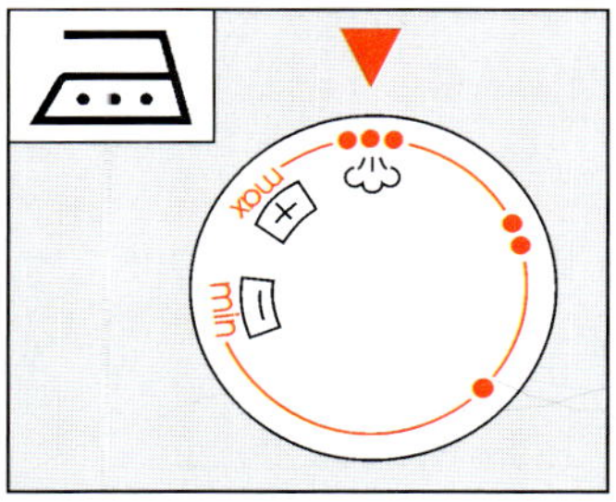

Temperatur auf Stufe 3 bzw. Baumwolle/Leinen einstellen.

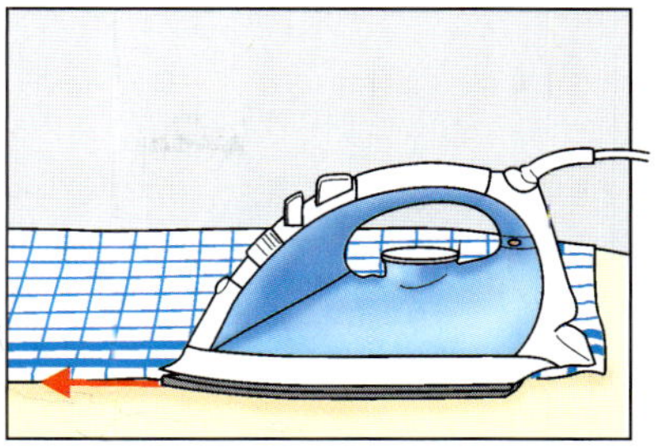

Geschirrtuch auf das Bügelbrett legen. Alle Säume und den Aufhänger bügeln.

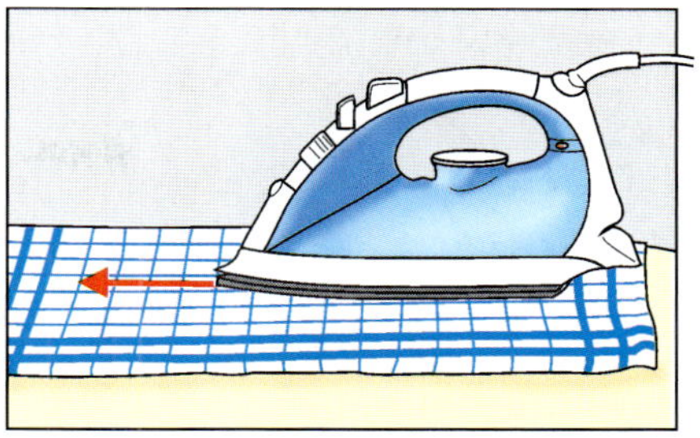

Die Geschirrtuchmitte fadengerade trocken bügeln. Geschirrtuch auf die Ablage hängen.

Bügeln einer Bistroschürze

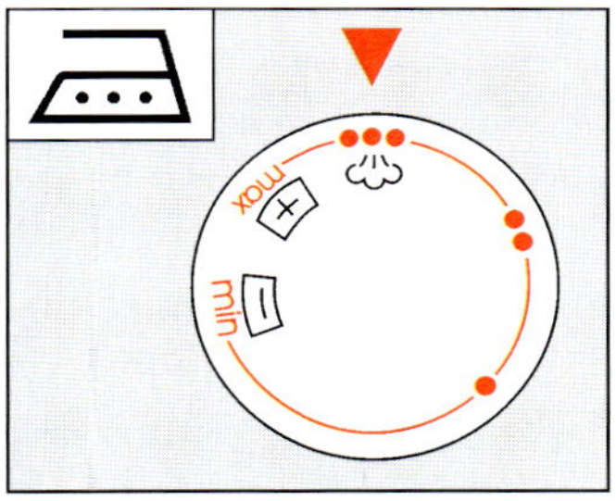

Temperatur auf Stufe 3 bzw. Baumwolle/Leinen einstellen.

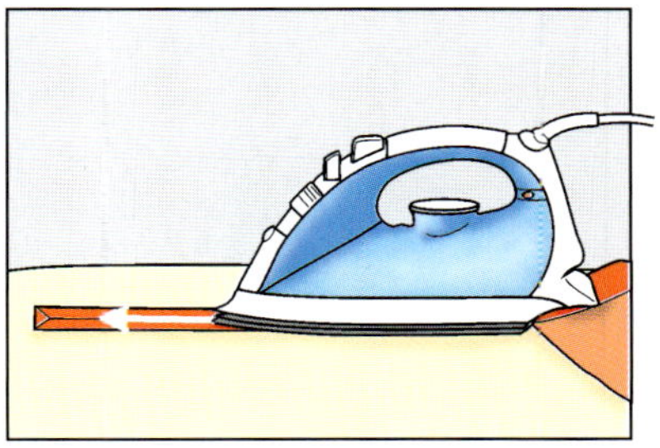

Zunächst die Bänder auf das Bügelbrett legen und von links trocken bügeln.

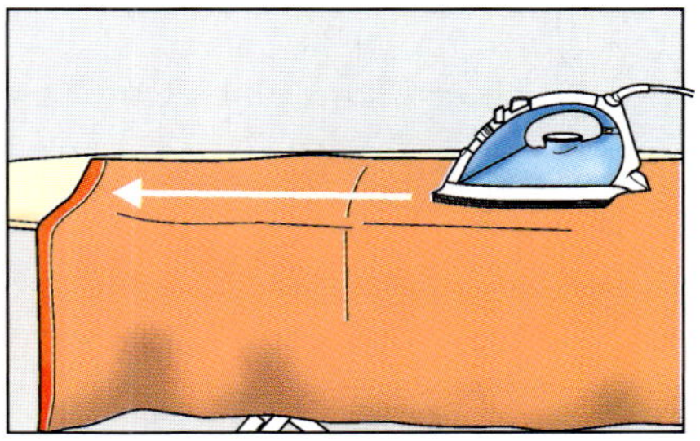

Bistroschürze jetzt streifenweise von links trocken bügeln. Bistroschürze auf die Ablage hängen.

Aufgaben:

1. Beschreiben Sie den Arbeitsablauf beim Bügeln einer Serviette.
2. Folgende Textilien sollen gebügelt werden:
   a) Leinenserviette, 6
   b) Seidenbluse, 2
   c) pflegeleichtes Baumwollshirt, 1
   d) Bistroschürze, 4
   e) Geschirrtuch, 5
   f) Jeans. 3
   In welcher Reihenfolge gehen Sie vor?

Bügeln eines T-Shirts

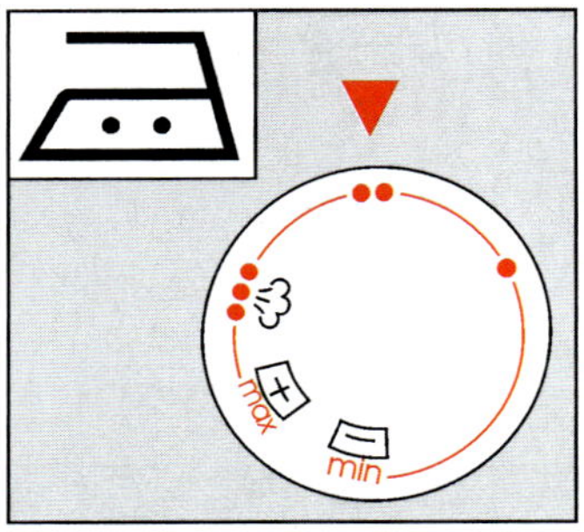

Temperatur nach dem Pflegesymbol im T-Shirt einstellen.

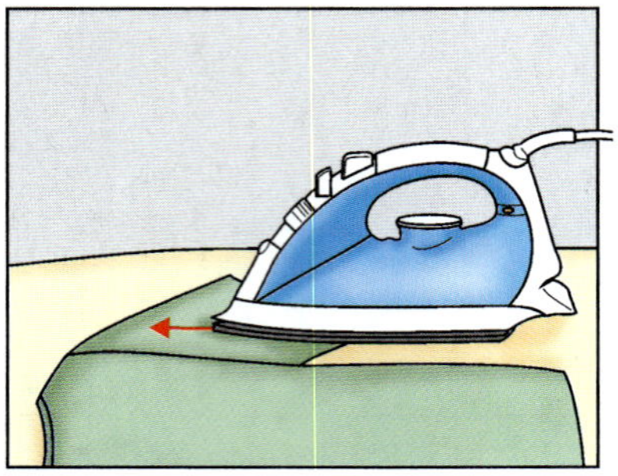

Zuerst die Unterseite, dann die Oberseite eines Ärmels trocken bügeln. Den zweiten Ärmel genauso bügeln.

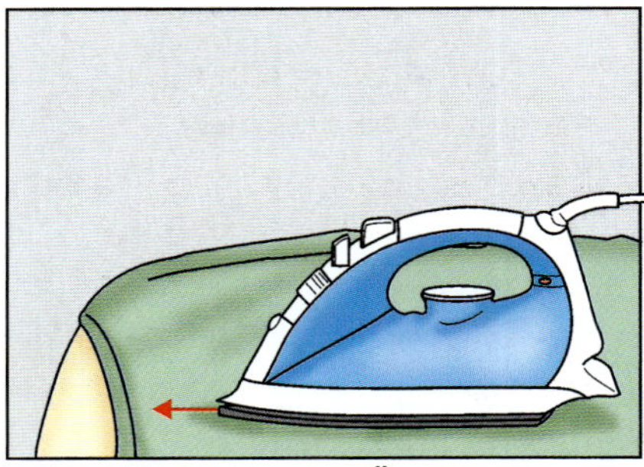

Das T-Shirt von der Öffnung unten über das Bügelbrett ziehen. Rückenteil und Vorderteil trocken bügeln.

Bügeln einer Bluse/eines Oberhemds

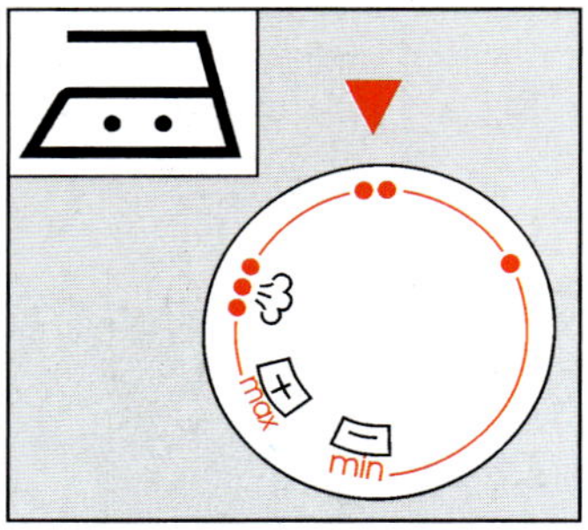

Temperatur nach dem Pflegesymbol in der Bluse einstellen.

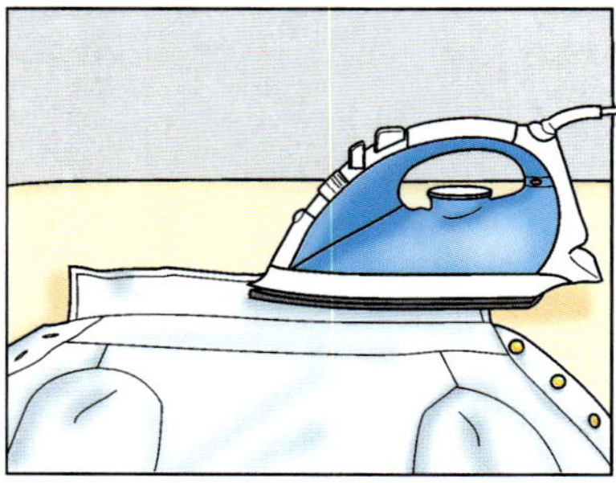

Zuerst Kragen und Ärmelbündchen von links bügeln, dann von rechts trocken bügeln.

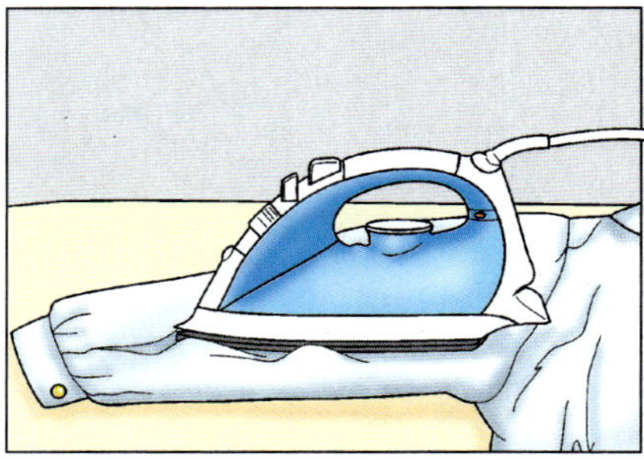

Danach die Unterseite, dann die Oberseite eines Ärmels trocken bügeln. Den zweiten Ärmel genauso bügeln.

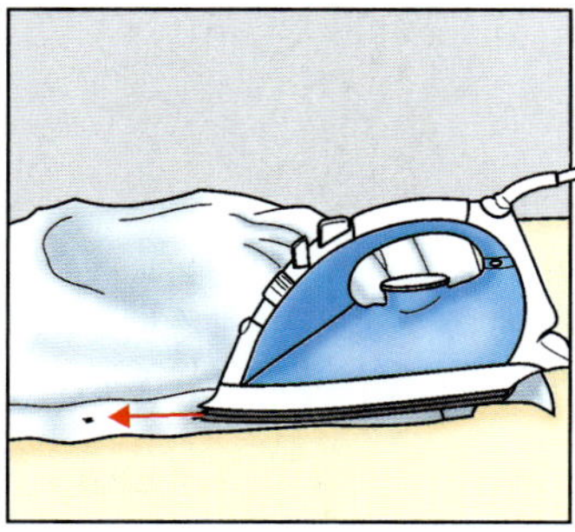

Die Knopfleiste des ersten Vorderteils von links und dann von rechts bügeln.

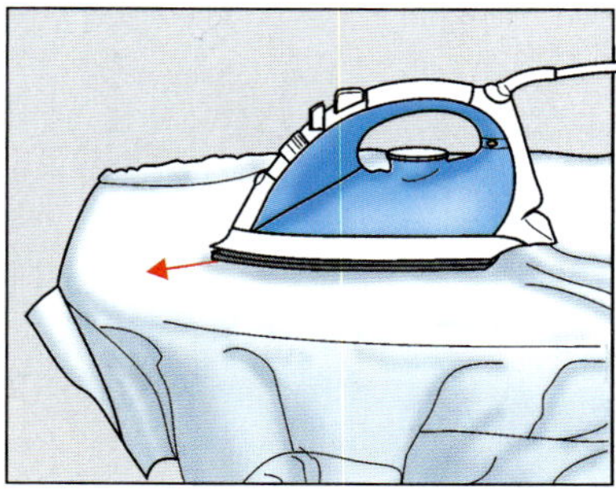

Das Vorderteil und das Rückenteil dann trocken bügeln.

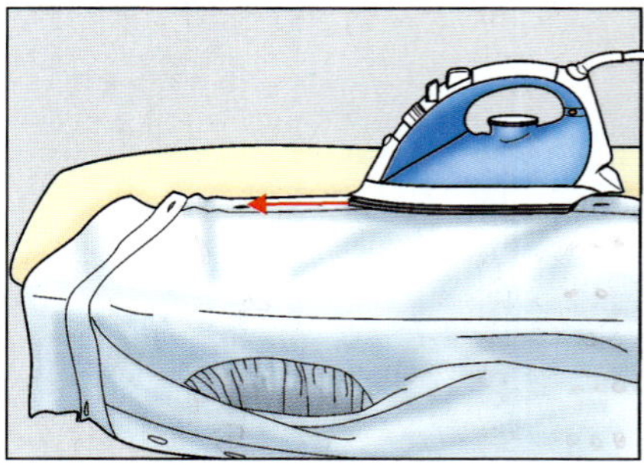

Die Knopfleiste des zweiten Vorderteils genauso bügeln wie vorher. Das restliche Vorderteil trocken bügeln.

Allgemeine Regeln für das Arbeiten an der Bügelmaschine

- Die Temperatureinstellung wie beim Bügeleisen vornehmen.
- Wäschestücke auf das Anlegebrett legen und im Fadenlauf in die Bügelmaschine einlaufen lassen, damit sie sich nicht verziehen.
- Wäschestücke vor dem Einlaufen in die Bügelmaschine immer wieder glatt streichen. Aber nicht festhalten!
- Beim Mangeln Finger nur auf das Anlegebrett, nicht auf die Walze legen.
- Größere Wäscheteile der Länge nach zur Hälfte zusammenlegen und von beiden Seiten mangeln.
- Walze möglichst in der gesamten Breite ausnutzen, kleinere Teile abwechselnd auf der rechten und linken Seite durchlaufen lassen. So wird die Energie besser genutzt und es kommt zu einem geringeren Walzenverschleiß.
- Wäscheteile mit empfindlichen Knöpfen von links mangeln, sodass sich die Knöpfe ohne Beschädigung in die elastische Walzenumwicklung eindrücken können.
- Walzengeschwindigkeit an die Restfeuchte der Wäsche anpassen.
- Noch feuchte Wäschestücke nochmals mangeln.
- Fertig gemangelte Wäschestücke so ablegen, dass sie keine Knitter bekommen.
- Nachwärme ausnutzen. Heizung kurz vor dem Ende abstellen.
- Sicherheitsvorschriften beachten, damit Verbrennungen und Quetschungen vermieden werden.

Aufgaben:

1. Beschreiben Sie den Arbeitsablauf beim Mangeln von
   a) Geschirrtüchern,
   b) Kopfkissen.
2. Nennen Sie weitere Textilien, die gemangelt werden.

Arbeit an der Mangel

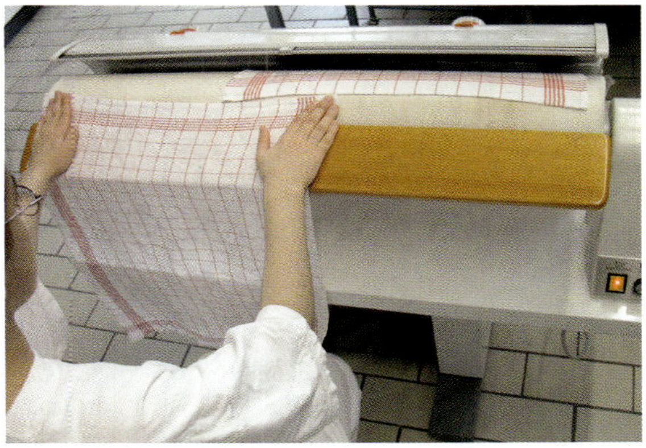

Walzenbreite immer voll ausnutzen

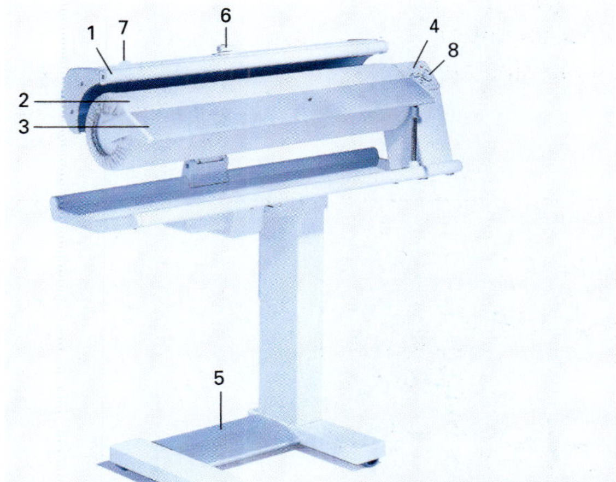

Bügelmaschine

1 Bügelmulde mit Fingerschutz
2 Bügelwalze
3 Anlegebrett
4 Bedienblende
5 Fußschalter
6 Temperaturwähler
7 Dampfschalter
8 Walzengeschwindigkeitswähler

Mangeln eines Kissenbezugs mit der Bügelmaschine

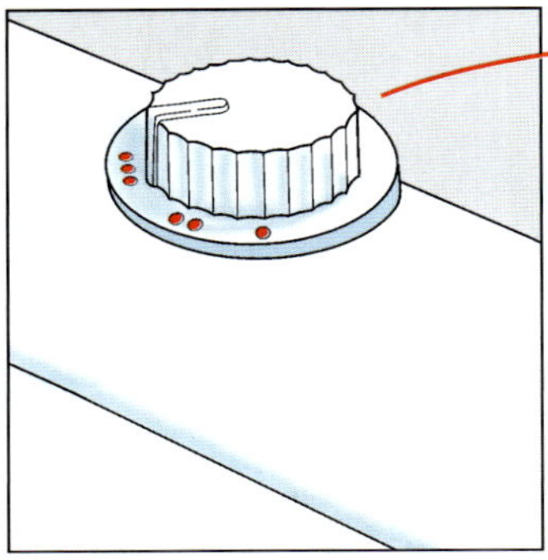

Temperaturwähler auf Stufe 3 stellen. Ggf. am Kissenbezug jeden zweiten Knopf schließen.

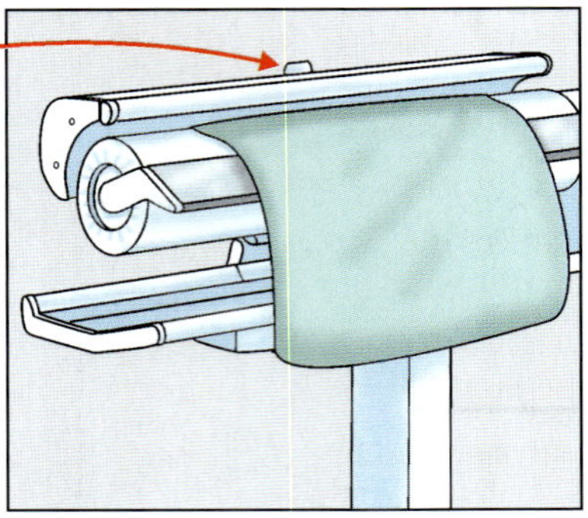

Kissenbezug mit der geöffneten Kante nach oben auf die Bügelwalze legen.

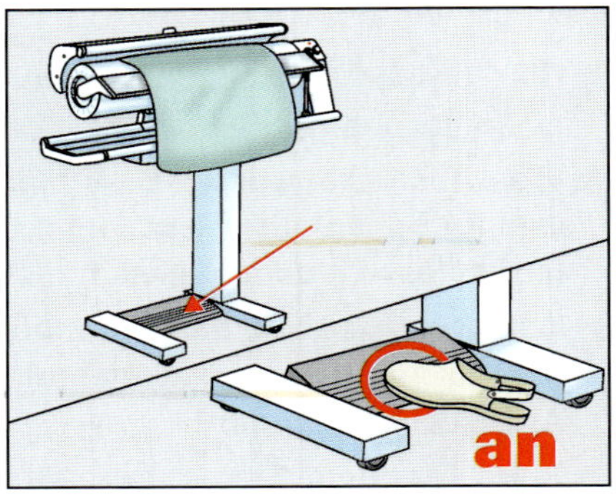

Bügelmaschine mit dem Fußschalter in Betrieb setzen.

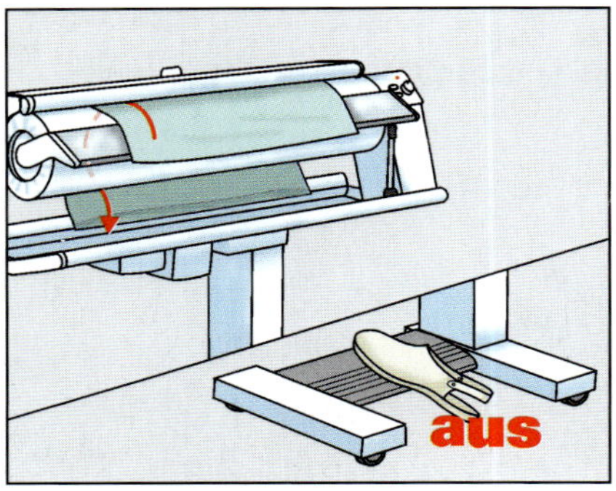

Den Kissenbezug fadengerade durchlaufen lassen. Fußschalter außer Betrieb setzen.

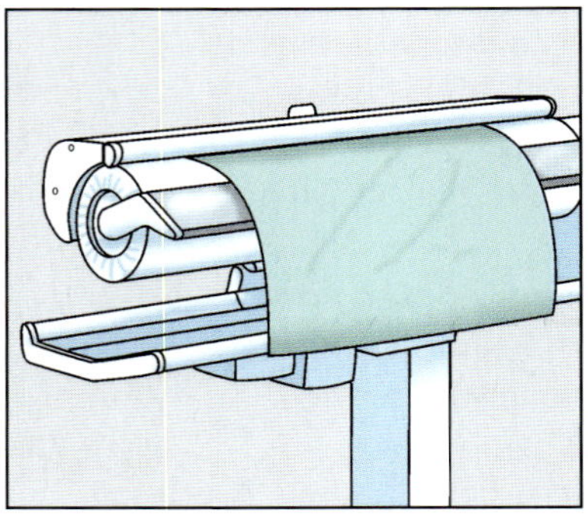

Die andere Seite des Kopfkissenbezugs entsprechend trocken bügeln.

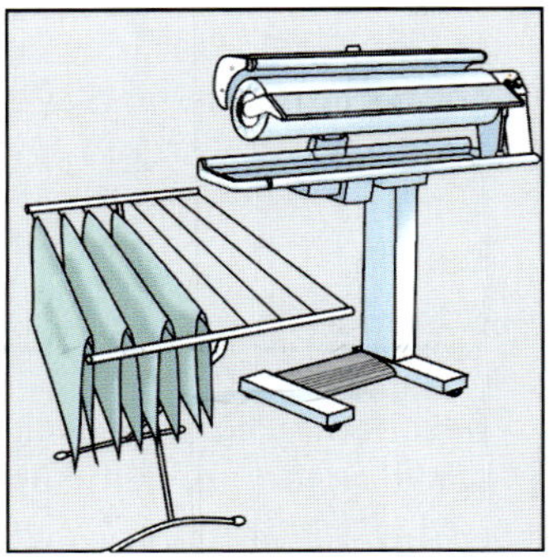

Kissenbezug auf die Ablage hängen.

Mangeln von Geschirrtüchern mit der Bügelmaschine

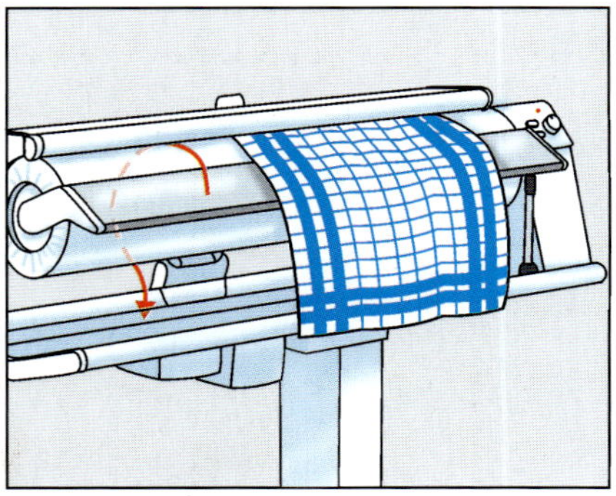

Geschirrtuch auf die rechte Seite der Bügelwalze legen. Einlaufen lassen.

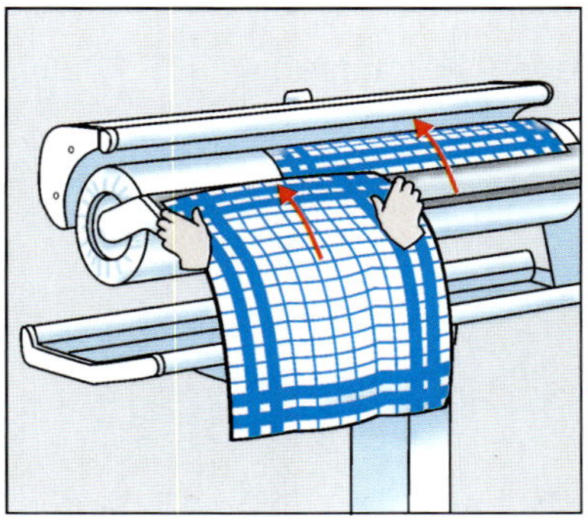

Zweites Tuch auf die linke Seite der Bügelwalze legen. Trocken bügeln.

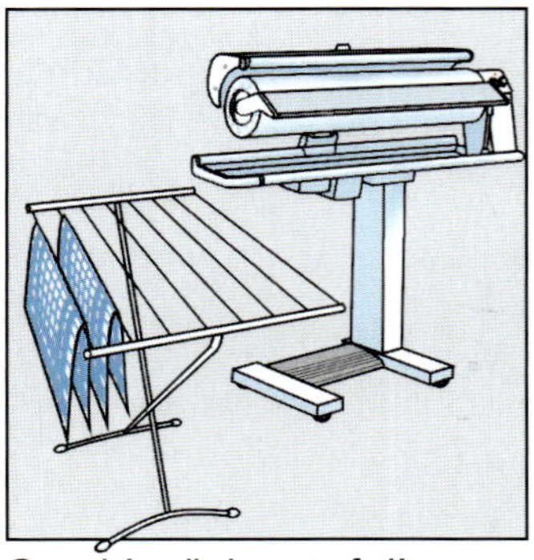

Geschirrtücher auf die Ablage hängen.

Mangeln einer Bistroschürze mit der Bügelmaschine

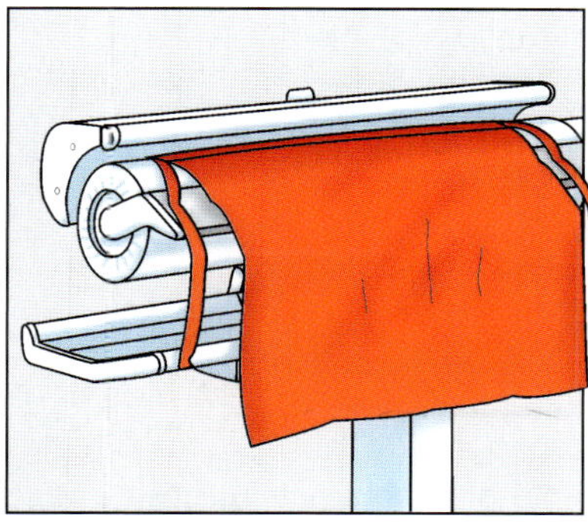

Bistroschürze längs auf die Bügelwalze legen. Fadengerade einlaufen lassen.

Bänder seitlich mitglätten, trocken bügeln.

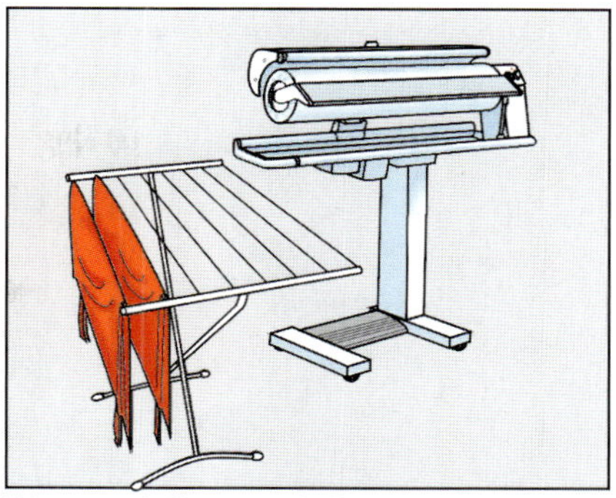

Bistroschürze auf die Ablage hängen.

Mangeln eines Bettlakens mit der Bügelmaschine

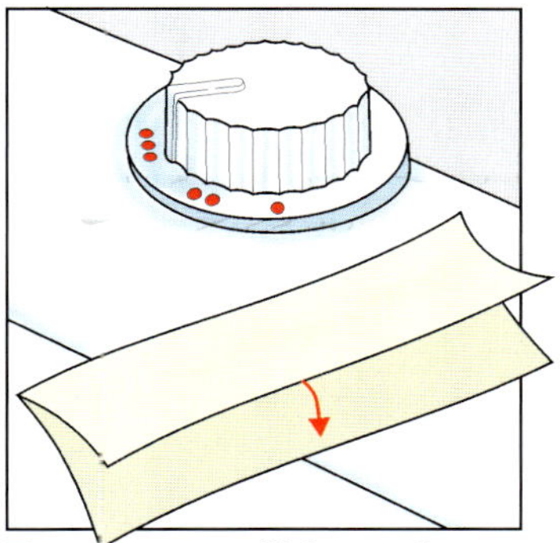

Temperaturwähler auf Stufe 3 stellen. Das Bettlaken ist längs zusammengefaltet.

Bettlaken auf die Bügelwalze legen. Der Stoffbruch liegt links.

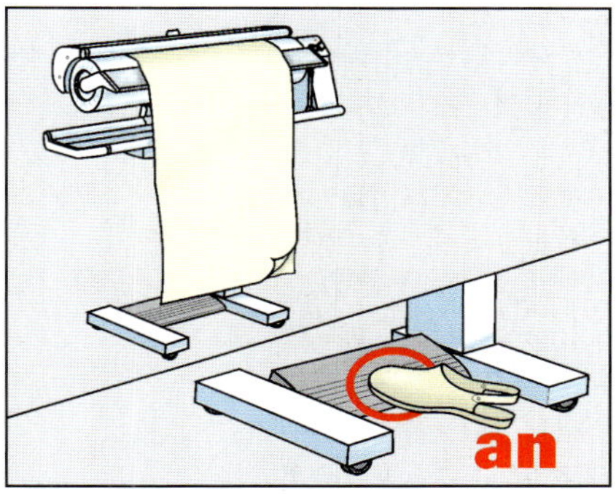

Bügelmaschine mit dem Fußschalter in Betrieb setzen.

Bettlaken fadengerade durchlaufen lassen. Webekante mit der rechten Hand ausstreichen.

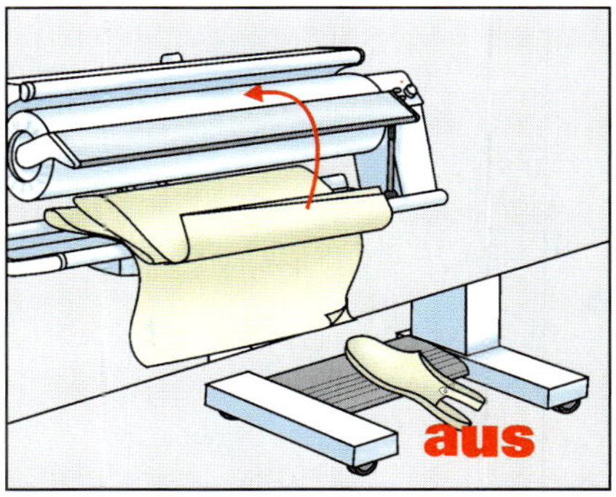

Fußschalter außer Betrieb setzen. Bettlaken wenden.

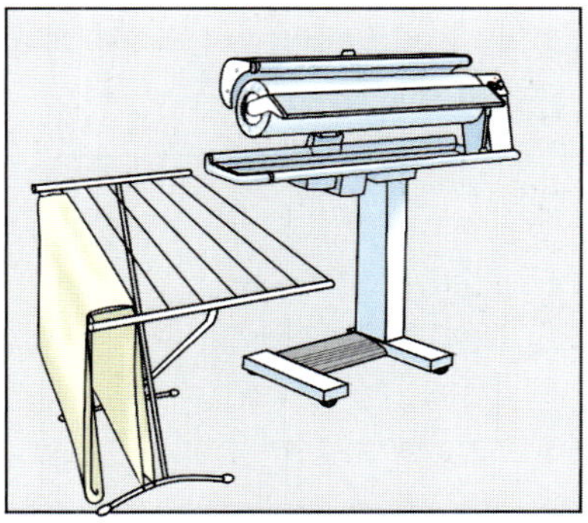

Die andere Seite entsprechend mangeln. Bettlaken auf die Ablage hängen.

Allgemeine Regeln für das Falten und Legen von Textilien

- Beim Zusammenlegen die Schrankgröße beachten. Hier können also nur allgemeine Regeln aufgeführt werden.
- Von der Größe des Wäschestückes ist es abhängig, wie oft es zusammengelegt wird.
- Gleichartige Teile gleich groß zusammenlegen.
- Die Wäschestücke liegen immer mit der geschlossenen Kante nach vorn übereinander im Wäscheschrank.
- Kleinere Wäscheteile im Sitzen zusammenlegen.
- Größere Wäscheteile gemeinsam mit einer anderen Person zusammenlegen.

Falten und Legen von Handtüchern

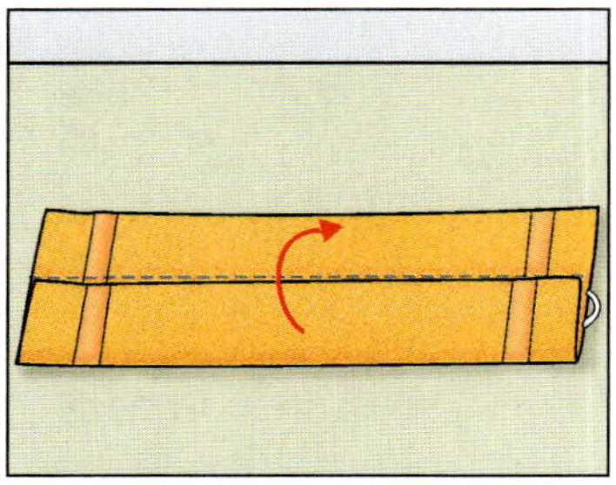

Die linke Seite liegt oben. Das vordere Drittel zur Mitte falten, nochmals nach hinten falten.

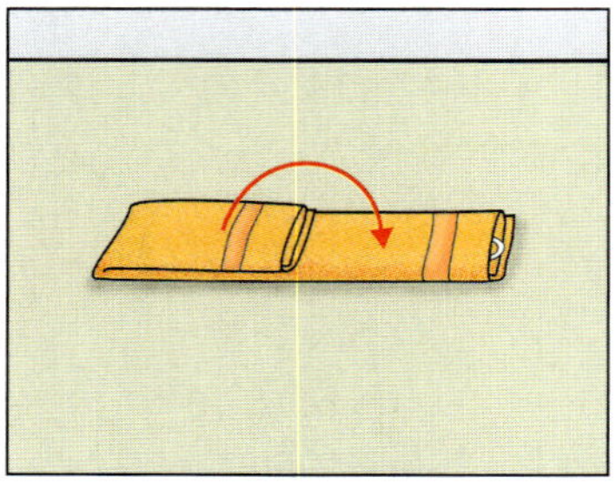

Nun von links nach rechts ein Drittel einschlagen. Nochmals nach rechts falten.

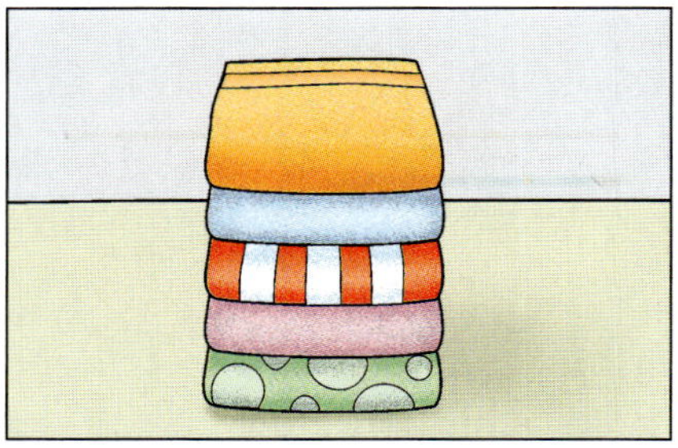

Das gefaltete Handtuch wenden. Handtücher mit der geschlossenen Kante nach vorn übereinanderlegen.

Falten und Legen von Kopfkissenbezügen

Kissenbezug liegt so, dass die Öffnung an der rechten Kante sichtbar ist.

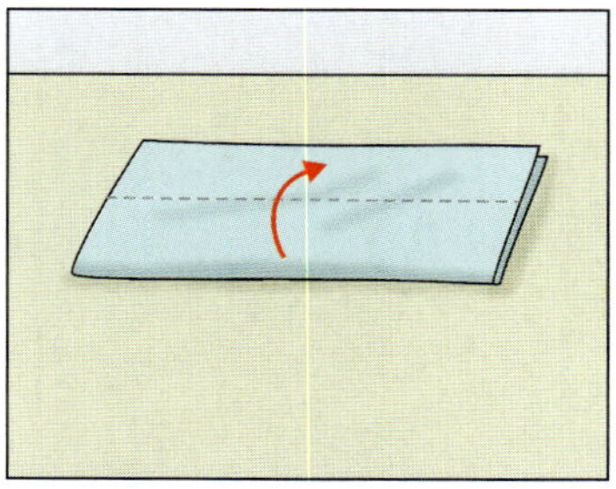

Kissenbezug zweimal von unten nach oben halbieren.

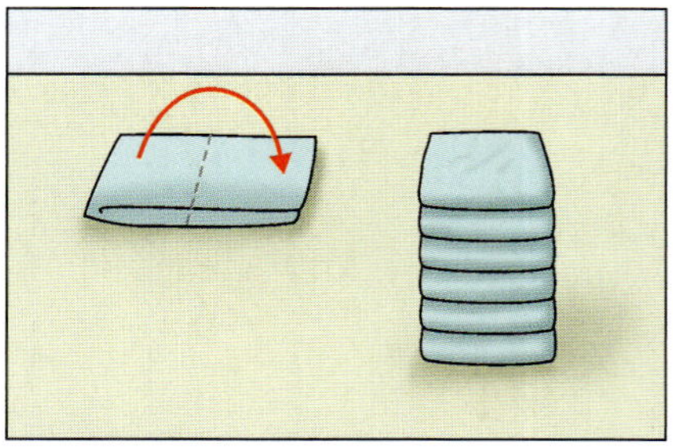

Kissenbezug zweimal von links nach rechts halbieren, die gefalteten Bezüge wenden und übereinanderlegen.

Falten und Legen von Bettbezügen

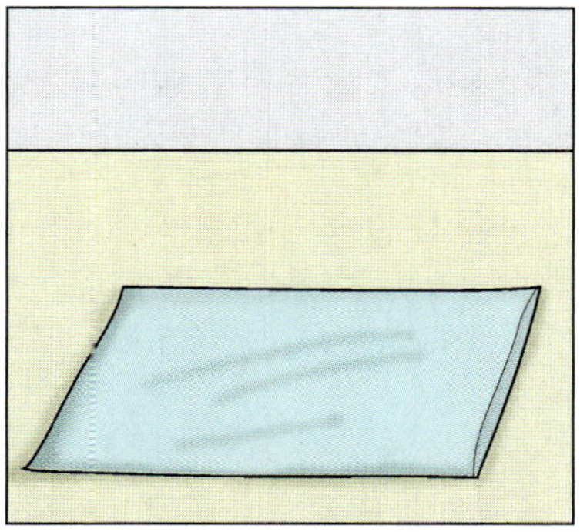

Bettbezug liegt so, dass die Öffnung an der rechten Kante sichtbar ist.

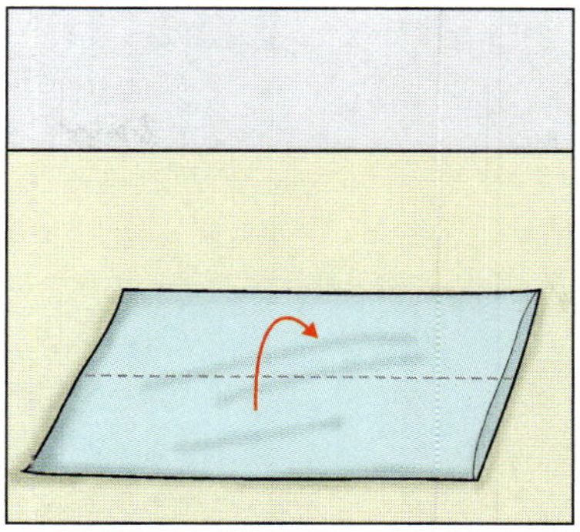

Bettbezug von unten nach oben halbieren.

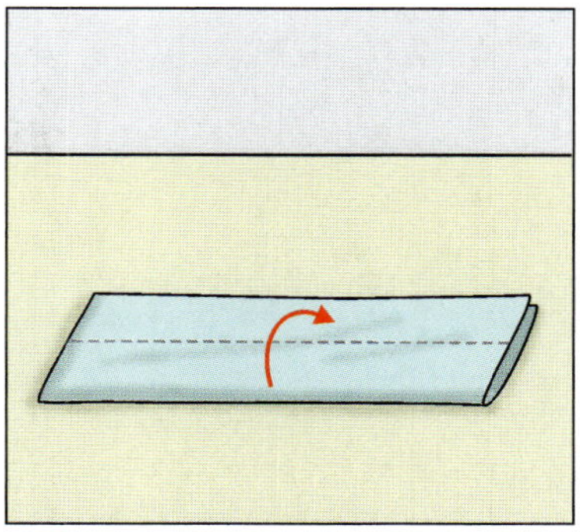

Bettbezug nochmals von unten nach oben halbieren.

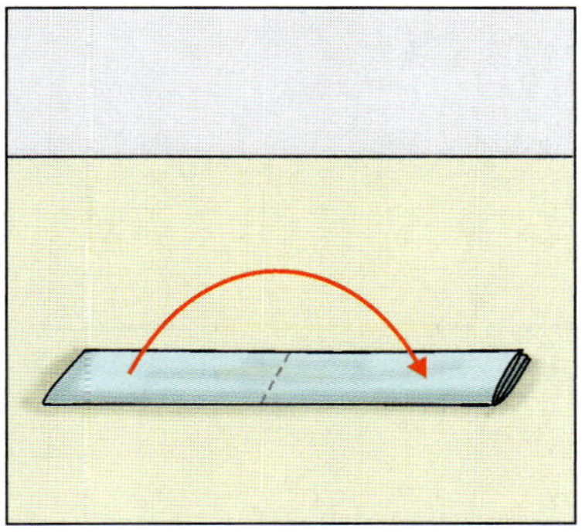

Bettbezug nun von links nach rechts halbieren.

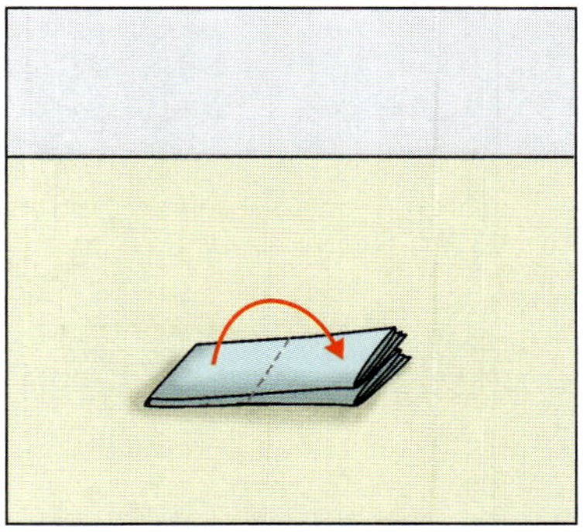

Bettbezug nochmals von links nach rechts halbieren.

Bettbezüge wenden und mit der geschlossenen Kante übereinanderlegen.

Falten und Legen von Bistroschürzen

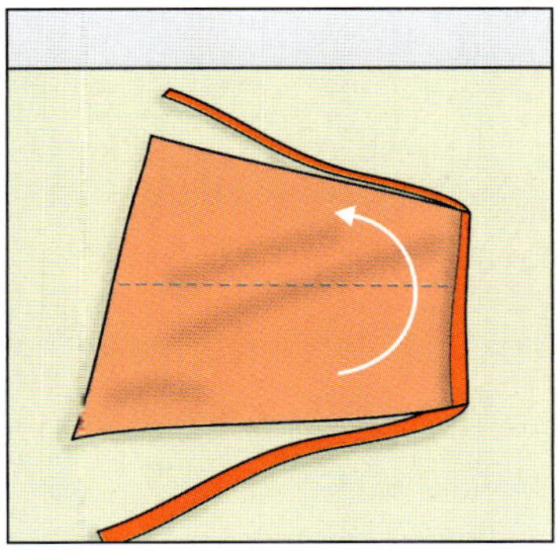

Die linke Seite liegt oben. Bistroschürze in der Mitte halbieren.

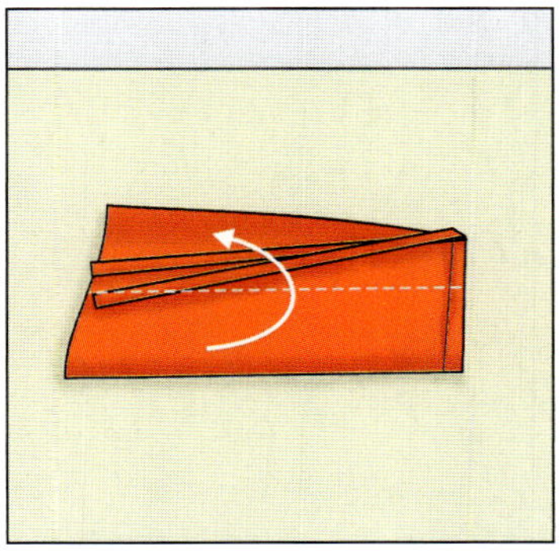

Bindebänder auf die Bistroschürze legen. Bistroschürze nochmals längs halbieren.

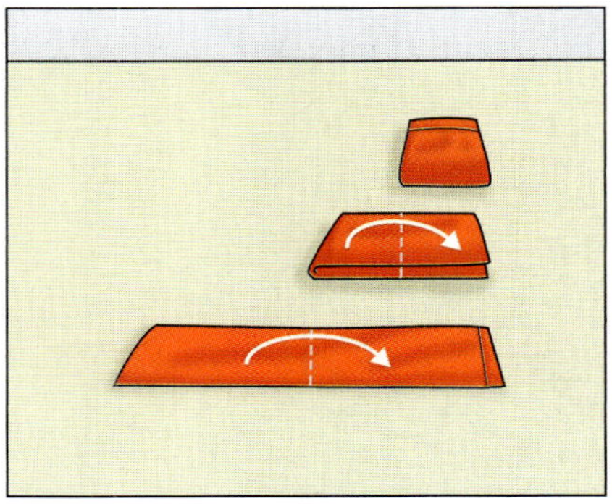

Bistroschürze je nach der Länge einmal oder zweimal quer halbieren. Wenden.

Falten und Legen von Blusen und Oberhemden

Bluse bzw. Hemd zunächst zuknöpfen.

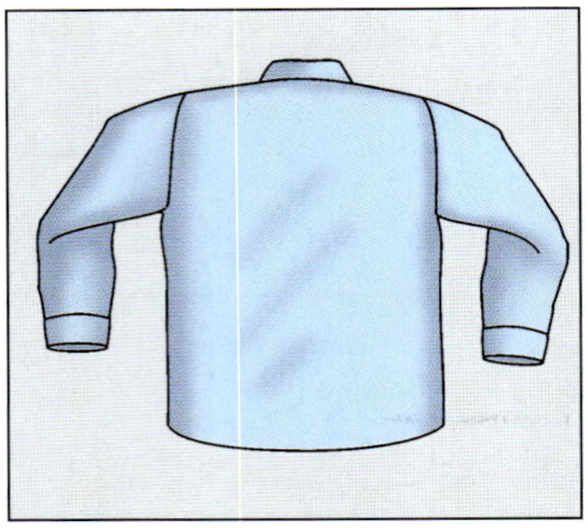

Bluse oder Hemd auf die Vorderseite legen.

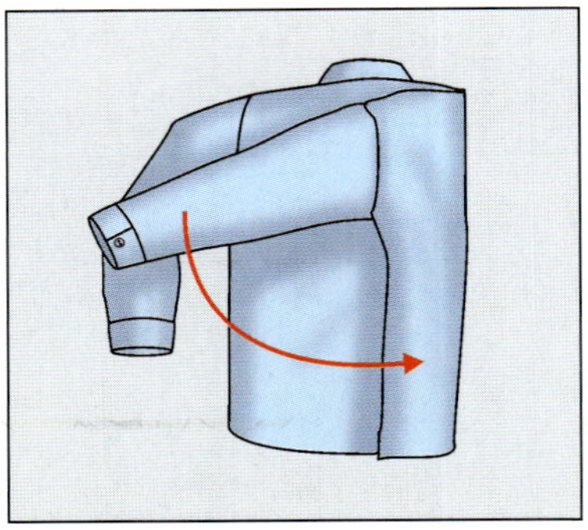

Seitenteil ca. eine Handbreit zur Mitte hin umlegen.

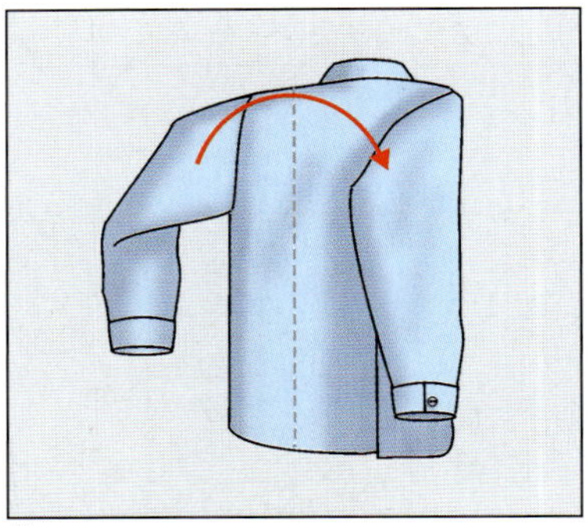

Ärmel nach unten umlegen.
Zweiten Ärmel ebenso legen.

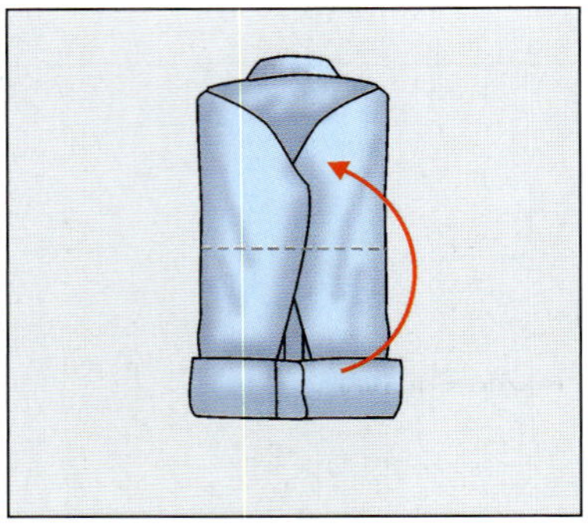

Unterteil mit Saum ca. 10 cm nach oben umschlagen.

Bluse bzw. Hemd nochmals nach oben zusammenklappen und ablegen.

Legen von Wäsche

Aufgaben:

1. Erproben und beschreiben Sie das Falten und Legen
   a) einer Serviette,
   b) eines Geschirrtuchs,
   c) eines Bettlakens,
   d) eines Arbeitskittels.
2. Beschreiben Sie die Wäschepflege eines
   a) Geschirrtuchs,
   b) T-Shirts,
   c) Kissenbezugs
   vom Sammeln bis zur erneuten Ausgabe.

Kreislauf der Textilien – Beispiel

Waschen von Wäsche aus dem Küchenbereich bei 90 °C

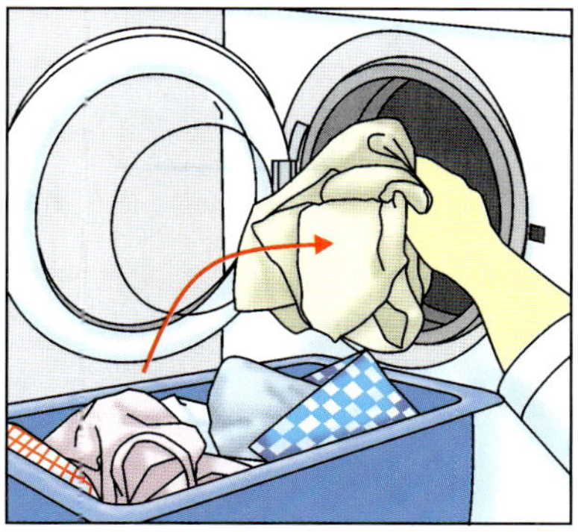

Wäsche aus dem Küchenbereich mit Schutzhandschuhen in die Waschmaschine einlegen. Tür schließen.

Waschmittel dosieren und in den Einspülkasten geben.

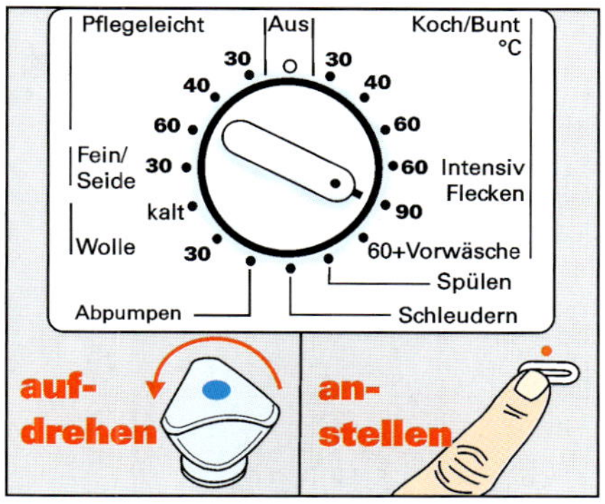

Temperaturregler auf 90 °C/ Kochwäsche stellen. Wasserhahn aufdrehen. Startknopf betätigen.

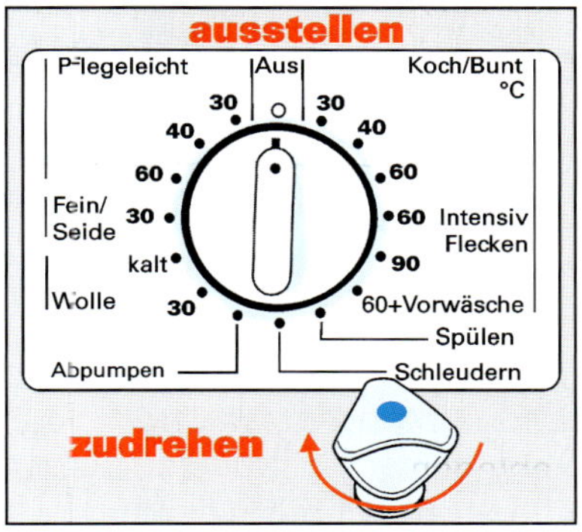

Nach Beendigung des Waschprogramms: Waschmaschine ausschalten. Wasserhahn zudrehen.

Waschmaschine öffnen. Wäsche herausnehmen.

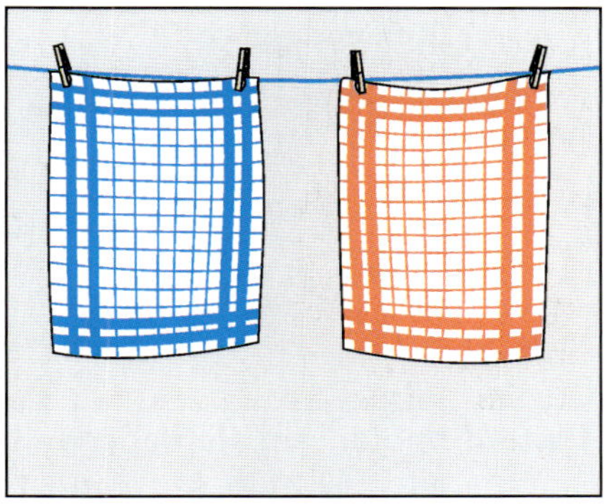

Wäsche im Trockner oder auf der Leine trocknen.

Wäsche mangelfeucht aus dem Trockner bzw. von der Leine nehmen.

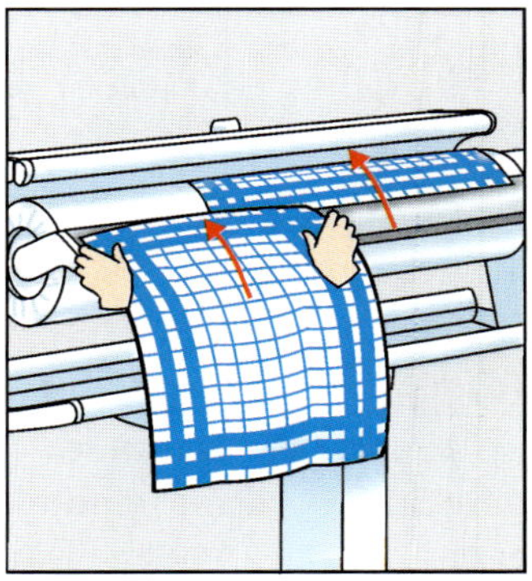

Wäsche mangeln.

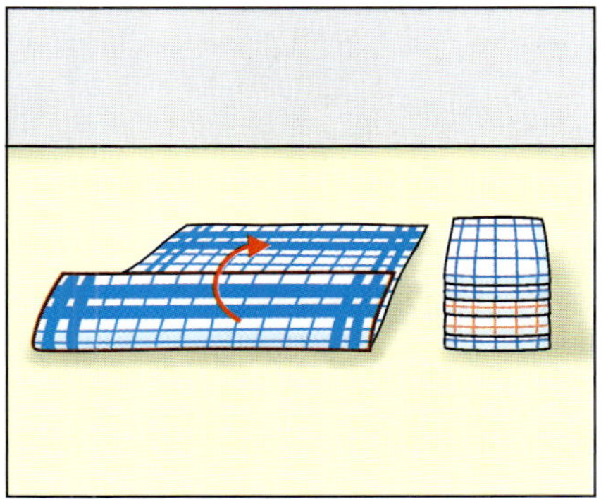

Wäsche falten und legen.

4.3 Näharbeiten

Handnähen – Grundtechniken

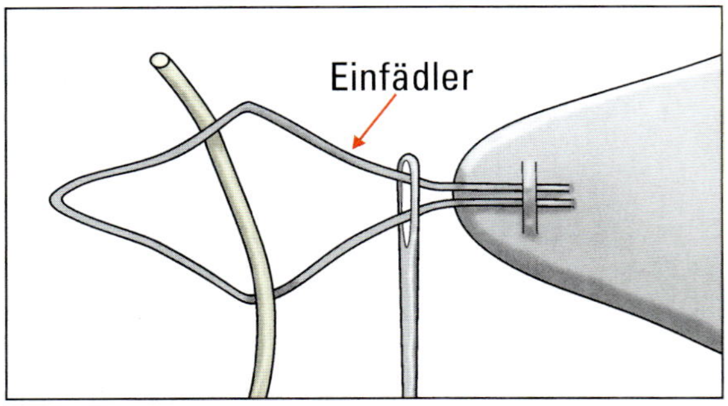

Einfädeln: Einfädler durch das Nadelöhr schieben. Ende des Nähfadens durch die Drahtschlinge führen. Einfädler mit dem Faden wieder zurückziehen.

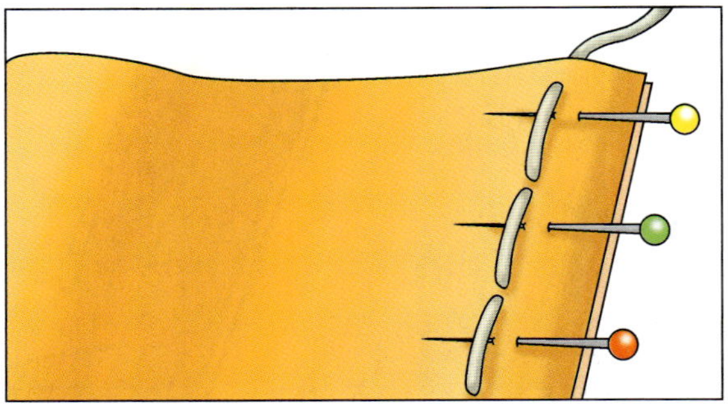

Stecknadeln: Nadeln quer in den Stoff stecken, der Stoff verschiebt sich dann nicht so leicht. Die Nadeln können leichter herausgezogen werden.

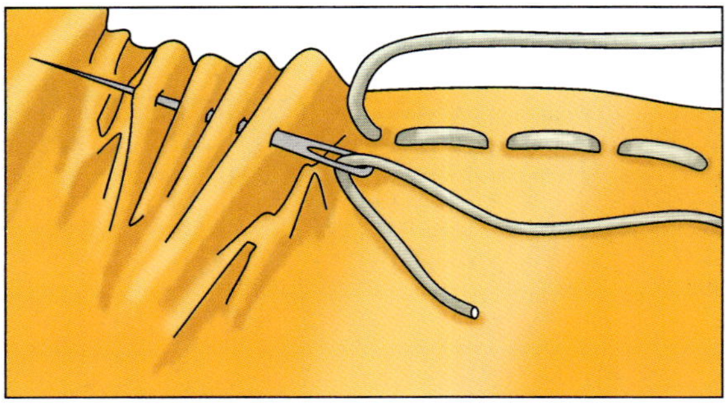

Heften: Knoten am Heftfadenende anbringen. Jeweils etwa in 2 cm Abstand 5 mm Stoff mit der Nadel aufnehmen. Nach mehreren Stichen Faden durchziehen.

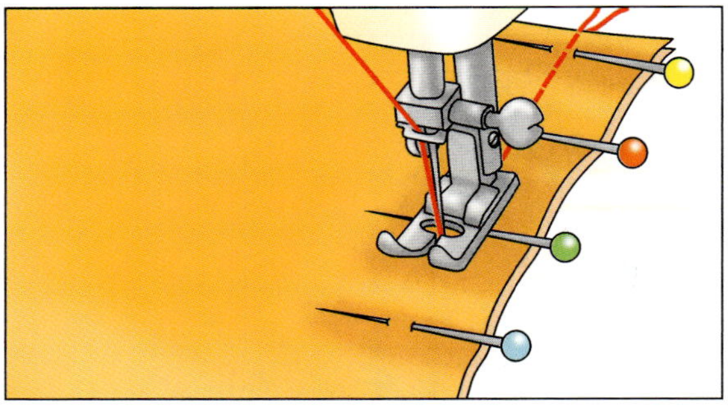

Stecknadeln: Quer gesteckte Nadeln können auch mit der Nähmaschine übernäht werden.

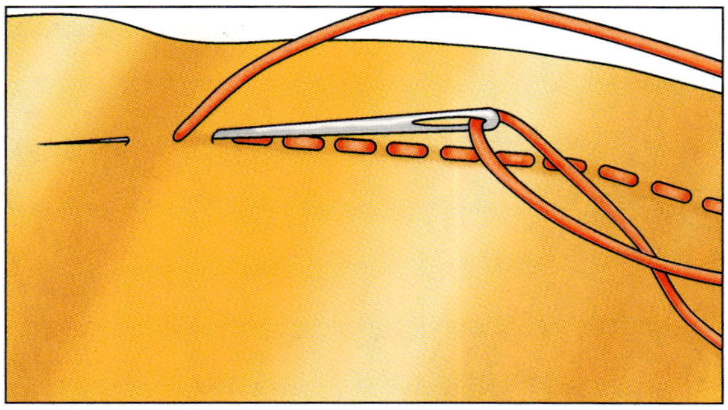

Steppstich oder Rückstich: Etwa 3 mm hinter dem Fadenaustritt mit der Nadel in den Stoff stechen und im gleichen Abstand davor wieder aus dem Stoff herausführen. Für die folgenden Stiche jeweils hinter dem letzten Fadenaustritt in den Stoff stechen und wiederum vor dem Fadenaustritt herausführen.

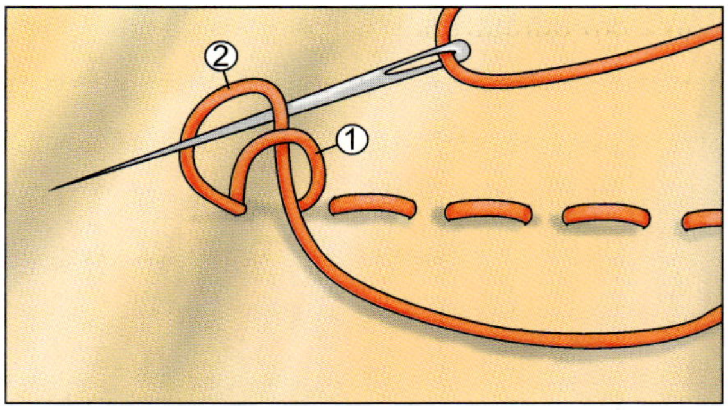

Nahtende sichern: Auf der linken Stoffseite mit einem kleinen Rückstich eine Schlinge (1) bilden. Die Nadel durch die Schlinge führen. Mit dem weiteren Faden eine zweite Schlinge (2) bilden, die Nadel durchziehen. Danach den Faden festziehen.

Saumstich

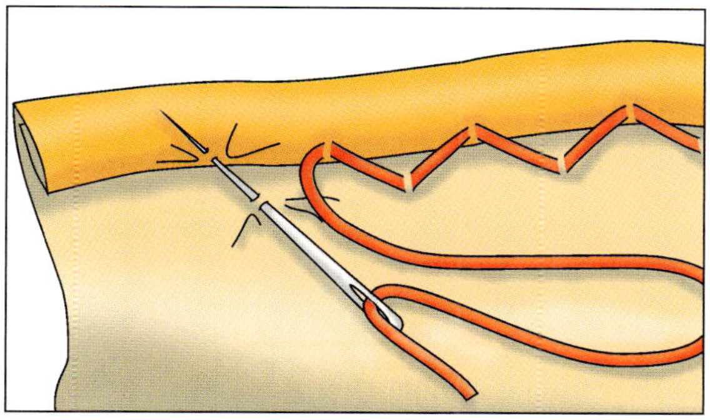

Hohler Saumstich: Nähfaden im Saum sichern. Mit der Nadel ein bis zwei Fäden des Oberstoffes aufnehmen. Nächster Stich: Mit der Nadel 1 cm weiter links in die Saumzugabe stechen, dann wiederum 1 cm weiter links ein bis zwei Fäden des Oberstoffes aufnehmen usw. Nähfaden nicht fest anziehen.

Trennen

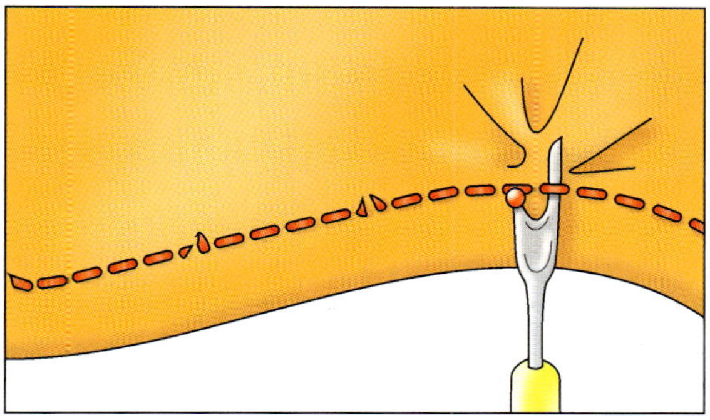

Trennen von offen liegenden Nähten: Auf einer Seite der Naht die Stiche in Abständen von 2 cm durchtrennen.

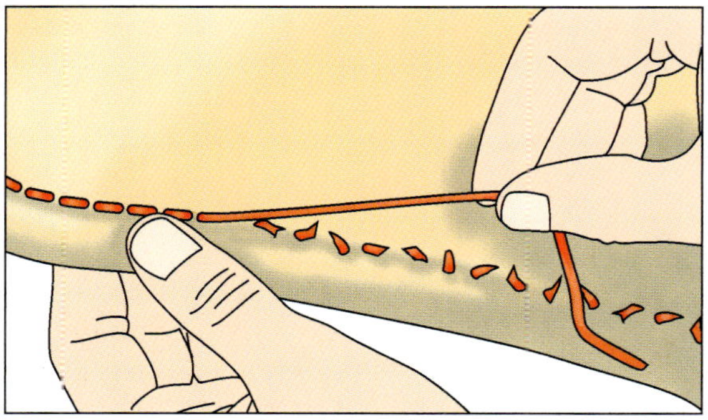

Den Faden auf der anderen Seite der Naht behutsam herausziehen. Fadenreste entfernen.

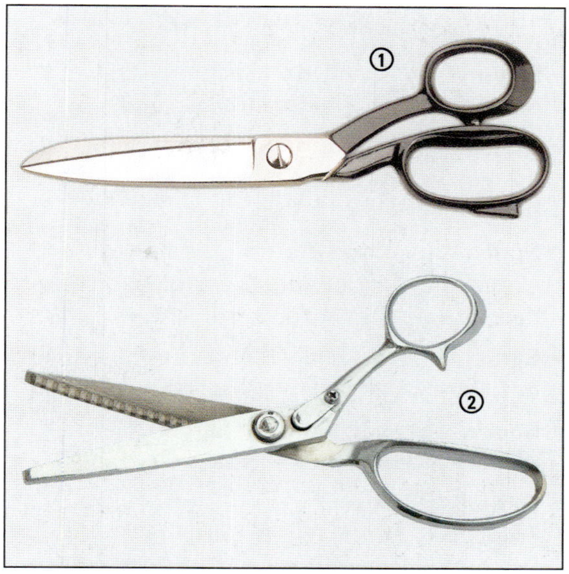

① Zuschneideschere, ② Zackenschere

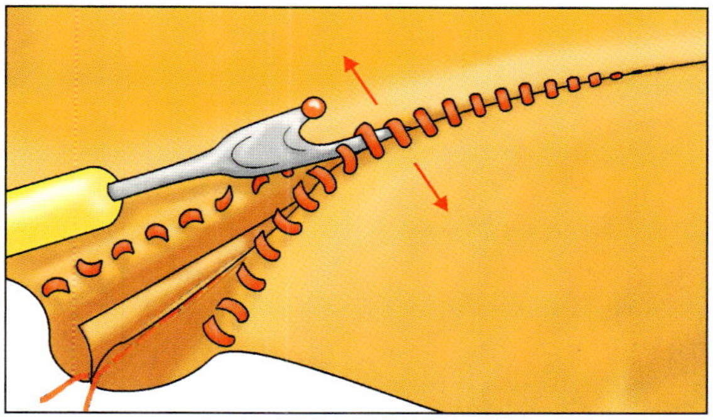

Doppelnähte: Stoff leicht spannen, vgl. Pfeile. Spitze des Pfeiltrenners unter 1 bis 2 Stiche schieben, vorsichtig durchtrennen. Obere Naht auseinanderziehen.

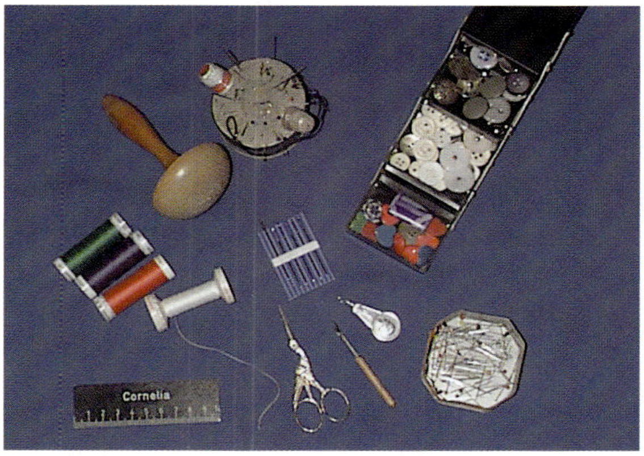

Zubehör für das Handnähen

Bedienungsteile der Nähmaschine

- **Fadenhebel:** Nach der Stichbildung zieht er den Oberfaden wieder straff.
- **Oberfadenspannung:** Sie sorgt dafür, dass die Verknotung von Oberfaden und Unterfaden genau im Stoff liegt.
- **Spulerspannung:** Sie sorgt dafür, dass der Unterfaden weder zu locker noch zu fest auf die Spule aufgewickelt wird.
- **Spuler:** Hier wird die Spule zum Aufspulen des Unterfadens aufgesetzt.
- **Rückwärtstaste:** Beim Betätigen dieser Taste näht die Maschine rückwärts.
- **Nähfuß:** Er drückt den Stoff gegen den Transporteur, der Stoff wird dann je nach Einstellung vorwärts oder rückwärts transportiert.
- **Stichwahltasten:** Sie ermöglichen die Wahl der Stichart, z. B. Zickzackstich.
- **Nadelstange mit Nadel:** Sie sticht durch den Stoff und bringt den Oberfaden zum Greifer.
- **Greifer:** Er führt den Oberfaden um den Unterfaden herum und verknotet auf diese Weise die beiden Fäden miteinander.
- **Spulenkapsel mit Spule:** Auf der Spule befindet sich der Unterfaden. Die Spule liegt in der Spulenkapsel.
- **Handrad:** Hiermit kann man die Nadel von Hand aufwärts und abwärts bewegen.
- **Stichbreiten- und Stichlängentasten:** Sie ermöglichen das Anpassen der Stichbreite und Stichlänge an den Stoff.
- **Stoffdrückerhebel:** Hiermit kann man den Nähfuß anheben bzw. senken.
- **Stichlagentasten:** Hier wird die Nadelposition eingestellt: links – Mitte – rechts.
- **Vorspannung:** Sie verhindert ein Einlaufen von Knötchen.

Aufgabe:

Zeigen Sie die verschiedenen Bedienungsteile an einer Nähmaschine.

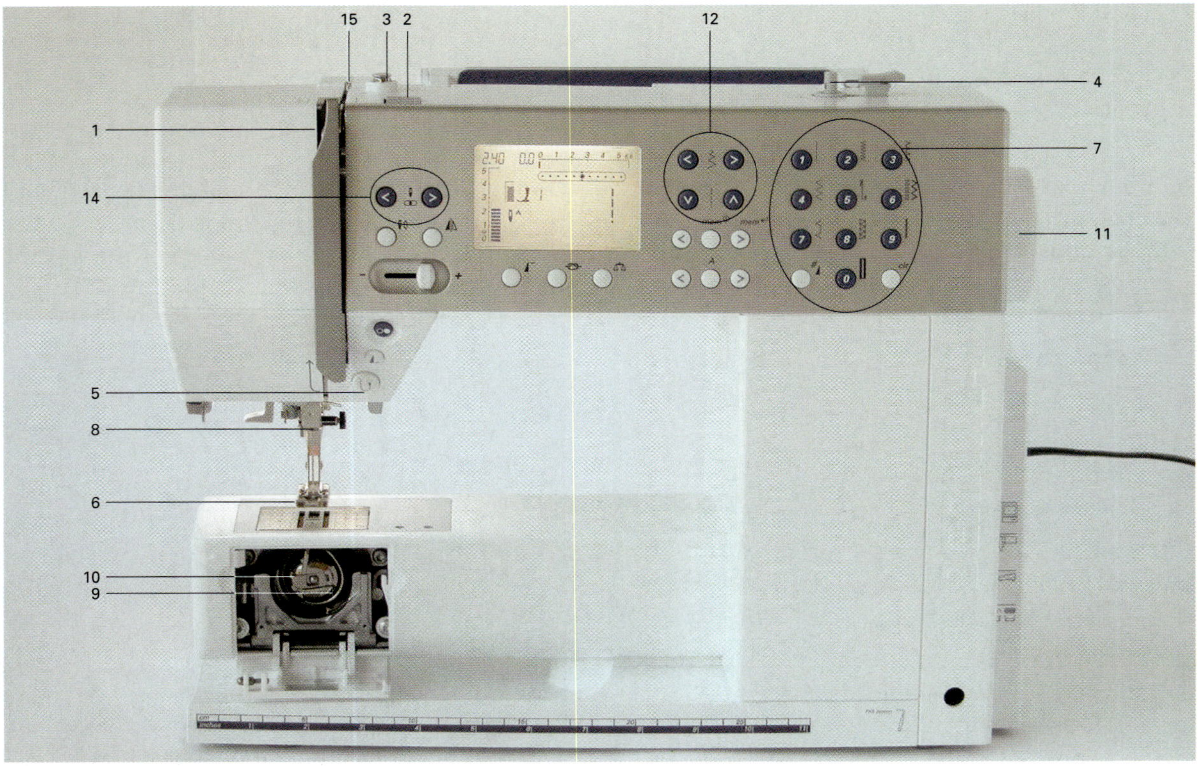

Einfädeln

Die Arbeit mit der Nähmaschine erfordert gründliche Vorarbeiten. Oberfaden und Unterfaden müssen zunächst sorgfältig eingefädelt werden.

Einfädeln des Unterfadens

Das obere Bild zeigt das Herausnehmen der Spulenkapsel mit der Spule (1)

- ▶ Nadel muss ganz oben sein.
- ▶ Verschlussklappe öffnen.
- ▶ Spulenklappe anheben, Spulenkapsel herausziehen.
- ▶ Klappe loslassen und Spule herausnehmen.

Das zweite Bild zeigt das Einlegen der Spule in die Spulenkapsel (2)

- ▶ Volle Spule so einlegen, dass der Faden von der Spule nach hinten abläuft.
- ▶ Faden durch den Einfädelschlitz ziehen.
- ▶ Faden unter der Feder durchziehen.
- ▶ Spule muss sich im Uhrzeigersinn drehen.
- ▶ Unterfaden soll 6 bis 8 cm aus der Spulenkapsel herausgucken.

Das dritte Bild zeigt das Einsetzen der Spulenkapsel mit Spule (3)

- ▶ Nadel muss oben sein.
- ▶ Klappe anheben, Spulenkapsel bis zum Anschlag auf den Stift schieben. Der Ausschnitt muss dabei nach oben zeigen. Solange man die Klappe geöffnet hat, kann die Spule nicht herausfallen.
- ▶ Klappe loslassen. Verschlussklappe schließen.

Heraufholen des Unterfadens

- ▶ Oberfaden mit der linken Hand festhalten.
- ▶ Handrad eine volle Drehung drehen, bis der Fadenheber wieder in höchster Stellung ist. Die Nadel mit dem Oberfaden holt dabei den Unterfaden hoch.
- ▶ Unterfaden herausziehen, Oberfaden- und Unterfadenende nach hinten unter den Nähfuß legen.

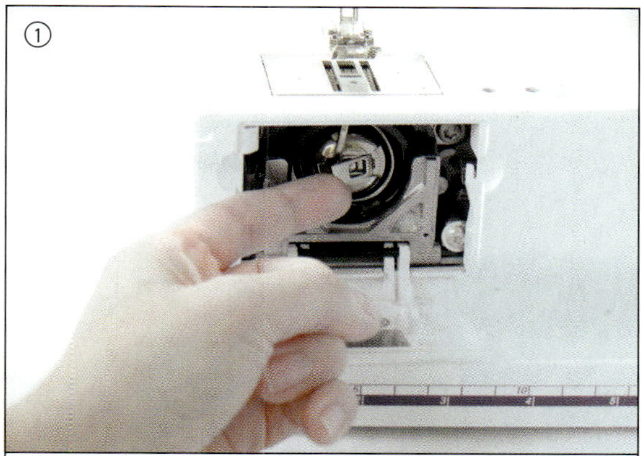

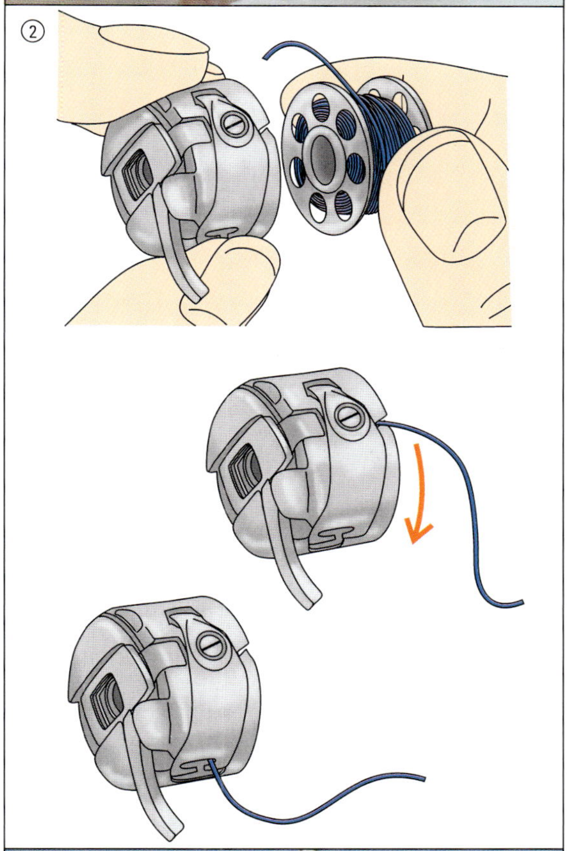

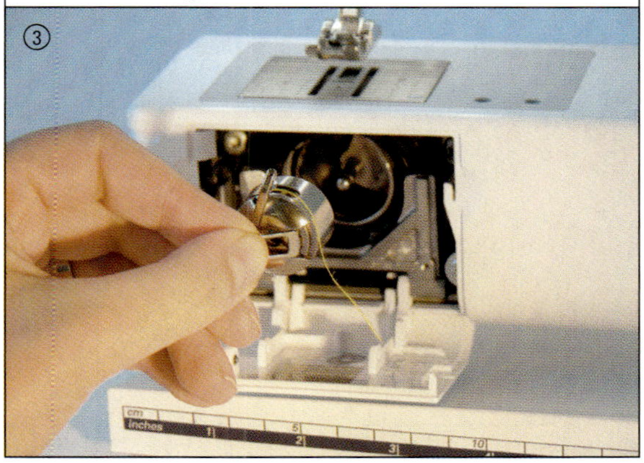

Oberfaden zur Nadel führen

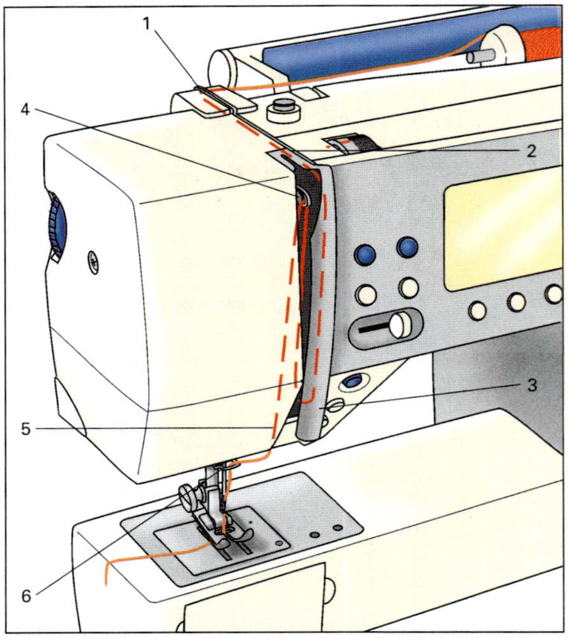

- Nadel und Fadenhebel (4) stehen oben.
- Nähfuß anheben.
- Faden von der Garnrolle von hinten in die Vorspannung (1) ziehen.
- Faden nach vorn durch die Fadenspannungsscheiben (2) legen.
- Faden nach unten hinter das Führungsstück mit Fadenanzugsfeder (3) legen.
- Faden nach oben hinter den Fadenhebel (4) führen.
- Faden nach unten durch den Schlitz (5) in die Fadenführung am Nadelhalter (6) ziehen.
- Oberfaden von vorn nach hinten durch das Nadelöhr einfädeln.
- Unterfaden heraufholen, vgl. S. 251.

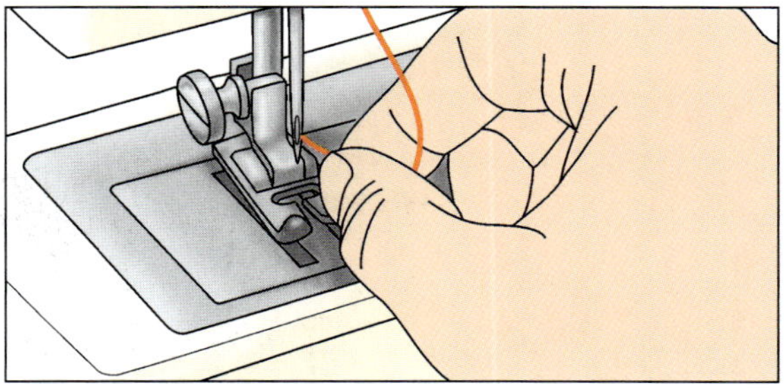

Oberfaden einfädeln

Überprüfen der Fadenspannung

Um die Fadenspannung zu überprüfen, wird eine Probenaht auf einem doppelt liegenden Stoffrest ausgeführt. Nun wird die Lage der Verknotung von Oberfaden und Unterfaden überprüft.

- Die Fadenspannung ist richtig eingestellt, wenn die Verknotung genau zwischen den Stofflagen liegt.

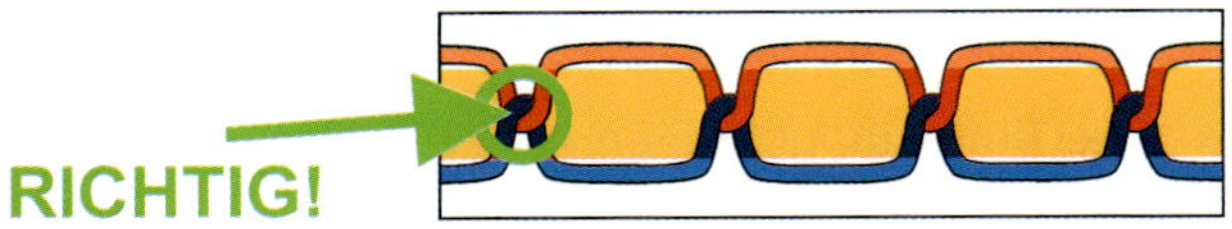

- Die Oberfadenspannung ist zu locker, wenn die Verknotung auf der Stoffunterseite liegt, sie muss fester gestellt werden.

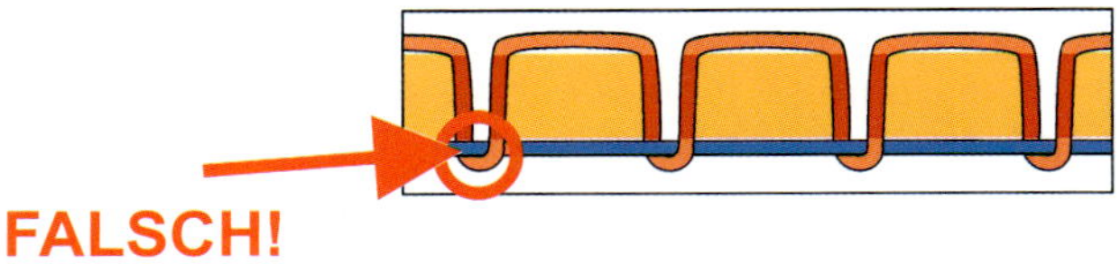

- Die Oberfadenspannung ist zu fest, wenn die Verknotung auf der Stoffoberseite liegt, sie muss gelockert werden.

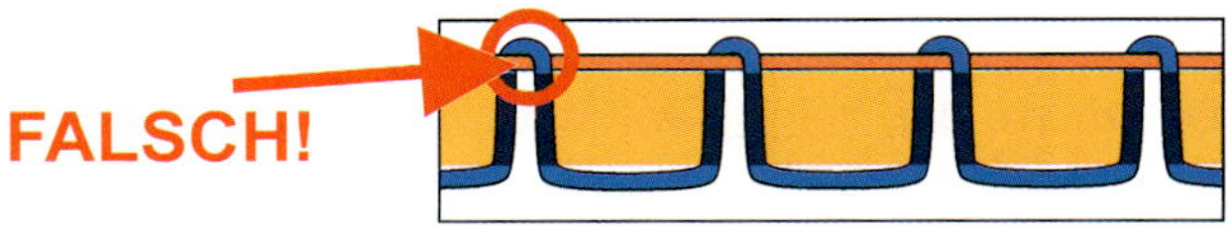

- **Eine gute Fadenspannung ist Voraussetzung für eine saubere und haltbare Naht.**
- **Die Fadenspannung muss jeweils auf Art und Dicke des Stoffes abgestimmt werden.**

Aufgabe:

Was müssen Sie tun, wenn die Fadenspannung
a) zu fest,
b) zu locker ist?

Näh-störung	Mögliche Ursachen	Maß-nahmen
Oberfaden reißt	Passt die Nadelstärke zum Garn? Wurde die Nadel falsch eingesetzt? Wurde richtig eingefädelt? Ist die Oberfaden-spannung zu fest? Ist die Nadel beschädigt? Befinden sich Fadenreste in der Greiferbahn?	?
Unterfaden reißt	Wurde der Unterfaden richtig eingefädelt? Wurde der Unterfaden gleichmäßig und mit der richtigen Spannung aufgespult? Ist die Unterfaden-spannung zu fest?	?
Nadel bricht	Wurde die Nadel falsch eingesetzt? War die Nadel verbogen? Passt die Nadelstärke zu Garn und Stoff? Ist die Oberfaden-spannung zu fest?	?
Querfäden im Stoff	Schlägt die Nadel an? Ist die Nadelspitze abgebrochen?	?

Aufgaben:

1. Was müssen Sie tun, wenn
   a) der Oberfaden reißt,
   b) der Unterfaden reißt,
   c) die Nadel bricht?
2. Erproben Sie das Reinigen einer Nähmaschine.

Reinigung und Pflege der Nähmaschine

- Die Nähmaschine muss während längerer Nähpausen z. B. durch die Abdeckhaube vor Staub geschützt werden.
- Bei der Reinigung und Pflege der Nähmaschine die Pflegeanleitung des Herstellers beachten.
- Vor der Reinigung der Maschine den Stecker aus der Steckdose ziehen.
- Die Nadel herausnehmen und das Nähfüßchen abnehmen.
- Spule mit Spulenkapsel herausnehmen.
- Alle erreichbaren Teile sorgfältig mit Pinsel und Lappen entstauben. Dicke Staubflocken in der Stichplatte und Greiferbahn können schnell zu Nähstörungen führen.
- Regelmäßiges Ölen der Maschine ist erforderlich, um einen leichten Lauf zu erhalten. Nur spezielles Nähmaschinenöl benutzen.
- Nähmaschine wieder zusammensetzen.
- Danach eine Naht auf einem Probelappen nähen, eventuelle Ölreste werden dadurch entfernt.

Die regelmäßige Reinigung und Pflege der Nähmaschine schützt vor Nähstörungen.

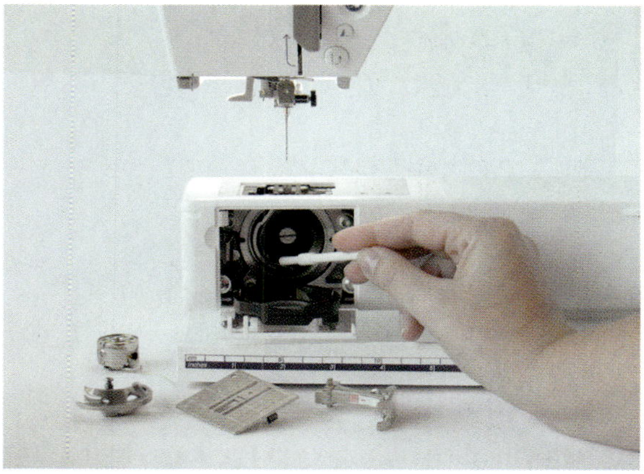

Entstauben der Nähmaschine

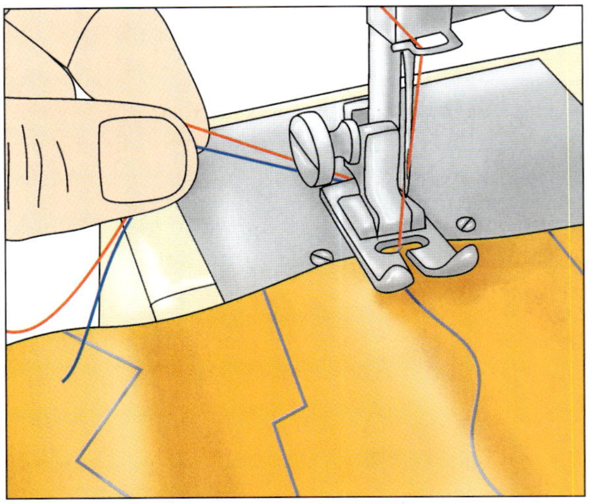
Fadenenden festhalten

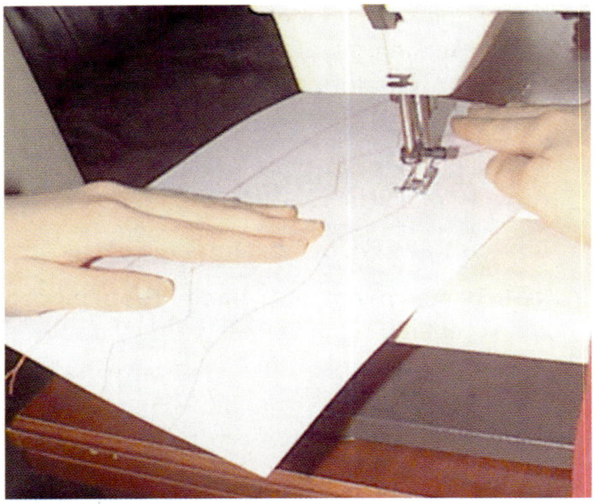
Führen des Papiers bzw. Stoffes beim Nähen

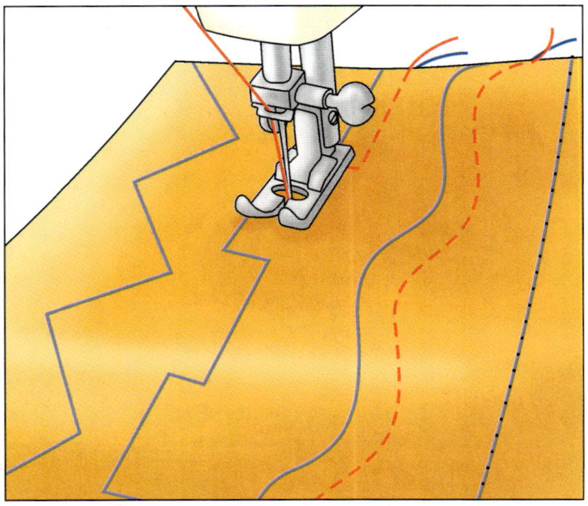
Unterschiedliche Linien auf Papier zeichnen und nachnähen

Nähen mit der Nähmaschine

Aufgaben:

1. Zeichnen Sie auf ein Stück Papier unterschiedliche Linien:
   a) gerade,
   b) mit rechtem Winkel,
   c) gebogene.
   Nähen Sie die Linien mit oder ohne Faden nach.
2. Nähen Sie „füßchenbreit" neben den Linien.
   Die Linien befinden sich jetzt an der Außenkante des Nähfüßchens.
3. Erproben Sie das Gleiche mit einem Zickzackstich.
4. Erproben Sie am Ende einer Linie die Rückwärtstaste.
   Nähen Sie zwei bis drei Stiche rückwärts und dann wieder vorwärts.

Bei den ersten Nähstichen die beiden Fadenenden – Ober- und Unterfaden – festhalten, damit sie nicht in die Greiferbahn geraten.

Beide Hände führen beim Nähen den Stoff bzw. das Papier über die Arbeitsfläche der Maschine.

Die linke Hand liegt links vor dem Nähfüßchen, die rechte Hand kurz dahinter. So kann Stoff oder Papier leichter geführt bzw. gelenkt werden.

Bei einem rechten Winkel die Maschine auf dem Eckpunkt stoppen, die Nadel muss sich im Papier bzw. Stoff befinden. Nähfüßchen mit dem Hebel anheben. Stoff bzw. Papier in die gewünschte Richtung drehen. Nähfüßchen wieder auf den Stoff bzw. das Papier senken und weiternähen.

Beim Nähen liegen die größeren Stoffteile links von der Nadel, so lässt sich der Stoff leichter führen, er muss nicht durch den engen Raum unter dem Nähmaschinenarm gepresst werden.

Unterschiedliche Nähte

Einfache Naht

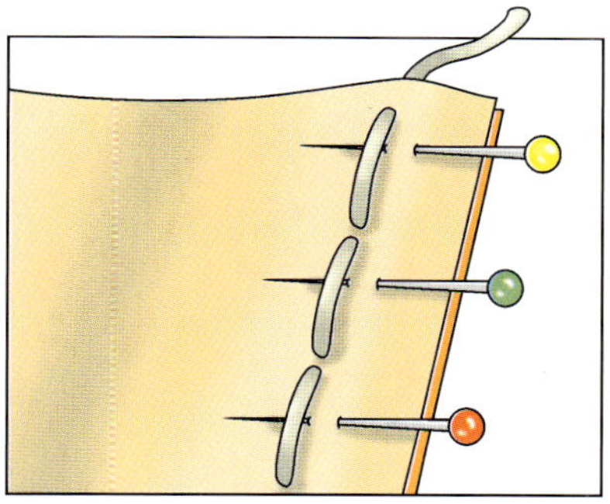

Teile rechts auf rechts legen, stecken, heften.

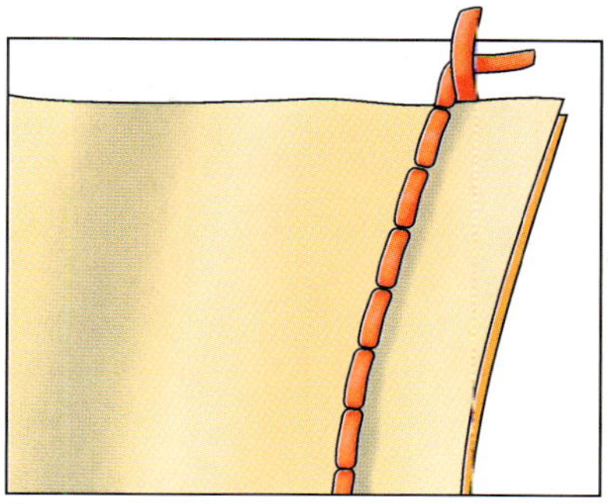

Naht 1 cm breit absteppen.

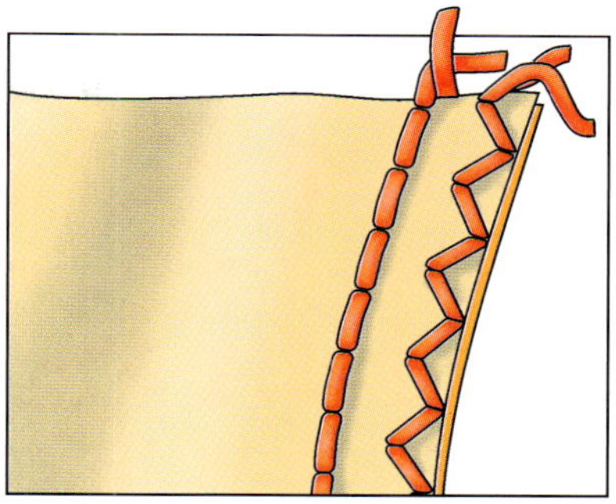

Schnittkanten mit Zickzackstich versäubern. Naht von links ausbügeln.

Vorteile

- ▶ schnell zu fertigen
- ▶ leicht zu ändern

Beispiele

normal beanspruchte Nähte, z. B. Seitennähte

Rechts-Links-Naht (Doppelnaht)

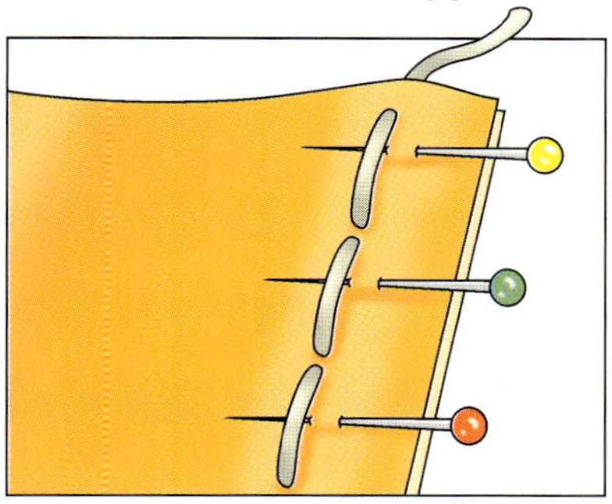

Teile links auf links legen, stecken, heften.

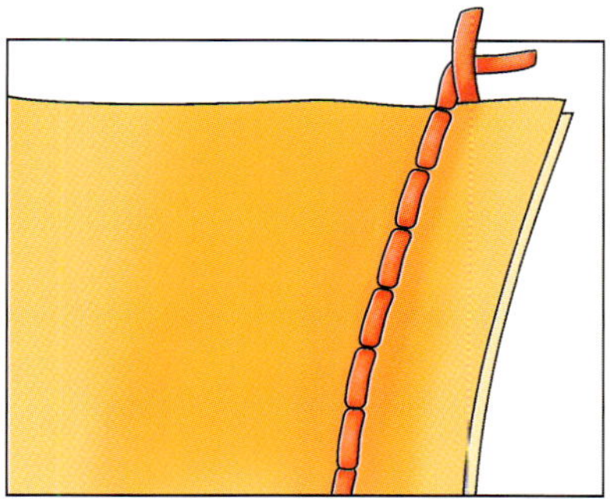

Naht 1 cm breit absteppen, Nahtende befestigen.

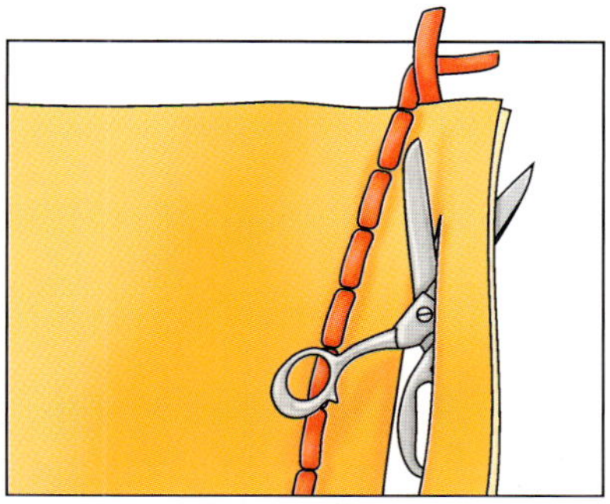

Nahtzugabe auf 0,5 cm Breite abschneiden.

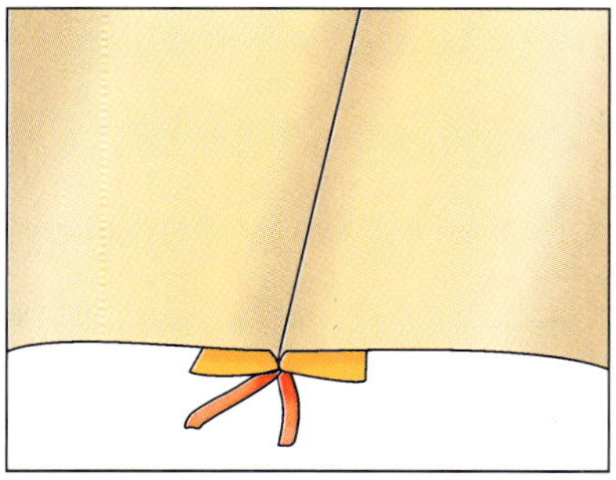

Naht ausstreichen. Teile rechts auf rechts legen.

Naht heften. 1 cm breit absteppen.

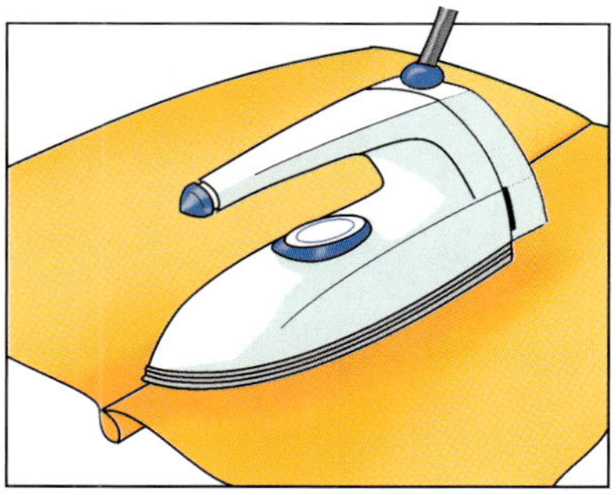

Naht ausbügeln.

Vorteile

- ▶ sauberes Aussehen auf der rechten und linken Stoffseite
- ▶ reißfest durch zweimaliges Nähen

Beispiele

Verarbeitung dünner, durchscheinender Stoffe, z. B. Blusen, Abendkleider, Kissen, Wäsche

Flach- oder Kappnaht

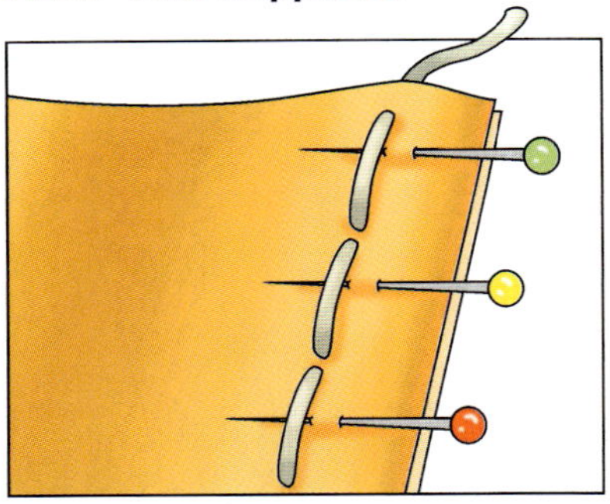

Teile links auf links legen, stecken, heften.

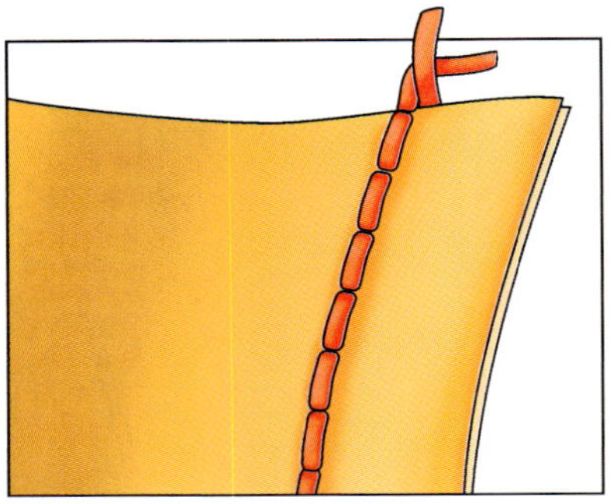

Naht 2 cm breit absteppen, Nahtende sichern.

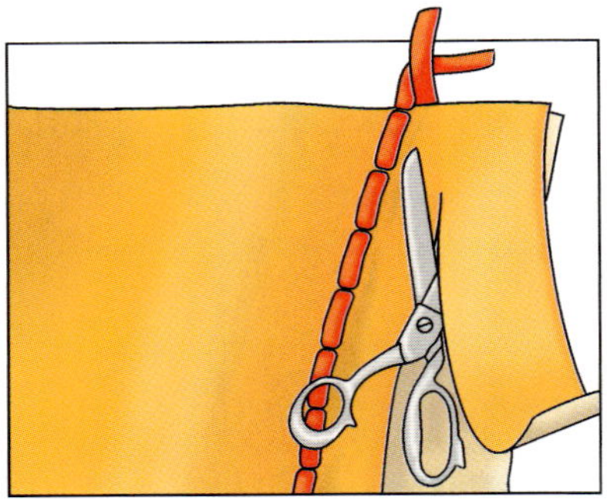

1,5 cm von der oberen Nahtzugabe abschneiden. Näharbeit wenden.

Nahtzugaben auseinanderstreichen.

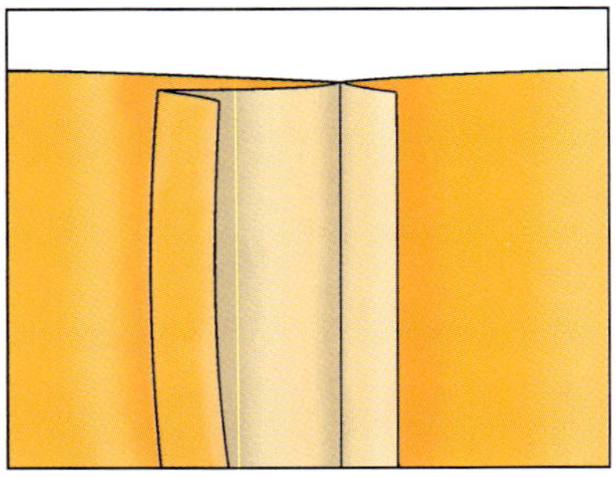

Die breitere Nahtzugabe 0,5 cm einschlagen.

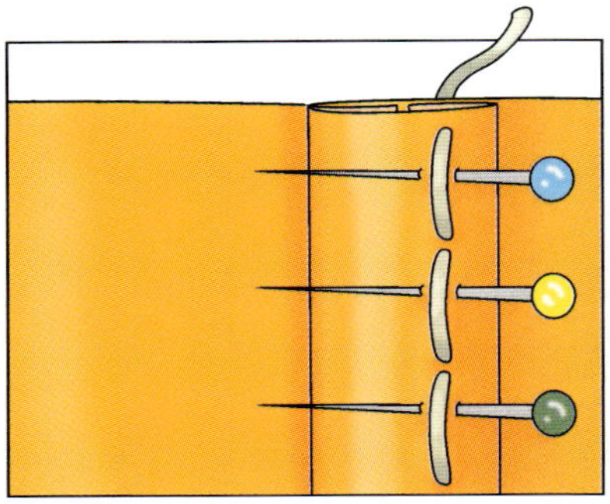

Die eingeschlagene Nahtzugabe über die andere Nahtzugabe legen, feststecken, heften.

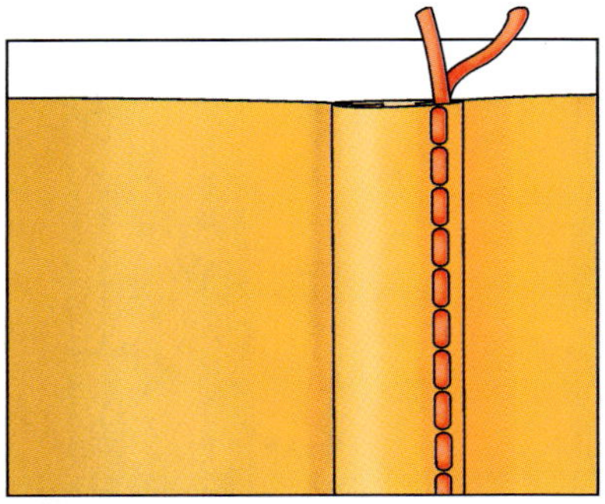

Nahtzugabe knappkantig feststeppen.

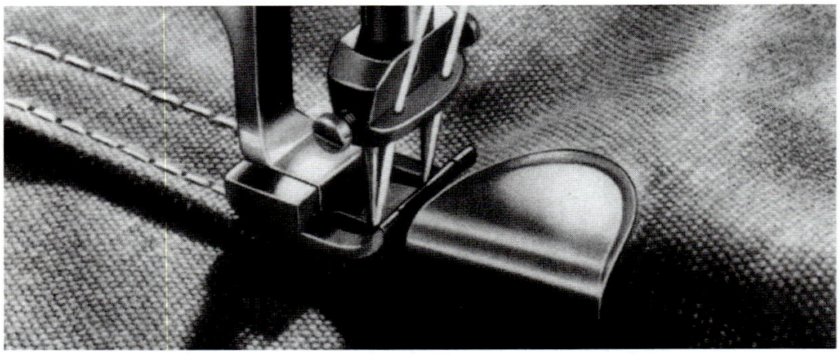

Industrielle Anfertigung der Kappnaht mit 2 Nadeln.

Vorteil

► Die flache Naht trägt nicht auf

Beispiel

besonders beanspruchte Nähte, z. B. bei Jeans

Grundsätzlich durch Rückwärtsstiche die Nahtenden sichern!

Kantenverarbeitung

Saum mit Umschlag, z. B. Rocksäume, Hosensäume

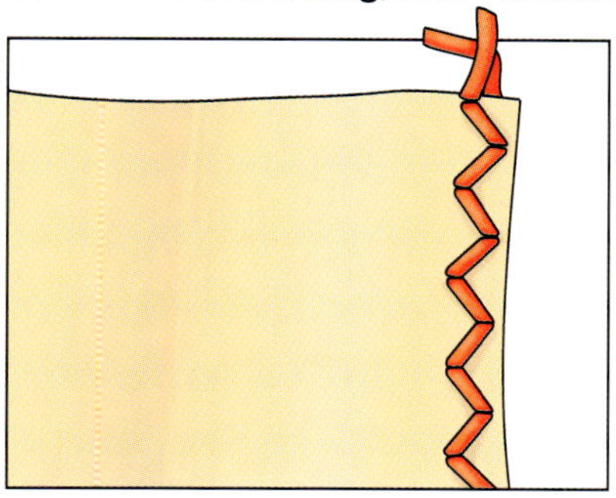

Schnittkante mit Zickzackstich versäubern.

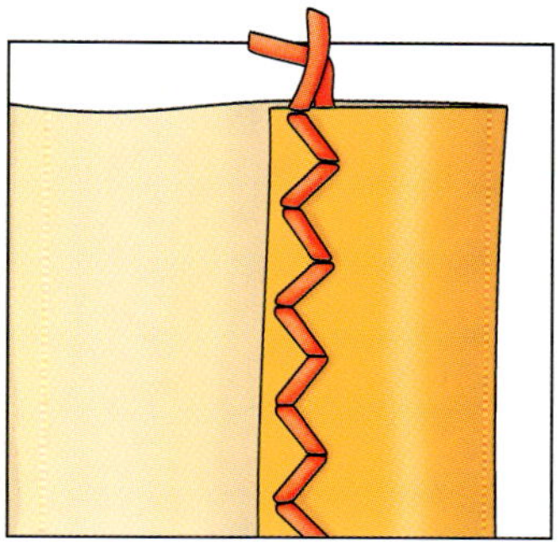

Stoff je nach gewünschter Saumbreite nach links umschlagen, bügeln.

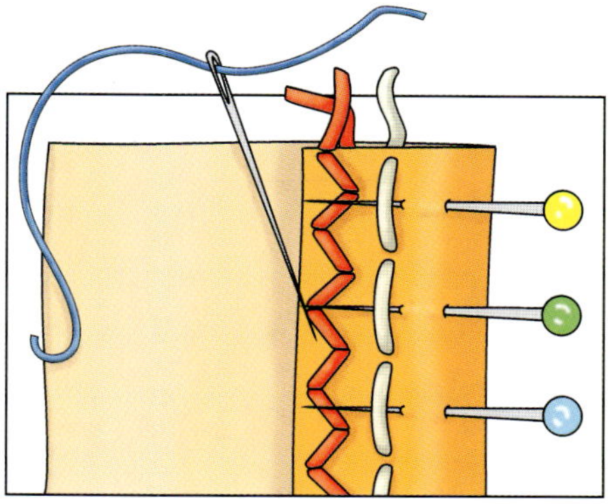

Saum feststecken, evtl. heften, mit Maschine steppen oder von Hand nähen.

Saum mit Einschlag und Umschlag, z. B. Tischdecken, Blusen, Hemden

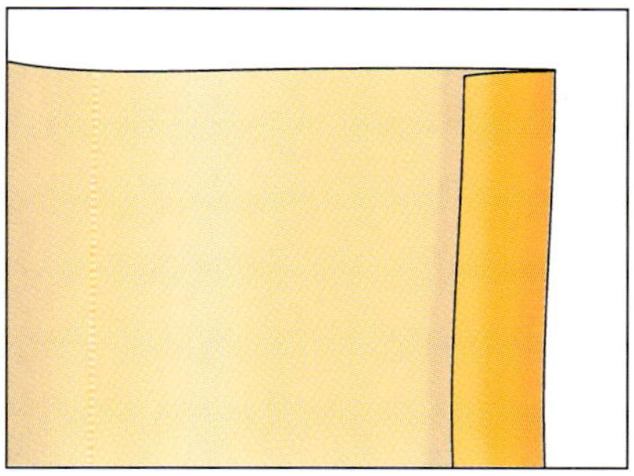

Stoff mit der linken Stoffseite nach oben legen, Rand 1 cm breit einschlagen, bügeln.

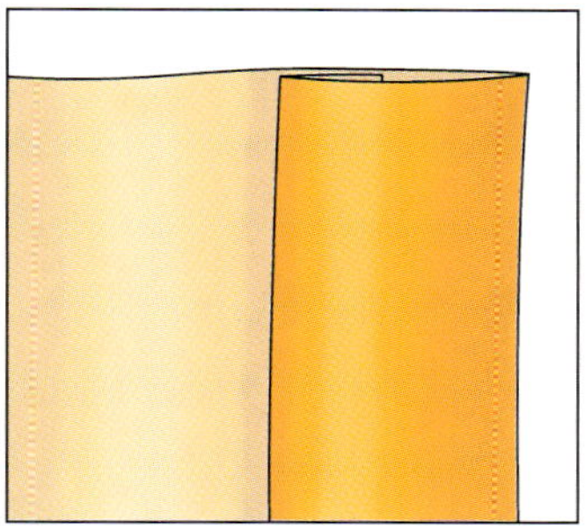

Stoff nochmals – je nach gewünschter Saumbreite – umschlagen, bügeln.

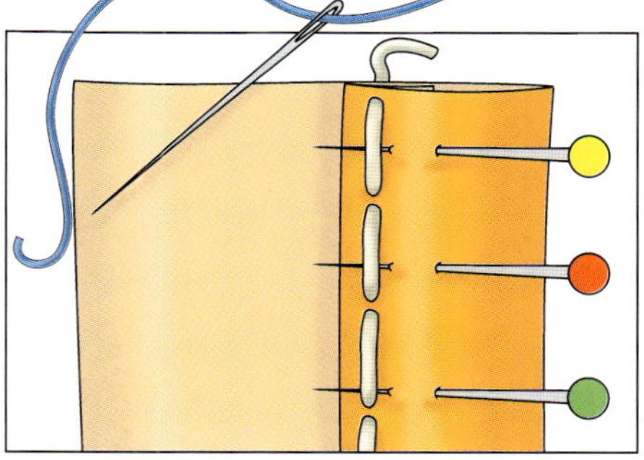

Saum feststecken, heften, mit der Maschine steppen oder von Hand nähen, vgl. S. 248.

Abschlusskanten mit Schrägstreifen, z. B. Ausschnitte

Schrägstreifen rechts auf links an die Schnittkante stecken. Nähfüßchenbreit von der Schnittkante entfernt aufsteppen.

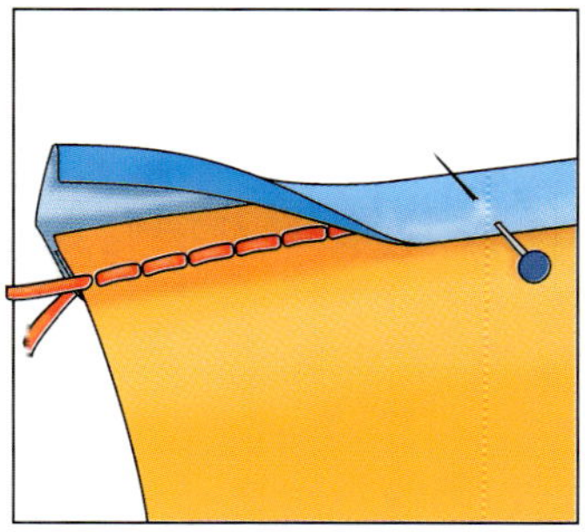

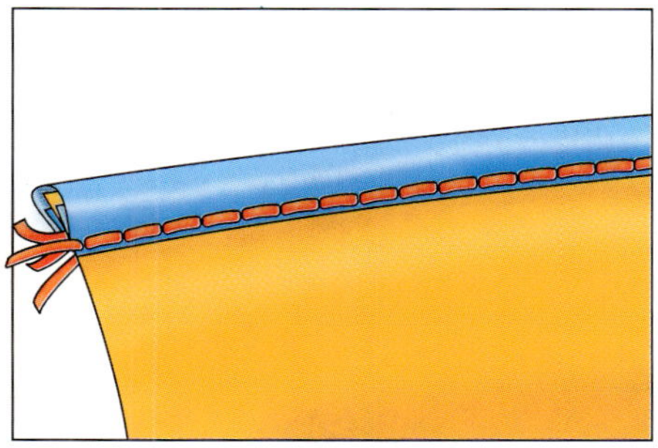

Schrägstreifen nach außen klappen. Naht ausstreichen. Schrägstreifen knapp über der Ansatznaht feststecken, heften, steppen.

Kantenverarbeitung beim Kissenbezug mit Hotelverschluss

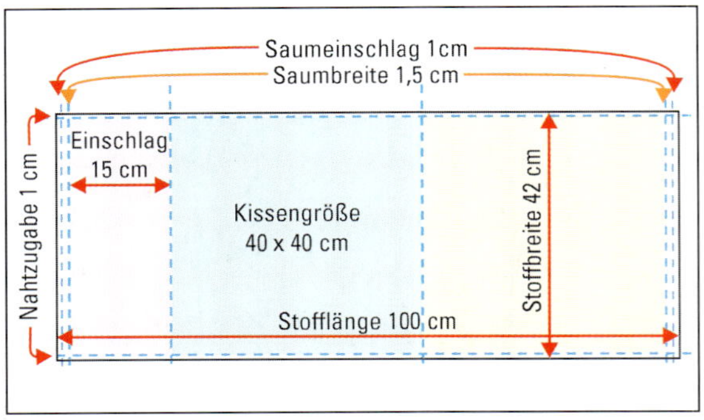

Benötigte Stoffbreite für ein 40 x 40 cm großes Kissen: 42 cm – beinhaltet rechts und links je 1 cm Nahtzugabe.

Benötigte Stofflänge: Kissenoberseite und -unterseite je 40 cm. Einschlaghöhe 15 cm. Saumbreite oben und unten je 1,5 cm, Einschlag je 1 cm. Insgesamt benötigt: 1 m.

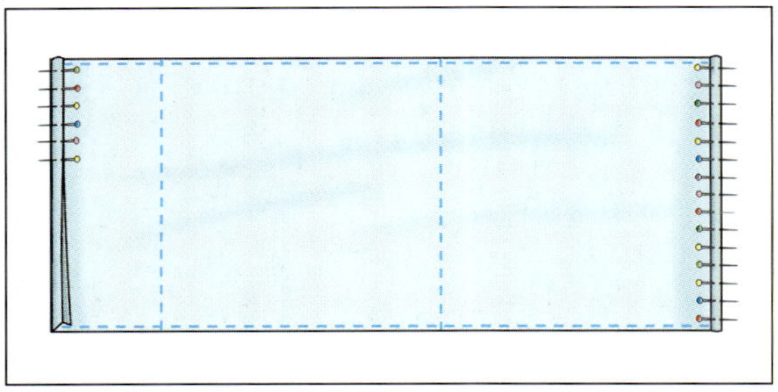

Saum an beiden Enden des Stoffes bügeln, stecken, heften, mit der Maschine knappkantig absteppen, vgl. S. 257.

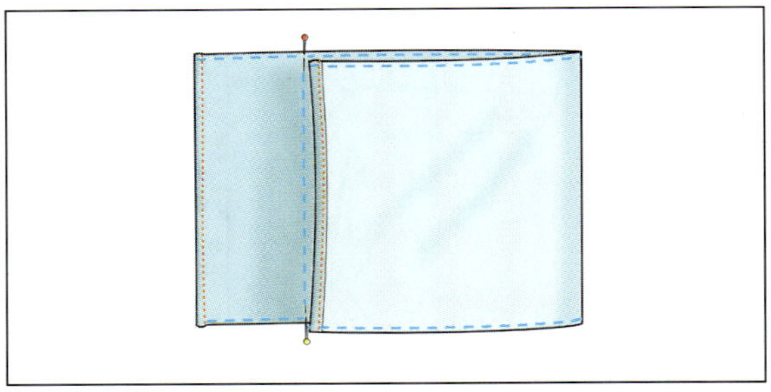

Einschlaghöhe – 15 cm – abmessen, mit Stecknadeln markieren. Stoff rechts auf rechts bis zur Markierung umklappen.

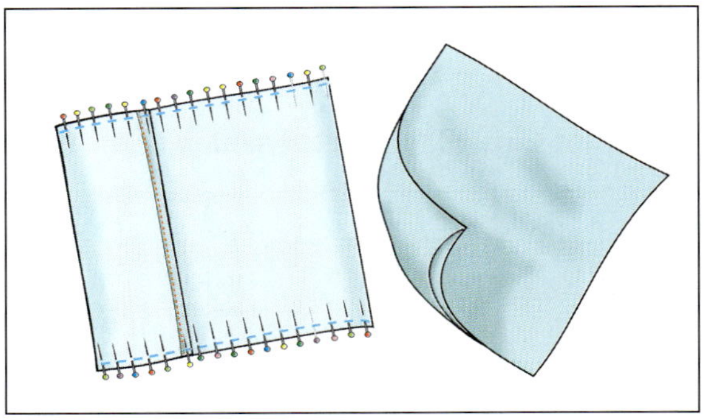

Einschlag darüberklappen. Stoffkanten feststecken, evtl. heften. Beide Seitennähte mit der Maschine schließen. Nahtzugaben rechts und links mit Zickzackstich versäubern.

Bezug wenden. Stoffecken mit einer Schere vorsichtig herausdrücken. Bezug bügeln.

Eckenbildung bei Säumen

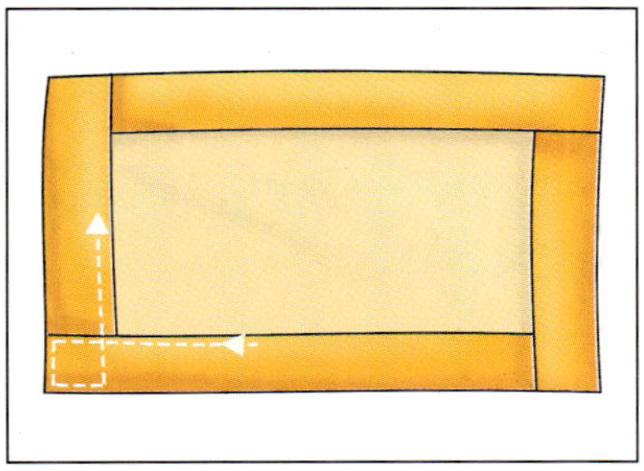

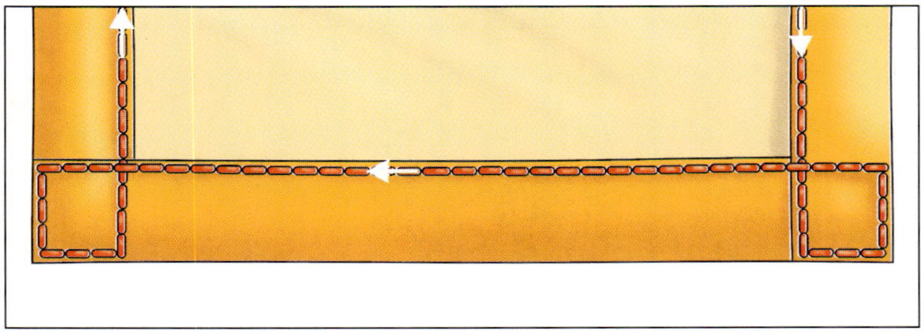

- An allen Kanten 1 cm breite Einschläge legen, bügeln. Ecken im Viereck steppen.
- An allen Kanten die Umschläge – je nach gewünschter Saumbreite – legen.
- Die Ecken fortlaufend legen, heften.
- Säume von Hand gegennähen oder knappkantig mit der Maschine steppen.

Verschlussarten

Beidseitig verdeckter Reißverschluss
Zunächst die Kanten des Oberstoffes versäubern.
Die Naht so weit schließen, dass nur noch die Lücke für den Reißverschluss bleibt.

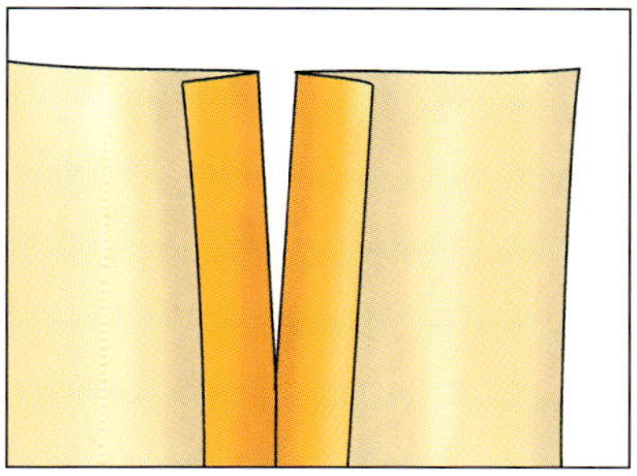
Naht ausbügeln,
Kanten nahtbreit umbügeln.

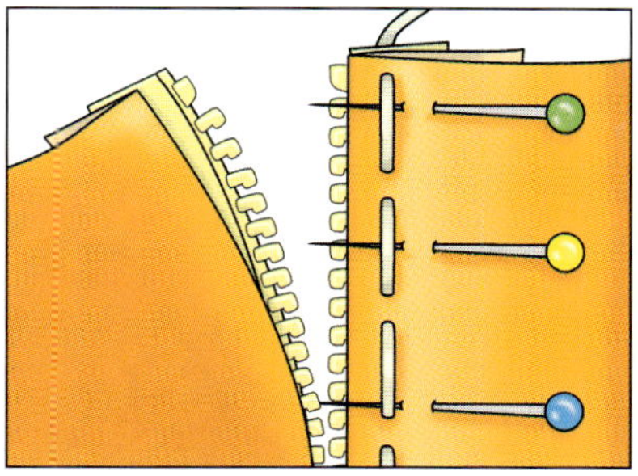
Reißverschluss einstecken,
sorgfältig einheften.

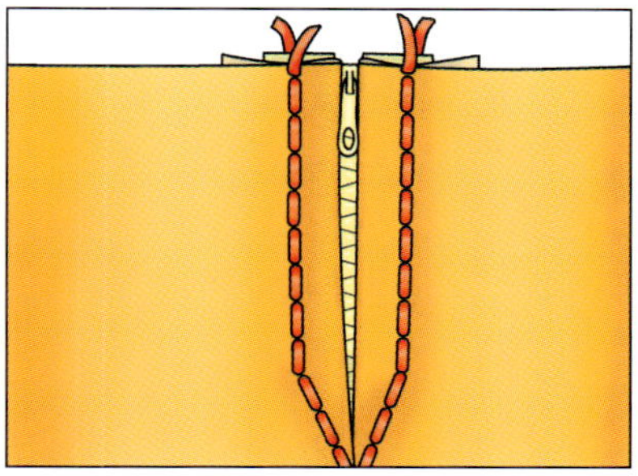
Rechte Seite 0,5 cm neben dem Reißverschluss steppen, am Ende eine Spitze steppen, auf der linken Seite nach oben steppen.

- ▶ Schnittkanten des Stoffes vor dem Einnähen des Reißverschlusses versäubern.
- ▶ Reißverschlussfüßchen der Nähmaschine beim Einnähen verwenden.
- ▶ Geschlossenen Reißverschluss einnähen.
- ▶ Der Reißverschluss wird so eingearbeitet, dass beide Stoffseiten gleichmäßig über die Reißverschlusszähnchen gelegt werden.

Aufgabe:
Ermitteln Sie die Kosten für die Erneuerung eines Reißverschlusses
a) in einer Änderungsschneiderei,
b) selbst durchgeführt.

Einseitig verdeckter Reißverschluss
Zunächst wie beim beidseitig verdeckten Reißverschluss arbeiten. Die Naht ausbügeln und die Kanten nahtbreit umbügeln, danach weiter wie in den Abbildungen mit Erläuterungen unten:

- ▶ Beim einseitig verdeckten Reißverschluss stößt die rechte Stoffseite an die Reißverschlusszähnchen, die linke Seite bedeckt die Zähnchen. Es kann auch umgekehrt gearbeitet werden.

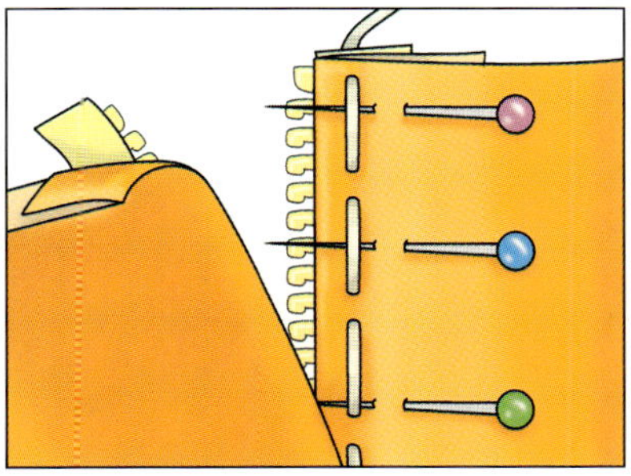
Rechte Reißverschlussseite einstecken, sorgfältig einheften.

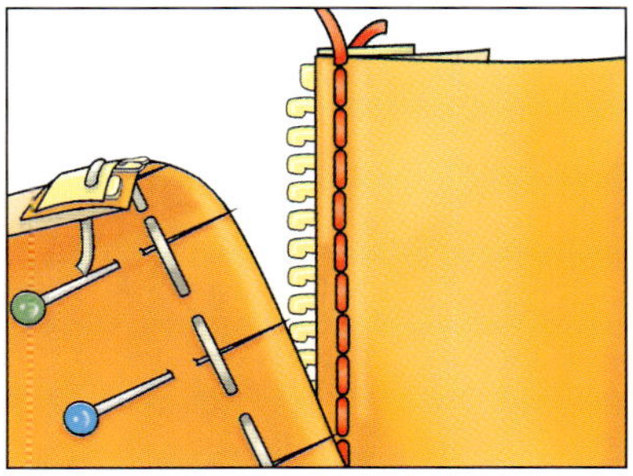
Rechte Stoffseite knappkantig neben dem Reißverschluss feststeppen.
Linke Seite stecken, heften.

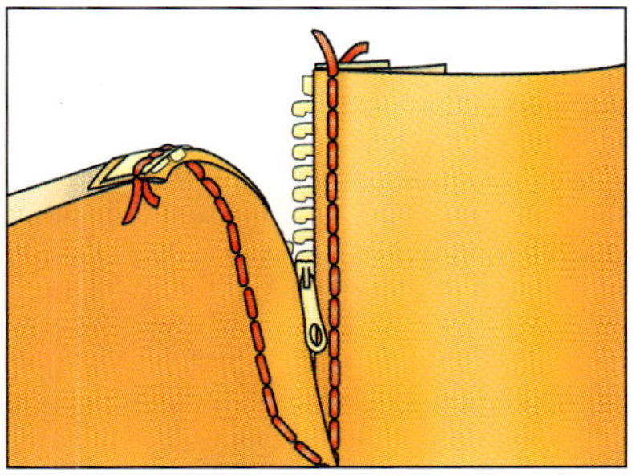
Linke Stoffseite 1 bis 2 cm vom Rand entfernt feststeppen, am Ende spitz oder rechtwinklig zur Mitte steppen.

Annähen von Knöpfen

- Nähfaden auf Material des Knopfes und Stoffes abstimmen.
- Einen Knopf in der richtigen Größe für das Knopfloch auswählen.
- Bei Knöpfen mit Durchstichlöchern eine Nadel auswählen, die hindurchpasst.
- Nähfaden am Ende doppelt verknoten.
- Besonders bei dicken Stoffen wird ein Stiel zwischen Knopf und Stoff gebildet, so hat die obere „Stofflage des Knopflochs" ausreichend Platz.

  Dafür ein Streichholz auf den Knopf legen und darübernähen.

  Streichholz entfernen, wenn der Knopf befestigt ist. Fäden zwischen Knopf und Stoff umwickeln.

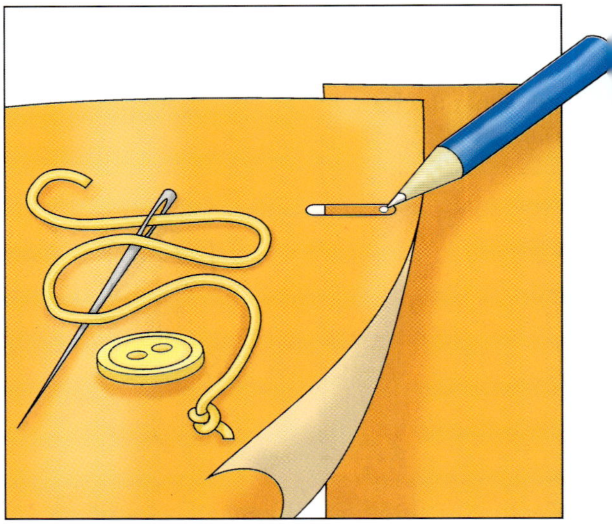

Die Stelle für den Knopf einzeichnen.

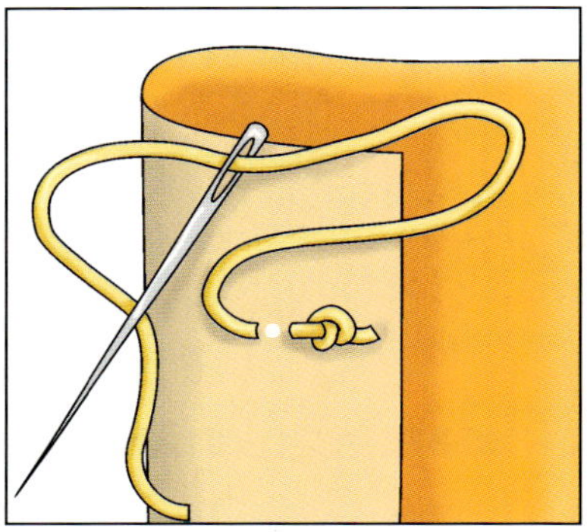

Nähfaden an der Annähstelle befestigen.

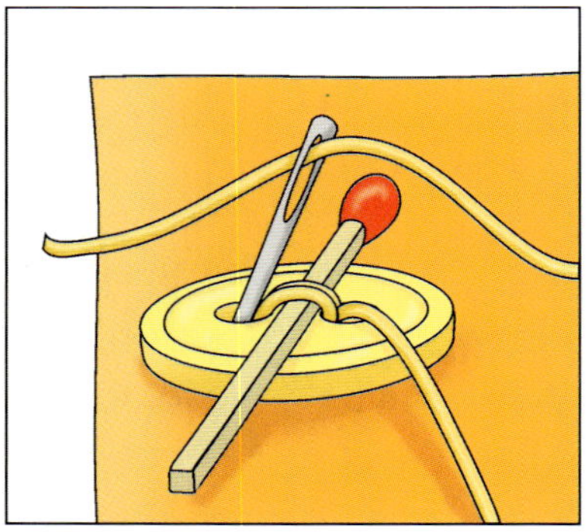

Den Nähfaden vier- bis fünfmal durch die Löcher des Knopfes und den Stoff führen.

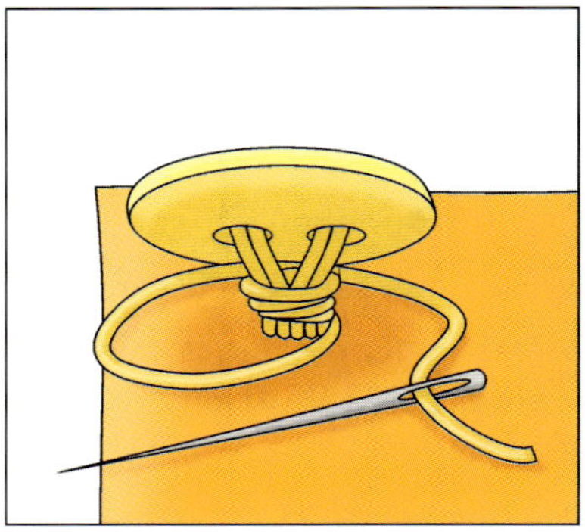

Fäden zwischen Knopf und Stoff mehrmals umwickeln. Faden auf der Rückseite vernähen und abschneiden.

Erstellen eines Knotens am Fadenende

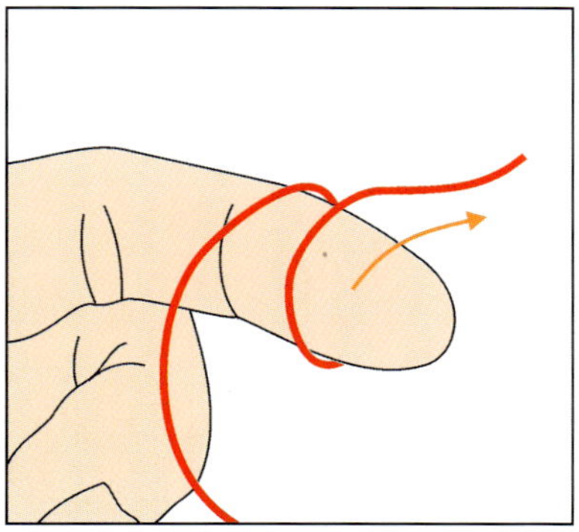

Fadenende um den Zeigefinger legen.

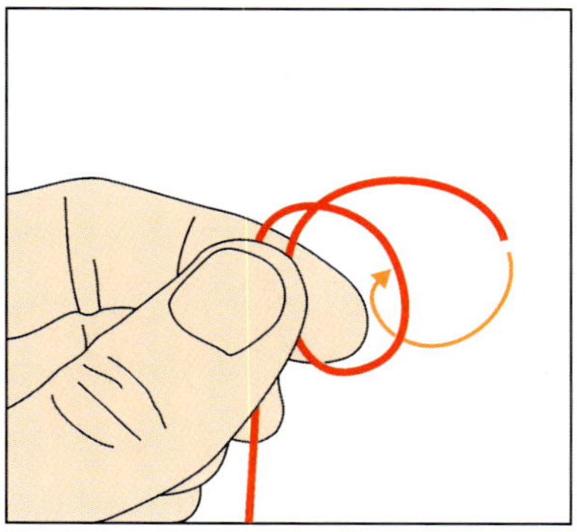

Fadenende durch die Schlinge um den Zeigefinger führen.

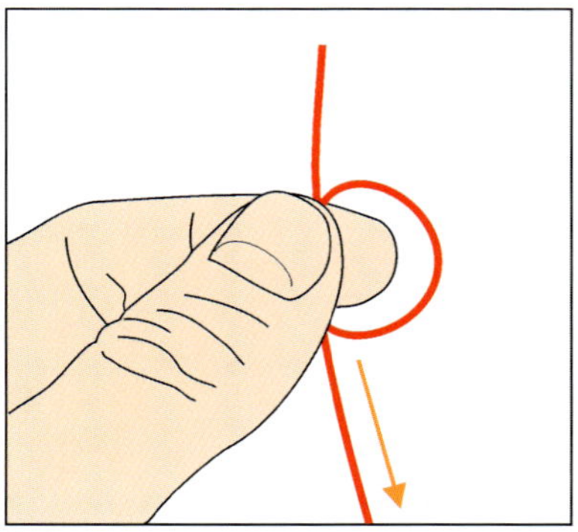

Schlinge zwischen Zeigefinger und Daumen festziehen.

Annähen eines Druckknopfes

Druckknöpfe werden auf doppeltem Stoff, evtl. mit zusätzlicher Einlage, angenäht.

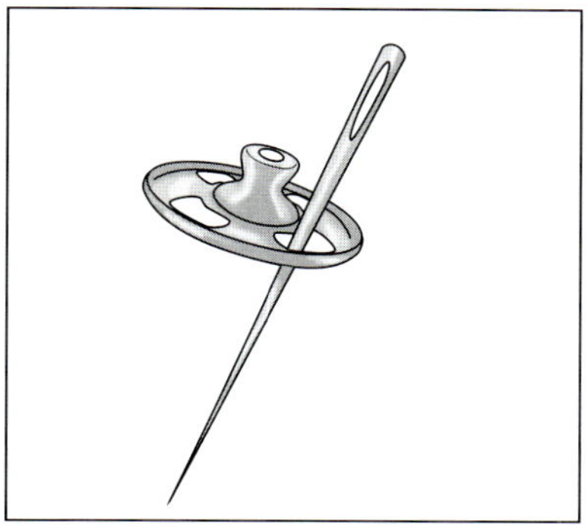

Eine passende Nadel auswählen, die durch die Löcher des Druckknopfes passt.

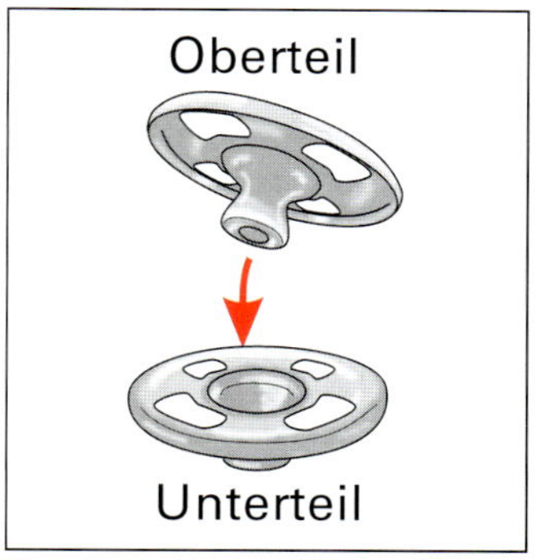

Der Druckknopf besteht aus einem Oberteil mit Köpfchen und einem Unterteil mit Vertiefung.

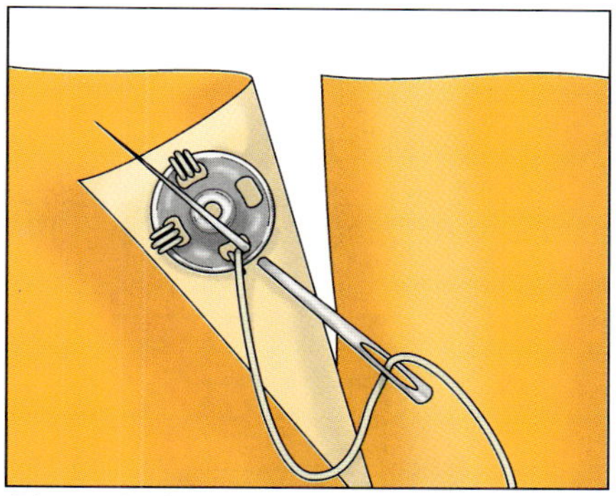

Oberteil des Druckknopfes auf der Innenseite – linke Seite – durch die Befestigungslöcher annähen.

Stelle für das Annähen des Druckknopfunterteils auf der rechten Seite markieren.

Das Unterteil des Druckknopfes auf die markierte Stelle legen.

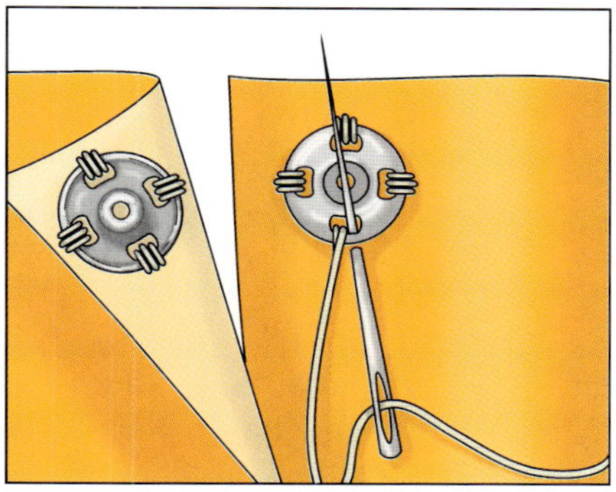

Unterteil des Druckknopfes auf der Außenseite – rechte Seite – durch die Befestigungslöcher annähen.

Annähen von Haken und Öse

Haken und Ösen werden auf doppeltem Stoff, evtl. mit zusätzlicher Einlage, angenäht.

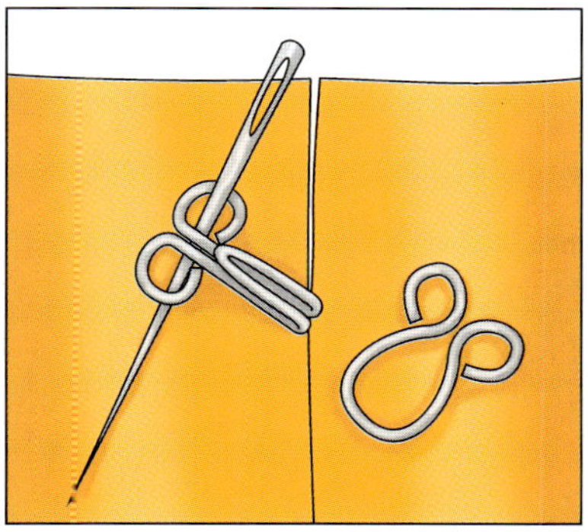

Eine passende Nadel auswählen, die durch die Löcher von Haken und Öse passt.

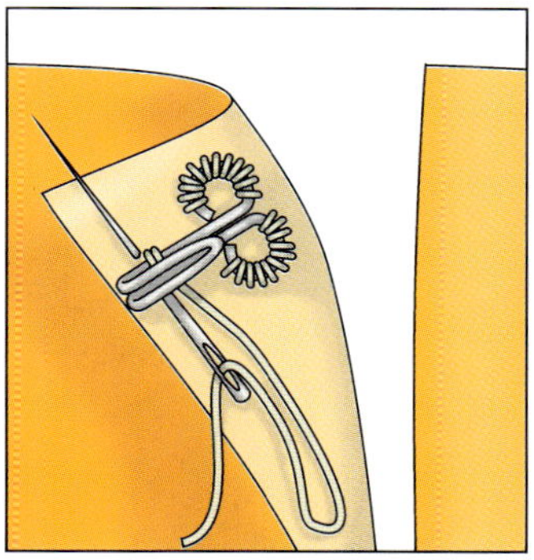

Haken an die Innenseite des Stoffes annähen. Das Ende des Hakens liegt an der Kante.

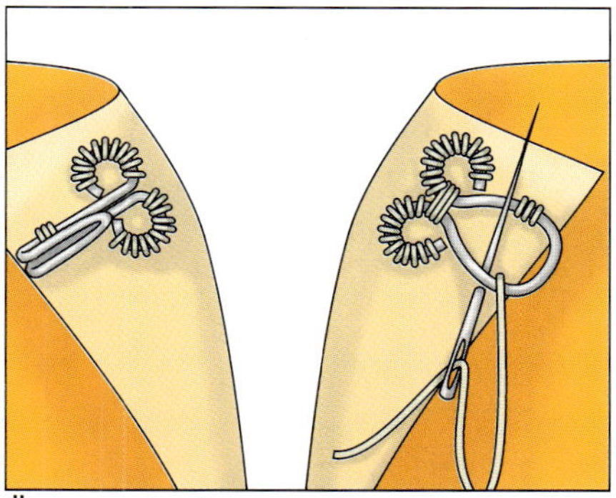

Öse an der Innenseite des Stoffes annähen. Die Öse ragt 1 mm über die Stoffkante hinaus.

Annähen eines Aufhängers

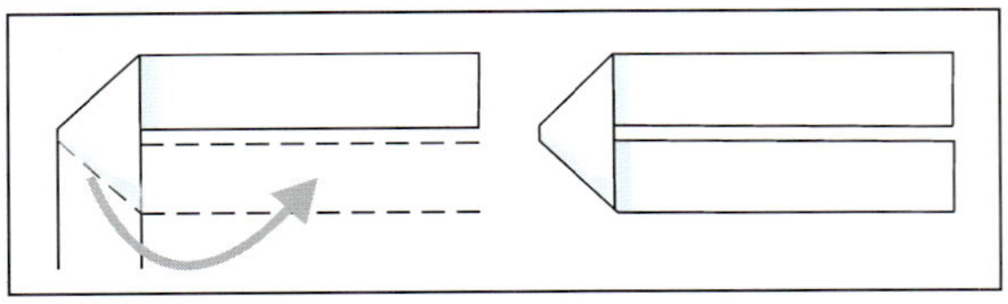

Leinenband falten, evtl. in Form bügeln.

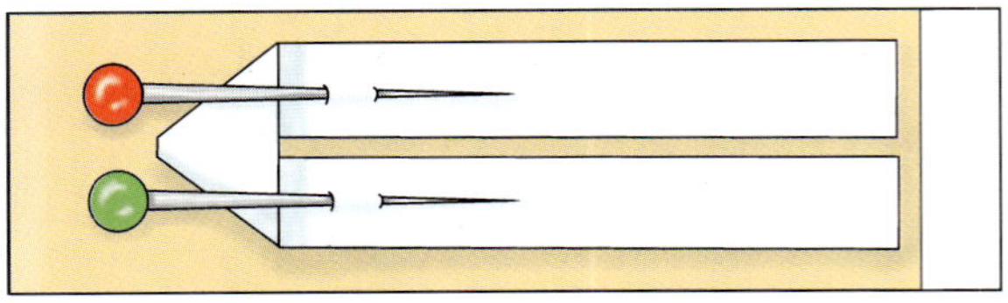

Aufhänger mit den Schnittkanten bis an die Stoffkante schieben. Aufhänger feststecken.

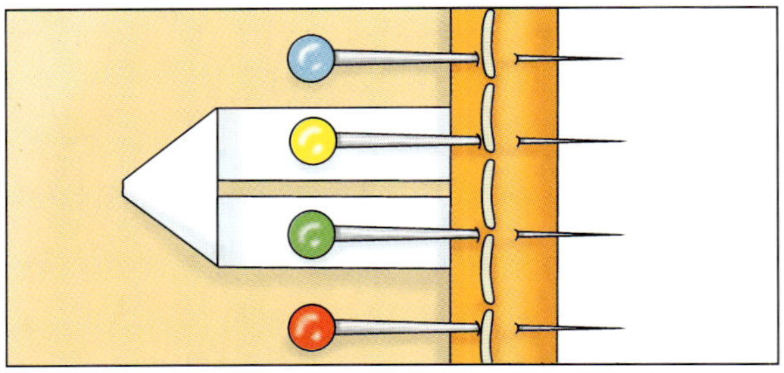

Stoffkante zweimal zum Saum umschlagen – Saumbreite 1 cm. Saum feststecken und evtl. heften.

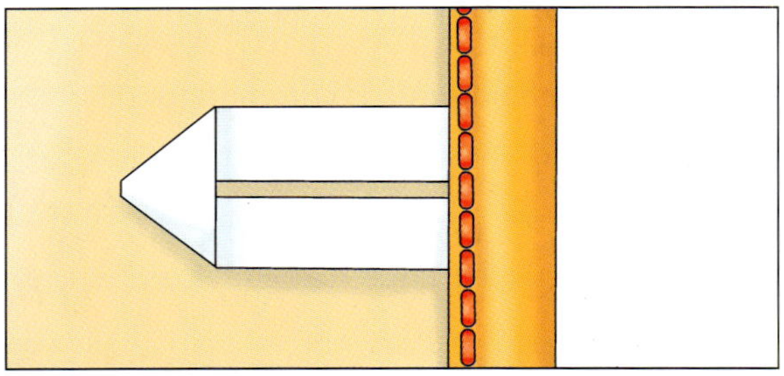

Saum knappkantig mit der Maschine übernähen.

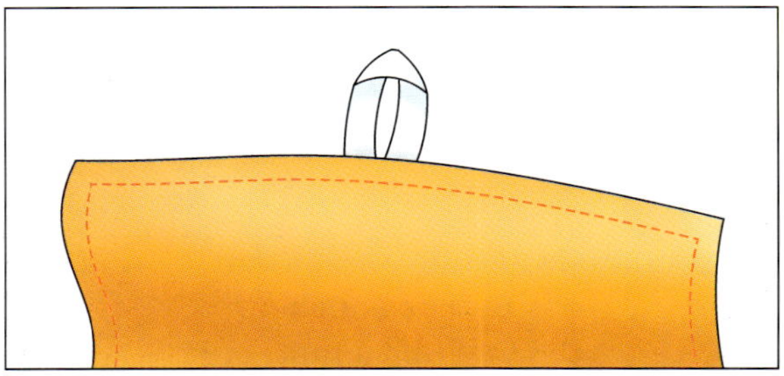

Tuch mit ersetztem Aufhänger

Stopfen per Hand – Arbeitsschritte

Die Kanten mit einer Schere begradigen, sodass ein rechteckiges Loch entsteht.

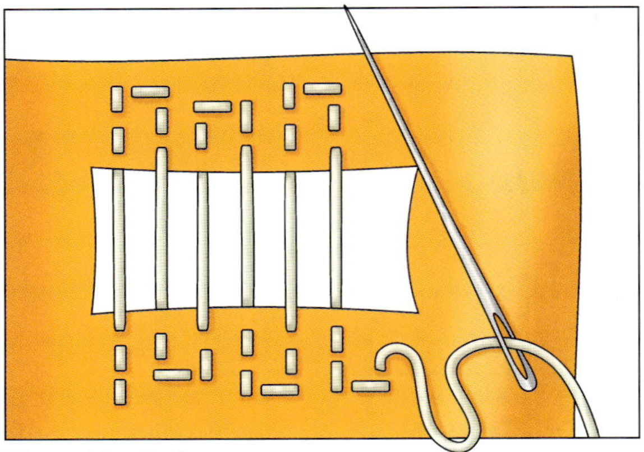

Einen Kettfaden spannen, dabei jeweils 1 bis 2 cm in den Rand hineinarbeiten.

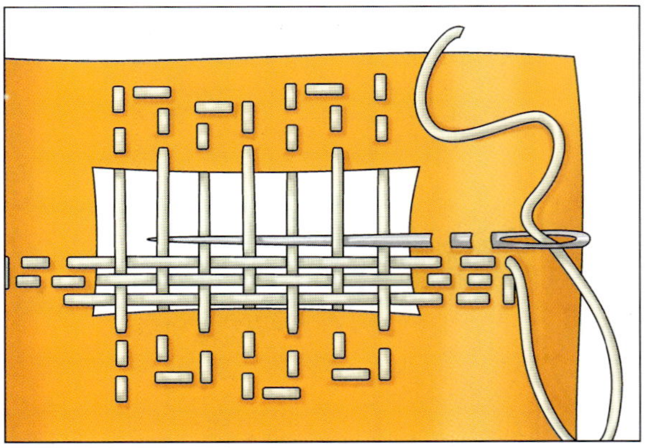

Nun den Schussfaden quer zum Kettfaden einziehen.
Der Schussfaden wird abwechselnd unter und über dem Kettfaden entlanggeführt.

Aufnähen eines Flickens

Benötigtes Material

- Stoff für den Flicken
- Haftvlies, auf beiden Seiten mit Klebstoff beschichtet

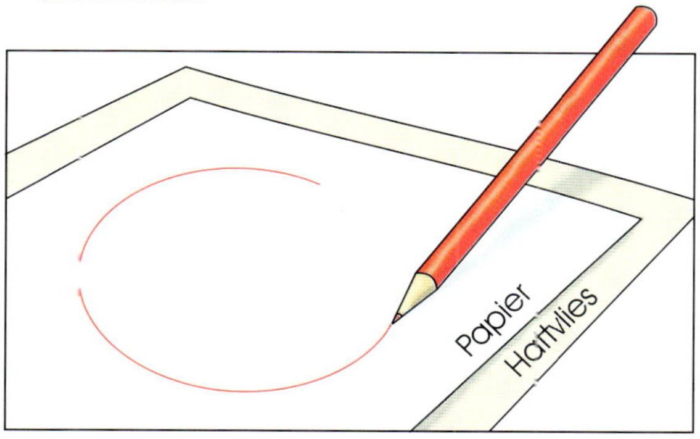

▶ Ein Motiv auf ein Stück Papier zeichnen. Das Motiv muss 2 bis 3 cm größer als das Loch sein. Motiv auf die Papierseite des Haftvlieses durchzeichnen. Ausschneiden.

▶ Stoff für den Flicken mit der linken Seite nach oben auf das Bügelbrett legen. Haftvlies mit der Papierseite nach oben auf den Stoff für den Flicken legen. Bügeleisen auf Wolle einstellen. Haftvlies auf den Stoff aufbügeln.

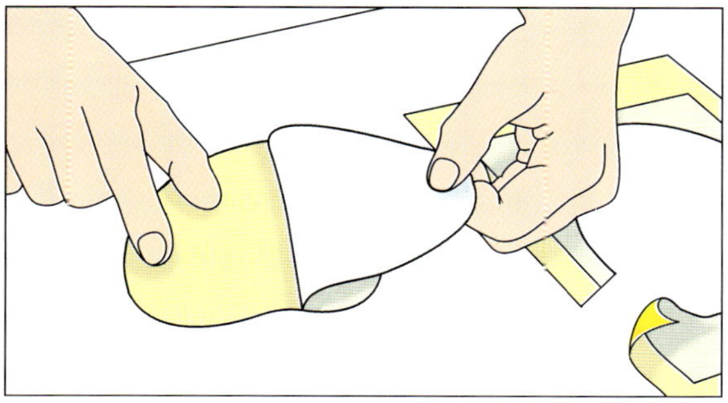

▶ Motiv ausschneiden. Trägerpapier vom Haftvlies abziehen.

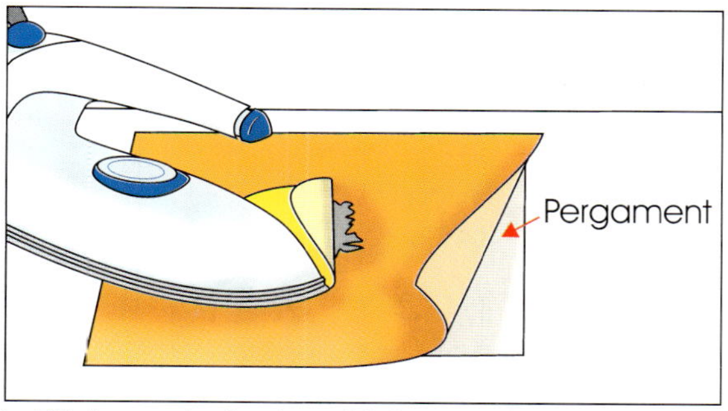

▶ Flicken mit der beschichteten Seite nach unten über das Loch legen. Unter das Loch ein Stück Pergamentpapier legen, sonst klebt der Flicken am Bügelbrett fest. Flicken aufbügeln.

▶ Das beschädigte Kleidungsstück bzw. Wäscheteil auf die linke Seite drehen. Ein feuchtes Tuch über das Loch legen. Bügeleisen fest andrücken, nicht verschieben.

▶ Der Flicken ist nun aufgebügelt, aber die Schnittkanten können noch ausfransen. Der Flicken wird mit einem eng eingestellten Zickzackstich aufgenäht.

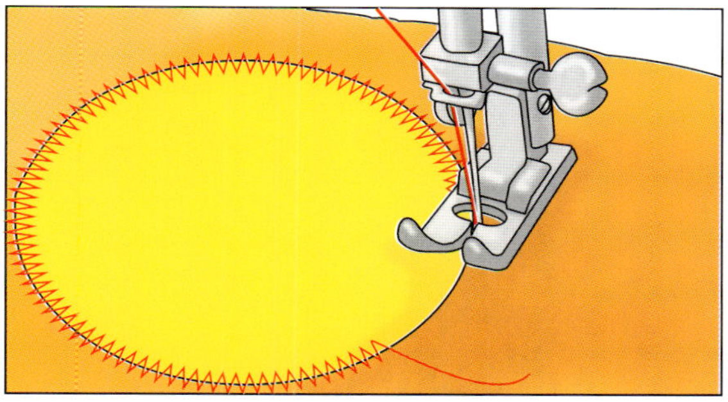

▶ Für die Naht kann farblich passendes Garn ausgewählt werden.

▶ Zickzackstich – Stichbreite 3 bis 4 – einstellen und den Flicken aufnähen.

▶ Der Flicken kann durch weitere Nähte verziert werden.

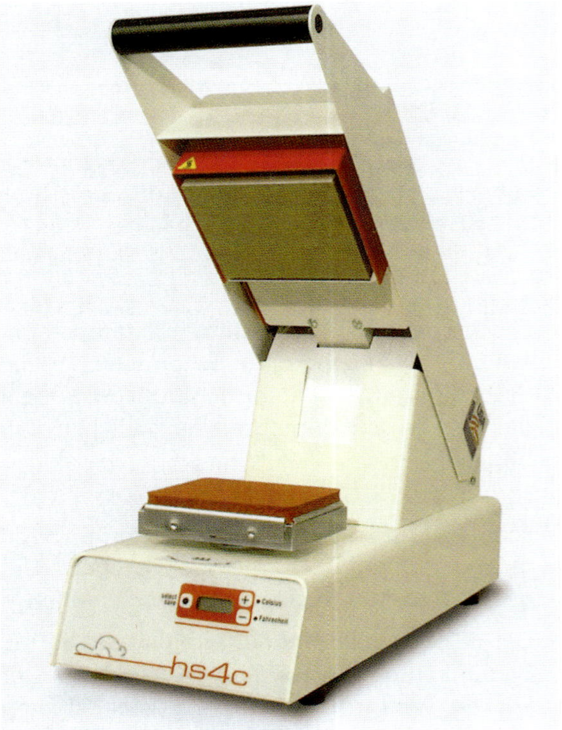

Patchmaschine

Material – Patches – zum Ausbessern

Etiketten für die Kennzeichnung

Patchmaschine

Es gibt Patchmaschinen, mit denen Textilien ausgebessert und gekennzeichnet werden können.

Zunächst die Textilien, die ausgebessert oder gekennzeichnet werden sollen, bereitlegen.

Bei Arbeitsbeginn muss nun die Patchmaschine zunächst eingeschaltet werden.

Danach wird die gewünschte Temperatur eingestellt.

Wäscheteil mit Patch oder Etikett auf den Unterschuh der Patchmaschine legen. Vorsichtig, heiß!!

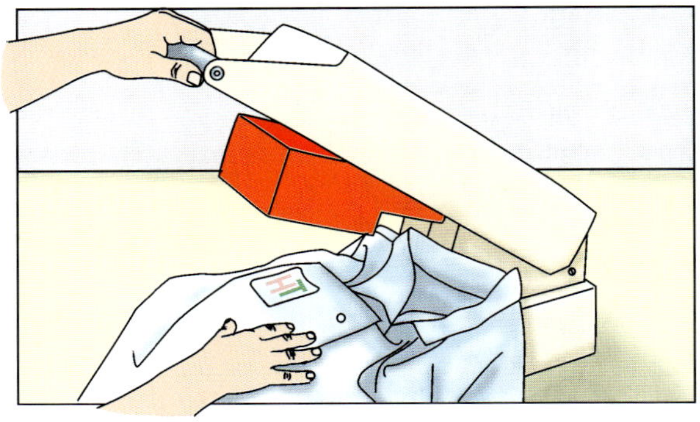

Wenn beide Teile an der richtigen Stelle liegen, den Hebel herunterdrücken.

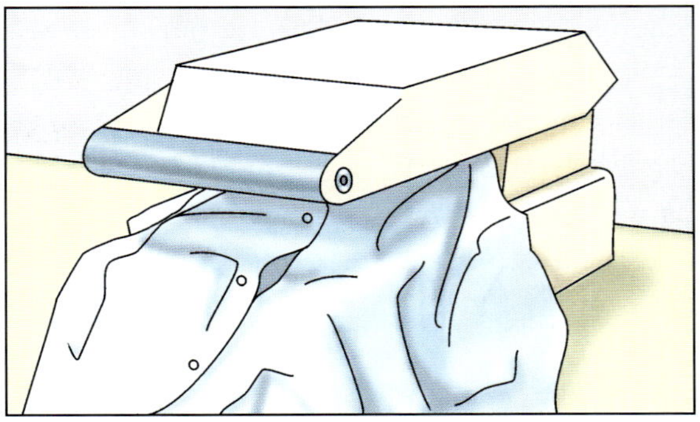

Patchmaschine öffnen und das ausgebesserte Wäscheteil entnehmen.

Nach Beendigung der Arbeit die Patchmaschine auskühlen lassen.

5 Begriffstrainer

Abbrennen bei der Speisenzubereitung: Brandmasse so lange rühren, bis sich ein Kloß bildet und vom Topfboden löst

Abbrühen bei der Speisenzubereitung: siehe Blanchieren

Ablöschen bei der Speisenzubereitung: Flüssigkeit z. B. zur Mehlschwitze oder zum Bratenfond geben

Ablufttrockner: die Flüssigkeit aus den Textilien wird ins Freie geleitet

Abrasivstoffe: feine Schleifkörper, die Schmutz mechanisch beim Scheuern oder Polieren entfernen

Abschlagen bei der Speisenzubereitung: Schlagen von rohen Zutaten unter Erwärmung, bis sie dickflüssig oder cremig sind

Abschrecken bei der Speisenzubereitung: Übergießen heißer Lebensmittel mit kaltem Wasser oder rasches Abkühlen durch Eintauchen in kaltes Wasser oder gestoßenes Eis

Abservieren: Abräumen von Geschirr und Besteck nach einer Mahlzeit

Abstechen bei der Speisenzubereitung: Masse mithilfe von Löffeln abnehmen und formen

Abziehen bei der Speisenzubereitung: Nüsse, Mandeln u. a. mit heißem Wasser überbrühen und dann mit den Fingern oder einem Messer von der Schale befreien

Abzieher: Wischergummi zum Abziehen der Reinigungsflüssigkeit beim Fensterputzen

Acetat: Chemiefaser aus Cellulose

achteln: in acht gleich große Teile zerlegen

Aflatoxine: giftige Stoffe von Schimmelpilzen, z. B. in verschimmeltem Brot

al dente: Teigwaren und Gemüse so gegart, dass sie noch Biss haben

Allzweckreiniger: flüssiges Reinigungsmittel, das mit Wasser verdünnt wird und normale und fetthaltige Verschmutzungen entfernt

Aluminium: Metall für Verpackungsfolien und Backformen

Aminosäuren: Bausteine der Eiweißstoffe

Angora: Wolle – Haar – vom Angorakaninchen

Anrichten, Speisen: Einfüllen oder Auflegen verzehrfertiger Speisen in Schüsseln oder auf Platten oder Teller

Anschwitzen bei der Speisenzubereitung: leichtes Erhitzen von Lebensmitteln unter Zugabe von Fett

Antipilling-Ausrüstung: Textilveredelung: verhindert die Bildung von Knötchen auf Textilien

antistatische Ausrüstung: Textilveredelung: verhindert das Aufladen von Textilien

Apfelausstecher: Gerät zum Entfernen des Kerngehäuses von Äpfeln

Applikation: aufgesetzter Flicken

Appreturen: Nachbehandlungsmittel für Textilien, Füllstoffe machen die Textilien glatter und fester

Arbeitsablauf: zeitlicher und räumlicher Ablauf bei der Ausführung einer Arbeitsaufgabe

Arbeitshand: die rechte Hand ist die Arbeitshand beim Servieren und Abservieren

Arbeitsmethode: Art und Weise, wie eine Arbeit ausgeführt wird

Arbeitsmittel: Geräte, Maschinen und Hilfsmittel, die zur Erledigung einer Arbeitsaufgabe eingesetzt werden

Arbeitsplan: die genaue zeitliche und räumliche Planung einer Arbeitsaufgabe

Arbeitsteilung: Aufteilung einer Arbeitsaufgabe auf unterschiedliche Arbeitskräfte

Arbeitsunfall: Unfall, der sich während der Arbeit oder auf dem Weg zur Arbeit ereignet

aufbereitungsfertig: Lebensmittel, die nach Mischen, Auftauen oder Erwärmen verzehrfertig sind

Aufgehen beim Backen: Gebäck wird beim Backen größer – es geht auf

Auflauf: Gericht, das in einer feuerfesten Form im Backofen aufläuft

Auflaufformen: hitzbeständige Formen aus Glas oder Porzellan zum Garen von Aufläufen

Auftauen: Umkehrung des Gefriervorgangs durch Wärmezufuhr

Auftrag: Bestellung

Aufwerten von Speisen: Verbesserung des Nährstoffgehalts, z. B. durch Zugabe von frischen Kräutern

Ausbacken: siehe Frittieren

Ausbeinen: Entfernen von Knochen aus rohem Fleisch

ausbröseln: Kuchenformen fetten und zusätzlich mit Bröseln oder Paniermehl ausstreuen

ausfetten: Kuchenformen und Auflaufformen mit Fett auspinseln

Auslassen bei der Speisenzubereitung: Speck ohne oder mit wenig Fett erhitzen, bis sichtbar flüssiges Fett herausbrät

Ausnehmen bei der Speisenzubereitung: Innereien aus Fisch und Geflügel entfernen

Auspressen bei der Speisenzubereitung: Saft wird unter Druck ausgepresst und dabei von den festen Bestandteilen getrennt

Ausputzen von Pflanzen: Entfernen welker Blüten und Blätter von einer Pflanze

Außer-Haus-Verpflegung: Verzehr von Speisen und Getränken, die nicht aus dem eigenen Haushalt stammen, z. B. in der Gemeinschaftsverpflegung

Automatik: selbstständige Steuerungsprozesse an Maschinen

Backen: ein Garen und Bräunen in heißer Luft

Backtrennpapier: beschichtetes Papier, mit dem Backbleche belegt werden

Ballaststoffe: Faserstoffe von Pflanzen, die die Verdauung fördern

Baukastensystem: Wäschebehandlungsmittel aus einzelnen Teilen: Waschmittel, Enthärter, Bleichmittel

Baumwolle: Naturfaser: Samenhaare des Baumwollstrauchs

Beilagen: Speisenbestandteile: Man unterscheidet Sättigungsbeilagen, z. B. Kartoffeln und Reis, Gemüsebeilagen und Salatbeilagen

Beizen: Einlegen von Fleisch vor dem Garen in z. B. Essig und würzende Zutaten

Beschneiden von Pflanzen: Zurückschneiden von Trieben einer Pflanze

Binden bei der Speisenzubereitung: Andicken von Speisen, z. B. Soßen

Biosiegel: bundeseinheitliches Zeichen für Produkte aus der ökologischen Landwirtschaft

Biskuit: Gebäck aus geschlagenen Eiern, Zucker, Mehl und Stärke

Blanchieren: ein kurzes Abbrühen – 2 bis 4 Minuten – von Obst und Gemüse in kochendem Wasser oder Wasserdampf

Blauer Engel: Zeichen für umweltfreundliche Produkte

Bleichmittel: Waschhilfsmittel, die Textilien aufhellen

Blumengesteck: in Steckmaterial befestigte Blumen

Bombage: aufgeblähte Konservendose

Braisieren: siehe Schmoren

Brandmasse: Gebäckmasse aus Wasser, Fett, Mehl und Eiern, im Topf zum Kloß abgebrannt

Braten: siehe Kurzbraten und Langzeitbraten

Bratling: Teigmasse, die in der Pfanne gebraten wird

Brei: eine warme, süße oder salzige breiige Speise

Brühe: Flüssigkeit, in der Fleisch, Geflügel, Fisch oder Gemüse gegart wurde

Brunch: Speisen für Frühstück und Mittagessen werden angeboten

Büfett: Angebotsform für Speisen zur Selbstbedienung auf Tischen

Büfettarten: je nach Tageszeit und Anlass gibt es verschiedene Büfettarten, z. B. Frühstücksbüfett und Kuchenbüfett

Bügelhilfen: Nachbehandlungsmittel für Textilien, Sprühprodukte erleichtern das Glätten von Textilien ohne Einsprengen

Bügelsohle: untere Fläche des Bügeleisens

bügeltrocken: Restfeuchte 18%, Textilien können ohne Einsprengen gebügelt werden

Buntschneidemesser: hat eine gezackte Messerklinge zum dekorativen Schneiden von Obst und Gemüse

Buntwaschmittel: Waschmittel ohne Bleichmittel und ohne optische Aufheller

Cafeteria: gastronomische Einrichtung mit Selbstbedienung

Calcium: Mineralstoff, Calcium gibt den Knochen Festigkeit

calciumreiche Lebensmittel: Milch und Milchprodukte

Catering: Lieferung von fertigen Speisen

CE-Zeichen: dieses Zeichen tragen Waren, die die Sicherheitsvorschriften der EU erfüllen

Chemiefasern: Fasern, die aus Cellulose oder Erdöl hergestellt wurden

chemische Reinigung: Säuberung von nicht waschbaren Textilien, z. B. im Benzinbad

Chrom: ein hartes, glänzendes Metall, z. B. bei Wasserhähnen

Cleaner-Verfahren: mit einer Ein- oder Mehrscheibenmaschine wird der Boden abgerieben und poliert

Colorwaschmittel: siehe Buntwaschmittel

Convectomat: Umluftofen

Convenience-Produkte: bequeme vorgefertigte Lebensmittel oder Speisen

cook and chill: Speisen werden gekocht (cook) und vor dem Transport und Verzehr gekühlt (chill)

cook and freeze: Speisen werden gekocht (cook) und vor dem Transport und Verzehr tiefgekühlt (freeze)

cook and service: Speisen werden gekocht und serviert

Creme: eine feine süße Eierspeise

Cutter: ein Gerät zum Zerkleinern und Mischen von Lebensmitteln

Dampfbügeleisen: erzeugt Dampf beim Bügeln

Dampfdrucktopf: Schnellkochtopf, Gerät zum Garen in heißem Wasserdampf

Dämpfen: ein Garen im Wasserdampf

Desinfektionsmittel: Mittel zum Abtöten von krank machenden Mikroorganismen

Desinfizieren: Entkeimen, Abtöten krank machender Mikroorganismen von Gegenständen oder Oberflächen

Dessert: Nachspeise

dgh: Deutsche Gesellschaft für Hauswirtschaft

DHB: Deutscher Hausfrauenbund e. V.

Diät: Krankenkost

Dip: dickflüssige Würzsoße zum Eintauchen von Lebensmittelstücken

Direktvermarktung: Verkauf von Waren vom Erzeuger an den Kunden

Display: Anzeigenfeld, das Daten darstellt

Dokumentieren: Aufschreiben von Daten und Informationen, z. B. einer durchgeführten Reinigungsaufgabe

Doppelnaht: zweimal genähte Naht

Doppelzucker: das sind Rohrzucker, Rübenzucker, Milchzucker, Malzzucker

dosieren: eine bestimmte Menge abmessen und zugeben

Dosierhilfen: erleichtern das Dosieren von Reinigungsmitteln und Waschmitteln, z. B. Dosierkappe, Dosierpumpe, Tabs, Portionsbeutel, Messbecher

Dotter: siehe Eigelb

Drei-S-Regel: Säubern, Säuern und Salzen von Fisch

Dressing: Bezeichnung für Salatsoße

Druckgaren: ist ein Kochen oder Dämpfen bei etwa 120 °C

Dunstabzugshaube: reinigt die angesaugte Küchenluft

Dünsten: ein Garen im eigenen Saft, evtl. unter Zugabe von wenig Flüssigkeit oder Fett

Durchdrehen: Zerkleinerungstechnik im Fleischwolf, z. B. Fleisch

Duroplaste: hitzeunempfindliche Kunststoffe

Edelstahl: nicht rostender Werkstoff aus Stahl, Chrom, Nickel und anderen Metallen

Eigelb: die gelbe Kugel in der Mitte des Eies

Eiklar: Eiweiß, die durchsichtige Masse, die das Eigelb umgibt

Einfachzucker: kleinster Baustein der Kohlenhydrate: Traubenzucker und Fruchtzucker

Einfrieren: Konservierung durch Kälte, Lagerung bei –18 °C

Einkochen: siehe Reduzieren oder Obst einkochen, z. B. Kirschen

Eintopf: warmes Gericht, bei dem verschiedene Zutaten mit Flüssigkeit in einem Topf gegart wurden

Einwascher: Arbeitsgerät zum Einwaschen von Fensterscheiben

Einweichmittel: Waschhilfsmittel, dient der Vorbehandlung von stark verschmutzter Wäsche

Eischnee: zu Schnee geschlagenes Eiklar

Eischneider: Gerät zum Zerteilen von Eiern in Scheiben

Eisen: Mineralstoff, wichtig für die Bildung des roten Blutfarbstoffes

Eiweiß: Nährstoff, dient dem menschlichen Körper zum Aufbau und zur Erhaltung

eiweißreiche Lebensmittel: Vollkornprodukte, Hülsenfrüchte, Fleisch, Fisch, Eier, Milch und Milchprodukte

Emaille: eine Glasurmasse, die auf Metall aufgebracht und eingebrannt wird

Emulgieren: feines Verteilen zweier nicht mischbarer Flüssigkeiten ineinander

Energielabel: informiert über den Energieverbrauch und Wasserverbrauch von elektrischen Geräten

entgräten: Fisch von den Gräten befreien

E-Nummern: europaweit gültige Nummern für Zusatzstoffe in Lebensmitteln

Enzyme: sind Eiweißstoffe, die Fette, Kohlenhydrate und Eiweiß unter anderem im menschlichen Körper spalten. Sie werden auch bei der Reinigung und beim Waschen eingesetzt

Erhitzen bei der Speisenzubereitung: Flüssigkeiten oder Lebensmittel werden heiß gemacht

Erholungszeit: Zeit für die Wiederherstellung der Arbeitskraft

Ernährungskreis: Aufteilung der Lebensmittel in Gruppen – die Größe der Abschnitte des Ernährungskreises entspricht den Verzehrsempfehlungen

Ernährungspyramide: siehe Ernährungskreis

Faltmaschine: Maschine zum Legen und Falten von Textilien

Färben: Textilveredelung: Behandlung von Textilien mit Farben

Fassungsvermögen: Menge an Geschirr oder Textilien, die in einem Programmdurchlauf gereinigt werden kann

Fast Food: schnelles Essen, z. B. Hamburger, Pommes frites

Feinschmutz: z. B. Staub und Flusen

Feinwaschmittel: Waschmittel, behandelt die Wäsche besonders sanft ohne Bleichmittel oder optische Aufheller, zarte Farben bleiben erhalten

Fette: Nährstoff, liefern dem menschlichen Körper Energie

Fette, versteckte: nicht sichtbare Fette in Lebensmitteln

Fettgebackenes: Speisen, die frittiert wurden

fettreiche Lebensmittel: Nüsse, Speiseöl, Butter, Margarine, Wurstwaren

Fettsäuren: Bestandteile der Fette

Feuchtwischen: ein Reinigungsverfahren – mit wenig Wasser –, bei dem aufliegender oder lose anhaftender Feinschmutz und aufliegender Grobschmutz entfernt werden

Filter: hält z. B. Staub und Schmutz in Reinigungsgeräten zurück

Filze: Verbundstoff, durch Filzen erzeugt

Filzfreiausrüstung: Textilveredelung: verhindert das Filzen von Wolle

Finishen: Endbehandlung von geformten Textilien, Hemden, Blusen

Finisher: Gerät zum Glätten von Oberhemden und Blusen

First in – First out: Regel für Einlagerung und Ausgabe von Waren: Die Ware, die am längsten eingelagert war, muss zuerst ausgegeben werden

Fischfilet: Fischfleisch ohne Haut und Gräten

Flachnaht: zweimal genähte besonders flache Naht

Flachs: Naturfaser für die Leinenherstellung

Flädle: Pfannkuchenstreifen

Flammenschutz-Ausrüstung: Textilveredelung: Textilien brennen nicht mehr

Flammeri: eine süße gekochte Speise, die kalt gestürzt wird

Fleckenschutz-Ausrüstung: Textilveredelung: verringert das Verschmutzen von Textilien

Fleckentfernung: gezielte Behandlung von Flecken auf Textilien

Fleischgabel: größere Gabel zum Festhalten und Bewegen von Braten

Fleischklopfer: Klopfer für Fleischscheiben, damit sie zarter werden

Fleischwolf: siehe Wolf

Florgewebe: Grundgewebe mit eingearbeiteten Schlingen

Flotte: Flüssigkeit beim Waschen der Textilien

Flotte, freie: Flüssigkeit, in der die Textilien beim Waschen schwimmen

Flotte, gebundene: Flüssigkeit in den Textilien beim Waschen

Flusensieb: fängt die Flusen auf, die sich im Trockner von den Textilien lösen

Frikadelle: abgeflachter gebratener Kloß aus Fleischteig

Fritteuse: Fettbackgerät

Frittieren: ein Garen in heißem, reinem Fettbad

Frontlader: Waschmaschine, die von vorn beladen wird

Fruchtnektar: das Getränk hat einen Fruchtsaftanteil von etwa 50 %

Fruchtsaft: das Getränk besteht zu 100 % aus Obstsaft

Fruchtsaftgetränk: das Getränk hat einen Fruchtsaftanteil von etwa 30 %

Fruchtschorle: das Getränk hat einen Fruchtsaftanteil von 50 bis 60 %

Fruchtzucker: ein Einfachzucker

Galaktose: ein Einfachzucker in Milch

Gallerte: eine Speise, deren Flüssigkeit durch Gelatine gesteift wird

Ganztagsverpflegung: Vollverpflegung – Versorgung mit Mahlzeiten über den ganzen Tag

Gardinenwaschmittel: Spezialwaschmittel für Gardinen

garfertig: vorgefertigte Speisen, die nur noch gegart werden müssen

Garfett: Fett, das für die Zubereitung von Speisen verwendet wird

Garnieren: Verzieren von fertigen, angerichteten Speisen

Garprobe beim Backen: mit einem Spieß in die Kuchenmitte stechen. Haftet Teig, die Garzeit verlängern

Garverfahren: Oberbegriff für Kochen, Dünsten, Dämpfen usw.

Garziehen: ein Garen in nicht siedender Flüssigkeit oder im Wasserbad bei ca. 80 °C

Gast: Kunde in einer Tagungsstätte

Gefahrensymbole: Warnhinweise, schwarze Symbole auf orangefarbenem Grund

Gelatine: ein Bindemittel aus tierischem Eiweiß

Gelieren: eine Flüssigkeit durch Zusatz von Geliermittel, z. B. Gelatine, fest werden lassen

Gemeinschaftsverpflegung: Mahlzeitenverpflegung von Personen in Einrichtungen, z. B. Seniorenheim oder Kindertagesstätte

Geschirrtuch: Tuch zum Abtrocknen von Geschirr und Gläsern

Gewebe: gewebte textile Fläche

Gewürze: getrocknete Pflanzenteile, die Geschmacksstoffe und Geruchsstoffe zur Geschmacksverbesserung von Speisen enthalten

Glätten: Entfernen von Knittern aus Textilien durch Bügeln oder Mangeln

Glykogen: Speicherform der Kohlenhydrate im menschlichen Körper

Gratinieren: siehe Überbacken

Greifraum, äußerer: Bereich des Arbeitsplatzes, der nur mit gestrecktem Arm erreicht wird

Greifraum, innerer: Bereich des Arbeitsplatzes, der mit gebeugtem Arm erreicht wird

Grillen: ein Garen durch Strahlungshitze oder Wärmeleitung mit oder ohne Fettzugabe

Grobschmutz: z. B. Sand und Laub

Großhaushalt: hauswirtschaftlicher Betrieb, der eine größere Personengruppe versorgt

Grundgedeck: großer Teller, Messer und Gabel, Trinkglas und Serviette

Grundreinigung: in größeren Zeitabständen werden Räume und Einrichtungsgegenstände gründlich gereinigt

GS-Prüfzeichen: dieses Zeichen tragen Geräte, die den deutschen und europäischen Schutzvorschriften entsprechen

Gusseisen: schweres, zerbrechliches Metall

Gütezeichen: Garantie für die Güte einer Ware

HACCP-Konzept: System zur Eigenkontrolle der Hygiene im Betrieb, Gefahrenanalyse zur Ermittlung kritischer Kontrollpunkte

Hacken: ein Zerkleinern in feinste Stücke

Häkeln: Technik zur Erzeugung einer Maschenware

halbieren: in zwei gleich große Teile zerlegen

Hanf: Naturfaser: erzeugt aus den Hanfstängeln

Hauptarbeit: dies ist die eigentliche Ausführung der Arbeitsaufgabe

Hefeteig: Teig auf der Grundlage von Mehl mit Wasser bzw. Milch, Salz und Hefe. Fett und Ei können ergänzend hinzugefügt werden

Heften beim Nähen: Stoffstücke mit großen Stichen zusammennähen

Hobeln: ein Zerkleinern in feine Scheiben auf einer mit einem Schneidmesser versehenen Fläche

Hochdruckreinigung: dies ist eine Art der Nassreinigung, die Reinigung erfolgt mechanisch durch hohen Druck

Hofladen: Ladengeschäft in einem landwirtschaftlichen Betrieb

Hülsenfrüchte: getrocknete Samen: Bohnen, Erbsen, Linsen und Sojabohnen

Hydrokultur: Pflanzen in Wasserkultur, nicht in Erde

Hygiene: Reinheit, Sauberkeit

Imbiss: kleine Zwischenmahlzeit

Imprägnieren: macht Textilien Wasser abstoßend

Indanthren: licht- und waschecht eingefärbte Textilien

Instandsetzen: Ausbessern und Reparieren

Instantprodukte: Trockenprodukte, die nach Zugabe von Flüssigkeit sofort verzehrfertige Speisen oder Getränke ergeben

Insulin: Hormon der Bauchspeicheldrüse, reguliert den Blutzuckerspiegel

Inventur: Warenbestandsaufnahme, z.B. im Warenlager durch Zählen, Messen und Wiegen

Iod: Mineralstoff, Bestandteil der Schilddrüsenhormone

Joule: internationale Maßeinheit für Energie

Jute: Naturfaser aus den Jutestängeln

Kaffeegedeck: Mittelteller, Tasse mit Untertasse, kleiner Löffel, Kuchengabel und Serviette

Kaltschale: Flüssigkeit, mit rohen Einlagen kalt gemischt

Karamellisieren: trockenes Erhitzen von Zucker, bis er schmilzt und braun wird

Kaschmir: Wolle – Haar – von der Kaschmirziege

Kasseler: gepökeltes und geräuchertes Schweinefleisch

Kehren: mit Besen oder Maschine wird aufliegender Schmutz mechanisch entfernt

keramische Erzeugnisse: Porzellan, Steingut, Steinzeug und Töpferwaren

Kerntemperatur: Temperatur im Inneren des Fleisches beim Garen

Kettfaden: senkrechtes Fadensystem beim Weben

Kilojoule: internationale Maßeinheit für Energie

Kippbratpfanne: kippbares großes Bratgerät in Großküchen

Kippkochkessel: Kochkessel in Großküchen, der nach vorn gekippt werden kann

Klöße: Teigmassen, die man in viel Flüssigkeit gar ziehen lässt

Kneten: ein Mischen zu einer einheitlichen festen Masse

Kochen: ein Garen in siedender Flüssigkeit

Kochfelder: flache Kochstellen aus Glaskeramik

Kochkessel: Großküchengerät zum Kochen, Garziehen und Dämpfen

Kochmesser: es hat eine breite Klinge zum Zerkleinern von Obst und Gemüse

Kochplatte: Heizplatte aus Gusseisen zum Garen von Speisen

Kochwäsche: Waschen bei 95 °C

Kochzone: gekennzeichnete Fläche z.B. eines Cerankochfeldes zum Garen

Kohlenhydrate: Nährstoff, liefern dem menschlichen Körper Energie, z.B. Stärke und Zucker

kohlenhydratreiche Lebensmittel: Vollkornprodukte, Kartoffeln, Mais, Weintrauben, Honig

Kolonne: Arbeitsgemeinschaft, z. B. beim Ausführen von Reinigungsaufgaben

Kolonnensystem: Arbeitsteilung im Team, jede Person führt nur einen Teil der Reinigungsarbeiten durch

Kombidämpfer: Gerät zum Garen von Lebensmitteln, bei dem Dampf und Heißluft gemeinsam oder getrennt eingesetzt werden können

Komponentenwaschsystem: siehe Baukastensystem

Kompott: Obst, das mit Zucker gegart wurde

Kondensationstrockner: die Flüssigkeit aus den Textilien wird im Trockner nach dem Verdampfen verflüssigt

Konkurrenz: Betriebe mit einem ähnlichen Warenangebot oder Leistungsangebot, z. B. Textilien waschen und glätten

Konservierung: Haltbarmachung von Lebensmitteln

Kontrolle: Überprüfung des Arbeitsergebnisses

Köperbindung: lockere Bindung von Webwaren

Krallengriff: Fingerkuppen sind dabei nach hinten abgewinkelt

Kräuter: getrocknete oder frische Pflanzenteile zur Geschmacksverfeinerung

Kristallglas: oft mundgeblasenes Glas, das anschließend mit Mustern versehen wurde

küchenfertige Lebensmittel: Lebensmittel, von denen nicht essbare Teile entfernt und die evtl. zerkleinert wurden

Kühlen: Frischhalten von Lebensmitteln zwischen +2 und +8 °C

Kupfer: ein weiches, rötlich schimmerndes Metall

Kurzbraten: ein Garen und Braten in heißem Fett in einer Pfanne

Lagerbestand: Vorratsmenge an Lebensmitteln, Reinigungsmitteln usw.

Lambswool: ist die Wolle von sechs Monate alten Lämmern

Laminat: Fußbodenbelag aus Kunststoff, der wie Parkett aussieht

Langzeitbraten: ein Garen und Bräunen in trockener Hitze, evtl. unter Flüssigkeitszugabe oder Fettzugabe im Backofen

Legieren: Einrühren von Eigelb und evtl. Sahne und Butter in nicht mehr kochende Flüssigkeit

Legierung: Mischung aus verschiedenen Metallen

Leinen: Naturfaser, erzeugt aus den Pflanzenstängeln des Flachses

Leinentextilien: Tischdecken, Servietten, Gläsertücher

Leinwandbindung: feste Bindung von Webwaren

Leistungskurve: grafische Darstellung der Leistungsfähigkeit im Tagesverlauf

Mahlen: Zerkleinerungstechnik in einem Mahlwerk, z. B. angewandt bei Getreide oder Kaffee

Malzzucker: ein Doppelzucker

Mangeln: Glätten von Textilien mit Bügelmaschinen

mangeltrocken: Restfeuchte 13 %, Textilien können ohne Einsprengen gemangelt werden

Marinade: eine gewürzte Flüssigkeit, die Grundzutaten Geschmack gibt

Maschenware: gestrickte oder gehäkelte Textilien

Maserung: Zeichnung des Holzes

Massen: schaumig gerührte oder geschlagene Massen für feine Backwaren, die viel Ei enthalten, z. B. Rührmasse, Biskuitmasse

Materialverträglichkeitsprobe: an einer verdeckten Stelle wird das Reinigungsmittel bzw. Pflegemittel vor der Anwendung getestet

Maultaschen: Nudelteig mit Hackfleischfüllung, Spinatfüllung oder einer anderen Füllung, in heißem Salzwasser gegart

MdH: Bundesverband der Meisterinnen und Meister der Hauswirtschaft e. V.

Mehlschwitze: eine mit Mehl hergestellte Grundlage für Suppen und Soßen

Mengenkontrolle, Warenannahme: es wird festgestellt, ob die gelieferte Warenmenge mit der bestellten Warenmenge übereinstimmt

Menü: eine aus mehreren Gängen bestehende Speisefolge

Menü, festliches: eine Mahlzeit aus vier bis fünf Gängen

Menükarte: informiert den Gast über die Speisefolge, z. B. bei einem festlichen Menü

Mercerisieren: Textilveredelung: Die Oberfläche von Baumwolle wird glänzend

Messing: ein Metall aus Kupfer und Zink

Mikrofasern: besonders winzige Fasern aus Polyester und Polyamid

Mikroorganismen: Kleinstlebewesen

Mikrowellengaren: ein Garen durch elektromagnetische Wellen, die in den Lebensmitteln Wärme erzeugen

Milchzucker: ein Doppelzucker

Mindeshaltbarkeitsdatum: der Hersteller gewährt, dass die Waren bis zu diesem Datum – bei Einhaltung der genannten Lagerbedingungen – nicht verderben

Mineralstoffe: Nährstoffe, dienen dem menschlichen Körper zum Aufbau oder regeln Körpervorgänge

Mitteldecke: Größe 80 × 80 oder 90 × 90, sie wird diagonal über die Mitte des Tisches gelegt

Mixen: Mischen und evtl. gleichzeitiges Zerkleinern durch ein sich drehendes Messerkreuz

Mobiliar: bewegliche Einrichtungsgegenstände – Möbel

Modal: Chemiefaser aus Cellulose

Mohair: Wolle – Haar – von der Mohairziege

Molton: weiche Unterlage unter der Tischdecke

Mottenschutz: schützt Textilien vor Mottenfraß

Mürbeteig: ein Teig, der aus Zucker, Fett und Mehl im Verhältnis 1 : 2 : 3 besteht

Nacharbeit: alle Tätigkeiten, die nach der Durchführung einer Arbeitsaufgabe notwendig sind, z. B. Aufräumen der Arbeitsmittel

Nährstoffe: Inhaltsstoffe von Lebensmitteln mit mehr oder weniger lebensnotwendiger Bedeutung

Naht, einfache: einmal genähte Naht

Nassscheuern: gründliche Bodenreinigung mit Schrubber oder Pads zur Beseitigung hartnäckig anhaftender Verschmutzungen

Nasswischverfahren: ein Reinigungsverfahren – mehr Wasser –, bei dem nasser sowie anhaftender Schmutz entfernt wird

Naturfasern: nachwachsende Faserarten

Notruf: Benachrichtigung der Einsatzstelle: Wo geschah es? Was geschah? Wie viele Verletzte? Welche Verletzungen? Wer ruft an?

Nudelholz: Rolle zum Ausrollen von Teigen

Ökolabel: Zeichen für umweltfreundliche Produkte

ökologisch: umweltfreundlich

optische Aufheller: Inhaltsstoff von Waschmitteln zum Aufhellen der Textilien

Padschwämme: sie bestehen aus einem Schaumkissen und einer Padunterlage – je nach der Farbe der Padunterlage sind sie weicher oder rauer. Eine weiße Unterlage kratzt nicht, eine schwarze Unterlage kratzt am stärksten

Panieren: Einhüllen, Einkrusten von Lebensmitteln mit Mehl, Ei und Paniermehl

Passieren: Durchstreichen von weichen bzw. gegarten Lebensmitteln durch ein Sieb oder eine gelochte Metallplatte

Pasteurisieren: Konservieren durch Erhitzen unter 100 °C

Patchmaschine: Gerät zum Ausbessern und Kennzeichnen von Textilien

Pellen: Entfernen von feinhäutigen Schalen

Personalhygiene: persönliche Hygiene der Beschäftigten

Pflegekennzeichnung, freiwillige: Angaben für das Waschen, Reinigen, Trocknen und Glätten von Textilien

Pflegeleichtausrüstung: Textilveredelung: Textilien sind leicht zu glätten

Pflegeleichtwaschprogramme: Waschprogramm mit weniger Mechanik – Bewegung

Pflegen beim Reinigen: Auftragen erwünschter Stoffe auf Oberflächen

Pilling: Knötchenbildung durch Reibung auf Textilien

Plinsen: Pfannkuchen

Pochieren: siehe Garziehen

Pökeln: Konservieren von Lebensmitteln durch Salz und Pökelhilfsstoffe

Polyamid: synthetische Chemiefaser

Polyester: synthetische Chemiefaser

Polymere: Kunststoffe in Pflegemitteln, die einen Schutzfilm bilden

Portionieren: Aufteilen der Speisen in entsprechende Mengen für einzelne Personen

Produkthygiene: Hygiene der Waren und Speisen bei der Herstellung, Lagerung und beim Transport

Pudding: ein Gericht, das in verschlossener Form im Wasserbad gegart und warm gestürzt wird

Püree: zu Mus/Brei verarbeitete Kartoffeln, Gemüse oder Hülsenfrüchte

Pürieren: Durchstreichen von weichen bzw. gegarten Lebensmitteln durch ein Sieb oder eine gelochte Metallplatte

Putzen, Gemüse und Obst: Entfernen wertloser Bestandteile durch Abschneiden oder Entsteinen

Quellen von Lebensmitteln: Lebensmittel nehmen Wasser auf

Rabatt: Preisnachlass

Raspeln: Zerkleinern in feine längliche Stücke auf einer grob gelochten Fläche (Raspel)

Räuchern: Konservieren durch Rauch

Rauen: Textilveredelung: Bearbeiten der Textiloberfläche durch Herausziehen von Faserenden

Rauleder: Wildleder, angerautes Leder

Recycling: Rückführung bereits benutzter Rohstoffe, z. B. Papier oder Textilien, zur Wiederverwendung

Reduzieren bei der Speisenzubereitung: durch längeres Erhitzen wird Speisen Flüssigkeit entzogen – sie wird weniger – und zugleich eingedickt

Regenerieren: Wiedererhitzen von vorgegarten und gekühlten Speisen

Reiben: Zerkleinern in kleinste Stücke auf einer aufgerauten Fläche (Reibe)

reiner Bereich: Arbeitsbereich, in dem Lebensmittel oder Gegenstände ohne Verschmutzung bearbeitet werden

Reinigen: Beseitigen unerwünschter Stoffe von Oberflächen

Reinigungsarten, nicht textile Fußböden: Kehren, Feuchtwischen, Nasswischen und Nassscheuern

Reinigungsfaktoren: Wasser, Chemie (Reinigungsmittel), Mechanik (Reiben), Temperatur und Zeit wirken beim Reinigen

Reklamation: Beschwerde bei fehlerhafter Lieferung

Restfeuchte: die Flüssigkeitsmenge, die nach dem Schleudern bzw. Trocknen in den Textilien verbleibt

Revier: Tätigkeitsbereich

Reviersystem: Arbeitsteilung im Team, jede Person reinigt einen bestimmten Bereich, z. B. eine Person das Bad, die andere Person den Schlafraum

Rezeptur: Rezept: Arbeitsanleitung zur Herstellung von Speisen

Risotto: Reis, der zunächst in Fett angeschwitzt wurde

Rohholz: unbehandeltes Holz

Rohkost: Salat bzw. Gemüse, das ohne Garen verzehrt wird

Rohrzucker: ein Doppelzucker

Rösten: Bräunen von Lebensmitteln mit oder ohne Fett, z. B. Mandeln in der Pfanne oder Brot im Toaster

Rübenzucker: ein Doppelzucker

Rühren: ein Mischen von Lebensmitteln zu einer einheitlichen flüssigen, breiartigen oder trockenen Masse

Rüstzeit: beinhaltet alle Zeiten für Vorarbeiten und Nacharbeiten

Salamander: Gerät zum Überbacken, Gratinieren

Salat: ein kaltes Gericht aus Zutaten in Marinade

Salmonellen: Darmbakterien von Geflügel und Schlachttieren, die Lebensmittelvergiftungen hervorrufen können

Salzen: Konservieren durch Salz – Wasserentzug

Sanitärräume: hierzu gehören Toilette, Bäder, Nasszellen

Sättigungsbeilagen: Speisebestandteile, die einen hohen Kohlenhydratanteil haben: Kartoffelbeilagen, Klöße, Knödel, Nudeln und Reis

Säuern: Konservieren durch Säuren, z. B. Essiggurken, Sauerkraut

Saugen: trockenes Absaugen von lose aufliegenden oder schwach haftenden Verschmutzungen

Schaben: dabei wird lediglich eine dünne Schicht von der Oberfläche entfernt

Schädlinge: Ungeziefer: Insekten und Nagetiere, die Lebensmittel oder Wäsche durch Fraß schädigen

Schälen: Entfernen von Schalen

Schaumkelle: flacher Schöpflöffel mit Löchern

Scheuermilch: flüssiges Reinigungsmittel, mit dem mechanisch hartnäckige Verschmutzungen entfernt werden

Schlagen: Einschlagen von Luft in ein flüssiges Lebensmittel oder eine Speise

Schleudern: je höher die Schleuderzahl, umso trockener kommt die Wäsche aus der Maschine

Schmelzen bei der Speisenzubereitung: Verflüssigen von festen Lebensmitteln, z. B. Fett oder Schokolade

Schmoren: ein Garen durch Anbraten – Bräunen – in heißem, reinem Fett und Weitergaren nach Zugabe von wenig kochender Flüssigkeit

Schneiden: Zerkleinern in Stücke, Würfel, Scheiben oder Stifte

Schonwaschgang: die Bewegung in der Waschmaschine ist vermindert und die Wassermenge erhöht

schranktrocken: Restfeuchte 0 bis 2 %, Textilien können direkt gelegt und gefaltet werden

schuppen: bei Fischen die Schuppen entfernen

Schurwolle: nur die erste Schur von gesunden Schafen erhält diese Bezeichnung

Schussfaden: waagerechtes Fadensystem beim Weben

Schutzhandschuhe: schützen vor Hautverletzungen und gesundheitsgefährdenden Stoffen

Schwammtücher: sie eignen sich zum Nassreinigen von Oberflächen

Schwarzblech: schwarz lackiertes Weißblech/Backblech

Schwenken bei der Speisenzubereitung: Durchschütteln roher oder gegarter Lebensmittel mit Speisefett und evtl. Kräutern oder mit Salatsoße

Seide: Naturfaser, erzeugt aus dem Kokon der Seidenraupe

Servieren: Anreichen von Speisen und Getränken

Servierwagen: Abstellfläche beim Transport von Speisen und Rücktransport des benutzten Geschirrs

Serviette: ist ein Mundtuch

Sichtreinigung: direkt ins Auge fallende Verschmutzungen werden beseitigt

Siedepunkt: Temperatur, bei der eine Flüssigkeit zum Kochen kommt

Sisal: Naturfaser, erzeugt aus den Blättern der Sisalpflanze

Skonto: Preisnachlass bei Zahlung innerhalb einer bestimmten Zeit

Snack: Bezeichnung für Imbiss

Sondermüll: ist Giftmüll, der besonders entsorgt werden muss, z. B. Kühlschränke, Batterien

Soße: eine süße oder salzige Beigabe, die mit oder ohne Bindemittel gegart wird

Sparschäler: ermöglicht das dünne Schälen von Obst und Gemüse

Speisekarte: Verzeichnis der vorhandenen Speisen

Spezialglas: z. B. feuerfestes Glas

Spicken: Einziehen von dünnen Fettstreifen in mageres Fleisch

Spicknadel: Nadel mit großer Öse, mit deren Hilfe Speckstreifen in Fleisch eingezogen werden

Springform: Backform mit abnehmbarem Seitenrand

Spritzbeutel: kegelförmiger Beutel, an der Spitze wird eine Tülle eingesetzt

Sprossen: ausgetriebene Getreidekörner, Samen oder Hülsenfrüchte

Spule: auf ihr befindet sich der Unterfaden in der Nähmaschine

Stärke: Kohlenhydratart in Kartoffeln und Getreide

Stärke beim Waschen: Nachbehandlungsmittel für Textilien, macht die Textilien fester

Steamer: Gerät zum Druckdämpfen

Steingut: dickwandiges keramisches Erzeugnis, z. B. einfaches Geschirr

Steinzeug: bräunlich bis grau getöntes keramisches Erzeugnis, z. B. Töpfe zum Einlegen von Gemüse

Sterilisieren: keimfrei machen durch Erhitzen

Stocken bei der Speisenzubereitung: Verfestigen von Eimasse z. B. im Wasserbad oder in heißer Luft

Stockflecken: Flecken auf feuchter Schmutzwäsche

Streichfett: Butter, Margarine und Schmalz sind Streichfette

Stricken: Technik zur Erzeugung einer Maschenware

Stürzen bei der Speisenzubereitung: z. B. einen Flammeri durch Umdrehen der Form auf einen Teller stürzen

Sud: gewürzte Kochflüssigkeit von Lebensmitteln

Suppe: ein flüssiges gekochtes Gericht

Süßstoffe: Zusatzstoff: Sie haben eine höhere Süßkraft als Zucker und keine oder nur sehr wenig Energie

Systemwagen: Wagen zur Beförderung der Arbeitsmittel bei der Reinigung

Tablettsystem: Speisen werden in der Zentralküche zubereitet und die Menüs für die Essensteilnehmer werden auf Tabletts angerichtet

Tafelformen: Anordnung der Tische, z. B. für ein festliches Menü

Tagungshaus: Einrichtung, in der Fortbildungen, Seminare und Freizeiten stattfinden

Tätigkeitszeit: Zeit, in der eine Arbeitsaufgabe erfüllt wird

Team: Gruppe von Menschen, die mit der Bewältigung einer gemeinsamen Aufgabe beschäftigt sind

Teamgeist: Mannschaftsgeist

Teige: knetbare Teige, die viel Mehl oder Stärke enthalten, z. B. Hefeteig, Strudelteig

Teiglockerungsmittel: hierzu gehören Hefe und Backpulver, sie lockern Teige und Massen

Tellergericht: ein fertig auf dem Teller angerichtetes Essen

Tellerservice: Gerichte werden in der Küche auf Tellern angerichtet und zum Gast gebracht

Tenside: Inhaltsstoff von Waschmitteln zum Lösen von Schmutz

Terrine: Suppenschüssel

Textilien, beschichtete: Textilien, auf die eine Kunststoffschicht aufgebracht wurde

Textilkennzeichnung, vorgeschriebene: Angaben zu den verwendeten textilen Rohstoffen nach Art und Menge

Textilveredelung: Veränderung der Gebrauchseigenschaften und Pflegeeigenschaften von Textilien

Thermoplaste: hitzeempfindliche Kunststoffe

Thermoskanne: isolierte Kanne, in der die Getränke warm bleiben

Thermostat: Gerät zur Regulierung der Temperatur

Tiefkühlen: Konservieren von Lebensmitteln bei −18 °C

Tiefkühlkette: Weg der Tiefkühlware vom Erzeuger zum Verbraucher bei mindestens −18 °C

Tischkarte: informiert den Gast über die Sitzordnung, z. B. bei einem festlichen Menü

Tischskirtings: bis zum Boden reichende Verkleidung bei Büfetttafeln

toasten: z. B. Brot von beiden Seiten goldbraun rösten

Tomatenmesser: hat einen Wellenschliff, so können Tomaten leicht geschnitten werden

Töpferware: poröses keramisches Erzeugnis, z. B. Römertopf

Toplader: Waschmaschine, die von oben beladen wird

Tragehand: die linke Hand ist die Tragehand beim Servieren und Abservieren

Tranchieren: Zerlegen und Portionieren von gegartem Braten oder Geflügel

Traubenzucker: ein Einfachzucker

Trennen von Nähten: Durchtrennen von alten Nähten

Trockenreinigungsverfahren: dieses Reinigungsverfahren – ohne Wasser – erfolgt durch Staubsaugen, Saugmoppen oder Kehren

Trocknen: Konservieren durch Wasserentzug, z. B. Kräuter, Pilze

Tunnelfinisher: Gerät zum Glätten von Berufskleidung

Überbacken: ein Bräunen der Oberfläche von Speisen unter evtl. gleichzeitiger Verkrustung durch Wärmeeinwirkung

Überbrühen: Übergießen von Mandeln mit kochendem Wasser. Die Haut lässt sich anschließend abziehen

Übertrocknen: kann im Tumbler passieren, es kommt zur Knitterbildung

Umluftbackofen: Backofen, in dem die erwärmte Luft umgewälzt wird

Umtopfen: Umpflanzen einer Pflanze in einen größeren Blumentopf

Umweltzeichen: informieren über die Umweltverträglichkeit von Produkten, z. B. Blauer Engel

Universalwaschmittel: Waschmittel für alle Waschprogramme und viele Textilien

unreiner Bereich: Arbeitsbereich, in dem Lebensmittel oder Gegenstände mit Verschmutzung bearbeitet werden

Unterfaden: Faden auf der Spule der Nähmaschine

Unterhaltsreinigung: sich wiederholende Reinigungsarbeiten werden nach festgelegten Zeitabständen durchgeführt

Unterheben: vorsichtiges Hinzufügen – z. B. von Eischnee – ohne Rühren

Vakuumpackung: z. B. Folienpackung, aus der die Luft durch Absaugen entfernt wurde

VDE-Zeichen: dieses Zeichen tragen geprüfte Elektrogeräte

Vegetarierer: Menschen, die keine Lebensmittel essen, die von getöteten Tieren stammen

Verbrauchsdatum: leicht verderbliche Lebensmittel, z. B. Hackfleisch, sind mit einem Verbrauchsdatum gekennzeichnet

Verbundstoffe: Filze und Vliesstoffe

Verkehrsbezeichnung: handelsübliche Bezeichnung für eine Ware, z. B. Vollmilch

Versilberung: Silberauflage auf Metallkern

Verteilzeit: eine störungsbedingte oder persönlich bedingte Unterbrechung der Arbeit

verzehrfertige Lebensmittel: Lebensmittel und Speisen, die ohne weitere Behandlung, z. B. Erwärmen, verzehrt werden können

vierteln: in vier gleich große Teile zerlegen

Viskose: Chemiefaser aus Cellulose

Vitamine: Nährstoffe, lebensnotwendige Wirkstoffe, die in kleinen Mengen Körpervorgänge regeln

Vliesstoffe: Verbundstoff durch Verkleben oder Verschweißen

Vorarbeit: alle Tätigkeiten, die vor der Durchführung einer Arbeitsaufgabe notwendig sind, z. B. Bereitstellen von Arbeitsmitteln

Vorbereitungstechniken: hierzu gehören Waschen, Wässern, Putzen, Schälen und Pellen

Vorwäsche: erster Waschgang für stark verschmutzte Wäsche

Vorwaschspray: Waschhilfsmittel, dient der Vorbehandlung von stark verschmutzter Wäsche

Warenannahme: Mengenkontrolle, Wertkontrolle und Qualitätskontrolle beim Eingang von Waren

Warenausgabe: Abgabe von Waren aus dem Lager an die Küche oder eine andere Abteilung

Warenzeichen: gibt Auskunft über die Herstellungsfirma

Warmhaltezeiten: Standzeiten von Speisen zwischen der Zubereitung und dem Verzehr

Warnzeichen: Dreiecke mit schwarzen Symbolen auf gelbem Grund, z. B. Warnung vor giftigen Stoffen

Wartezeit: eine Unterbrechung, bevor die Tätigkeit wieder aufgenommen werden kann

Waschen: Entfernen von Schmutzstoffen

Wäscherei, reine Seite: Bereich für Bearbeitung der gewaschenen Wäsche

Wäscherei, unreine Seite: Bereich für Annahme und Bearbeitung von Schmutzwäsche

Waschfaktoren: Wasser, Chemie (Waschmittel), Mechanik (Bewegung), Temperatur und Zeit wirken beim Waschen auf die Textilien

Waschflotte: siehe Flotte

Waschprogramme: bestehen aus den Abschnitten: Vorwaschen, Hauptwaschen und Spülen

Wasser: Nährstoff, dient dem Körper zum Aufbau und zur Erhaltung

Wasserbad: ein Gefäß mit kochendem Wasser, in das ein kleineres Gefäß gestellt werden kann, ohne dass Wasser hineinläuft

Wasserenthärter: Waschhilfsmittel, setzen die Wasserhärte herab

Wasserhärte: Kalksalze im Wasser, hartes Wasser braucht mehr Waschmittel

Wasserhärtebereiche: 1 – weich, 2 – mittel, 3 – hart, 4 – sehr hart

Wässern: Entfernen von unerwünschten wasserlöslichen Stoffen

wasserreiche Lebensmittel: Obst, Gemüse, Säfte, Milch

Weben: Technik zum Herstellen von Geweben

Webkante: äußerer nicht gesäumter Rand einer Webware

Webwaren: gewebte Textilien

Weichspüler: Nachbehandlungsmittel für Wäsche, macht die Textilien weicher und glatter

Weißblech: Blech mit Zinnüberzug

Wiegemesser: zwei halbkreisförmige Messer mit je einem Griff rechts und links zum feinen Zerkleinern von Kräutern und Zwiebeln

Wirken: maschinelles Strickverfahren

Wohngruppe: mehrere nicht miteinander verwandte Personen, die einen gemeinsamen Haushalt führen

Wolf: auch Fleischwolf, eine Zerkleinerungsmaschine für Fleisch, Fisch und Gemüse

Wolle: Naturfaser, Haarkleid von Schafen und anderen Tieren

Wollsiegel: Gütezeichen für reine Wolle

Wollwaschmittel: Spezialwaschmittel für Wolle

Würzen: Verbesserung des Geschmacks von Speisen durch die Zugabe von Gewürzen usw.

Zeitschaltung: nach Eingabe der entsprechenden Angaben schaltet sich das Gerät zu einem bestimmten Zeitpunkt selbstständig ein oder aus

Zinn: ein weiches, silberweiß aussehendes Metall

Zuckern: Konservieren durch Zucker, z.B. Konfitüre

Zusatzstoffe: diese Stoffe sind nicht in den Lebensmitteln, sie werden ihnen zugesetzt und beeinflussen ihre Beschaffenheit, z.B. Farbstoffe, Konservierungsstoffe

Zutatenliste: alle Zutaten des Lebensmittels werden in der Zutatenliste in absteigender Reihenfolge genannt, d.h., die Zutat an der ersten Stelle hat den größten Anteil

Nährwerttabelle – Mengentabelle

Lebensmittel	Portion, Scheibe, Stück, EL Menge in g bzw. ml	Eiweiß g	Fett g	Kohlenhydrate g	Energie kJ	Energie kcal	Mineralstoffe Calcium mg	Mineralstoffe Eisen mg	Vitamine B_1 mg	Vitamine C mg
Getränke										
Apfelsaft	Glas (200 ml)	+	+	24	410	98	14	0,6	0,04	2
Grapefruitsaft	Glas (200 ml)	2	+	20	370	88	16	1,0	0,06	70
Orangensaft	Glas (200 ml)	2	+	20	370	88	26	0,6	0,16	88
Traubensaft	Glas (200 ml)	+	+	36	610	145	24	0,8	0,08	2
Zitronensaft	1 EL (15 ml)	0	0	1	20	5	2	+	0,01	8
Karottensaft	Glas (200 ml)	2	+	12	240	57	54	0,4	0,02	8
Tomatensaft	Glas (200 ml)	2	+	8	170	40	30	1,2	0,10	34
Cola-Getränk	kl. Fl. (330 ml)	0	0	36	611	145	13	0	0	0
Limonade	kl. Fl. (330 ml)	0	0	40	677	161	17	0,3	0	0
Getreide, Backwaren										
Roggenmehl, Type 1150	1 EL (10 g)	1	+	7	133	32	2	0,2	0,02	0
Weizenmehl, Type 405	1 EL (10 g)	1	+	7	142	34	2	0,1	0,01	0
Weizenmehl, Type 1700	1 EL (10 g)	1	+	6	129	31	4	0,3	0,04	0
Weizen, Stärke	1 EL (10 g)	+	+	9	146	35	0	0	0	0
Weizen, Grieß	1 EL (10 g)	1	+	7	140	33	2	0,1	0,01	0
Reis, Vollkorn, gekocht	Portion (150 g)	5	2	41	825	196	50	1,0	0,11	0
Reis, poliert, gekocht	Portion (150 g)	3	+	36	660	157	14	0,2	0,01	0
Eierteigwaren, gekocht	Portion (150 g)	8	2	42	900	214	15	1,3	0,06	0
Vollkornteigwaren, gekocht	Portion (150 g)	8	3	36	855	204	38	1,5	0,15	0
Cornflakes	Portion (30 g)	2	+	24	456	109	4	0,6	0,02	23
Haferflocken, kernige	1 EL (10 g)	1	1	6	157	37	5	0,5	0,06	0
Müsli mit Trockenobst	1 EL (10 g)	1	1	6	139	33	7	0,3	0,04	0
Brötchen, Weizen	1 Stück (40 g)	3	1	20	426	101	11	0,5	0,04	0
Brötchen, Roggen	1 Stück (40 g)	3	+	20	404	96	8	0,8	0,06	0
Knäckebrot, Roggen	Scheibe (10 g)	1	+	7	132	31	9	0,5	0,02	0
Mehrkornbrot	Scheibe (40 g)	3	1	17	378	90	10	0,9	0,05	0
Roggenbrot, Graubrot	Scheibe (40 g)	2	+	19	382	91	12	1,0	0,07	0
Roggenvollkornbrot	Scheibe (50 g)	4	1	21	428	102	20	1,6	0,09	0
Toastbrot, Weizen	Scheibe (20 g)	1	1	10	218	52	9	0,3	0,02	0
Weizenvollkornbrot	Scheibe (50 g)	4	1	21	428	102	30	1,0	0,13	0
Paniermehl	1 EL (10 g)	1	+	7	151	36	3	0,3	0,02	0
Butterkeks	1 Stück (5 g)	+	1	4	91	22	2	0,1	+	0
Vollkornkeks	1 Stück (10 g)	1	2	4	176	42	8	0,3	0,07	0
Zwieback	1 Stück (10 g)	1	+	7	155	37	2	0,1	0,01	0
Kartoffeln										
Pellkartoffeln, gegart	Portion (200 g)	4	+	30	580	138	20	1,6	0,20	36
Pommes frites	Portion (150 g)	6	20	47	1650	393	30	2,4	0,23	35
Kartoffelklöße	Portion (200 g)	8	2	38	860	205	30	2,0	0,18	18
Kartoffelchips	Portion (30 g)	2	12	12	708	169	15	0,7	0,06	5
Gemüse										
Auberginen	Portion (250 g)	5	+	8	225	54	200	1,0	0,10	13
Blumenkohl	Portion (250 g)	8	+	8	250	60	50	1,5	0,28	183
Bohnen, grün	Portion (200 g)	4	+	10	240	57	120	1,6	0,16	40
Brokkoli	Portion (250 g)	8	+	8	263	63	263	3,3	0,25	285
Champignons	Portion (125 g)	4	+	1	88	21	25	1,4	0,13	5
Chicorée	Portion (140 g)	1	+	3	77	18	35	1,0	0,07	14
Eisbergsalat	Portion (140 g)	1	+	3	77	18	28	0,6	0,15	4
Erbsen, grün	Portion (200 g)	14	2	26	760	181	50	3,6	0,60	50
Essiggurken	Stück (50 g)	1	+	2	35	8	15	0,8	0	3
Grünkohl	Portion (250 g)	10	3	8	400	95	525	4,8	0,25	263
Kohlrabi	Portion (250 g)	5	+	10	250	60	175	2,3	0,13	160
Kopfsalat	Portion (100 g)	1	+	1	40	10	35	1,1	0,06	13
Porree, Lauch	Portion (250 g)	5	+	8	225	54	218	2,5	0,25	75
Maiskolben	Portion (250 g)	8	3	48	1050	250	263	1,3	0,38	10

Lebensmittel	Portion, Scheibe, Stück, EL Menge in g bzw. ml	Eiweiß	Fett	Kohlenhydrate	Energie		Mineralstoffe		Vitamine	
							Calcium	Eisen	B_1	C
		g	g	g	kJ	kcal	mg	mg	mg	mg
Möhre, Karotte	Portion (250 g)	3	+	13	263	63	100	5,3	0,17	18
Paprikaschote	Portion (200 g)	2	+	6	140	33	20	1,6	0,12	278
Radieschen	Portion (100 g)	1	+	2	55	13	35	1,5	0,03	29
Rhabarber	Portion (200 g)	2	+	6	140	33	104	1,0	0,06	20
Rosenkohl	Portion (250 g)	13	+	10	388	92	75	2,8	0,38	285
Rote Bete	Portion (250 g)	5	+	23	463	110	75	2,3	0,05	25
Rotkohl	Portion (250 g)	5	+	10	250	60	88	1,3	0,17	125
Salatgurke	Portion (150 g)	2	+	3	83	20	23	0,8	0,03	12
Sauerkraut	Portion (125 g)	3	+	3	88	21	63	0,8	0,04	25
Schwarzwurzeln	Portion (250 g)	3	+	5	138	33	125	8,3	0,25	10
Sellerieknolle	Portion (125 g)	1	+	6	131	31	63	0,5	0,06	8
Spargel	Portion (250 g)	5	+	5	175	42	50	2,5	0,25	53
Spinat	Portion (200 g)	6	+	2	140	33	250	8,2	0,20	104
Tomate	Stück (70 g)	1	+	2	49	12	11	0,3	0,04	17
Weißkohl	Portion (250 g)	3	+	13	263	63	113	1,3	0,13	115
Wirsing	Portion (250 g)	8	+	8	250	60	118	2,3	0,13	113
Zucchini	Portion (200 g)	4	+	4	140	33	60	3,0	0,10	32
Zwiebel	Stück (55 g)	1	+	3	66	16	17	0,3	0,02	5
Petersilie	1 EL (6 g)	+	+	+	5	1	15	0,3	0,01	10
Schnittlauch	1 EL (6 g)	+	+	+	8	2	8	0,1	0,01	3
Tomatenketchup	1 EL (15 g)	+	+	4	67	16	4	0,2	0,01	2
Tomatenmark	1 EL (15 g)	+	+	1	34	8	4	0,1	0,01	1
Hülsenfrüchte										
Bohnen, weiß	Portion (60 g)	13	1	34	843	201	63	3,7	0,27	2
Erbsen, gelb, geschält	Portion (60 g)	13	1	35	849	202	31	3,1	0,45	1
Linsen	Portion (60 g)	14	1	34	840	200	45	4,1	0,27	1
Obst										
Ananas	Scheibe (50 g)	+	+	10	170	40	8	0,2	0,04	10
Apfel, frisch	Stück (160 g)	+	+	19	336	80	11	0,8	0,06	19
Apfelmus, ungezuckert	Portion (125 g)	+	+	11	194	46	5	0,4	0,01	4
Apfelsine	Stück (200 g)	2	+	18	340	81	84	0,8	0,18	100
Aprikose, frisch	Stück (55 g)	1	+	6	113	27	9	0,3	0,02	6
Aprikose, getrocknet	Stück (10 g)	1	+	7	128	30	8	0,4	+	1
Banane	Stück (150 g)	2	+	24	435	104	12	0,9	0,08	17
Birne	Stück (150 g)	2	+	20	360	86	14	0,5	0,04	8
Clementine	Stück (60 g)	1	+	5	93	22	18	0,1	0,05	32
Erdbeeren	Portion (125 g)	1	+	9	175	42	31	1,3	0,04	78
Grapefruit	Hälfte (160 g)	2	+	11	216	51	16	0,3	0,08	70
Heidelbeeren	Portion (125 g)	1	+	16	300	71	16	1,1	0,02	28
Himbeeren	Portion (125 g)	1	+	10	194	46	50	1,3	0,04	31
Honigmelone	Portion (150 g)	2	+	8	150	36	9	0,3	0,09	48
Johannisbeeren, rot	Portion (125 g)	1	+	11	213	51	38	1,1	0,05	45
Kirschen, sauer	Portion (125 g)	1	+	15	275	65	10	0,6	0,06	15
Kirschen, süß	Portion (125 g)	1	+	18	319	76	21	0,5	0,05	19
Kiwi	Stück (50 g)	1	+	6	110	26	20	0,4	0,01	36
Pfirsich	Stück (125 g)	1	+	13	231	55	10	0,6	0,04	13
Pflaume, Zwetsche	Stück (35 g)	+	+	5	89	21	5	0,1	0,02	2
Stachelbeeren	Portion (125 g)	1	+	11	213	51	31	0,8	0,02	43
Sultaninen	1 EL (20 g)	+	+	13	228	54	10	0,4	0,02	0
Weintrauben, grün	Portion (125 g)	1	+	19	338	80	23	0,6	0,06	5
Nüsse										
Erdnüsse, geröstet	Portion (50 g)	13	25	5	1253	298	33	1,1	0,13	0
Haselnüsse	5 Stück (10 g)	1	6	1	288	69	23	0,4	0,04	+
Mandeln	5 Stück (10 g)	2	5	2	269	64	25	0,4	0,02	+
Walnüsse	5 Stück (20 g)	3	13	3	590	140	17	0,4	0,07	1

Lebensmittel	Portion, Scheibe, Stück, EL	Menge in g bzw. ml	Eiweiß	Fett	Kohlenhydrate	Energie		Mineralstoffe		Vitamine	
								Calcium	Eisen	B_1	C
			g	g	g	kJ	kcal	mg	mg	mg	mg
Milch, Milchprodukte											
Vollmilch, 3,5 % Fett	Glas	(200 ml)	8	8	10	620	148	240	0,2	0,08	4
Milch, teilentrahmt, 1,5 % Fett	Glas	(200 ml)	8	4	10	460	110	236	0,2	0,08	4
Milch, entrahmt, 0,3 % Fett	Glas	(200 ml)	8	0	10	310	74	246	0,2	0,08	2
Buttermilch	Glas	(200 ml)	8	2	8	350	83	220	0,2	0,06	2
Kakaotrunk	Glas	(200 ml)	8	2	20	550	131	240	0,6	0,08	4
Joghurt, Vollmilch	Becher	(150 g)	8	6	8	488	116	180	0,2	0,06	3
Joghurt, teilentrahmt	Becher	(150 g)	6	3	8	345	82	173	0,2	0,06	3
Vollmilchjoghurt mit Früchten	Becher	(150 g)	6	5	23	615	146	180	0,2	0,06	6
Kefir	Becher	(150 g)	6	6	8	465	111	180	0,2	0,06	2
Kondensmilch, 7,5 % Fett	EL	(15 ml)	1	1	2	90	21	36	+	0,01	+
Schlagsahne, 30 % Fett	EL	(15 ml)	+	5	1	191	45	12	+	+	+
Sahne, Rahm	TL	(5 ml)	+	1	+	26	6	5	+	+	+
Camembert, 45 % Fett i. Tr.	Portion	(30 g)	6	7	1	375	89	171	0,1	0,01	0
Doppelrahmfrischkäse	Portion	(30 g)	5	11	1	497	118	24	+	0,01	0
Edamer Käse, 45 % Fett i. Tr.	Portion	(30 g)	7	8	1	443	105	204	0,2	0,02	0
Edamer Käse, 30 % Fett i. Tr.	Portion	(30 g)	8	5	1	314	75	240	0,2	0,02	0
Emmentaler Käse, 45 % Fett i. Tr.	Portion	(30 g)	8	9	+	500	119	306	0,1	0,02	0
Feta, Schafskäse, 45 % Fett i. Tr.	Portion	(50 g)	9	10	1	523	125	225	0,3	0,02	0
Goudakäse, 45 % Fett i. Tr.	Portion	(30 g)	7	8	1	449	107	240	0,1	0,01	0
Hüttenkäse	Portion	(50 g)	6	2	2	215	51	50	0,1	0,01	0
Limburger Käse, 20 % Fett i. Tr.	Portion	(30 g)	8	3	0	239	57	153	0,1	0,02	0
Schmelzkäse, 45 % Fett i. Tr.	Portion	(30 g)	4	7	2	383	91	164	0,3	0,01	0
Sahnequark, 40 % Fett i. Tr.	Portion	(50 g)	6	6	3	360	86	60	0,2	0,01	1
Speisequark, 20 % Fett i. Tr.	Portion	(50 g)	7	3	2	243	58	60	0,2	0,02	1
Speisequark, mager	Portion	(50 g)	7	+	2	153	36	60	0,2	0,02	1
Geflügel											
Brathähnchen	Hälfte	(300 g)	45	12	+	1245	296	30	2,1	0,24	6
Hähnchenbrust	Portion	(150 g)	24	2	+	465	111	21	1,7	0,11	2
Hähnchenkeule	Stück	(200 g)	30	4	+	670	160	30	3,6	0,20	0
Putenfleisch	Portion	(100 g)	23	3	+	510	121	10	0,8	0,10	0
Kalb-, Rindfleisch											
Keule, Kalb	Portion	(100 g)	21	2	+	435	104	13	2,3	0,15	0
Hackfleisch	Portion	(90 g)	18	8	+	621	148	9	2,3	0,14	0
Leber	Portion	(100 g)	19	4	+	480	114	7	6,5	0,30	31
Rumpsteak	Portion	(100 g)	21	2	+	435	104	15	3,1	0,07	0
Hochrippe	Portion	(125 g)	25	11	+	863	205	5	2,6	0,10	0
Schweinefleisch											
Kotelett	Portion	(125 g)	25	11	+	863	205	14	2,3	1,00	0
Schnitzel	Portion	(100 g)	21	2	+	435	104	9	1,7	0,80	0
Kasseler	Portion	(100 g)	21	17	+	1020	243	15	1,9	0,56	0
Wurst, Fleischwaren											
Bierschinken	Scheibe	(30 g)	5	6	+	299	71	5	0,4	0,09	6
Blutwurst	Scheibe	(30 g)	4	13	+	587	140	2	1,9	0,02	0
Cervelatwurst	Scheibe	(20 g)	3	8	+	378	90	5	0,3	0,02	4
Corned Beef, deutsch	Scheibe	(25 g)	6	2	+	153	36	8	0,6	0,01	5
Geflügelwurst	Scheibe	(25 g)	4	1	+	116	28	6	0,5	0,05	5
Leberkäse, Fleischkäse	Scheibe	(40 g)	5	9	+	448	107	2	0,8	0,04	0
Leberwurst, grob	Portion	(30 g)	4	12	+	534	127	12	1,6	0,06	6
Leberwurst, mager	Portion	(30 g)	5	6	+	333	79	3	1,6	0,05	6
Mettwurst	Portion	(30 g)	4	15	+	659	157	4	0,5	0,06	6
Mortadella	Scheibe	(25 g)	3	8	+	363	86	10	0,8	0,03	5
Salami	Scheibe	(10 g)	2	5	+	212	50	4	0,3	0,02	2
Schinken, gekocht	Scheibe	(50 g)	10	10	+	553	132	6	1,2	0,29	0
Schinken, geräuchert, roh	Scheibe	(50 g)	8	15	+	703	167	5	1,0	0,25	0
Speck, durchwachsen	Stück	(30 g)	3	20	+	807	192	2	0,2	0,14	0

Lebensmittel	Portion, Scheibe, Stück, EL	Menge in g bzw. ml	Eiweiß g	Fett g	Kohlenhydrate g	Energie kJ	Energie kcal	Mineralstoffe Calcium mg	Mineralstoffe Eisen mg	Vitamine B_1 mg	Vitamine C mg
Bratwurst, Schwein	Stück	(150 g)	15	44	+	1950	464	8	1,5	0,42	30
Frankfurter Würstchen	Stück	(80 g)	10	17	+	832	198	6	1,4	0,14	16
Fisch, Fischwaren											
Forelle	Portion	(250 g)	25	3	+	525	125	45	1,8	0,20	3
Heilbutt	Portion	(250 g)	40	5	+	875	208	38	1,5	0,20	3
Hering, Filet	Portion	(200 g)	36	30	+	1780	424	70	2,2	0,10	2
Karpfen	Portion	(250 g)	25	8	+	713	170	125	2,8	0,17	3
Rot-, Goldbarschfilet	Portion	(200 g)	36	8	+	920	219	44	1,4	0,22	2
Seelachsfilet	Portion	(200 g)	36	2	+	690	164	30	2,0	0,20	0
Aal, geräuchert	Portion	(150 g)	21	33	+	1643	391	30	1,0	0,30	2
Bismarckhering	Stück	(100 g)	16	15	+	855	204	38	1,5	0,05	0
Bückling, geräuchert	Portion	(150 g)	21	14	+	885	211	53	1,7	0,06	0
Fischstäbchen, TK	5 Stück	(150 g)	24	11	30	1328	316	11	0,6	0,19	0
Heringsfilet in Tomatensoße	Portion	(100 g)	15	15	2	875	208	50	1,9	0,06	5
Thunfisch in Öl	Portion	(90 g)	22	19	+	1103	263	9	1,1	0,05	1
Hühnereier											
Hühnerei	Stück	(60 g)	7	6	1	370	88	60	2,1	0,13	0
Hühnereidotter	Stück	(20 g)	3	6	1	300	71	50	2,0	0,12	0
Hühnereiklar	Stück	(30 g)	4	+	+	70	17	10	0,1	0,01	0
Fette, Öle											
Butter	TL	(4 g)	+	3	0	111	26	1	+	+	0
Halbfettbutter	TL	(4 g)	+	2	0	74	18	1	+	+	0
Margarine	TL	(4 g)	+	3	0	111	26	+	+	0	0
Maiskeimöl	EL	(10 g)	0	10	0	370	88	2	0,1	0	0
Olivenöl	EL	(10 g)	+	10	0	370	88	0	+	0	0
Rapsöl	EL	(10 g)	0	10	0	370	88	0	0	0	0
Sonnenblumenöl	EL	(10 g)	0	10	0	370	88	0	0	0	0
Schweineschmalz	TL	(4 g)	+	4	0	148	35	+	0	0,03	0
Mayonnaise, 80% Fett	EL	(12 g)	+	10	+	370	88	2	0,1	+	0
Salatmayonnaise	EL	(12 g)	+	6	1	239	57	2	+	+	0
Salatsoße, Joghurt	EL	(12 g)	+	2	1	91	22	15	0,1	0,01	1
Zucker, Süßwaren											
Bienenhonig	2 Tl	(20 g)	+	+	16	275	65	1	0,3	+	1
Konfitüre	2 TL	(20 g)	+	0	13	224	53	4	0,1	+	1
Nuss-Nugat-Creme	2 TL	(20 g)	1	4	5	230	55	13	0,3	0,01	+
Eiscreme	Kugel	(30 g)	1	4	6	269	64	48	+	0,01	+
Fruchtbonbons	Stück	(5 g)	0	0	5	85	20	0	0	0	0
Pralinen	Stück	(10 g)	1	2	7	190	45	2	0,1	+	0
Vollmilchschokolade	1/4 Tafel	(25 g)	2	8	14	580	138	54	0,6	0,03	0
Würfelzucker	Stück	(5 g)	0	0	5	85	20	+	+	0	0
Alkohol											
Malzbier	Dose	(330 ml)	3	0	36	660	157	7	0,7	0	0
Vollbier	Dose	(330 ml)	3	0	10	660	157	10	0	0	0
Weinbrand	Glas	(20 ml)	0	0	+	204	49	+	0	0	0
Weißwein	Glas	(125 ml)	+	0	4	363	86	13	0,8	0	0

Zeichenerklärung: + = in Spuren

Rezeptverzeichnis sortiert nach Speisen und Gebäck

Alphabetisches Rezeptverzeichnis

Sachwortverzeichnis

Begriffe mit „blauen Seitenzahlen“ befinden sich im Begriffstrainer, sie werden dort ausführlich erläutert.

Lösungen

S. 130/131, Getreidesorten
① Gerste ② Mais ③ Roggen ④ Reis ⑤ Hirse ⑥ Dinkel (Grünkern)
⑦ Hafer ⑧ Weizen

S. 250, Bedienungsteile der Nähmaschine
① Fadenhebel ② Oberfadenspannung ③ Spulerspannung ④ Spuler
⑤ Rückwärtstaste ⑥ Nähfuß ⑦ Stichwahltasten ⑧ Nadelstange mit Nadel
⑨ Greifer ⑩ Spulenkapsel mit Spule ⑪ Handrad ⑫ Stichbreiten- und Stichlängentasten
⑬ Stoffdrückerhebel (hinten an der Maschine, im Bild nicht zu sehen) ⑭ Stichlagentasten
⑮ Vorspannung

Bildquellenverzeichnis

alias of artificial and advertising GmbH, Berlin, S. 49/2 – Alno Küchen, S. 176/3 – Andreas - Bürsten, Aurich, S. 195/1 – Armstrong DLW AG, Bietigheim-Bissingen, S. 188/1, 3 – Azett-Seifenfabrik GmbH & Co. KG, Memmingen, S. 161/1a; 162/1, 2, 3, 6, 7, 8, 9, 16, 18, 20, 23 – Udo Bär GmbH & Co. KG, Duisburg, S. 31 – Bartscher GmbH, Salzkotten, S. 177/1; 186/1 – Bauknecht Hausgeräte GmbH, Schorndorf, S. 176/2 – Berufsgenossenschaft für Gesundheitsdienst und Wohlfahrtspflege (bgw), Hamburg, S. 158/1 – Betonwerk Woehe & Heydemann GmbH & Co. KG, Kummerfeld, S. 189/4 – Blomus, SKS Design, Sundern, S. 204/6b – Böhm Reinigungstechnik, Ibbenbüren, S. 159/1; 191/1 – Bomat NV, Deinze, S. 214/3 – Bonner Camping Freizeit Shop Heinz, Bonn, S. 70/4 – Camping Fördeblick, Heide/Holst., S. 198/1 – Walter Cimbal, Hamburg, S. 14/4; 15/1; 25/1, 2; 64; 65; 66; 67; 68/1–3; 71/2–4; 76; 77/2, 3; 114; 115/1, 4; 116/2–4; 119/1; 122/2; 123/1, 2, 4; 132; 143/1–3; 145/3–5; 146/2, 3; 147/2; 166/4; 178/9; 180/1 – Detia Degesch GmbH, Laudenbach, S. 53/1–2, 4–10 – Deutsche Gesellschaft für Ernährung e.V., Frankfurt/Main, S. 126/1 – Deutsches Kupfer-Institut e.V., Düsseldorf, S. 173/1 – DFF Dairy Fine Food GmbH, Butaris, Ratzeburg, S. 147/1d – Friedr. DICK GmbH & Co. KG, Deizisau, S. 62/4, 5 – DKB Household AG, CH-Zürich, S. 187/3 – DR.SCHNELL CHEMIE GmbH, München, S. 162/15, 17; 164/1–3; 192/1/7 – Duravit AG, Hornberg, S. 167/3 – Ehmsen, Birgit, Kiel, S. 135; 144; 154; 155 – Electrolux Hausgeräte Vertriebs GmbH, Markenvertrieb AEG-Electrolux, Nürnberg, S. 235/1 – Electrolux Hausgeräte Vertriebs GmbH, Nürnberg, S. 158/3 – Emsa GmbH, Emsdetten, S. 169/4b – enjoy design, München, S. 190/2 – Europäische Teppich-Gemeinschaft e.V., Wuppertal, S. 191/2 – Eva Francé-Schlager, Grasbrunn, S. 214/4 – B. Franck, Nussdorf, www.culinaryline.com, S. 79/1; 81/7; 102/1 – Christian Fischbacher Co. AG, CH-St. Gallen, S. 215/1 – Frommholz Polstermöbel GmbH, Spenge; S. 203/2 – Elisabeth Galas, Köln, S. 78; 79; 80; 81; 82; 83; 84; 85; 86; 87; 88; 89; 90; 91; 92; 93; 94; 95; 96; 97; 98; 99; 100; 101; 102; 103; 104; 105; 106; 107; 108; 109; 110; 111; 112; 113 – Claude-Bernard Gay, Hamburg, S. 8; 9; 12; 13; 27; 32/1, 3–4; 33; 34; 35; 42; 43/2; 44; 48; 51/6; 56/1; 57; 65/5; 73/4; 77/1; 117/1; 126/2; 148/1, 3; 149; 150/2; 153/1; 157/1; 164/5; 175/3; 176/1; 203/1; 212; 219; 223/1; 226; 239/7; 258/9 – Globetrotter Ausrüstung Denart & Lechhart GmbH, Hamburg, S. 171/2; 173/3 – Groupe SEB Deutschland GmbH Krups-Rowenta-Tefal, Offenbach/Main, S. 169/4a – Henkel-Ecolab Deutschland GmbH, Düsseldorf, S. 158/9; 161/1b; 162/11; 163/1–6 – Hotelwäsche Erwin Müller GmbH & Co. KG, Wertingen, S. 121/1; 215/2, 3 – Hülsta-Werke GmbH & Co. KG, Stadtlohn, S. 244/1 – IGEFA ZENTRALE BERLIN, Dahlewitz, S. 15/2 – IKEA Deutschland, Inter IKEA Systems B.V., Hofheim-Wallau, S. 168/1; 204/6

– Institut für wissenschaftliche Fotografie, Manfred Kage, Lauterstein, S. 131/2 – Alfred Kärcher Vertriebs-GmbH, Winnenden, S. U1/1; 158/4–8, 11; 188/5, 6 – Kaiser-Leisten GmbH, Bad Wünnenberg-Leiberg, S. 189/2 – Univ.Ass. Dr. Andreas Klein, Wien, S. 197/1 – Peter Kölln KGaA, Elmshorn, S. 147/1a – Küche Journal 2002, Nolte Küchen, Löhne, S. 69/2 – KRAUSE-Werk GmbH & Co. KG, Alsfeld, S. 192/1/2, 8 – Krüper, Werner, Steinhagen, S. 50/2 – Latz u.a., Fleischerei heute (HT 1400), Hamburg, S. 151 (Rudi Schmid) – Leibniz-Institut für Meereswissenschaften (IFM-GEOMAR), Kiel, S. 144/1 – Leifheit AG, Nassau, S. 233/1 – Liebenau Service GmbH, Meckenbeuren, S. 15/4, 5; 222/2; 224; 237/2; 246/7 – LOWA Sportschuhe GmbH, Jetzendorf, S. 174/1, 2 – Meiko Textil GmbH, Kirschau, S. 195/1 – Miele & Cie. KG, Gütersloh, S. 70/1, 2; 179; 185/1; 187/1; 222/3; 231/1, 3; 241/1, 3 – Moulinex GmbH, Köln, S. 68/4; 71/1 – Murexin AG, A-Wiener Neustadt, S. 162/22; 192/1/4 – Naturschutz-Tierpark Goerlitz e.V., Görlitz, S. 213/6 – Katrin Neve, Schleswig, S. U1/2, 3; 120/8; 177/2 – newVISION!grafikdesign, Pattensen, www.newVISION-design.de, S. 16; 17; 18; 19; 21/1; 22; 23; 24; 25/3, 4; 28; 29; 30/1; 37; 38; 39; 40; 43/1; 45/1–3; 49/1; 50/1; 51/1–5; 52/2; 54/4; 55; 56/2; 58; 59; 60; 61; 63; 73/1–3; 74; 75/1; 118; 119/2–4; 121/2, 3; 122/3, 4; 124/1; 128; 129; 131/1, 3–5; 132/5–7; 133; 136; 139; 142/3, 4; 153/2, 3; 156; 160/3, 4; 161/2, 3; 165; 168/3–4; 170/3–5; 172/3, 4; 174/4, 5; 175/1; 178/1–8; 180/2; 181; 183; 184; 190/1; 192/2; 193; 194; 195/2; 196; 197/2; 198/2, 3; 199; 200; 201; 202; 203/3; 204/1–5; 205; 206; 207; 208; 209/1–3; 210; 211; 214/1; 229; 235/2, 3; 237/2 – nilco Reingungsmaschinen GmbH, Vaihingen/Enz, S. 159/2 – NORDMILCH eG, Bremen, S. 147/5a – Okapia KG, Frankfurt/Main, S. 213/1–4, 7 – Parador Holzwerke GmbH & Co. KG, Coesfeld, S. 188/2, 4; 189/1 – Pfaff Handelsgesellschaft für Haushaltsnähmaschinen mbH, Karlsruhe, S. 256/8 – Picture Press, Hamburg, S. 111; 124/2 (Foto: Gläser) – Piké-Versandhandel Matthias Kleinke, Leipzig, S. 175/2 – Poliboy Brandt & Walther GmbH, Bremen, S. 162/4, 5, 10, 12, 13, 14, 19, 21; 164/4b; 172/2a – ProWin Winter GmbH, Illingen, S. 163/7 – Quelle AG, Fürth, S. 70/3 – Rapso / VOG AG, Linz, S. 147/1c – RCN Medizin- und Rehatechnik GmbH, Sargenroth, S. 15/3 – Real-SB-Warenhaus GmbH, Düsseldorf, S. 222/1 – Regierungspräsidium Tübingen, Tübingen, S. 11 – Sabine Rieck, Hamburg, S. 152 – Robert Bosch Hausgeräte GmbH, Gerlingen-Schillerhöhe, S. 69/1; 238/1 – Rödter Stahlwaren , Hof/Saale, S. 171/1 – ROST & DR. STEIN Grafik und Illustration, Hamburg, S. 216; 220; 223/3; 225; 227; 228/1; 232; 233/2–4; 236; 238/2, 3; 239/1–6; 240; 242; 243; 244/2–7; 245; 246/1–6; 247; 248; 249/1–3, 5; (Zeichnungsvorlagen mit freundlicher Unterstützung von Uwe Schinke Nähmaschinen, Hamburg): 251/2, 252 und 254/1, 3 – 255; 256/1–7; 257; 258/1–8; 259; 260; 261; 262; 263; 264/4–6 – SARTEX, Zürich, Schweiz; S. 221 – Georg Scharf GmbH, Albstadt, S. 249/4a – Schindler AG, Münchenstein-Basel, S. 185/2 – Schlieper, Cornelia A., Kiel, S. 21/2; 75/2–4 (HT 44951 - Nährwertprogramm erleben und lernen); 120/5; 160/1; 172/1, 2/b; 173/2, 4; 237/1a; 249/6; 254/2 – Ralf Schröder, Kiel, S. 69/3: 72; 109; 113; 127, 134; 136; 137; 138/1, 2; 142/1; 145/2; 146/1, 4; 147/3, 4; 148/2; 209/4; 230 – Schott GlasMuseum/ Schott Villa, Jena, S. 166/3a – Schülke & Mayr GmbH, Norderstedt, S. 14/2 – Siemens AG, München, S. 52/1 – StockFood GmbH, München, S. 115/3; 125/1, 2, 4 – Studio für Lebensmittelfotografie Christian Teubner, Füssen, S. 130 – TESCOMA s.r.o, Zlín, 169/3a – Thermopatch Deutschland GmbH, Oldenburg, S. 264/1–3 – Töpferhof Hohenwoos, Tewswoos, S. 167/4 – Transglobe, Hamburg, S. 142/2, 5 (Foto: Rudhart) – Trendgifts Gerhard Hess, Köln, S. 166/3b – Tupperware Deutschland GmbH, Frankfurt/Main, S. 70/4; 169/3b – Unilever Deutschland GmbH, Hamburg, S. 82/1; 93/1; 94/1; 95/1; 107; 115/1; 125/3; 145/1; 147/5b – Unimet GmbH & Co. Zentral KG, Oyten, S. 70/3 – VEIT GmbH, Landsberg, S. 237/4 – Verlag Handwerk und Technik GmbH, Hamburg, S. 30/2; 32/2; 45/4–7; 46; 53/3 (Herma Photo Objects); 117/2; 122/1; 123/3; 131/1; 138/3; 147/1b; 157/2, 3; 164/4a; 167/1, 2; 168/2; 223/2; 237/1b; 249/4b – (Mit freundlicher Unterstützung der Staatlichen Gewerbeschule 3, Hamburg): 14/1; 186/2, 3; 187/2; 231/2; 234; 241/2 – (Mit Genehmigung von BERNINA Nähmaschinen GmbH, Appenweier; mit freundlicher Unterstützung von Uwe Schinke Nähmaschinen, Hamburg): S. 250; 251/1, 3; 253 – Vileda GmbH, Weinheim, S. 14/3; 158/2, 10; 159/3; 161/1c; 192/1/1, 3, 5, 6, 9, 10, 11 – Villeroy & Boch, Mettlach, S. 70/4; 120/6, 7 – Vliesstoff Kasper GmbH, Mönchengladbach, S. 214/5 – Vogeley GmbH, Hameln, S. 116/1 – weddix GmbH, Haar bei München, www.weddix.de, S. 121/1 – WMF AG, Geislingen/Steige, S. 120/1–4; 166/1; 170/1 – Ed. Wüsthof Dreizackwerk, Solingen, S. 62/1, 3, 6–8 – www.angorakaninchen.info - Astrid Heintze-Furch; S. 213/5 – http://strickenundmehr.blogspirit.com/, CH-Birmensdorf, S. 214/2 – www.scala-murgasse.at, A-Graz, S. 170/2 – www.wasser.de, Fa. Klaas, Plettenberg, S. 228/2 – www.webshop-erzgebirge.de, Olbernhau/Erzgebirge, S. 166/2 – Zabert Sandmann Verlag, Taufkirchen, S. 140; 141; 147/4.